Das Folgerecht und die Durchsetzung der folgerechtlichen Vergütungsansprüche

SCHRIFTENREIHE ZUM URHEBER- UND KUNSTRECHT

Herausgegeben von Thomas Hoeren

BAND 19

PL ACADEMIC RESEARCH

Silviya Yankova

Das Folgerecht und die Durchsetzung der folgerechtlichen Vergütungsansprüche

PL ACADEMIC RESEARCH

Bibliografische Information der Deutschen Nationalbibliothek
Die Deutsche Nationalbibliothek verzeichnet diese Publikation in der Deutschen Nationalbibliografie; detaillierte bibliografische Daten sind im Internet über http://dnb.d-nb.de abrufbar.

Zugl.: Münster (Westfalen), Univ., Diss., 2015

D 6
ISSN 1860-076X
ISBN 978-3-631-66922-8 (Print)
E-ISBN 978-3-653-06453-7 (E-Book)
DOI 10.3726/978-3-653-06453-7

PL Academic Research ist ein Imprint der Peter Lang GmbH.

Peter Lang – Frankfurt am Main · Bern · Bruxelles · New York · Oxford · Warszawa · Wien

Diese Publikation wurde begutachtet.

www.peterlang.com

Meinen Eltern

Vorwort

Die vorliegende Untersuchung wurde im Wintersemester 2014/2015 vom Fachbereich Rechtswissenschaften der Westfälischen Wilhelms-Universität Münster als Dissertation angenommen. Berücksichtigt wurden Literatur und Rechtsprechung bis März 2015.

Die Promotionsschrift entstand begleitend zur Forschung im Rahmen des von der Europäischen Kommission geförderten Projektes TIMBUS (Timeless Business Processes and Services), an dem ich in der Funktion als wissenschaftliche Mitarbeiterin am Institut für Informations-, Telekommunikations- und Medienrecht beteiligt war. Einen Überblick über die Forschungsergebnisse verschafft das Buch „Legal Aspects of Digital Preservation“, welches gemeinsam mit meinen TIMBUS-Kollegen von der zivilrechtlichen Abteilung des Instituts veröffentlicht wurde.

Mein besonderer Dank gilt zunächst meinem Doktorvater Herrn Prof. Dr. Thomas Hoeren für seine wertvolle und stets konstruktive Unterstützung bei der Erstellung der Arbeit. Zu Dank verpflichtet bin ich auch Herrn Prof. Dr. Dr. h.c. Kurt Siehr M.C.L für die rasche Zweitbegutachtung.

Meinen ganz herzlichen Dank möchte ich weiterhin Thomas Wiek und Wolfgang Baumann für ihre sorgfältige und geduldige Hilfestellung bei der finalen Durchsicht der Arbeit aussprechen.

Meinen ehemaligen Instituts- und TIMBUS-Kollegen danke ich ebenfalls für die unvergessliche gemeinsame Zeit.

Mein allergrößter Dank richtet sich an meine Eltern für ihre grenzenlose Unterstützung. Ihnen ist diese Arbeit gewidmet.

Münster, März 2015 *Silviya Yankova*

Inhaltsverzeichnis

Literaturverzeichnis

Augenstein, Christof: Rechtliche Grundlagen des Verteilungsplans urheberrechtlicher Verwertungsgesellschaften, Baden-Baden 2004.

Banternghansa, Chanont/ Graddy, Kathryn: The Impact of the Droit de Suite in the UK: An Empirical Analysis, 2010.

Becker, Jürgen: Verwertungsgesellschaften als Träger öffentlicher und privater Aufgaben, in: *Becker/Lerche/Mestmäcker* (Hrsg.), Festschrift für Reinhold Kreile zu seinem 65. Geburtstag, Baden-Baden 1994, 27–51.

Becker, Lisa: Das Folgerecht der bildenden Künstler: Gutachten im Auftrag der Deutschen Verwertungsgesellschaft Bild-Kunst, der französischen Verwertungsgesellschaft ADAGP und des Groupement Europeen des Societes d'Auteurs et Compositeurs (GESAC), München 1995.

Beier, Nils: Die urheberrechtliche Schutzfrist – Eine historische, rechtsvergleichende und dogmatische Untersuchung der zeitlichen Begrenzung, ihrer Länge und ihrer Harmonisierung in der europäischen Gemeinschaft, München 2001.

Beyer, Philipp: Ausstellungsrecht und Ausstellungsvergütung, Baden-Baden 2000.

Bing, Friederike: Die Verwertung von Urheberrechten – Eine ökonomische Analyse unter besonderer Berücksichtigung der Lizenzvergabe durch Verwertungsgesellschaften, Berlin 2002.

Bohrer, Erich: Gemeinfreiheit und Urhebernachfolgevergütung, NJW 1962, 1892–1895.

Braunschmidt, Florian: Die Versteigerungsbedingungen bei öffentlichen Kunstauktionen, Köln 2012.

von Brühl, Frederike: Auslandsverlagerung und Käuferumlage: Wie der Kunsthandel die deutsche Folgerechtsabgabe vermeidet, GRUR 2009, 1117–1122.

Carleton, William: Copyright Royalties for Visual Artists: A Display-based Alternative to the Droit de Suite, Cornell Law Review, Volume 76, 1991, 510–548.

Castendyk, Oliver: Fotorecht – Recht der Aufnahme, Gestaltung und Verwertung von Bildern, 2. Aufl., Berlin 2012.

The Design and Artists Copyright Society: DACS Response to the Inquiry into the Resale Royalty Right by the U.S. Copyright Office, London 2012.

Deutscher Kulturrat: Kollektive Wahrnehmung von Urheber- und verwandten Schutzrechten – Stellungnahme des Deutschen Kulturrates zur Anhörung zur Umsetzung der Richtlinie 2014/26/EU sowie zu weiteren Änderungen im Urheberrechtswahrnehmungsgesetz v. 15.9.2014.

Dietz, Adolf: Das Projekt Künstlergemeinschaftsrecht der IG Medien, ZRP 2001, 165–171.

Dietz, Adolf: Ein neuer Vorstoß für das domaine public payant auf Grund einer Initiative der deutschen IG Medien, ZfRV 1999, 81–88.

Dietz, Adolf: Das Urhebervertragsrecht in seiner rechtspolitischen Bedeutung, in: *Beier/Götting/Lehmann/Moufang* (Hrsg.), Festgabe für Gerhard Schricker zum 60. Geburtstag, München 1995, 1–50.

Dietz, Adolf: Einige Thesen zum Urhebergemeinschaftsrecht, ZUM 1991, 129–132.

Dietz, Adolf: Einige Aspekte der Urhebernachfolgevergütung (domaine public payant), in: *Herschel/Hubmann/Rehbinder* (Hrsg.), Festschrift für Georg Roeber zum 10. Dezember 1981, Freiburg 1982, 45–52.

Dietz, Adolf: Moderne Kunst und droit de suite, in: Gewerblicher Rechtsschutz – Urheberrecht – Wirtschaftsrecht, Mitarbeiterfestschrift zum 70. Geburtstag von Eugen Ulmer mit Beiträgen aus dem deutschen, ausländischen und internationalen Recht, Köln 1973, 3–9.

Dietz, Adolf: Die sozialen Bestrebungen der Schriftsteller und Künstler und das Urheberrecht, GRUR 1972, 11–19.

Dillenz, Walter: Überlegungen zum Domaine Public Payant, GRUR Int 1983, 920–926.

Dreier, Thomas/Schulze, Gernot: Urheberrechtsgesetz, Urheberrechtswahrnehmungsgesetz, Kunsturhebergesetz, 4. Aufl., München 2013.

Dreyer, Gunda/Kotthoff, Jost/ Meckel, Astrid: Heidelberger Kommentar zum Urheberrecht, 3. Aufl., Heidelberg 2013.

Dünnwald, Rolf: Die Verpflichtung der Verwertungsgesellschaften zur Rechtswahrnehmung zu angemessenen Bedingungen, in: *Becker/Lerche/ Mestmäcker* (Hrsg.), Festschrift für Reinhold Kreile zu seinem 65. Geburtstag, Baden-Baden 1994, 161–166.

Ebling, Klaus/Schulze, Marcel: Kunstrecht – Zivilrecht, Steuerrecht, Stiftungsrecht, 2. Aufl., München 2012.

Ehrler, Lorenz: Das Folgerecht/ Le Droit de Suite – Eine rechtsvergleichende Untersuchung im Lichte des europäischen Rechts, Dissertation Zürich 2001.

Ellins, Julia: Copyright Law, Urheberrecht und ihre Harmonisierung in der Europäischen Gemeinschaft, Berlin 1997.

Engert, Andreas: Die weitere Beteiligung des Urhebers (§ 32a UrhG) im Lichte der Verhaltensökonomik, in: *Riesenhuber/Klöhn* (Hrsg.), Das Urhebervertragsrecht im Lichte der Verhaltensökonomik, INTEGRU-Tagung 2009, Berlin 2010, 167–193.

Enquete-Kommission „Kultur in Deutschland" des Deutschen Bundestages, 16. Wahlperiode: Schlussbericht, Drucksache 16/7000 v. 11.12.2007, S. 1–509.

Enquete-Kommission „Kultur in Deutschland" des Deutschen Bundestages, 15. Wahlperiode: Kultur als Staatsziel – Zwischenbericht, Drucksache 15/5560 v. 1.6.2005, S. 1–20.

Erdmann, Willi: Schutz der Kunst im Urheberrecht, in: *Erdmann/Mees/Piper/Teplitzky/Hefermehl/Ulmer* (Hrsg.), Festschrift für Otto-Friedrich Frhr. v. Gamm, Köln 1990, 389–404.

Erdmann, Willi: Benachteiligt das geltende Ausstellungsrecht den Künstler?, GRUR 2011, 1061–1065.

Europäische Kommission: Bericht über die Umsetzung und die Auswirkungen der Folgerecht-Richtlinie (2001/84/EC), Brüssel 2011.

Europäische Kommission: Richtlinienvorschlag zum Folgerecht – Erläuterungen, MEMO/99/68 v. 14.12.1999, http://europa.eu/rapid/press-release_MEMO-99-68_de.htm?locale=en, zuletzt besucht am 19.03.2015.

Europäische Kommission Stakeholder-Dialog: Key Principles and Recommendations on the management of the Author Resale Right, Brussels 17.02.2014.

Europäisches Parlament: Bericht über den Bericht über die Umsetzung und die Auswirkungen der Folgerecht-Richtlinie (2001/84/EG), Verfahren (2012/2038(INI)), Plenarsitzungsdokument A7–0326/2012 v. 15.10.2012, Berichterstatterin Marielle Gallo.

Ferry-Fall, Marie-Anne: Presentation of the French Scheme of Resale Right, California Lawyers for the Arts, Conference "Lights on Paris", Vortrag v. 31.3.2014.

Filer, Randall: A theoretical analysis of the economic impact of artists' Resale Royalties Legislation, Journal of Cultural Economics, Volume 8, 1984, 1–28.

Fischer, Hermann/ Reich, Steven : Der Künstler und sein Recht, Ein Handbuch für die Praxis, München 2007.

Fischer, Kuno: Schweiz ohne Folgerecht (droit de suite), KUR 2008, 66–71.

Frey, Bruno/ Pommerehne, Werner: Muses and Markets, Explorations in the Economic of the Arts, Oxford 1989.

Fricke, Christiane: Folgerecht und Künstlersozialkasse – Abgaben-Cocktail mit tödlicher Wirkung, Handelsblatt, Artikel v. 12.11.2014, abrufbar unter http://www.handelsblatt.com/panorama/kunstmarkt/folgerecht-und-kuenstlersozialkasse-abgaben-cocktail-mit-toedlicher-wirkung-seite-all/10969872-all.html, zuletzt besucht am 19.03.2015.

Froehlich, Jan: Das Recht der Elektronischen Galerie, ZUM 2003, 453–462.

Fromm, Karl Friedrich/ Nordemann, Wilhelm (Begründer) Nordemann, Axel/ Nordemann, Jan Bernd (Hrsg.): Kommentar zum Urheberrechtsgesetz, zum Verlagsgesetz und zum Urheberrechtswahrneh-mungsgesetz, 11. Aufl., Stuttgart 2014.

Froschauer, Toby: The Impact of Artist Resale Rights on the Art Market in the United Kingdom, London 2008.

Gamerith, Helmut: Gedanken zur Harmonisierung des Folgerechts in der EG, in: *Tades/Danzl/Graninger* (Hrsg.), Festschrift für Robert Dittrich, Wien 2000, 71–90.

Gaster, Jens: Harmonisierung des Folgerechts?, in: *Tades/Danzl/Graninger* (Hrsg.), Festschrift für Robert Dittrich, Wien 2000, 91–118.

Gervais, Daniel: Collective Management of Copyright and Related Rights, 2nd Edition, Alphen aan den Rijn 2010.

Ginsburgh, Victor: The Economic Consequences of Droit de Suite in the European Union, Economic Analysis and Policy, Volume 35, 2005, 61–71.

Götting, Horst-Peter: Urheberrechtliche und vertragsrechtliche Grundlagen, in: *Beier/ Götting/Lehmann/Moufang* (Hrsg.), Festgabe für Gerhard Schricker zum 60. Geburtstag, München 1995, 53–75.

Goetzl, Thomas/ Sutton, Stuart: Copyright and The Visual Artist's Display Right: A New Doctrinal Analysis, Columbia Journal of Law & the Arts, Volume 9, 1985, 15–56.

Graddy, Kathryn/ Horowitz, Noah/ Szymanski, Stefan: A study into the effect on the UK art market of the introduction of the artist's resale right, 2008.

Grant, Daniel: UK's Artist Resale Royalty Law Didn't Damage the Art Market (Despite All the Claims), The Huffington Post, Artikel v. 14.09.2012, abrufbar unter http:// www.huffingtonpost.com/daniel-grant/uks-artist-resale-royalty_b_1881430. html, zuletzt besucht am 19.03.2015.

Haak, Caroll: Soziale Sicherung und Mobilität von Künstlern in Europa, KUR 2011, 12–18.

Handig, Christian: „Neuer Wein in den alten Schläuchen" des Folgerechts, ZUM 2006, 546–550.

Hansmann, Henry: Royalties for Artists Versus Royalties for Authors and Composers, John M. Olin Center for Studies in Law, Economics, and Public Policy Working Papers, Paper 250, 2001.

Hauptmann, Christian: Die Vergesellschaftung des Urheberrechts –Das ausschließliche Recht, Entindividualisierung und Vergesellschaftung bei Wahrnehmung durch Verwertungsgesellschaften am Beispiel der GEMA und der VG Wort, Baden-Baden 1994.

Heindorf, Arne Christian: Die staatliche Aufsicht über Verwertungsgesellschaften – Grundstrukturen, Spezifika, Vergleich zu anderen Aufsichtsformen des Wirtschaftsverwaltungsrechts, Hamburg 2011.

Heinz, Eckhart: Das sogenannte Folgerecht („droit de suite") als künftige europaweite Regelung?, GRUR 1998, 786–792.

Hiscox/ArtTactic: The Online Art Trade 2013, London 2013, abrufbar unter http:// www.hiscoxgroup.com/news/press-releases/2013/09–04-2013a.aspx?redir=301, zuletzt besucht am 19.03.2015.

Hoeren, Thomas: Kollektive Wahrnehmung von Urheberrechten und verwandten Schutzrechten – Stellungnahme zur Anhörung der Enquete-Kommission „Kultur in Deutschland" am 29.01.2007, Kommissionsdrucksache 16/240.

Hoeren, Thomas: Die Aufsicht über Verwertungsgesellschaften in Deutschland – ein Gesetzgebungsvorschlag, in: *Schierholz/ Melichar* (Hrsg.), Festschrift für Gerhard Pfennig zum 65. Geburtstag, München 2012, 451–471.

Hoeren, Thomas/ Holznagel, Bernd/ Ernstschneider, Thomas: Handbuch Kunst und Recht, Frankfurt am Main 2008.

Hoffmann, Willy: Der Entwurf eines Urheberrechtsgesetzes, Schriftenreihe der UFITA Band 5, Berlin 1932, 419–459.

Hubmann, Heinrich: Das Recht des schöpferischen Geistes, Berlin 1954.

Hubmann, Heinrich: Kulturabgabe (Urhebernachfolgegebühr), GRUR 1958, 527–536.

Hummel, Marlies: Die wirtschaftliche und soziale Situation Bildender Künstlerinnen und Künstler: Ergebnisse der BBK-Umfrage 2011, Expertise Königswinter 2011.

Hunt, Katie: China debates droit de suite, Art Market, Issue 243, February 2013, abrufbar unter http://www.theartnewspaper.com/articles/China-debates-droit-de-suite/28565, zuletzt besucht am 19.03.2015.

Jayme, Erik: Das Folgerecht an Originalen der bildenden Künste (§ 26 UrhG) und die deutsche Auktionspraxis – Eine kritische Betrachtung zur „Folgerechtsumlage", KUR 2010, 60–64.

Jannsen, Margarete: Soll für die Verwertung gemeinfreier Werke eine Vergütung gezahlt werden?, Schriftenreihe der UFITA, Band 22, 1956/II, 324–340.

Jean-Richard-Bressel, Marc: Ewiges Urheberrecht oder Urhebernachfolgevergütung (domaine public payant)?, Baden-Baden 2000.

Jean-Richard, Marc: Die Urhebernachfolgevergütung – Rechtsnatur und Verfassungsmäßigkeit, Schriftenreihe der UFITA, 2000/II, 353–394.

Joos, Ulrich: Die Erschöpfungslehre im Urheberrecht, München 1991.

Karp, Larry/ Perloff, Jeffrey: Legal Requirements that Artists Receive Resale Royalties, International Review of Law and Economics, Volume 13, 1993, 163–177.

Katzenberger, Paul: Das Folgerecht im deutschen und ausländischen Urheberrecht, München 1970.

Katzenberger, Paul: Die Diskussion um das „domaine public payant" in Deutschland, in: *Herschel/Hubmann/Rehbinder* (Hrsg.), Festschrift für Georg Roeber zum 10. Dezember 1981, Freiburg 1982, 193–230.

Katzenberger, Paul: Die Neuregelung des Folgerechts durch die Urheberrechtsnovelle 1972, Schriftenreihe der UFITA, Band 68, Berlin 1973, 71–96.

Katzenberger, Paul: Die europäische Richtlinie über das Folgerecht, GRUR Int, 2004, 20–27.

Katzenberger, Paul: Harmonisierung des Folgerechts in Europa, GRUR Int 1997, 309–315.

Katzenberger, Paul: Deutsches Folgerecht und ausländische Kunstauktionen – Zur Anwendbarkeit und zum räumlichen Schutzbereich des § 26 UrhG bei grenzüberschreitenden Veräußerungen von Kunstwerken, GRUR Int 1992, 567–588.

Katzenberger, Paul: Das Folgerecht in rechtsvergleichender Sicht, GRUR Int 1973, 660–667.

Katzenberger, Paul: Die Durchsetzung des Folgerechts – Das geltende Recht und seine Reform im Lichte des Urteils des Bundesgerichtshofs vom 7. Juni 1971, GRUR 1971, 495–502.

Katzenberger, Paul/ Nérisson, Sylvie: Kulturförderung, Solidarität und Verteilungsgerechtigkeit in Recht und Praxis urheberrechtlicher Verwertungsgesellschaften, GRUR Int 2011, 283–295.

Kirchner, Christian: Zur Ökonomik des Folgerechts in § 26 UrhG, in: *Riesenhuber/ Klöhn* (Hrsg.), Das Urhebervertragsrecht im Lichte der Verhaltensökonomik, INTEGRU-Tagung 2009, Berlin 2010, 211–233.

Kirstein, Roland/ Schmidtchen, Dieter: Do Artists Benefit from Resale Royalties? An Economic Analysis of a New EU Directive, CSLE Discussion Paper, No. 2000–07, abrufbar unter http://hdl.handle.net/10419/23109, zuletzt besucht am 19.03.2015.

Koch, Justus: Über eine Einführung des „Droit de suite“ in Deutschland, Schriftenreihe der UFITA, Band 2, Berlin 1929, 279–299.

Kreikebohm, Ralf/ Spellbrink, Wolfgang/ Waltermann, Raimund: Kommentar zum Sozialrecht, 3. Aufl., München 2013.

Küfner, Peter: Die Vergütungsansprüche des Urhebers nach dem Urheberrechtsgesetz, Dissertation Erlangen-Nürnberg 1971.

Kunz-Hallstein, Hans Peter/ Loschelder, Michael: GRUR Stellungnahme zur Anhörung zur Umsetzung der Richtlinie 2014/26/EU sowie zu weiteren Änderungen des Urheberrechtswahrnehmungsgesetzes, v. 11.09.2014.

Kunz-Hallstein, Hans Peter/ Loschelder, Michael: GRUR Stellungnahme zum Referentenentwurf eines Gesetzes zur Umsetzung der Richtlinie über das Folgerecht des Urhebers des Originals eines Kunstwerkes, v. 19.04.2005, GRUR 2005, 488–489.

Kumar, Nithin: Constitutional Hazard: The California Resale Royalty Act and the Futility of State-Level Implementation of Droit de Suite Legislation, Columbia Journal of Law & the Arts, Volume 37, 2014, 443–462.

Landfermann, Hans-Georg: Zur Staatsaufsicht über die urheberrechtlichen Verwertungsgesellschaften, KUR 2000, 33–35.

Leinveber, Gerhard: Die Urhebernachfolgevergütung im Lichte der neuesten Rechtslehre, JR 1964, 447–450.

Lerche, Peter: Rechtsfragen der Verwirklichung kultureller und sozialer Aufgaben bei der kollektiven Wahrnehmung von Urheberrechten, insbesondere mit Blick auf den sogen. 10%-Abzug der GEMA, in: *Kreile* (Hrsg.),GEMA-Jahrbuch 1997/1998, Baden-Baden 1998, 80–127.

Lerner, Ralph E./ Bresler, Judith: Art Law – The Guide for Collectors, Investors, Dealers, and Artists, 2nd Edition, New York 1998.

Loewenheim, Ulrich: Handbuch des Urheberrechts, 2. Auflage, München 2010.

Lück, Stefan : Das Folgerecht in Deutschland und Österreich vor dem Hintergrund der Novelle des § 26 des deutschen Urheberrechts-gesetzes – Ein Vergleich, GRUR Int 2007, 884–890.

Mauhs, Angela: Der Wahrnehmungsvertrag, Schriftenreihe der UFITA, Band 96, Baden-Baden 1990.

Maunz, Theodor/ Dürig, Günther: Grundgesetz, Kommentar, 70. Auflage, München 2013.

McAndrew, Clare: TEFAF Art Market Report 2013 – The global art market, with a focus on China and Brazil, Maastricht 2013.

McAndrew, Clare: The Global Art Market in 2013, Leaders & Laggards, Barcelona 2013.

McAndrew, Clare: The International Art Market in 2011 – Observations on the Art Trade over 25 Years, Maastricht 2012.

McAndrew, Clare: The Global Art Market in 2010 – Crisis and Recovery, Maastricht 2011.

McAndrew, Clare/ Dallas-Conte, Lorna: Implementing Droit de Suite (Artists' Resale Right) in England, London 2002.

Melichar, Ferdinand: Der Abzug für soziale und kulturelle Zwecke durch Verwertungsgesellschaften im Lichte des internationalen Urheberrechts, in: *Becker* (Hrsg.), Die Verwertungsgesellschaften im Europäischen Binnenmarkt, Symposion für Reinhold Kreile zum 60. Geburtstag, Baden-Baden 1990, S. 47–61.

Merryman, John Henry: The Wrath of Robert Rauschenberg, Schriftenreihe der UFITA, Band 124, Bern 1994, 199–224.

Mestmäcker, Ernst-Joachim/Schulze, Erich: Kommentar zum deutschen Urheberrecht, Loseblattsammlung Stand 2011, München 2005.

Meyer, Emanuel: Folgerecht – die Schweiz folgt nicht ganz recht – Segen oder Fluch?, KUR 2008, 71–73.

Mione, Toni: Resale Royalties for Visual Artists: The United States Taking Cues from Europe, Cardozo Journal of International and Comparative Law, Volume 21, 2013, 461–501.

Möhring, Philipp/ Nicolini, Käte (Begründer) Ahlberg, Hartwig/ Götting, Horst-Peter (Hrsg.): Urheberrecht – UrhG, KUG, UrhWahrnG, VerlG, Kommentar, 3. Aufl., München 2014.

Müller-Katzenburg, Astrid: Folgerecht – Aktuelles aus Gesetzgebung und Rechtsprechung, in: *Weller/Kemle/Lynen* (Hrsg.), Des Künstlers Rechte – die Kunst des Rechts, Tagungsband des ersten Heidelberger Kunstrechtstags, Baden-Baden 2008, 75–96.

Ohly, Ansgar: Verwertungsverträge im Bereich der bildenden Kunst, *Beier/Götting/Lehmann/Moufang* (Hrsg.), Festgabe für Gerhard Schricker zum 60. Geburtstag, München 1995, 427–458.

Passiny, Janine Christine : Das Folgerecht in gemeinschaftsrechtlicher und rechtsvergleichender Sicht, Diplomarbeit Graz 2010.

Peifer, Karl-Nikolaus : Umsetzung der EU-Richtlinie für Verwertungsgesellschaften in deutsches Recht – Umsetzungsbedarf aus wissenschaftlicher Sicht, ZUM 2014, 453–468.

Perlmutter, Shira: Resale Royalties for Artists: An Analysis of the Register of Copyrights' Report, Columbia Journal of Law & the Arts, Volume 16, 1992, 395–427.

Petty, M. Elizabeth: Rauschenberg, Royalties, and Artists' Rights: Potential Droit de Suite Legislation in the United States, William & Mary Bill of Rights Journal, Volume 22, 2014, 977–1009.

Pfefferle, Thomas: Das deutsche Folgerecht in Fällen mit Auslandsberührung, GRUR 1996, 338–342.

Pierredon-Fawcett, Liliane de: The Droit de Suite in Literary and Artistic Property, A Comparitative Law Study, New York 1991.

Pfennig, Gerhard: Kunst, Markt und Recht, Einführung in das Recht des Kunstschaffens und der Verwertung von Kunst, München 2009.

Pfennig, Gerhard: Umsetzung der EU-Richtlinie für Verwertungsgesellschaften in deutsches Recht –Umsetzungsbedarf aus Sicht der Urheber, ZUM 2014, 484–488.

Pfennig, Gerhard: Neue Regeln für Verwertungsgesellschaften: Was könnte sich ändern, was bedeutet das für Urheber?, Artikel v. 04.08.2014, abrufbar unter http://irights.info/artikel/eu-richtlinie-kollektive-rechtewahrnehmung-deutschland/23807, zuletzt besucht am 19.03.2015.

Pfennig, Gerhard: Anmerkungen zum Verhalten der Teilnehmer am Kunstmarkt und zur Ökonomik des Folgerechts – Kommentar, in: *Riesenhuber/Klöhn* (Hrsg.), Das Urhebervertragsrecht im Lichte der Verhaltensökonomik, INTEGRU-Tagung 2009, Berlin 2010, 235–245.

Pfennig, Gerhard: Die Wahrnehmung der Urheberrechte Bildender Künstler in Deutschland, in: *Jacobs/Papier/Schuster* (Hrsg.), Festschrift für Peter Raue zum 65. Geburtstag, Köln 2006, 593–610.

Pfennig, Gerhard: Die Harmonisierung des Folgerechts in der EU, ZUM 2002, 195–201.

Pfennig, Gerhard: Practical aspects of the exercise of the droit de suite, including in the digital environment, and its effects on developments in the international art market and on the improvement of the protection of visual artists, Copyright Bulletin (UNESCO),Volume 35, No 3, 2001, 37–47.

Pfennig, Gerhard: Rechtsstellung und Aufgaben der VG Bild-Kunst, KUR 1999, 10–16.

Pfennig, Gerhard: Das Folgerecht in der Europäischen Union, in: *Becker/Lerche/Mestmäcker* (Hrsg.), Festschrift für Reinhold Kreile zu seinem 65. Geburtstag , Baden-Baden 1994, 491–512.

Pfennig, Gerhard: Die Entwicklung der Verwertungsgesellschaften für Bildende Kunst, Fotografie und Film im europäischen Rahmen, in: *Becker* (Hrsg.), Die Verwertungsgesellschaften im Europäischen Binnenmarkt, Symposion für Reinhold Kreile zum 60. Geburtstag, Baden-Baden 1990, S. 63–77.

Ramonbordes, Christiane: Economic impact of the European Directive on the artist's resale right or droit de suite, Copyright Bulletin (UNESCO), Volume 34, No 2, 2000, 25–33.

Reddy, Michael: The Droit de Suite: Why American Fine Artists Should Have a Right to a Resale Royalty, Loyola of Los Angeles Entertainment Law Review, Volume 15, 1995, 509–546.

Reinhardt, Werner: Die materielle Sicherung des Urhebers als rechtspolitisches Problem, Diepholz 1958.

Reutter, Mark A.: Artists, Galleries and the Market: Historical, Economic and Legal Aspects of Artist-Dealer Relationships, Villanova Sports & Entertainment Law Journal, Volume 8, 2001, 99–135.

Riesenhuber, Karl: Die Auslegung und Kontrolle des Wahrnehmungsvertrags, Berlin 2004.

Riesenhuber, Karl/ Klöhn, Lars: Das Urhebervertragsrecht im Lichte der Verhaltensökonomik, in: *Riesenhuber/Klöhn* (Hrsg.), Das Urhebervertragsrecht im Lichte der Verhaltensökonomik, INTEGRU-Tagung 2009, Berlin 2010, 1–16.

Rossbach, Claudia: Die Vergütungsansprüche im deutschen Urheberrecht, Praktische Wahrnehmung, Rechtsverkehr und Dogmatik, Baden-Baden 1990.

Rupp, Martin: Die Richtlinie über Verwertungsgesellschaften und Mehrgebietslizenzen – Ein europäischer Rahmen für das Recht der kollektiven Wahrnehmung von Urheberrechten, MMR 2014, 217–221.

Säcker, Franz Jürgen/ Rixecker, Roland: Münchener Kommentar zum Bürgerlichen Gesetzbuch, 6. Aufl., München 2012.

Samson, Benvenuto: Bemerkungen zu einigen Vorschriften des Urheberrechtsgesetzes, Schriftenreihe der UFITA, Band 50 B, 1967/II, 491–501.

Samson, Benvenuto : Das Folgerecht des § 26 des Urheberrechtsgesetzes, GRUR 1970, 449–453.

Schack, Haimo: Urheber- und Urhebervertragsrecht, 5. Aufl., Tübingen 2010.

Schack, Haimo: Kunst und Recht – Bildende Kunst, Architektur, Design und Fotografie im deutschen und internationalen Recht, 2. Aufl., Tübingen 2009.

Schack, Haimo: Ausstellungsrecht und Ausstellungsvergütung, ZUM 2008, 817–821.

Schiefler, Kurt: Zur Regelung des Folgerechts im Ministerialentwurf des Urheberrechtsgesetzes, Schriftenreihe der UFITA, Band 31, 1960, 177–207.

Schiefler, Kurt: Der Regierungsentwurf des Urheberrechtsgesetzes unter besonderer Berücksichtigung der Änderungen gegenüber dem Ministerialentwurf des Urheberrechtsgesetzes, GRUR 1962, 338–344.

Schily, Otto: Kulturförderung in Deutschland, Zum Stand der Dinge und zu möglichen Perspektiven, in: *Jacobs/Papier/Schuster* (Hrsg.), Festschrift für Peter Raue zum 65. Geburtstag, Köln 2006, 313–318.

Schmidt-Werthern, Konrad: Die Richtlinie über das Folgerecht des Urhebers des Originals eines Kunstwerks, Baden-Baden 2003.

Schmidtchen, Dieter/ Kirstein, Roland: Die EU-Richtlinie zum Folgerecht. Eine ökonomische Gesetzesfolgenanalyse, GRUR 2002, 860–866.

Schmidtchen, Dieter/ Konoldt, Christian/ Kirstein, Roland: Rechtsvereinheitlichung beim „droit de suite „?, Ökonomische Analyse des Richtlinienentwurfs der Europäischen Kommission, in: *Großfeld/Sack/Möllers* (Hrsg.), Festschrift für Wolfgang Fikentscher zum 70. Geburtstag, Tübingen 1998, 774–799.

Schneider-Brodtmann, Jörg: Das Folgerecht des bildenden Künstlers im europäischen und internationalen Urheberrecht, Heidelberg 1995.

Schneider-Brodtmann, Jörg: Anwendung des deutschen Folgerechts bei der Veräußerung einer inländischen Kunstsammlung ins Ausland, NJW 2009, 740–743.

Schricker, Gerhard/ Loewenheim, Ulrich: Urheberrecht, 4. Aufl. München 2010.

Schricker, Gerhard: Urheberrecht zwischen Industrie- und Kulturpolitik, GRUR 1992, 242–247.

Schulze, Erich: Kulturabgabe und Kulturfonds, Berlin 1959.

Sinanidou, Maria: Das „Droit de Suite" der Künstler – Auswirkungen der Folgerechtsrichtlinie und ihrer Umsetzung auf die Praxis des Kunstmarktes, Saarbrücken 2008.

Solow, John: An Economic Analysis of the Droit de Suite, Journal of Cultural Economics, Volume 22, 1998, 209–226.

Stanford, Jon Desmond: Economic Analysis of the Droit de Suite – The Artist's Resale Royalty, Australian Economic Papers, Volume 42, 2003, 386–398.

Stauffacher, Werner: Das Folgerecht für die bildenden Künstler in der Schweiz – aufgeschoben ist nicht aufgehoben!, KUR 2011, 139–140.

Steinhau, Henry: Justizministerium: Nach der Anhörung ist vor der Reform, iRIGHTS*info*, Artikel vom 4.10.2014, abrufbar unter http://irights.info/artikel/bmjv-nach-der-anhoerung-ist-vor-der-reform/24000#more-24000, zuletzt besucht am19.03.2015.

Stöhr, Monika: Gesetzliche Vergütungsansprüche im Urheberrecht, Baden-Baden 2007.

Stoilas, Helen: US Congress lobbied over resale rights – The Art Newspaper – erschienen am 4.8.2011, http://www.theartnewspaper.com/articles/US-Congress-lobbied-over-resale-rights/24284, zuletzt besucht am 23.06.2014.

Stokes, Simon: Artist's Resale Right (Droit de Suite): UK Law and Practice, 2nd Edition, Leicester 2012.

Sturm, Birgit Maria: Die Ausgleichsvereinigung Kunst (AV Kunst), KUR 2007, 45–46.

Sturm, Birgit Maria : Zehn Fragen und Antworten zum Thema Folgerecht, KUR 2005, 135–138.

Thum, Dorothee: Harmonisierung des Urheberrechts in Europa – Diskussionsbericht über die Arbeitssitzung der Fachgruppe für gewerblichen Rechtsschutz und Urheberrecht der Gesellschaft für Rechtsvergleichung auf der Tagung für Rechtsvergleichung am 22. März 1996 in Jena, GRUR Int 1997, 330–334.

Tilch, Horst/ Arloth, Frank: Deutsches Rechts-Lexikon, 3. Aufl., München 2001.

Troller, Alois: Angebot und Nachfrage als urheberrechtliches Problem, Schriftenreihe der UFITA Band 21, Baden-Baden 1956, 216–234.

Ulmer, Eugen: Das Folgerecht im internationalen Urheberrecht, GRUR 1974, 593–601.

United States Copyright Office: Resale Royalties: An Updated Analysis, Washington 2013, abrufbar unter http://www.copyright.gov/docs/resaleroyalty/usco-resale royalty.pdf, zuletzt besucht am 19.03.2015.

United States Copyright Office: Droit de Suite: The Artist's Resale Royalty, Washington 1992, abrufbar unter http://www.copyright.gov/history/droit_de_suite.pdf, zuletzt besucht am 19.03.2015.

Vereinten Dienstleistungsgewerkschaft (ver.di),: Stellungnahme zum Referentenentwurf für ein Gesetz zur Umsetzung der EU-Richtlinie über das Folgerecht des Urhebers des Originals eines Kunstwerks, v. 21.03.2005.

Vogel, Martin: Kollektives Urhebervertragsrecht unter besonderer Berücksichtigung des Wahrnehmungsrechts, in: *Beier/Götting/Lehmann/Moufang* (Hrsg.), Festgabe für Gerhard Schricker zum 60. Geburtstag, München 1995, 117–147.

Vogel, Martin: Wahrnehmungsrecht und Verwertungsgesellschaften in der Bundesrepublik Deutschland – Eine Bestandsaufnahme im Hinblick auf die Harmonisierung des Urheberrechts in der Europäischen Gemeinschaft, GRUR 1993, 513–531.

Vorpeil, Klaus: Deutsches Folgerecht und Versteigerung eines Werkes im Ausland – Anmerkung zum Urteil des OLG Düsseldorf vom 21.1.1992 – 20 U 165/90, GRUR Int 1992, 913–914.

Voß, Daniel: Der Anspruch des Urhebers auf die angemessene Vergütung und die weitere angemessene Beteiligung, Münster 2005.

Wandtke, Artur: Zur kulturellen und sozialen Dimension des Urheberrecht, Schriftenreihe der UFITA, Band 123, 1993, 5–13.

Wandtke, Arthur-Axel/ Bullinger, Winfried: Praxiskommentar zum Urheberrecht, 4. Aufl., München 2014.

Weatherall, James Alexander: Harmonising the Droit de Suite: An Economic Analysis of the EC Directive, Master Thesis, Hamburg 2003.

Weichhaus, Bernd: Das Recht der Verwertungsgesellschaften in Deutschland, Großbritannien und Frankreich, Hamburg 2002.

Weller, Matthias: Folgerecht (droit de suite) für Verkäufe in der Schweiz? – Thesen zu den Auswirkungen der Folgerechts-Richtlinie 2001/84/EG auf folgerechtsfreie Drittstaaten, KUR 2008, 62–65.

Welp, Kai: Der Öffentlichkeitsbegriff im Urheberrecht und die Praxis der internationalen Rechtewahrnehmung, GRUR 2014, 751–755.

Welser, Marcus von: Wettbewerbs- und urheberrechtliche Probleme bei Online-Auktionen, ZUM 2000, 472–477.

Wiesner, Lisa: Die Rechte des bildenden Künstlers nach Veräußerung des Werkstückes, Köln 2008.

Wu, Jeffrey: Art Resale Rights and the Art Resale Market: A Follow-Up Study, Journal of the Copyright Society of the U.S.A., Volume 46, 1998–1999, 531–561.

Wuenschel, Joerg: Article 95 EC revisited: is the Artist's Resale Right Directive a Community Act beyond EC competence?, Journal of Intellectual Property Law & Practice, Volume 4, 2009, 130–136.

Zhou, Lin: Art Law and Art Market in China, Report for the Conference Governance of Intellectual Property Rights in China and Europe, 08.06.2014 Helsinki.

Zimmerling, Jürgen/ Felsmann, Lutz: Die Rechtsfolgen des Folgerechts, EuZW 2002, 267–271.

Zimmermann, Olaf: Neue Initiative zur Einführung des Goethegroschens gestartet!, ZUM 1996, 862–864.

Zwick, Tracy: Battle Heats Up Over Resale Royalties for Artists – Art in America – erschienen am 7.5.2013, abrufbar unter http://www.artinamericamagazine.com/news-features/news/battle-heats-up-over-resale-royalties-for-artists/, zuletzt besucht am 19.03.2015.

Abkürzungsverzeichnis

ACS	Artists' Collecting Society
ADAGP	Société des Auteurs dans les Arts Graphiques et Plastiques
APT	Artist Pension Trust
ARR	Artist's Resale Royalty
ATG	Antiques Trade Gazette
Austl. Econ. Papers	Australian Economic Papers
BBK	Bundesverband Bildender Künstlerinnen und Künstler
B.C. Int'l & Comp. L. Rev.	Boston College International and Comparative Law Review
BDK	Bundesverband Deutscher Kunstversteigerer e.V.
BMJV	Bundesministeruim der Justiz und für Verbraucherschutz
BT Drucks.	Deutscher Bundestag Drucksache
BVDG	Bundesverband Deutscher Galerien und Kunsthändler e.V.
Cardozo J. Int'l & Comp. L.	Cardozo Journal of International and Comparative Law
CISAC	Confédération Internationale des Sociétés d´Auteurs et Compositeurs
Colum. J.L. & Arts	Columbia Journal of Law & the Arts
Cornell L. Rev.	Cornell Law Review
DACS	Design and Artists Copyright Society
DPMA	Deutsches Patent- und Markenamt
ECL	Extended Collective Licensing
Econ. Analysis & Pol'y	Economic Analysis and Policy
EK-Kultur	Enquete-Kommission „Kultur in Deutschland"
EU	Europäische Union
EuZW	Europäische Zeitschrift für Wirtschaftsrecht
EVAA	Equity for Visual Artists Act
FG	Festgabe
FS	Festschrift
GESAC	Groupement Européen des Sociétés d'Auteurs et Compositeurs
GG	Grundgesetz für die Bundesrepublik Deutschland
GRUR	Gewerblicher Rechtsschutz und Urheberrecht
GRUR Int	Gewerblicher Rechtsschutz und Urheberrecht Internationaler Teil
IPO	Intellectual Property Office UK
Int'l Rev. L. & Econ.	International Review of Law and Economics
J. Cult. Econ.	Journal of Cultural Economics

JIPLP	Journal of Intellectual Property Law & Practice
J. Copyright Soc'y U.S.A.	Journal of the Copyright Society of the U.S.A.
JZ	Juristenzeitung
Loy. L.A. Ent. L. Rev.	Loyola of Los Angeles Entertainment Law Review
K Drucks.	Kommissionsdrucksache
KSK	Künstlersozialkasse
KSVG	Gesetz über die Sozialversicherung der selbständigen Künstler und Publizisten
KUR	Kunst und Recht/ Journal für Kunstrecht, Urheberrecht und Kulturpolitik
MMR	MultiMedia und Recht
Rahmenvertrag	Rahmenvertrag zwischen deutschen Kunsthandelsverbänden und der Verwertungsgesellschaft Bild-Kunst in der Fassung vom 30. November 2011
RBÜ	Revidierte Berner Übereinkunft zum Schutz von Werken der Literatur und Kunst
RL	Richtlinie
SP	Symposion
TEFAF	The European Fine Art Foundation
UFITA	Archiv für Urheber-, Film-, Funk- und Theaterrecht
UrhG	Gesetz über Urheberrecht und verwandte Schutzrechte
WahrnG	Gesetz über die Wahrnehmung von Urheberrechten und verwandten Schutzrechten
Wm. & Mary Bill Rts. J.	William & Mary Bill of Rights Journal
VARA	Visual Artists Rights Act
Verdi	Vereinten Dienstleistungsgewerkschaft (ver.di)
VG	Verwertungsgesellschaft
Vill. Sports & Ent. L.J.	Villanova Sports & Entertainment Law Journal
ZfRV	Zeitschrift für Rechtsvergleichung, Internationales Privatrecht und Europarecht
ZRP	Zeitschrift für Rechtspolitik
ZUM	Zeitschrift für Urheber- und Medienrecht

Abkürzungen im Übrigen nach *Kirchner*, Abkürzungsverzeichnis der Rechtssprache, 7. Aufl., Berlin 2013.

Teil 1. Einleitung

A. Problemaufriss

Bildende Kunst ist nicht nur ein Kulturgut, sondern auch die bedeutendste Handelsware des Kunstmarktes.[1] Diese Doppelnatur erfordert, dass im Rahmen der rechtlichen Behandlung der bildenden Kunst diverse Interessen in Einklang gebracht werden. Die geistige Kreativität von bildenden Künstlern muss als eine der kulturellen Säulen unserer Gesellschaft geschützt und gefördert werden. Der rechtliche Schutz dieser Urhebergruppe darf sich jedoch nicht negativ auf die wirtschaftliche Verkehrsfähigkeit der Kunstwerke und die Funktionsfähigkeit des Kunstmarktes auswirken. An der Schnittstelle dieses Interessenausgleichs steht das Rechtsinstitut Folgerecht. Die Diskussion zwischen Rechts-, Wirtschafts- und Kulturwissenschaftlern über dieses Recht der bildenden Künstler vermag seit ungefähr 100 Jahre nicht zu verstummen. So lange hält die Debatte an, ob das Folgerecht eine Existenzberechtigung verdient. Die Rechtfertigung des Rechtsinstituts wird im Schrifttum vermehrt angezweifelt und einzelne Merkmale seiner Ausgestaltung werden als problematisch thematisiert. Viele Stellungnahmen sind dabei lobbyistisch gefärbt: Die großen Auktionshäuser und die Händlerkreise wollen das droit de suite zur Verdammnis beschwören, während die etablierten Verwertungsgesellschaften mittlerweile als die größten Verfechter des Folgerechts agieren. Dies ist auch nicht verwunderlich, denn die wirtschaftlichen Interessen spielen bei einem Jahresumsatz von 43 Milliarden Euro, den der weltweite Kunstmarkt im Jahr 2012 erzielte,[2] eine durchaus wichtige Rolle im Hintergrund der wissenschaftlichen Diskussion.

Die Polemik um das Folgerecht herum verschärft sich dadurch, dass sich Rechts- und Wirtschaftswissenschaftler bezüglich der Folgen des Rechtsinstituts für den Kunstmarkt nicht einig werden können. Die ökonomischen Untersuchungsansätze, Paradigmen und Modelle lassen das Folgerecht als eine wirkungslose Liebeserklärung an die Künstlerschaft und eine Strafe für die Kulturwirtschaft aussehen. Sind die gängigen ökonomischen Theorien der Massenvermarktung allerdings auf den Handel mit Kunstunikaten überhaupt anwendbar? Lässt sich ein Markt mit häufig unvorhersehbaren, zum Teil exorbitanten Einzelerlösen, der von der Eitelkeit der Käufer einerseits und ihrem Streben nach Anonymität andererseits getrieben wird, einer standardisierten theoretischen Analyse unterwerfen?

Es sind mittlerweile erste Anzeichen dafür zu vernehmen, dass sich die Ära der Ungewissheit und der Vermutungen über die wirtschaftlichen Auswirkungen des Folgerechts ihrem Ende zuneigt. Noch vor der Implementierung der europäischen Folgerechtsrichtlinie[3] in die nationalen Rechtsordnungen der Mitgliedstaaten spielte

1 *Reutter,* Vill. Sports & Ent. L.J. 8 (2001), 99 (99).
2 *McAndrew,* The Global Art Market in 2013, S. 13.
3 Richtlinie 2001/84/EG v. 27.09.2001, ABl. EG L 272 v. 13.10.2001, S. 32–36.

das droit de suite nur auf einer kleinen Bühne eine Rolle: Lediglich in acht europäischen Staaten wurden Vergütungen effektiv eingezogen und ausgeschüttet.[4] Seit der Umsetzung dieser Richtlinie im Jahr 2006 ist das Folgerecht auf den zweitgrößten Kunstmarkt der Welt – nämlich Großbritannien – bereits anwendbar, wobei das gesamte Kunstsegment der modernen und zeitgenössischen Kunst, inklusive des „heirs market", erst seit 2012 darunter fällt. Diese ersten praktischen Erfahrungen auf einem der größten Kunstschauplätze, die auch die Sammlung und Auswertung von aussagekräftigen empirischen Daten ermöglichen, lassen die bisherigen wirtschaftlichen Hypothesen und theoretischen Modelle der Kritiker im neuen Licht erscheinen. Diese aktuellen Entwicklungen verdienen besondere Aufmerksamkeit, da sie relevante Einblicke in die umstrittenen Auswirkungen des Folgerechts auf den Kunstmarkt gewähren.

Ein Wandel vollzieht sich zurzeit auch im Bereich der kollektiven Wahrnehmung von Folgerechten, von der die effiziente Einziehung und Ausschüttung der Vergütungen in der Praxis wesentlich abhängt. Das droit de suite bedeutete im französischen Recht ursprünglich das Recht des Hypothekengläubigers, sich aus dem belasteten Grundstück zu befriedigen, wenn das Grundstück in den Besitz einer dritten Person übergegangen ist.[5] Und ähnlich wie das Sachenrecht und das Grundbuchrecht gleichermaßen beachtet werden müssen, damit eine Hypothek Wirksamkeit entfaltet, so fließen auch Folgerecht als besonderes Urheberrecht und das Recht der Verwertungsgesellschaften ineinander bevor die Ansprüche aus dem droit de suite befriedigt werden können. Die Erfahrung zeigt, dass das droit de suite bei einer ineffizienten kollektiven Rechtewahrnehmung in der Praxis ein rein dekoratives Dasein als altruistische Bestrebung des Urheberrechts führt. Daher soll ein besonderes Augenmerk auf die neuen Tendenzen im Bereich der kollektiven Rechtewahrnehmung gerichtet werden. Einen neuen europäischen Rahmen für die Arbeitsweise von Verwertungsgesellschaften bietet die im Februar 2014 verabschiedete Richtlinie über die Wahrnehmung von Urheberrechten und verwandten Schutzrechten.[6] Gravierende Reformen sind auch bei der nationalen Wahrnehmung der Folgerechte zu beobachten. Insbesondere die Auflösung der seit 1980 existierenden und für die Einziehung der Folgerechte zuständigen Ausgleichsvereinigung Kunst stellt die kollektive Verwaltung der Rechte in Deutschland vor neue Herausforderungen.

B. Gang der Untersuchung und Begriffsbestimmungen

Bildende Künstler und Fotografen können ihre Werke, bei denen es sich in der Regel um Unikate handelt, nur eingeschränkt verwerten. Zudem entspricht der Erstverkaufspreis eines Kunstwerkes meist nicht seinem eigentlichen Wert, der erst

---

4 Richtlinienvorschlag vom 13. 3. 1996, KOM(96) 97 endg., S. 3; *Katzenberger*, GRUR Int 2004, 20 (21).
5 *Koch*, UFITA Bd. 2 (1929), 279 (282).
6 Richtlinie 2014/26/EU v. 26.02.2014, ABl. EU L 84 v. 20.03.2014, S. 72–98.

durch die Erlöse bei nachfolgenden Verkäufen zum Vorschein kommt. Vor diesem Hintergrund wird im zweiten Teil der Arbeit zunächst nach einer Antwort auf die Frage nach dem „Warum“ des Folgerechts gesucht. Die heutige Notwendigkeit und Gebotenheit dieses Rechtsinstituts werden dargestellt. Neben der Erläuterung der besonderen Preisbildungsregeln des Kunstmarktes wird vor allem die urheberrechtliche Rechtsgrundlage für die deutsche Folgerechtsregelung beleuchtet. Ein Überblick über die systematische Einordnung von § 26 UrhG im deutschen Urheberrecht, über die Stellung des Folgerechts als sonstiges Recht sowie über die Bedeutung seiner Unverzichtbarkeit und Unveräußerlichkeit wird gegeben. Um die Anwendbarkeit des Erschöpfungsgrundsatzes auf das Folgerecht ausschließen zu können, wird das Verhältnis zum Verbreitungsrecht und den sonstigen Verwertungsrechten herausgearbeitet. Zudem wird im zweiten Teil auch der Bezug des Folgerechts zu den Vorschriften des Urhebervertragsrechts verdeutlicht.

Der dritte Teil der Arbeit widmet sich der Untersuchung der Auswirkungen des Folgerechts auf die Funktionsweise des Kunstmarktes. Dabei werden mögliche negative Einflüsse des droit de suite nicht nur auf dem Sekundär-, sondern auch auf dem Primärmarkt – wie besipielsweise eine Preissenkung beim Erstverkauf – erwogen. In diesem Zusammenhang wird als Primärmarkt die erstmalige Veräußerung von Werken durch den Künstler selbst oder durch seine Beauftragten – beispielsweise einen Galeristen oder Kunsthändler – an Sammler und Kunsthändler bezeichnet.[7] Sehr selten erfolgt die Erstveräußerung von Werken der berühmtesten Künstler direkt durch Auktionshäuser.[8] Zum Sekundärmarkt gehören dagegen die Weiterveräußerungen durch Kunsthändler und Auktionshäuser unter sich oder an Sammler.[9] Es werden Werke vermittelt und verkauft, die sich nach der Erstveräußerung in privater Hand oder im Besitz von Unternehmen befanden und nun wieder auf den Markt gelangt sind.[10] Auf solche Weiterveräußerungsvorgänge auf dem Sekundärmarkt fällt die Folgerechtsvergütung an. In diesem dritten Teil der Arbeit erfolgt eine Schilderung von möglichen Verlagerungstendenzen von Kunstverkäufen aus Staaten mit einer Folgerechtsregelung in Länder ohne ein Folgerecht. In diesem Zusammenhang werden Erwägungen zur Internationalisierung des Rechtsinstituts sowie zu den wesentlichen Faktoren für die Ortswahl eines Kunstverkaufs angestellt. Es erfolgt eine Untersuchung der aktuellen Entwicklungen des weltweiten Kunstmarktes. Dabei werden relevante empirische Daten ausgewertet. Zudem wird ihr Zusammenhang mit dem Vorhandensein eines Folgerechts ermittelt. Auch Verwaltungsaufwand und -kosten, die die Abführung des Folgerechts

7 *McAndrew*, The Global Art Market in 2010, S. 112; *Merryman*, UFITA Bd. 124 (1994), 199 (201); *Reutter*, Vill. Sports & Ent. L.J. 8 (2001), 99 (112); *Stanford*, Austl. Econ. Papers 42 (2003), 386 (389).

8 *Reutter*, Vill. Sports & Ent. L.J. 8 (2001), 99 (123).

9 *McAndrew*, The Global Art Market in 2010, S. 112; *Merryman*, UFITA Bd. 124 (1994), 199 (202); *Reutter*, Vill. Sports & Ent. L.J. 8 (2001), 99 (112); *Stanford*, Austl. Econ. Papers 42 (2003), 386 (389).

10 *Pfennig*, INTEGRU-Tagung 2009, 235 (241).

für die Kunstmarktakteure mit sich bringt, werden problematisiert. Dabei werden auch Strategien und Best-Practice-Methoden erläutert, die zur Vereinfachung der Administrationsbelastung beitragen können.

Der vierte Teil der Arbeit befasst sich mit der Frage, ob das Folgerecht in seiner Ausgestaltung den Wertungen des Urheberrechts gerecht wird und zudem geeignet erscheint, die mit ihm angestrebten sozial- und kulturpolitischen Ziele des Gesetzgebers zu erreichen. In diesem Zusammenhang wird ein Vergleich mit anderen Rechtsinstituten angestellt. Ein vertragliches Folgerecht, ein erweitertes Ausstellungsrecht, die Ausstellungsvergütung sowie die Urhebernachfolgevergütung werden in ihrer Geeignetheit untersucht, das droit de suite im geltenden Recht zu ersetzen. Auch ergänzende Regelungskomplexe zum Folgerecht werden vorgestellt, um einen besseren Überblick für diesen Vergleich zu ermöglichen.

Nachdem nun die gesetzgeberische Motivation und Zielsetzung des Folgerechts festgestellt wurden, behandelt der anschließende fünfte Teil der Arbeit die aktuelle europäische und deutsche gesetzliche Ausgestaltung des Folgerechts. Dabei werden anhand der in den vorherigen Kapiteln gewonnen Erkenntnisse gewisse Defizite sowie aktuelle Problemfelder der Regelungen aufgezeigt und mögliche Optimierungen in Erwägung gezogen.

Im sechsten Teil wird der Realisierung der folgerechtlichen Vergütungsansprüche im Rahmen der kollektiven Rechtewahrnehmung nachgegangen. Das Recht der Verwertungsgesellschaften sowie die erwarteten Reformen aufgrund der aktuellen europäischen Tendenzen, die bereits erwähnt wurden, werden besprochen. Der Augenmerk wird dabei insbesondere auf die Tätigkeit der deutschen Verwertungsgesellschaft Bild-Kunst gerichtet. Auch die Hintergründe der Auflösung der Ausgleichsvereinigung Kunst zum Ende des Jahres 2014 werden geschildert. Aktuelle Entwicklungsmöglichkeiten und künftige Perspektiven der kollektiven Wahrnehmung des Folgerechts werden aufgezeigt.

Zu den Begrifflichkeiten dieser Arbeit ist noch Folgendes hinzuzufügen: Während das Urhebergesetz unter Werken der bildenden Kunst auch Werke der angewandten Kunst sowie der Baukunst versteht (§ 2 Abs. 1 Nr.4 UrhG), wird im Rahmen der gesamten Darstellung der Terminus „Kunstwerk" als Oberbegriff für die unter das Folgerecht fallenden Werke verwendet. Damit sind also Werke der reinen bildenden Kunst sowie Lichtbildwerke gemeint. Auch die Bezeichnung „Künstler" bzw. „bildender Künstler" soll im weiteren Sinne als ein Sammelbegriff für die Gruppe der bildenden Künstler und Künstlerinnen sowie der Fotografen und Fotografinnen verstanden werden.

Teil 2. Grundlagen des Folgerechts

Eine Untersuchung über das Folgerecht verlangt es, sich zunächst mit dem Grundgedanken sowie der Begründung dieses Rechtsinstituts vertraut zu machen. Manche Stimmen im Schrifttum erachten das droit de suite bereits auf dieser Ebene als überflüssig und dogmatisch nicht haltbar. Daher folgt eine Schilderung der Notwendigkeit für ein Folgerecht als Beteiligungsrecht der bildenden Künstler. Seine dogmatische Herleitung aus deutscher Sicht sowie seine Stellung innerhalb des deutschen Urheberrechts werden entsprechend erörtert.

A. Grundzüge des Rechtsinstituts

Der Urheber eines Originals der bildenden Künste erhält nach der erstmaligen Veräußerung seines Werkes das Recht, auch an nachfolgenden Veräußerungen finanziell beteiligt zu werden. Diese vermögensrechtliche Befugnis wird im deutschen Urheberrecht als Folgerecht bezeichnet. Im internationalen Sprachgebrauch haben sich die Begrifflichkeiten „droit de suite“ sowie „artist's resale right“ eingebürgert.[11]

Eine ausdrückliche Regelung findet das Folgerecht auf internationaler Ebene in Art. 14 Abs. 1 der Revidierten Berner Übereinkunft zum Schutz von Werken der Literatur und Kunst (RBÜ). Die europäische Gesetzgebung macht in der Richtlinie 2001/84/EG über das Folgerecht des Urhebers des Originals eines Kunstwerks[12] Vorgaben. In Deutschland ist das Folgerecht in § 26 des Gesetzes über Urheberrecht und verwandte Schutzrechte (UrhG) normiert.

Eine gesetzliche Verankerung fand das Folgerecht erstmalig in seiner Heimat Frankreich im Jahr 1920.[13] In Deutschland wurde es 1965 eingeführt.[14] Heutzutage

---

11 *Schack*, Kunst und Recht, S. 212 Rn. 431; *Kirchner*, INTEGRU-Tagung 2009, 211 (212).

12 Richtlinie 2001/84/EG v. 27.09.2001, ABl. EG L 272 v. 13.10.2001, S. 32–36.

13 Mestmäcker/Schulze/*Müller-Katzenburg*, § 26 Rn. 1; Möhring/Nicolini/*Freudenberg*, § 26 Rn. 6; Schricker/Loewenheim/*Katzenberger*, § 26 Rn. 1; *Walter*, Folgerecht-RL, Vor Art. 1 Rn. 10; *Ehrler*, S. 30; *Lerner/ Bresler*, S.1001; Loewenheim/*Pfennig*, Handbuch des Urheberrechts, § 88, Rn. 1; *Pierredon-Fawcett*, S. 4; *Rossbach*, S. 43; *Schack*, Kunst und Recht, S. 212 Rn. 431; *Schmidt-Werthern*, S. 18f; *Schneider-Brodtmann*, S. 32,39; *Sinanidou*, S. 15; *Stokes*, S. 9; *Kirchner*, INTEGRU-Tagung 2009, 211 (213); *Koch*, UFITA Bd. 2 (1929), 279 (279); *Katzenberger*, GRUR Int 2004, 20 (22); *Katzenberger*, GRUR Int 1997, 309 (309); *Müller-Katzenburg*, Tagungsband Kunstrechtstag, 75 (77); *Ohly*, FG Schricker, 427 (433); *Pfennig*, FS Kreile, 491 (491); *Ramonbordes*, Copyright Bulletin (UNESCO) 34/2 (2000), 25 (25); *Samson*, UFITA Bd. 50 B (1967/II), 491 (498); *Ulmer*, GRUR 1974, 593 (593); *Wuenschel*, JIPLP 4 (2009), 130 (130); *Zimmerling/Felsmann*, EuZW 2002, 267 (267).

14 § 26 des Gesetzes über Urheberrecht und verwandte Schutzrechte (Urheberrechtsgesetz) vom 9. 9. 1965, BGBl. 1965 I, S. 1273; *Ohly*, FG Schricker, 427 (433); *Samson*, GRUR 1970, 449 (449); *Ulmer*, GRUR 1974, 593 (593).

haben mehr als siebzig Staaten eine Folgerechtsregelung.[15] Darunter sind die Mitgliedstaaten der Europäischen Union, dreizehn Länder in Lateinamerika, sechzehn afrikanische Länder, Australien, die Philippinen und die Russische Föderation.[16] Diskutiert wird derzeit die Einführung in den USA, Kanada und China.[17]

I. Grundgedanke des Folgerechts

Das Urheberrecht beruht auf dem Grundgedanken, den Urheber angemessen an dem wirtschaftlichen Nutzen seiner geistigen Arbeit zu beteiligen. Zulasten von bildenden Künstlern darf keine Ausnahme davon gemacht werden. Das Rechtsinstitut „Folgerecht" verfolgt daher den Leitsatz, bildende Künstler an der Wertsteigerung ihrer Originale teilhaben zu lassen.[18] Sie sollen von dem Mehrerlös profitieren, den die Eigentümer bei der Weiterveräußerung der Werke erzielen.[19]

Dies gilt insbesondere vor dem Hintergrund, dass zwischen den oft bescheidenen Lebensverhältnissen von bildenden Künstlern und den hohen Erlösen aus der Werkverwertung nach Etablierung des Werkes auf dem Kunstmarkt eine große Diskrepanz beobachtet wird.[20] Während Sammler und Kunsthändler enorme Gewinne erzielen, führen manche Künstler (und ihre Familien) eine Existenz am Rande zur Armut.[21] Viele heute bekannte Künstler verkauften ihre Originale meistens aus einer Notlage heraus und daher oft zu Preisen, die in keinem Verhältnis zu der Bedeutung der Werke standen.[22] Die Empörung, die dieser insbesondere auf dem französischen Kunstmarkt Ende des 19. Jahrhunderts deutlich zu vernehmende Kontrast auslöste, mündete in die Idee einer Beteiligung des Künstlers am späteren wirtschaftlichen Erfolg seiner Werke.[23] Das Folgerecht „federt die Kunst-Spekulation ab, denn die Profiteure müssen einen kleinen Teil ihrer [...] manchmal exorbitanten Gewinne jenen abgeben, die das Werk gemacht haben".[24]

Das Folgerecht soll die „Gerechtigkeitslücke" schließen, die entstünde, wenn der Künstler von dem späteren Gewinn ausgeschlossen bliebe.[25] Zudem soll durch

---

15 *Kumar*, Colum. J.L. & Art. 37 (2014), 443 (443f); *US Copyright Office*, Resale Royalties, S. 17.

16 *US Copyright Office*, Resale Royalties, S. 17.

17 *US Copyright Office*, Resale Royalties, S. 19.

18 Schricker/Loewenheim/*Katzenberger*, § 26 Rn. 7; *Walter*, Folgerecht-RL, Vor Art. 1 Rn. 3; *Katzenberger*, Das Folgerecht, S.1; *Gamerith*, FS Dittrich, 71 (72f); *Kirchner*, INTEGRU-Tagung 2009, 211 (212); *Müller-Katzenburg*, Tagungsband Kunstrechtstag, 75 (76); *Reddy*, Loy. L.A. Ent. L. Rev. 15 (1995), 509 (517).

19 *Kleine*, JZ 1964,1 (3).

20 *Küfner*, S. 17; *Schmidt-Werthern*, S. 18; *Banternghansa/Graddy*, S. 4; *Dietz*, ZUM 1991, 129 (129); *Katzenberger*, GRUR Int 1997, 309 (310).

21 Schricker/Loewenheim/*Katzenberger*, § 26 Rn. 7; *Passiny*, S. 8.

22 *Küfner*, S. 17; *Ohly*, FG Schricker, 427 (428).

23 *Schneider-Brodtmann*, S. 31.

24 *Gartentor*, Verdammtes Folgerecht!, Basler Zeitung v. 6.7.2007, S. 6.

25 *Lück*, GRUR Int 2007, 884 (884f); *Zimmerling/Felsmann*, EuZW 2002, 267 (267).

das Folgerecht ein Beitrag zur Absicherung des Lebensstandards von bildenden Künstlern geleistet werden.[26]

II. Beispielhafte Künstlerbiografien

Von den Befürwortern des Folgerechts wird häufig das Beispiel von Vincent van Gogh angeführt.[27] Er hat lediglich ein einziges Bild in seinem Leben verkaufen können und zwar an seinen eigenen Bruder.[28] Heutzutage erzielen seine Bilder dagegen Rekordpreise: Sein Gemälde *Portrait des Dr. Gachet* wurde im Vergleich 1990 für 82,5 Millionen Dollar versteigert.[29] Seine Werke *Selbstbildnis ohne Bart,*[30] *Portrait des Joseph Roulin,*[31] *Getreidefeld mit Zypressen,*[32] *Schwertlilien,*[33] *Junge Bäuerin mit Strohhut, vor einem Weizenfeld sitzend,*[34] *Die Arlesierin*[35] und *Fünfzehn Sonnenblumen in einer Vase*[36] erzielten folgende Erlöse: 71,5 Millionen Dollar, 58 Millionen Dollar, 57 Millionen Dollar, 53,9 Millionen Dollar, 47,5 Millionen Dollar, 40,3 Millionen Dollar und 39,9 Millionen Dollar.

Van Gogh stellt keinen Einzelfall dar. Renoirs' finanzielle Lage zu Lebzeiten war ähnlich bescheiden und sein Werk *Tanz im Moulin de la Galette* erreichte dagegen die Verkaufssumme von 78,1 Millionen Dollar.[37] Dasselbe gilt für die Erben der Künstler. In dem sog. „Urfall" der Folgerechtsdiskussion verdiente die Enkelin von

---

26 *Lück*, GRUR Int 2007, 884 (884f); *Zimmerling/Felsmann*, EuZW 2002, 267 (267).

27 *Graddy/Horowitz/Szymanski*, S. 41; *Müller-Katzenburg*, Tagungsband Kunstrechtstag, 75 (77).

28 *Dietz*, ZUM 1991, 129 (129).

29 *McAndrew*, The International Art Market in 2011, Tabelle S. 84; *Schack*, Kunst und Recht, S. 57 Rn. 103; *Dietz*, ZUM 1991, 129 (129).

30 http://www.artnet.com/magazine_pre2000/news/decker/adecker11-20-98.asp, zuletzt besucht am 19.03.2015.

31 *The New York Times*, How the Modern Got the van Gogh, Artikel v. 9.10.1989, http://www.nytimes.com/1989/10/09/arts/how-the-modern-got-the-van-gogh.html?src=pm&pagewanted=1, zuletzt besucht am 19.03.2015.

32 *The New York Times*, Annenberg Donates A van Gogh to the Met, Artikel v. 25.5.1993, http://www.nytimes.com/1993/05/25/arts/annenberg-donates-a-van-gogh-to-the-met.html, zuletzt besucht am19.03.2015.

33 *McAndrew*, The International Art Market in 2011, Tabelle S. 84; *FAZ*, Die Schönheitsgalerie der Auktionen, Picasso und Van Gogh sind die Stars, Artikel v. 31.12.1999, S. 56.

34 *FAZ*, Die Schönheitsgalerie der Auktionen, Picasso und Van Gogh sind die Stars, Artikel v. 31.12.1999, S. 56.

35 *Süddeutsche Zeitung*, Picasso, Picasso, Picasso, Artikel v. 5.5.2006, S. 13.

36 *McAndrew*, The International Art Market in 2011, Tabelle S. 84; *The New York Times*, Van Gogh Sets Auction Record: $39.9 Million, Artikel v. 31.3.1987, http://www.nytimes.com/1987/03/31/arts/van-gogh-sets-auction-record-39.9-million.html, zuletzt besucht am 19.03.2015.

37 *McAndrew*, The International Art Market in 2011, Tabelle S. 84; *Schack*, Kunst und Recht, S. 57f Rn. 103; *Dietz*, ZUM 1991, 129 (129).

Jean-Francois Millet ihren Unterhalt als Blumenverkäuferin in einem Varieté zur selben Zeit, als sein ursprünglich für 1.200 Francs veräußertes Gemälde *L'Angelus* für 1 Million Francs verkauft wurde.[38]

Vor diesem Hintergrund erscheint es nach dem „natürlichen Rechtsempfinden" nur gerecht, einen Teil des Gewinns aus der Weiterveräußerung der Originalwerke dem Künstler zuzugestehen sowie ihn an der Wertsteigerung der Werke auch dann zu beteiligen, wenn sich die Originale nicht mehr in seinem Eigentum befinden.[39] Dies leuchtet ohne Weiteres ein, ersetzt aber nicht eine rechtsdogmatische Begründung des Rechtsinstituts, die noch im Folgenden gegeben wird.

III. Wesensmerkmale und mögliche Ausgestaltung

Heutzutage gilt das Folgerecht als eine Rechtsfigur des Urheberrechts.[40] Schon die nationale sowie internationale Kodifizierung als Teil des Urheberrechts zeugt davon. Diese systematische Einordnung etablierte sich, nachdem die Regelung in Sondergesetzen für überflüssig gehalten und eine Lösung als steuerliche Abgabe abgelehnt worden war.[41]

Das Folgerecht kann unterschiedlich ausgestaltet sein. Allen Ausgestaltungsvarianten ist zunächst gemeinsam, dass nur die Originale urheberrechtlich geschützter Werke Gegenstand des Folgerechts sein können. Das Folgerecht kann sich dabei auf Originalwerke der Literatur, Musik, Architektur, Fotografie oder der angewandten Kunst beziehen.[42] Das übliche Anwendungsgebiet erfasst Werke der bildenden Kunst.

Das droit de suite kann diverse Arten von Weiterveräußerungen umfassen: von lediglich öffentlichen Versteigerungen, über Veräußerungen nur im Kunsthandel bis hin zu rein privaten Verkäufen.[43] Allgemein ist allerdings die Anknüpfung an eine Weiterveräußerung, der eine erste Veräußerung durch den Urheber selbst, einen Rechtsnachfolger, oder einen Vermittler im Namen des Urhebers vorausgegangen sein muss.[44] Zudem kann das Folgerecht sowohl als ein Erlösanteil, der unabhängig

---

38 *Ehrler*, S. 30; *Schneider-Brodtmann*, S. 31; *Passiny*, S. 8; *Filer*, J. Cult. Econ. 8 (1984), 1 (2); *Gamerith*, FS Dittrich, 71 (73); *Katzenberger*, GRUR Int 1973, 660 (661f); *Stanford*, Austl. Econ. Papers 42 (2003), 386 (387); *Wu*, Copyright Soc'y U.S.A. 46 (1999), 531 (534).

39 *Katzenberger*, Das Folgerecht, S.10; *Küfner*, S. 19.

40 *Ehrler*, S. 102; *Katzenberger*, Das Folgerecht, S. 64f; *Schneider-Brodtmann*, S.71f; *Passiny*, S. 19; *Koch*, UFITA Bd. 2 (1929), 279 (286).

41 *Ehrler*, S. 94ff; *Katzenberger*, Das Folgerecht, S. 64f; *Pierredon-Fawcett*, S. 21f; *Schneider-Brodtmann*, S.71f; *Filer*, J. Cult. Econ. 8 (1984), 1 (9ff).

42 *Katzenberger*, Das Folgerecht, S.3; *Schneider-Brodtmann*, S. 90; *Katzenberger*, GRUR Int 1997, 309 (309).

43 *Katzenberger*, Das Folgerecht, S.3; *Schneider-Brodtmann*, S. 90; *Wu*, Copyright Soc'y U.S.A. 46 (1998–1999), 531 (532).

44 *Katzenberger*, GRUR Int 2004, 20 (22).

vom durch die Weiterveräußerung erzielten finanziellen Gewinn berechnet wird, als auch als reiner Gewinnanteil geregelt sein.[45]

Seiner Natur nach entsteht das Recht in der Person des schöpferisch tätigen Künstlers und erlischt mit dem Ablauf der urheberrechtlichen Schutzfrist.[46] Zwischenzeitlich ist das Recht nicht übertragbar, jedoch vererblich. Die Wahrnehmung der Ansprüche aus dem Folgerecht kann durch den Berechtigten selbst, seine Rechtsnachfolger oder durch eine Verwertungsgesellschaft erfolgen.

B. Herleitung und Begründung des Rechtsinstituts

Die finanzielle Beteiligung des Künstlers am Erfolg seiner Schöpfungen wird juristisch untechnisch, wie bereits erwähnt, als Gebot der sozialen Gerechtigkeit und Billigkeit verstanden.[47] Diese Begründung stützt sich auch auf juristische Argumente, die im Folgenden dargestellt und diskutiert werden.

I. Gleichstellung von bildenden Künstlern und anderen Urhebergruppen

Das Folgerecht wird als Instrument aufgefasst, die Verwertungsmöglichkeiten der bildenden Künstler an diejenigen der anderen Urhebergruppen, insbesondere der Schriftsteller und Komponisten, anzugleichen.[48] Darin ist die Wertung zu erblicken, dass alle Urhebergruppen gleiche Partizipationsaussichten am Erfolg ihrer Werke entsprechend der Art ihres geistigen Schaffens genießen müssen. Diese Angleichungsbestrebung hat ihren Ursprung nicht nur in Art. 3 GG. Es gehört zu den wesentlichen Zielen des Urheberrechts, einen einheitlichen Maßstab für die Realisierung der wirtschaftlichen Belange der geistig schöpferisch Tätigen zu ermöglichen.

1. *Veräußerung von Unikaten als einmalige Einnahmequelle des bildenden Künstlers*

Das Urheberrecht differenziert zwischen einem geschützten Werk und seiner materiellen Verkörperung. Diese Unterscheidung verdient bei Werken der bildenden Kunst, die als Unikate erschaffen werden, eine gesonderte Betrachtung. Denn die

---

45 Schricker/Loewenheim/*Katzenberger*, § 26 Rn. 2; *Walter*, Folgerecht-RL, Vor Art. 1 Rn. 7; *Katzenberger*, Das Folgerecht, S.1; *Schneider-Brodtmann*, S. 32,90; *Sinanidou*, S. 21; *Katzenberger*, GRUR Int 1997, 309 (309); *Pfefferle*, GRUR 1996, 338 (338); *Wu*, Copyright Soc'y U.S.A. 46 (1999), 531 (532).

46 *Schneider-Brodtmann*, S. 90

47 *Ehrler*, S. 30; *Hubmann*, Das Recht des schöpferischen Geistes, S. 116; *Küfner*, S. 19; *Reinhardt*, S. 139; *Schneider-Brodtmann*, S. 31; *Stokes*, S. 4; *Gamerith*, FS Dittrich, 71 (73); *Samson*, UFITA Bd. 50 B (1967/II), 491 (497).

48 Schricker/Loewenheim/*Katzenberger*, § 26 Rn. 7.

geistige Schöpfung ist hier untrennbar mit dem materiellen Objekt verbunden. Daher ist das Original bei den bildenden Künsten die einzige vollkommene Verkörperung des Werkes.[49] Im Vergleich zu der Bedeutsamkeit dieser spezifischen körperlichen Fixierung des Werkes verblasst der künstlerische Wert von Vervielfältigungsstücken ausnahmslos.[50] Daher spielt in der bildenden Kunst die Verwertung von Reproduktionen eine untergeordnete Rolle.[51] Die Reproduktionsrechte haben mittlerweile zwar durch das vermehrte Abdrucken von Werken in Büchern und Zeitschriften sowie durch die gesteigerte Nutzung ihrer Abbildungen im Zusammenhang mit dem Internet auch für bildende Künstler an Bedeutung gewonnen.[52] Von Reproduktionsrechten profitieren bildende Künstler jedoch im Verhältnis immer noch bedeutend weniger, denn der Wert von Vervielfältigungen steht in keinem Verhältnis zum Kaufpreis des Originals.[53] Während man ein Originalbild von Pablo Picasso nur für einen mindestens sechsstelligen Betrag erwerben kann, ist ein gedrucktes Poster bereits für wenige Euro zu haben. Die Verwertung von Reproduktionen wie Postern, Kunstpostkarten und weiteren Abbildungen ist, verglichen mit der Verwertung des Originals, nur mit geringen finanziellen Vorteilen für den bildenden Künstler verbunden.[54] Sie kann keineswegs die finanzielle Beteiligung an der Veräußerung des Originals ersetzen. Denn die Verwertung von Reproduktionen erfasst eine andere Art an Nutzungsvorgängen, die mit der Veräußerung ökonomisch nicht vergleichbar sind. Während bei anderen Werkgattungen der Gesamtwert eines Werkes sich aus der Summe der verkauften Vervielfältigungsexemplare ergibt, zeigt sich der Wert eines Originals aufgrund seiner Einmaligkeit oder Zugehörigkeit zu einer begrenzten Auflage nur bei seiner Veräußerung.[55] Im Unterschied zu anderen Urhebern können bildende Künstler daher die Originale ihrer Werke als Einzelstücke nur einmal verwerten. Massenproduktion und Massenverwertung des körperlichen Originalstücks sind somit ausgeschlossen.

Da nur das Original den vollen Werkgenuss verschaffen kann, macht sich die Wertsteigerung des Werkes im Grunde nur im Ansteigen des Marktwerts des Originals bemerkbar.[56] Befindet sich das Originalwerk nicht mehr im Eigentum des

---

49 *Reddy*, Loy. L.A. Ent. L. Rev. 15 (1995), 509 (517f).

50 *Stöhr*, S. 54.

51 *Europäisches Parlament*, Bericht, S. 4; *Katzenberger*, Das Folgerecht, S.11; *Küfner*, S. 20; *Schneider-Brodtmann*, S. 71; *Wiesner*, S. 79; *Gamerith*, FS Dittrich, 71 (79); *Perlmutter*, Colum. J.L. & Art. 16 (1992), 395 (395); *Pfennig*, FS Kreile, 491 (491); *US Copyright Office*, Resale Royalties, S. 31.

52 Hoeren/Holznagel/Ernstschneider/*Pfennig*, S. 155.

53 *Ehrler*, S. 71; *Mione*, Cardozo J. Int'l & Comp. L. 21 (2013), 461 (488).

54 *Schack*, ZUM 2008, 817 (817).

55 *Pierredon-Fawcett*, S. 29.

56 Fromm/Nordemann/*Nordemann-Schiffel*, § 26 Rn. 1; Schricker/Loewenheim/*Katzenberger*, § 26 Rn. 7; *Katzenberger*, Das Folgerecht, S.11; *Schneider-Brodtmann*, S. 71; *Katzenberger*, GRUR Int 1997, 309 (310); *Müller-Katzenburg*, Tagungsband Kunstrechtstag, 75 (77).

Künstlers, ist die Partizipation am gesteigerten Marktwert für den Urheber nicht mehr möglich.[57] Die Erlösmöglichkeiten des Künstlers an seinem Originalwerk sind mit dem Erstverkauf weitgehend ausgeschöpft.[58] Diese einmalige Veräußerung bleibt die bedeutendste Einnahmequelle des bildenden Künstlers.[59] Dadurch sind bildende Künstler von den Wertsteigerungen, die das Werk nach dem ersten Verkauf auf dem Kunstmarkt erfährt, praktisch ausgeschlossen.[60] Dies entspricht jedoch keineswegs dem Grundsatz, den Urheber tunlichst an der wirtschaftlichen Nutzung seiner Werke zu beteiligen.[61] Das Folgerecht bietet eine Möglichkeit, diese tatsächliche Benachteiligung von Werken der bildenden Künste im Rahmen der Werkverwertung zu überwinden.[62]

2. Fortlaufende Partizipation der Urheber an der Verwertung anderer Werkarten

Andere Urheber verdienen dagegen fortlaufend und lebenslang an ihren Schöpfungen. Ihre Verwertungsmöglichkeiten unterscheiden sich wesentlich von den Verwertungsoptionen der bildenden Künstler.[63] Denn ihre Werke können in zahlreichen Exemplaren verbreitet, an verschiedenen Orten aufgeführt, vorgeführt, gesendet oder anderweitig genutzt werden.[64] Schriftsteller bekommen beispielsweise Tantiemen für jede Neuauflage; Komponisten verdienen bei jeder Aufführung oder Ausstrahlung; an einem Filmwerk beteiligte Urheber erhalten Wiederholungshonorare.[65]

Dies ist darauf zurückzuführen, dass Vervielfältigungsstücke anderer Werkarten mit der ursprünglichen Verkörperung gleichwertig sind.[66] Schriftsteller und

---

57 *Wiesner*, S. 79.

58 *Ellins*, S. 316; *Schneider-Brodtmann*, S. 32; *Rehbinder/Klingner*, UFITA Bd. 137 (1998), 5 (22); *Reddy*, Loy. L.A. Ent. L. Rev. 15 (1995), 509 (517); *Schack*, ZUM 2008, 817 (817); *US Copyright Office*, Resale Royalties, S. 36.

59 *Becker*, S. 9*; *Ehrler*, S. 32; Hoeren/Holznagel/Ernstschneider/*Gusia*, S. 97; *Lerner/Bresler*, S.1001; *Wiesner*, S. 79; *Katzenberger*, GRUR Int 1997, 309 (310); *Lück*, GRUR Int 2007, 884 (884); *Meyer*, KUR 2008, 71 (71); *Müller-Katzenburg*, Tagungsband Kunstrechtstag, 75 (76).

60 Loewenheim/*Pfennig*, Handbuch des Urheberrechts, § 88, Rn. 2; *Müller-Katzenburg*, Tagungsband Kunstrechtstag, 75 (77); *Pfennig*, FS Kreile, 491(491).

61 *Rehbinder/Klingner*, UFITA Bd. 137 (1998), 5 (22); *US Copyright Office*, Resale Royalties, S. 31f.

62 RL 2001/84/EG Erwägungsgrund 3; Möhring/Nicolini/*Freudenberg*, § 26 Rn. 3; *Müller-Katzenburg*, Tagungsband Kunstrechtstag, 75 (77); *Zimmerling/Felsmann*, EuZW 2002, 267 (267).

63 *Perlmutter*, Colum. J.L. & Art. 16 (1992), 395 (400).

64 Dreier/*Schulze*, § 26 Rn. 1; *Ellins*, S. 316; *Pfennig*, FS Kreile, 491 (491); *Wuenschel*, JIPLP 4 (2009), 130 (131).

65 *Rehbinder/Klingner*, UFITA Bd. 137 (1998), 5 (22f).

66 *Koch*, UFITA Bd. 2 (1929), 279 (284).

Komponisten sind im Vergleich zu bildenden Künstlern nicht auf die Veräußerung der Originalpartitur oder des Originalmanuskripts als Einnahmequelle angewiesen,[67] denn diese Werkstücke stellen lediglich eine von vielen Verkörperungsmöglichkeiten der Werke dar.[68] Dabei vermittelt jedes beliebige Vervielfältigungsstück den vollen Werkgenuss.[69] Das Originalmanuskript oder die Originalpartitur verkörpern keinen höheren künstlerischen Wert,[70] sondern haben lediglich einen besonderen Liebhaberwert als Erinnerungsstück an den Schöpfer.[71] In diesem Sinne eignen sich andere Werkkategorien ohne Weiteres für eine fortlaufende Massenreproduktion.[72] Die neuen Medien und Technologien haben die Zahl an Vervielfältigungs- und Verbreitungsmöglichkeiten literarischer und musikalischer Werke sowie die Einnahmen aus der Verwertung dieser Werke zudem immens gesteigert.[73] Mit anderen Worten bietet der Romanautor dasselbe Buch in Millionenauflage auf dem Markt an, der Filmemacher verbreitet Millionen von DVDs und Blu-ray Discs und der Songwriter autorisiert Millionen von Downloads oder Streams. In all diesen Fällen bekommt der Erwerber dasselbe Werk, welches mit dem Original gleichwertig ist, und der Rechteinhaber erhält eine materielle Kompensation für jeden einzelnen Nutzungsvorgang.[74] Auch die Möglichkeit an Bearbeitungen eines vom Erfolg gekrönten Werkes zu verdienen, wird heutzutage zunehmend in Anspruch genommen. Das Werk wird umfassend kommerzialisiert: der Romanautor tritt Rechte an den Verleger ab, kann von der Bearbeitung eines Drehbuchautors profitieren oder an den Filmrechten verdienen.[75]

Die Herstellung und Verbreitung von Vervielfältigungsstücken sowie die Möglichkeiten zur öffentlichen Wiedergabe wachsen zudem stetig mit zunehmender Bekanntheit der Urheber. Die Verbreitung von weiteren Kopien erhöht erneut die Popularität des Urhebers und spiegelt sich in der Steigerung der Verkaufszahlen.[76] Dadurch steigt auch die Höhe der Tantiemen und Honorare dauernd an.[77] Auf diese Art und Weise partizipieren die anderen Urhebergruppen fortlaufend am wachsenden wirtschaftlichen Erfolg ihrer Werke.[78]

67 *Pierredon-Fawcett*, S. 71f; *Schneider-Brodtmann*, S. 79; *Gaster*, FS Dittrich, 91 (105).
68 *Pierredon-Fawcett*, S.71; *Schneider-Brodtmann*, S.79.
69 *Schneider-Brodtmann*, S.79.
70 *Pierredon-Fawcett*, S. 71.
71 *Pierredon-Fawcett*, S.71f; *Schneider-Brodtmann*, S.79.
72 *Reddy*, Loy. L.A. Ent. L. Rev. 15 (1995), 509 (517).
73 *Ehrler*, S. 70.
74 *US Copyright Office*, Resale Royalties, S. 10.
75 *US Copyright Office*, Resale Royalties, S. 10.
76 *Perlmutter*, Colum. J.L. & Art. 16 (1992), 395 (403).
77 *Ehrler*, S. 69; *Gamerith*, FS Dittrich, 71 (79); *Katzenberger*, GRUR Int 2004, 20 (23); *Katzenberger*, GRUR Int 1997, 309 (310).
78 Mestmäcker/Schulze/*Müller-Katzenburg*, § 26 Rn. 4; Schricker/Loewenheim/*Katzenberger*, § 26 Rn. 7; *Ehrler*, S. 69; *Schneider-Brodtmann*, S. 79; *Stokes*, S. 5; *Gamerith*, FS Dittrich, 71 (79).

3. *Das Folgerecht als Ausgleichsinstrument*

Zusammenfassend kann ein eindeutiges Ungleichgewicht zwischen den Partizipationsmöglichkeiten der unterschiedlichen Urhebergruppen festgestellt werden.[79] Während die anderen Urheber an der wiederholten Nutzung ihrer reproduzierten Werke durch das Massenpublikum verdienen, hängt der Verdienst des bildenden Künstlers von den vereinzelten Verkäufen seiner Originale ab.[80] Zwischen den Verwertungsmöglichkeiten von bildenden Künstlern und den anderen Urhebergruppen, die immer wieder neue sowie oft steigende Einnahmen aus der fortgesetzten Verwertung ihrer Werke erzielen, liegt eine tiefe Kluft.[81] Die Eigenart der Erschaffung und Verbreitung von Werken der bildenden Kunst stellt das Urheberrecht somit vor eine ganz besondere Herausforderung.

Das Folgerecht versucht, einen Ausgleich zwischen den wirtschaftlichen Verdienstmöglichkeiten der bildenden Künstler und den anderen Kunstschaffenden herzustellen.[82] Denn eine Partizipation der bildenden Künstler an der späteren Wertsteigerung erscheint ohne das Folgerecht nicht möglich.[83] Diesen faktischen Verwertungsnachteil gilt es zu kompensieren.[84] Wie bereits *Pierredon-Fawcett* feststellte: „The droit de suite, a counterpart of the performance and reproduction rights, thus is an author's right adapted to the special mode of creation involved in the graphic and plastic arts".[85] Das Folgerecht erweist sich damit als ein Instrument, den bildenden Künstlern die Chance zu gewähren, aus der Nutzung ihrer Werke gleichermaßen wie andere Urhebergruppen Einnahmen zu erzielen.[86]

II. Das Versagen des Kunstmarktes beim Erstverkauf

Nicht nur wird der bildende Künstler an der Verwertung seiner Werke nicht fortlaufend beteiligt, er bekommt auch keine annähernd angemessene Entlohnung für

---

79 *Schneider-Brodtmann*, S. 32; *Wiesner*, S. 79.

80 *Reddy*, Loy. L.A. Ent. L. Rev. 15 (1995), 509 (518);

81 *Wiesner*, S. 79; *Mione*, Cardozo J. Int'l & Comp. L. 21 (2013), 461 (463); *US Copyright Office*, Resale Royalties, S. 31; Weitere Argumentation zu dem Vergleich zwischen bildenden Künstlern und anderen Urhebergruppen bei *Ehrlers*, S. 69ff.

82 Erwägungsgrund 3 RL 2001/84/EG v. 27.09.2001, ABl. EG L 272 v. 13.10.2001, S. 32 (32); *Graddy/Horowitz/Szymanski*, S. 43; *Meyer*, KUR 2008, 71 (71); *Wuenschel*, JIPLP 4 (2009), 130 (131).

83 Erwägungsgrund 3 RL 2001/84/EG v. 27.09.2001, ABl. EG L 272 v. 13.10.2001, S. 32 (32); *Dreyer*/Kotthoff/Meckel, I § 26 Rn. 7; Schricker/Loewenheim/*Katzenberger*, § 26 Rn. 7; *Küfner*, S. 20; *Pfennig*, FS Kreile, 491 (492).

84 *Dreyer*/Kotthoff/Meckel, I § 26 Rn. 7; Möhring/Nicolini/*Freudenberg*, § 26 Rn. 3; *Lerner/ Bresler*, S.1001; *Schmidt-Werthern*, S. 20; *Sinanidou*, S. 55; *Stöhr*, S. 54; *Katzenberger*, GRUR Int 2004, 20 (23); *Pfennig*, FS Kreile, 491 (492).

85 *Pierredon-Fawcett*, S. 29.

86 Ebling/*Schulze*, S. 84, Rn. 335.

seine geistige Schöpfung beim Erstverkauf.[87] Denn der wahre Wert eines Kunstwerkes wird oft erst dann erkannt, wenn der Künstler selbst nicht mehr Eigentümer ist.[88] Mit dem ersten Verkaufserlös wird in diesem Sinne der gerechte Lohn des Urhebers gerade nicht erzielt.[89] Es besteht jedoch Einigkeit darüber, dass der bildende Künstler für sein Originalwerk auch ein gerechtes Entgelt verdient hat. Daher erscheint auch eine gesetzliche Regelung notwendig, die einen wirtschaftlichen Ausgleich herzustellen vermag.

Die Preisbildung bei Werken der bildenden Kunst gehorcht eigenen Regeln, die von den üblichen Maßstäben der Marktwirtschaft abweichen. Ein adäquater wirtschaftlicher Ausgleich für den Künstler zwischen Erstverkaufspreis und späteren Wertsteigerung kann nur an den Besonderheiten gemessen werden, die diese Preisbildungs- und Preisentwicklungsregeln aufzwingen. In diesem Sinne gebietet sich an dieser Stelle ihre Erörterung.

1. Besondere Preisbildungsregeln des Kunstmarktes

Allgemein dient die Produktion von Wirtschaftsgütern der Befriedigung eines gegenwärtigen Bedarfs und bestimmt durch das Wechselspiel von Angebot und Nachfrage sofort und endgültig den angemessenen Preis eines Produktes.[90] Daher wird beispielsweise eine Massenproduktion nur dann betrieben, wenn für sie hinreichend Nachfrage besteht und der darin investierte Aufwand entsprechend wirtschaftlich entlohnt wird.[91]

Dieser Mechanismus der Preisbildung versagt jedoch bei Kunstwerken.[92] Denn letztere können anderen Wirtschaftsgütern nicht gleichgestellt werden.[93] Im Vergleich zu üblichen Waren des Güterverkehrs bezweckt ihre Herstellung nicht die Befriedigung des alltäglichen Bedarfs.[94] Gerade bedeutende Geistesschöpfungen werden aus innerem Antrieb und ohne Rücksicht auf den Zeitgeschmack – nicht selten in Vorausschau künftiger Entwicklungen – geschaffen.[95] Bis das Kunstpublikum das „Genie" des Künstlers erkannt hat, vergeht oft eine lange Zeit – und es dauert unter Umständen noch länger, bis jemand das Werk erwerben will.[96] Vielfach entsteht dieses Bedürfnis erst nach nachhaltiger „Beeinflussung und Weiterbildung des Zeitgeschmacks" durch den Künstler, welches daraufhin zu einer angemessenen

---

87 *Graddy/Horowitz/Szymanski*, S. 43.
88 *Katzenberger*, Das Folgerecht, S.10; *Schneider-Brodtmann*, S. 32.
89 Hoeren/Holznagel/Ernstschneider/*Gusia*, S. 97; *Katzenberger*, Das Folgerecht, S.10; *Schmidt-Werthern*, S. 19.
90 *Schiefler*, UFITA Bd. 31 (1960), 177 (184).
91 *Koch*, UFITA Bd. 2 (1929), 279 (284).
92 *Schiefler*, UFITA Bd. 31 (1960), 177 (184).
93 *Koch*, UFITA Bd. 2 (1929), 279 (284).
94 *Koch*, UFITA Bd. 2 (1929), 279 (283).
95 *Schiefler*, UFITA Bd. 31 (1960), 177 (184).
96 *Schiefler*, UFITA Bd. 31 (1960), 177 (184).

Bewertung seiner Werke führt.[97] Dieses Phänomen ist bekannt als die „zeitliche Verschiebung von Angebot und Nachfrage auf dem Kunstmarkt".[98]

Bedeutende Künstler stoßen zu Lebzeiten oft auf Unverständnis, da sie ihrer Zeit weit vorauseilen.[99] Und selbst der genialste Künstler erntet gerade als Anfänger in der Regel nicht gleich Anerkennung.[100] Er ist häufig zunächst gezwungen, – um seine Werke überhaupt auf den Markt zu bringen – sie für einen Spottpreis zu verkaufen.[101] Der bildende Künstler kann nur dann einen angemessenen Lohn für seine geistigen Schöpfungen erhalten, wenn er an der späteren Wertsteigerung seiner Werke beteiligt wird.[102] Nur auf diese Weise wird diesem sog. „Marktversagen" entgegengewirkt.[103]

Manche Autoren behaupten, es bestehe kein Bedürfnis für ein Folgerecht, da der bildende Künstler von der Werterhöhung seiner veräußerten Werke hinreichend dadurch profitiere, dass dadurch auch der Wert seines gesamten Œuvres, einschließlich seiner noch unveräußerten Kunstwerke, erhöht werde.[104] Dem ist nicht zuzustimmen.[105] Der Wertanstieg von bereits veräußerten Werken, zu denen auch einzelne „Meisterwerke" gehören können, wird damit nicht ausgeglichen. Zudem tritt die vollständige Etablierung auf dem Kunstmarkt häufig erst dann ein, wenn die stärkste Schaffensphase des Künstlers bereits zu Ende ist oder der Künstler verstorben ist. Gerade diejenigen Künstler, die zunächst wenig Anklang finden, profitieren besonders durch das Folgerecht von der Wertsteigerung ihrer Werke aus früheren Schaffensphasen.[106]

2. Leistung des Schöpfers als Grund späterer Wertsteigerungen

Der spätere Wertanstieg eines Kunstwerks findet seine Begründung oft in der Persönlichkeit beziehungsweise der Leistung des Schöpfers.[107] Die Gesamtschätzung des Œuvres eines Künstlers bestimmt primär den Wert jedes einzelnen seiner

97 *Koch*, UFITA Bd. 2 (1929), 279 (284).

98 *Katzenberger*, Das Folgerecht, S.10; *Reinhardt*, S. 16; *Passiny*, S. 9; *Schiefler*, UFITA Bd. 31 (1960), 177 (184); *Troller*, UFITA Bd. 21 (1956), 216 (216).

99 *Reinhardt*, S. 15.

100 *Reinhardt*, S. 17.

101 *Reinhardt*, S. 17.

102 *Schiefler*, UFITA Bd. 31 (1960), 177 (184).

103 *Sinanidou*, S. 21; *Passiny*, S. 7; *Schmidtchen/Konald/Kirstein*, FS Fikentscher, 774 (778).

104 *Merryman*, UFITA Bd. 124 (1994), 199 (207); *Petty*, Wm. & Mary Bill Rts. J. 22 (2014), 977 (1004ff).

105 *Reinhardt*, S. 139; *Schneider-Brodtmann*, S. 31; *Thum*, GRUR Int 1997, 330 (334).

106 *Pfennig*, FS Kreile, 491 (493).

107 Regierungsentwurf 1962, BT Drucks. IV/270, S. 30; *Ehrler*, S. 80; Hoeren/Holznagel/Ernstschneider/*Gusia*, S. 97; *Katzenberger*, Das Folgerecht, S.11; *Küfner*, S. 17f; *Pierredon-Fawcett*, S. 2; *Reinhardt*, S. 139; *Schneider-Brodtmann*, S. 32; *Wiesner*, S. 81; *Graddy/Horowitz/Szymanski*, S. 42.

Werke.[108] Insbesondere wächst der Ruf eines Künstlers mit dem Fortschreiten seines Schaffens.[109] Je mehr Werke von hoher Qualität er erschafft, desto mehr erhöht sich auch seine Popularität.[110] Mit wachsender Bekanntheit oder gar Berühmtheit des Künstlers steigt auch der Preis seiner früheren Werke oft um das Mehrfache an.[111]

Der Preis eines Werkes der bildenden Künste erhöht sich mit zunehmender ästhetischer Schätzung des Künstlers durch die Kunstexperten.[112] Diese ästhetische Schätzung eines zeitgenössischen Künstlers auf dem Markt wird zusätzlich zu seiner Angehörigkeit zu einer Stilrichtung, auch durch die Kumulation seines Œuvres in der Zeit beeinflusst.[113] Als Kriterien für die ästhetische Schätzung eines Künstlers werden die Anzahl seiner Allein- und Gruppenausstellungen sowie Ehrungen herangezogen.[114] Zudem je länger die Zeit, die seit der ersten Ausstellung des Künstlers vergangen ist, als desto beständiger gilt sein Ruf.[115] Die Entfaltung des Urhebers in mehreren Kunstformen der bildenden Kunst (Malerei, Grafik, Skulptur) bringt auch mehr Aufmerksamkeit und Ruhm.[116]

Bis sich der Künstler einen Ruf gebildet hat, Anerkennung und Berühmtheit erlangt, müssen üblicherweise vier Etappen seiner Karriere durchlaufen werden.[117] Zunächst fangen andere Künstler an das Werk des Künstlers zu schätzen und erkennen seinen Talent an; danach beginnen ernsthafte Kunstkritiker, sich für das Werk des Künstlers zu interessieren und diskutieren es öffentlich; erst im weiteren Verlauf verdient sich der Künstler die Aufmerksamkeit von Händlern und Sammlern und ganz am Ende erlangt er Bekanntheit in der breiten Öffentlichkeit.[118] Zwischen diesen Phasen der Rufbildung vergehen oft nicht nur Jahre, sondern auch Jahrzehnte.

Wenn man es auf den Punkt bringen möchte, kann man diese Preisentwicklung wie folgt zusammenfassen: "If a painting, which was initially bought for a few francs, later commands high sales prices, it is not because the painting improved with age. It is only because the author, who was unknown or unappreciated when he sold it, became famous and because that fame affects each of his works to which

108 *Weatherall*, S. 11.
109 Möhring/Nicolini/*Freudenberg*, § 26 Rn. 5; Wandtke/*Bullinger*, § 26 Rn. 2; *Katzenberger*, Das Folgerecht, S.11; *Küfner*, S. 18; *Schneider-Brodtmann*, S. 32; *Weatherall*, S. 10; *Passiny*, S. 10; *Schneider-Brodtmann*, NJW 2009, 740 (740).
110 *Weatherall*, S. 11.
111 *Ehrler*, S. 80; *Hubmann*, Das Recht des schöpferischen Geistes, S. 116; *Küfner*, S. 18; *Weatherall*, S. 10f.
112 *Frey/Pommerehne*, S. 89.
113 *Frey/Pommerehne*, S. 83.
114 *Frey/Pommerehne*, S. 83.
115 *Frey/Pommerehne*, S. 83.
116 *Frey/Pommerehne*, S. 83.
117 *Reutter*, Vill. Sports & Ent. L.J. 8 (2001), 99 (114).
118 *Reutter*, Vill. Sports & Ent. L.J. 8 (2001), 99 (114f).

each new success gives a new value."[119] So wird bestimmten Werken der reinen bildenden Kunst einen Wertzuwachs von mehr als 10 % jährlich zugesprochen.[120]

Ohne das Folgerecht würde dieser Gewinn, der auf dem Schaffen des Künstlers beruht, lediglich anderen Kunstmarktbeteiligten zugutekommen.[121] Dieser Umstand würde jedoch jeglichem Gerechtigkeits- sowie Rechtsgefühl widersprechen.[122] Da die Wertsteigerung durch den steigenden Ruf des Künstlers verursacht wird, sollte – auch vom ethischen Standpunkt her gesehen – zumindest ein Anteil der erzielten Werterhöhung dem Künstler selbst gebühren.[123] Diese Überlegungen beruhen auf den Grundsatz der faktischen Kausalität[124] und entspringen entgegen der Ansicht mancher Gegner des Folgerechts nicht der reinen „Sentimentalität".[125] Es handelt sich dabei nicht um eine Art der Wiedergutmachung, die eine bessere soziale Gerechtigkeit herstellen soll.[126] Vielmehr ist die Ursache der häufig rasanten Wertsteigerungen von Originalen der bildenden Kunst das relevante Kriterium für die materielle Zuordnung dieses Wertanstiegs. Der Grund liegt selten in der Person oder den Bemühungen des Werkeigentümers; vielmehr ist dieser in der untrennbaren Verbindung zwischen Werk einerseits und Persönlichkeit, schöpferischem Genie und Anstrengungen des Künstlers andererseits zu finden.[127] Denn zu den sozialpolitischen Zielen des Urheberrechts gehört auch eine Verteilungsgerechtigkeit, bei der Marktergebnisse nach dem Verursacherprinzip zugerechnet werden müssen.[128] In diesem Lichte erscheint die Partizipation des bildenden Künstlers an der Wertsteigerung seiner Originale als rechtlich und wirtschaftlich geboten.

Auch in Fällen, in denen die Wertsteigerung ihre Ursache nicht ausschließlich in der Leistung des Schöpfers findet, sondern eher auf aktuelle Kunstmode, entsprechende Vermarktung oder wirtschaftliche Spekulationen zurückzuführen ist, darf der Schöpfer vom Gewinn nicht ausgeschlossen bleiben.[129] Im Vergleich zu den Wertsteigerungen bei anderen Wirtschaftsgütern lassen sich die ungewöhnlichen Preissteigerungen bei Werken der bildenden Kunst nicht allein durch Spekulation,

---

119 *José Théry* in *Pierredon-Fawcett,* S. 12

120 *US Copyright Office,* Resale Royalties, S. 11.

121 *Hubmann,* Das Recht des schöpferischen Geistes, S. 116; *Wiesner,* S. 81.

122 *Hubmann,* Das Recht des schöpferischen Geistes, S. 116; *Reinhardt,* S. 139; *Wiesner,* S. 81.

123 *Hubmann,* Das Recht des schöpferischen Geistes, S. 117; *Küfner,* S. 18; *Graddy/Horowitz/Szymanski,* S. 44.

124 *Reddy,* Loy. L.A. Ent. L. Rev. 15 (1995), 509 (517).

125 *Pierredon-Fawcett,* S. 8 sowie S.11.

126 *Pierredon-Fawcett,* S.11.

127 *Pierredon-Fawcett,* S.11; *Reddy,* Loy. L.A. Ent. L. Rev. 15 (1995), 509 (517).

128 *Bing,* S. 55.

129 *Katzenberger,* Das Folgerecht, S.11; *Reinhardt,* S. 139; *Schiefler,* UFITA Bd. 31 (1960), 177 (185).

Werbung, Sammlerleidenschaft und ähnliche Faktoren erklären.[130] In der Regel steigen dauerhaft die Verkaufserlöse nur derjenigen Werke, deren künstlerische Qualität den Durchschnitt überragt.[131] Die kurzweiligen Ausnahmen von dieser Regel, wie beispielsweise „modische" Erscheinungen auf dem Kunstmarkt unabhängig vom künstlerischen Können, begründen keine Zweifel an dieser Feststellung als Regel.[132] Die dauerhafte Wertsteigerung eines Kunstwerkes ist gerade der Beweis dafür, dass die schöpferische Leistung des Künstlers bei der Erstveräußerung finanziell nicht entsprechend gewürdigt wurde.[133]

3. Geltung im Medienzeitalter

Die dargestellten Preisbildungsregeln und -kriterien sollten allerdings auf ihre Aktualität überprüft werden. Das Folgerecht darf im Digital- und Medienzeitalter nicht lediglich auf einer romantischen Nostalgie basieren.[134] Ob Angebot und Nachfrage zeitlich verschoben sind – was noch die Mitte des 20. Jahrhunderts galt –, darf heutzutage durchaus hinterfragt werden. Eine nähere Beleuchtung der gegenwärtigen Geltung dieser Maßstäbe erscheint notwendig.

a) Der hungernde Künstler

In den Ursprüngen des Folgerechts war der Mythos des „starving genius artist" populär, der während seines Lebens zu verhungern drohte und erst nach seinem Tod unglaublichen Ruhm erfuhr.[135] Von diesem „starving artist phenomenon" waren zwischen 1840 und 1890 einige bedeutende Künstler wie Méryon und, wie anfangs erwähnt, van Gogh betroffen.[136] Die Idee hinter dem Folgerecht war es, eine Ausbalancierung der Verteilung des neu gewonnenen Reichtums zwischen Urhebern und Sammlern zu erreichen.[137] Denn das Missverhältnis zwischen "the poverty of artists and the wealth of collectors" war im Bewusstsein der Bevölkerung besonders präsent.[138]

Die Kunstwelt hat sich jedoch verändert, und das Klischee des hungernden Künstlers ist nicht mehr allgemein gültig.[139] *Merryman* sieht die Begründung des

---

130 *Schiefler*, UFITA Bd. 31 (1960), 177 (183); zum Teil a.A. *Merryman*, UFITA Bd. 124 (1994), 199 (205ff).
131 *Schiefler*, UFITA Bd. 31 (1960), 177 (183).
132 *Schiefler*, UFITA Bd. 31 (1960), 177 (184).
133 *Schiefler*, UFITA Bd. 31 (1960), 177 (184).
134 *Graddy/Horowitz/Szymanski*, S. 45; *Carleton*, Cornell L. Rev. 76 (1991), 510 (537); *Goetzl/Sutton*, Colum. J.L. & Art. 9 (1985), 15 (41); *Perlmutter*, Colum. J.L. & Art. 16 (1992), 395 (412); *US Copyright Office*, Droit de Suite, S. 140.
135 *Graddy/Horowitz/Szymanski*, S. 41.
136 *Weatherall*, S. 4.
137 *Graddy/Horowitz/Szymanski*, S. 41.
138 *Graddy/Horowitz/Szymanski*, S. 41.
139 *Wu*, Copyright Soc'y U.S.A. 46 (1999), 531 (537).

Folgerechts in „stereotypes derived from a sentimentally appealing but seriously misleading folklore".[140] Im Vergleich zum 19. Jahrhundert vergehe eine deutlich kürzere Zeit zwischen der anfänglichen Schaffensphase des Künstlers und seiner Etablierung auf dem Kunstmarkt.[141] Der zukünftige Wert eines Kunstwerkes sei heutzutage schneller absehbar.[142] Erfolgreiche Künstler werden zu Lebzeiten berühmt und erreichen ihren Reichtum viel schneller als in früheren Epochen.[143] Der Kunstmarkt reagiere viel schneller und die Diskrepanz zwischen Erstverkaufspreis und späteren Erlösen habe sich im Vergleich zu vorherigen Jahrhunderten verringert.[144]

b) Der Superstar-Millionär

Viele Gegenwartskünstler verdienen mit ihrer Kunst Millionen, wie beispielsweise Hockney, Lichtenstein und Rauchenberg.[145] *The Scream* von Edvard Munch brachte 2012 bei Sotheby's 120 Millionen Euro ein.[146] Bilder von Rothko, Lichtenstein, Warhol und Bacon verkauften sich in New York für jeweils über 40 Millionen Euro.[147] *Merryman* äußert sich als bekannter Gegner des Folgerechts daher spöttisch: "Picasso and Warhol were billionaires. Damien Hirst's works bring multi-million dollar prices. Where is the evidence of unfairness?"[148]

Solche Preisentwicklungen bei bestimmten Künstlern sind heutzutage auf den sogenannten „celebrity cult" zurückzuführen.[149] Manche Künstler gelten als Superstars in der Mediengesellschaft und ihre Werke werden aufgrund dessen bevorzugt und für Rekordsummen gekauft. Bekannt ist in diesem Sinne auch der Begriff „Warholian influence", bezeichnend „certain artists gaining unprecedented fame and prices from associations with celebrity buyers".[150]

Auch die neue Generation der Kunstsammler sucht nach ganz besonderen Stücken als Trophäen und gilt in der Branche als „magazine-led or prone to buying for fashion".[151] Diese neue Generation Künstler und Sammler wurde immer mehr

---

140 *Merryman*, UFITA Bd. 124 (1994), 199 (200).
141 *Hansmann*, Paper 250, S. 5, Fn. 7; *Schmidtchen/Konald/Kirstein*, FS Fikentscher, 774 (779), Fn. 15.
142 *Hansmann*, Paper 250, S. 5 Fn. 7; *Schmidtchen/Konald/Kirstein*, FS Fikentscher, 774 (779), Fn. 15.
143 *Becker*, S. 32; *Stokes*, S. 9; *Merryman*, UFITA Bd. 124 (1994), 199 (205).
144 *Hansmann*, Paper 250, S. 5, Fn. 7.
145 *Ehrler*, S. 69.
146 *McAndrew*, The Global Art Market in 2013, S. 2.
147 *McAndrew*, The Global Art Market in 2013, S. 2.
148 *Stoilas*, http://www.theartnewspaper.com/articles/US-Congress-lobbied-over-resale-rights/24284, zuletzt besucht am 23.06.2014; so in etwa auch *Merryman*, UFITA Bd. 124 (1994), 199 (205).
149 *McAndrew*, The International Art Market in 2011, S. 117.
150 *McAndrew*, The International Art Market in 2011, S. 118.
151 *McAndrew*, The International Art Market in 2011, S. 121f.

ein Teil der aufregenden und modischen Luxus- und Entertainmentwelt.[152] Seit der Kunstmarktkrise 2009 wird jedoch einen Abkehr von dieser Entwicklung beobachtet: Die Sammler besännen sich auf Werke mit geschichtlicher Bedeutung zurück.[153]

c) Überholung der bisherigen Preisbildungsregeln

Vor diesem Hintergrund ist fraglich, ob die bisherigen Preisbildungsregeln auf dem Kunstmarkt als überholt angesehen werden müssen. Sind die zeitliche Verschiebung von Angebot und Nachfrage, das Marktversagen beim Erstverkauf und die zeitlich versetzte Steigerung des Rufs eines Künstlers lediglich Überbleibsel aus der Zeit vor der Vernetzung der Menschheit durch den weltweiten, digitalen und mobilen Informationsaustausch? Ist heutzutage der hungernde Künstler oder der Superstar-Künstler die Regel?

Offensichtlich handelt es sich bei beiden Phänomenen nicht um den durchschnittlichen Künstler. Sowohl die Verfechter als auch die Kritiker des Folgerechts bedienen sich extremen Beispielen, um ihre Positionen hartnäckig zu belegen. Beide Gegensätze dürften jedoch eher die Ausnahme als die Regel repräsentieren. Für die Gruppe der bildenden Künstler existiert heutzutage eine vielseitige Förderung und die Mehrheit der bildenden Künstler lebt in Europa über dem Existenzminimum.[154] Manche Autoren schreiben dem Phänomen des „armen verkannten Künstlers" auch für die Vergangenheit keine allgemeine Geltung zu.[155] Viele Künstler genossen durchaus schon in der Renaissance ein gutes Lebensstandard und hatten ein beträchtliches Vermögen (beispielsweise Filippino Lippi, Leonardo da Vinci, Raphael und Tizian).[156] Die genannte namentliche Aufzählung der durch ihre Kunst reich gewordenen Maler spricht jedoch dafür, dass Letztere auch nicht in der Mehrheit waren. Denn in diesen Zeitepochen haben weitaus mehr bildende Künstler Werke erschaffen, die zu ihren Lebzeiten nicht dermaßen bekannt und erfolgreich waren. Auch erfolgreiche Vertreter der modernen und zeitgenössischen Kunst, wie Pablo Picasso, Marc Chagall und Joseph Beuys,[157] können nicht als Repräsentanten der Mehrheit der bildenden Künstler gelten.

In diesem Sinne erscheint es folgerichtig, die extremen Beispiele sowohl aus den Kreisen der Berühmtheiten als auch aus den Kreisen der in verarmten Verhältnissen lebenden Künstler beiseite zu lassen und die Prinzipien der Preisbildung auf dem Kunstmarkt an sich zu untersuchen. Ganz unabhängig davon, wie schnell die Medieninformationen heutzutage bei den Kunden ankommen, bleibt die Tatsache unbestritten, dass der Ruf eines durchschnittlichen Künstlers erst mit Verlauf einer längeren Zeitspanne wächst. Es mag durchaus sein, dass sich die Zeitspanne im

---

152 *McAndrew*, The International Art Market in 2011, S. 134.
153 *McAndrew*, The International Art Market in 2011, S. 134.
154 *Ehrler*, S. 67.
155 *Ehrler*, S. 63.
156 *Ehrler*, S. 63.
157 *Ehrler*, S. 63.

Vergleich zu früheren Epochen etwas verkürzt hat – genauso wie die Zeitspanne der Verschiebung von Angebot und Nachfrage. Fest steht trotzdem, dass diese Zeitspannen nicht komplett verschwunden sind.

Auch das Gleichstellungsargument zwischen bildenden Künstlern und anderen Urhebern behält unbestritten seine Gültigkeit. Wie die *Europäische Kommission* richtig bemerkte: „Warum sollen David Hockney, Damien Hirst oder Tracey Emin anders behandelt werden als die Spice Girls oder Elton John?"[158]. Andy Warhol könnte man auch durchaus mit Madonna und Michael Jackson vergleichen.[159] Gerade eine Auktion von Rauschenbergs Bild *Thaw* löste die Debatte um eine Folgerechtsvergütung in den USA aus.[160] Nach einem Erstverkaufserlös in Höhe von 900 Dollar erzielte das Bild bei einer Auktion fünfzehn Jahre später die Summe von 85.000 Dollar.[161] Auch sein Bild *Double Feature*, verkauft 1959 für 2.300 Dollar wurde für 90.000 Dollar weiterveräußert.[162] Die Übergabe des Bildes *Thaw* wurde aufgezeichnet und Rauschenberg äußerte öffentlich seinen Unmut darüber, dass er an dieser Wertsteigerung in keinster Weise beteiligt wurde.[163] In diesem Sinne hat Rauschenberg die Frage von *Merryman* beantwortet: Es wird deutlich, dass auch der mittlerweile vermögende Künstler, der am Wertzuwachs seiner Werke nicht partizipieren kann, dies als eine besondere Ungerechtigkeit empfindet. Zudem sagt man bereits Leonardo da Vinci nach, dass er über die Gewinne, die Kunsthändler mit seinen Werken bei Weiterverkäufen machten und an denen er nicht beteiligt wurde, oft seine Empörung äußerte.[164] Des Weiteren führt der Auktionsverkauf des Bildes *Thaw*, der sich 1973 ereignete, vor Augen, dass die Folgerechtsvergütung auch zum Ende des zwanzigsten Jahrhunderts noch als durchaus notwendig und nicht als überholt empfunden wurde.

Es wird deutlich, dass die Argumente für das Folgerecht auch heutzutage ihre Gültigkeit nicht eingebüßt haben. Auch ein Beispiel aus dem 21. Jahrhundert spricht

---

158 *Europäische Kommission*, MEMO/99/68 v. 14.12.1999, Richtlinienvorschlag zum Folgerecht – Erläuterungen, http://europa.eu/rapid/press-release_MEMO-99-68_de.htm?locale=en, zuletzt abgerufen am 19.03.2015.

159 *Perlmutter*, Colum. J.L. & Art. 16 (1992), 395 (404).

160 *Filer*, J. Cult. Econ. 8 (1984), 1 (2f); *Kumar*, Colum. J.L. & Art. 37 (2014), 443 (447); *Mione*, Cardozo J. Int'l & Comp. L. 21 (2013), 461 (462); *US Copyright Office*, Resale Royalties, S. 6.

161 *Graddy/Horowitz/Szymanski*, S. 42; *Kumar*, Colum. J.L. & Art. 37 (2014), 443 (447); *Mione*, Cardozo J. Int'l & Comp. L. 21 (2013), 461 (462); *Merryman*, UFITA Bd. 124 (1994), 199 (206); *Petty*, Wm. & Mary Bill Rts. J. 22 (2014), 977 (978); *US Copyright Office*, Resale Royalties, S. 6; *Wu*, Copyright Soc'y U.S.A. 46 (1999), 531 (531).

162 *Graddy/Horowitz/Szymanski*, S. 42; *Petty*, Wm. & Mary Bill Rts. J. 22 (2014), 977 (978).

163 *Kumar*, Colum. J.L. & Art. 37 (2014), 443 (447); *Mione*, Cardozo J. Int'l & Comp. L. 21 (2013), 461 (462); *Merryman*, UFITA Bd. 124 (1994), 199 (206); *Petty*, Wm. & Mary Bill Rts. J. 22 (2014), 977 (978); *US Copyright Office*, Resale Royalties, S. 6.

164 *Schack*, Kunst und Recht, S. 211 Rn. 430.

dafür. Das Gemälde *White Canoe* des britischen Künstlers Peter Doig wurde erstmalig 2001 verkauft. 2006 wurde sie für 7,9 Millionen Euro von einem Londoner Auktionshaus versteigert.[165] Der Künstler erhielt daraufhin den maximalen Folgerechtsbetrag von 12.500 Euro, was die damalige Erstverkaufssumme überstieg.[166]

d) Zwischenfazit

Als Schlussfolgerung lässt sich festhalten, dass die heutige schnelllebige Zeit die Berühmtheit und den Marktboom von manchen Künstlern beschleunigt. Trotzdem behalten die Prinzipien der Preisbildung auf dem Kunstmarkt im Grundsatz für die Mehrheit der bildenden Künstler ihre Geltung. Denn die Beteiligung des Künstlers am späteren Wertzuwachs erscheint nach wie vor geboten, und zwar ganz unabhängig von seinem Bekanntheitsgrad.

4. Die Beteiligung des Künstlers als ein Anteil an der Wertsteigerung

Die Wertsteigerung von Originalen der bildenden Kunst ist, wie bereits erläutert, primär auf die Urheberpersönlichkeit zurückzuführen. Nichtsdestotrotz kann nicht die gesamte Wertsteigerung dem Künstler zufließen. Er erhält lediglich einen prozentualen Beteiligungsanspruch am erzielten Verkaufspreis. Denn auch der Werkeigentümer muss für seine Absatzbemühungen einen entsprechenden Anreiz bekommen. Letzterem gebührt unbestritten der Gewinn, der auf seine eigene Initiative wie Werbemaßnahmen oder geschickte Ermittlung des höchstbietenden Käufers zurückzuführen ist.[167] Der Werkeigentümer trägt schließlich auch das Risiko einer späteren Wertminderung.[168] Wie von Gegnern des Folgerechts häufig angeführt, verdient auch derjenige einen Mehrgewinn, der das Werk eines Impressionisten oder Fauvisten in der Zeit gekauft habe, als diese Kunstströmungen nur Missgunst auslösten.[169] Dies aufgrund des Beweises an Kennerschaft für die Bedeutung von Kunstwerken und seiner Risikobereitschaft.[170]

Diese Ausführungen zugunsten des Werkeigentümers vermögen allerdings keinen völligen Ausschluss des Künstlers vom Gewinn zu rechtfertigen.[171] Die Argumentation zugunsten des Werkeigentümers legitimiert lediglich die Frage, in welcher Höhe der Gewinn dem Urheber als Ausgleich für sein Schaffen und in welcher Höhe er dem Eigentümer als Ausgleich für sein Risiko sowie als Verzinsung für das investierte Kapital zufallen darf.[172] Diese Überlegungen können letztendlich nur

---

165 *Pfennig*, INTEGRU-Tagung 2009, 235 (238).
166 *Pfennig*, INTEGRU-Tagung 2009, 235 (238).
167 *Schiefler*, UFITA Bd. 31 (1960), 177 (184).
168 *Reinhardt*, S. 139; *Stokes*, S. 6; *Wiesner*, S. 81.
169 *Hoffmann*, UFITA Bd.5 (1932), 419 (444)
170 *Hoffmann*, UFITA Bd.5 (1932), 419 (444).
171 *Hubmann*, Das Recht des schöpferischen Geistes, S. 117; *Reinhardt*, S. 139.
172 *Hubmann*, Das Recht des schöpferischen Geistes, S. 117.

eine Begrenzung der Höhe der Gewinnbeteiligung des Schöpfers begründen.[173] Sie können jedoch nicht die grundsätzliche Notwendigkeit einer Folgerechtsregelung in Frage stellen.[174] Daher gebührt dem Künstler nur ein Anteil der Wertsteigerung, während der restliche Wertzuwachs dem Eigentümer als „Risikoprämie und Verdienst“ verbleiben muss.[175]

5. *Zwischenfazit*

Sowohl die gewünschte Angleichung der Beteiligung bildender Künstler an die wirtschaftliche Partizipation anderer Urheber als auch das erörterte Marktversagen des Kunstmarktes in der Preisbildung beim Erstverkauf machen die Notwendigkeit einer Folgerechtsregelung deutlich. Sie stellen die Gründe für die Existenz des droit de suite dar. Diese wichtigen Begründungserwägungen sagen jedoch wenig über die rechtsdogmatische Herleitung des Folgerechts aus. Das Rechtsinstitut beruht nicht schlichtweg auf ein Gebot der Gerechtigkeit. Um die gesetzliche Verankerung des droit de suite nachvollziehbar zu machen und den Anschein einer Billigkeitsregelung zu vermeiden, wird daher anschließend seine Grundlage im geltenden Recht erörtert.

III. Der Beteiligungsgrundsatz im deutschen Urheberrecht

Eine rechtsdogmatische Begründung für das Folgerecht wurde früher im allgemeinen Zivilrecht beispielsweise in einer ungerechtfertigten Bereicherung des späteren Werkeigentümers zulasten des Künstlers oder in einer Anpassung des Vertrages aufgrund des Wegfalls der Geschäftsgrundlage gesucht.[176] Der im Voraus nicht kalkulierbare Wertanstieg rechtfertige als unvorhergesehener Umstand eine Anpassung des Vertrages bzw. Herausgabe der Bereicherung.[177] Abgesehen von den unüberwindbaren dogmatischen Schwächen dieser Ansätze besteht heutzutage auch kein Bedarf nach einer theoretischen Einordnung innerhalb des allgemeinen Zivilrechts, da das Rechtsinstitut unzweifelhaft der Spezialmaterie des Urheberrechts angehört.

Die dogmatische Rechtfertigung des Folgerechts wird mittlerweile überwiegend im Grundsatz der tunlichsten angemessenen Beteiligung des Urhebers an der wirtschaftlichen Nutzung seiner Werke gesehen.[178] Als primäres Ziel der Regelung gilt,

---

173 *Katzenberger*, Das Folgerecht, S.14; *Reinhardt*, S. 139; *Schiefler*, UFITA Bd. 31 (1960), 177 (185).

174 *Katzenberger*, Das Folgerecht, S.14; *Reinhardt*, S. 139; *Schiefler*, UFITA Bd. 31 (1960), 177 (185).

175 *Koch*, UFITA Bd. 2 (1929), 279 (282).

176 *Becker*, S. 30f; *Pierredon-Fawcett*, S.12ff.

177 *Pierredon-Fawcett*, S.14.

178 *Pierredon-Fawcett*, S.19; *Schack*, Kunst und Recht, S. 211 Rn. 430; *Schmidt-Werthern*, S. 20f; *Schneider-Brodtmann*, S.71; *Sinanidou*, S. 23; *Stöhr*, S. 54; *Braunschmidt*,

nicht generell den Lebensunterhalt von Künstlern zu sichern, sondern sie an der konkreten Nutzung ihrer Werke zu beteiligen.[179]

1. *Die angemessene Beteiligung des Urhebers an jeder Nutzung des Werkes*

Das Urheberrecht fällt als Vermögensrecht unter den Begriff „Eigentum" im Sinne des Art. 14 Abs. 1 S. 1 GG.[180] Die Zuordnung der schöpferischen Leistung an den Urheber – auch als materieller Vermögenswert – macht den grundgesetzlich geschützten Kern des Urheberrechts aus.[181] Die umfassende und ausschließliche gesetzliche Zuweisung sämtlicher Verwertungsmöglichkeiten an den Werkschöpfer gehört daher zu den konstituierenden Merkmalen des Urheberrechts.[182]

Der Beteiligungsgrundsatz entspricht der ständigen Rechtsprechung[183] und findet in § 11 S. 2 UrhG seit 2002 eine gesetzliche Verankerung.[184] Die Beteiligung des Urhebers an den wirtschaftlichen Ertrag seiner Werke schwebt als Grundgedanke über dem gesamten Urheberrecht.[185] Das Prinzip entfaltet eine Leitbildfunktion.[186] Es soll als Auslegungshilfe bei Gesetzesnormen aus dem Urheberrecht sowie bei vertraglichen Vereinbarungen, insbesondere auch bei AGB-Klauseln, dienen.[187] Der Urheber soll an jedem Nutzungsvorgang seines Werkes beteiligt werden, und zwar auch dann, wenn daraus kein unmittelbarer finanzieller Ertrag erwirtschaftet

S. 181; *Passiny*, S. 20; *Katzenberger*, UFITA Bd. 68 (1973), 71 (79); *Pfennig*, INTEGRU-Tagung 2009, 235 (237).

179 *Pierredon-Fawcett*, S. 40.

180 *BVerfG*, B. v.7.7.1971 – 1 BvR 765/66 – *Kirchen- und Schulgebrauch*, GRUR 1972, 481 (483); *Loewenheim*, Handbuch des Urheberrechts, § 1 Rn. 4; *Voß*, S. 4.

181 *BVerfG*, B. v.7.7.1971 – 1 BvR 765/66 – *Kirchen- und Schulgebrauch*, GRUR 1972, 481 (483).

182 *BVerfG*, B. v.7.7.1971 – 1 BvR 765/66 – *Kirchen- und Schulgebrauch*, GRUR 1972, 481 (483).

183 *BGH*, Urt. v 2.10.2008 – I ZR 18/06 – *PC*, GRUR 2009, 53 (55); *BGH*, Urt. v. 17.7.2008 – I ZR 206/05 – *Kopierstationen*, GRUR 2008, 993 (995); *BGH*, Urt. v. 6.12.2007 – I ZR 94/05 – *Drucker und Plotter*, GRUR 2008, 245 (247); *BGH*, Urt. v. 19.5.2005 – I ZR 285/02 – *Der Zauberberg*, GRUR 2005, 937 (939); *BGH*, Urt. v. 5.6.2003 – I ZR 192/00 – *Hundertwasser-Haus*, GRUR 2003, 1035 (1037); *BGH*, Urt. v. 5.7.2001 – I ZR 311/98 – *Spiegel-CD-ROM*, GRUR 2002, 248 (251); *BGH*, Urt. v. 25.2.1999 – I ZR 118/96 – *Kopierversanddienst*, GRUR 1999, 707 (712); *BGH*, Urt. v. 28.1.1999 – I ZR 208 / 96 – *Telefaxgeräte*, GRUR 1999, 928 (931); *BGH*, Urt. v. 23.2.1979 – I ZR 27/77 – *white christmas*, GRUR 1979, 637 (638); *BGH, Urt. v. 26.4.1974 – I ZR 137/72 – Kassettenfilm*, GRUR 1974, 786 (787).

184 Dreier/*Schulze*, § 11 Rn. 8; Wandtke/*Bullinger*, § 11 Rn. 3.

185 *Wandtke*, UFITA Bd. 123 (1993), 5 (12).

186 Dreier/*Schulze*, § 11 Rn. 8; Schricker/*Loewenheim*, § 11 Rn. 7.

187 Dreier/*Schulze*, § 11 Rn. 8; Schricker/*Loewenheim*, § 11 Rn. 7f.

wird.[188] Schöpfern von Gütern, die nicht dem Verbrauch, sondern dem Erhalt des kulturellen Fortbestandes unserer Gesellschaft dienen, müssen auch notwendigerweise an der wiederholten Nutzung wirtschaftlich beteiligt werden.[189]

2. Die Veräußerung als wirtschaftliche Nutzung des Originals

Der ökonomische Wert eines Kunstwerkes liegt gerade in seiner Eignung, private Kulturbedürfnisse zu befriedigen.[190] Die dauerhafte Möglichkeit, das Werk anblicken zu können und dadurch das eigene geistige Leben stets zu bereichern, ist dazu geeignet, die Lebensqualität der Zugangsberechtigten zu steigern.[191] Der dauerhafte Zugangsgenuss zum Geisteswerk ist daher mit einer Entgeltverpflichtung verbunden. Der Urheber verdient demnach eine Vergütung von jedem, der in diesen auf Dauer angelegten Genuss seines Werkes kommt.[192]

Wie bereits erörtert, erschöpft sich die wirtschaftliche Nutzung von Werken der bildenden Kunst im Wesentlichen in der Verwertung des Originals.[193] Der volle Werkgenuss kann im Rahmen der bildenden Künste allein das Original bieten.[194] Die Persönlichkeit des Künstlers findet darin ihren unverkennbaren Ausdruck und macht das Original zum einzig vollkommenen Werkstück.[195] Die Verschaffung des einzigartigen Kunstgenusses für jeden neuen Eigentümer erfolgt somit allein durch das Original.[196] Diese Eigentümlichkeit der bildenden Kunst verlangt die unmittelbare Beteiligung des Künstlers an die Früchte, die seine Schöpfung als Originalstück abwirft.

Die Veräußerung und Übertragung des Eigentums am Original eines Kunstwerks stellt in diesem Sinne eine urheberrechtlich relevante Nutzung dar.[197] Die Veräußerung wird als eine wirtschaftliche Nutzung des Werkes in seiner körperlichen Form

---

188 *BGH*, Urt. v. 18.5.1955 – I ZR 8/54 – *Grundig-Reporter*, GRUR 1955, 492 (497); *Voß*, S. 93; *Wandtke*, UFITA Bd. 123 (1993), 5 (12).

189 *Wandtke*, UFITA Bd. 123 (1993), 5 (11f).

190 *Küfner*, S. 7.

191 *Kirchner*, INTEGRU-Tagung 2009, 211 (221).

192 *Küfner*, S. 7, 23.

193 *Schmidt-Werthern*, S. 20.

194 *Ehrler*, S. 70; *Katzenberger*, Das Folgerecht, S. 11f; *Pierredon-Fawcett*, S.29; *Schneider-Brodtmann*, S.71; *Sinanidou*, S. 13; *Stöhr*, S. 54; *Gamerith*, FS Dittrich, 71 (81); *Katzenberger*, GRUR Int 1973, 660 (663).

195 *Schmidt-Werthern*, S. 20; *Schneider-Brodtmann*, S.72; *Sinanidou*, S. 12f.

196 *Katzenberger*, Das Folgerecht, S. 69; *Schmidt-Werthern*, S. 21; *Katzenberger*, UFITA Bd. 68 (1973), 71 (79).

197 Fromm/Nordemann/*Nordemann-Schiffel*, § 26 Rn. 2; *Pierredon-Fawcett*, S.28; *Schmidt-Werthern*, S. 20; *Schneider-Brodtmann*, S.72; *Sinanidou*, S. 23; *Gamerith*, FS Dittrich, 71 (81); *Katzenberger*, GRUR Int 1997, 309 (310); *Katzenberger*, UFITA Bd. 68 (1973), 71 (79); *Reddy*, Loy. L.A. Ent. L. Rev. 15 (1995), 509 (518).

eingestuft.[198] Denn dadurch wird einem neuen Personenkreis Zugang zum Werk ermöglicht.[199] Die urheberrechtliche Schöpfung wird somit dauerhaft neuen Nutzern erschlossen.[200] Der Grundsatz der Beteiligung des Urhebers an der wirtschaftlichen Nutzung des Werkes gebietet es, dem Künstler ein entsprechendes Entgelt für diesen Nutzungsvorgang zu gewähren.[201]

3. Gesetzgeberische Notwendigkeit für eine Folgerechtsregelung

Sollten die Normen des Urhebergesetzes keine angemessene Beteiligung des Urhebers an der wirtschaftlichen Nutzung seiner Werke gewährleisten können, so wäre der Gesetzgeber aufgrund des grundgesetzlichen Fundaments des Beteiligungsgrundsatzes zum gesetzgeberischen Handeln aufgerufen.[202] Wie bereits geschildert, ist jedoch eine fortlaufende Partizipation an den weiteren Nutzungen des Originals für den bildenden Künstler ohne ein Folgerecht nicht möglich. Mit anderen Worten würden ohne das droit de suite wirtschaftliche relevante Nutzungen des Werkes in Form der Weiterveräußerungen stattfinden, an welchen der Künstler nicht beteiligt wäre. Diese Rechtslage wäre mit dem Beteiligungsgrundsatz nicht vereinbar.[203]

Schon an dieser Stelle wird deutlich, dass es zu den Aufgaben des Staates und des Gesetzgebers gehört, einen Ausgleich zwischen den unterschiedlichen Verwertungsmöglichkeiten von Urhebergruppen zu schaffen und den Beteiligungsgrundsatz eine Gültigkeit auch für bildende Künstler zu verleihen. Daher ist das Folgerecht eine im Beteiligungsgrundsatz verankerte und eine durch Art. 14 Abs. 1 sowie Art. 3 GG gebotene Regelung. Wollte man dagegen dem anglo-amerikanischem Verständnis von Copyright folgen und davon absehen, in die urheberrechtliche Wirtschaftsdynamik und die Vertragsoptionen von Kulturschaffenden einzugreifen,[204] wäre ein Folgerechtsinstrumentarium keine zwingende Notwendigkeit. Dies erklärt einige teilweise auch dogmatischen Bedenken gegen das Folgerecht, die in Copyright Law Staaten lange vorherrschten und nur nach und nach aufgegeben werden. Im deutschen Urheberrecht kann es hingegen keine Zweifel an der rechtsdogmatischen Begründung und Gebotenheit der Beteiligung bildender Künstler an der Weiterveräußerung ihrer Originale in Form des Rechtsinstituts Folgerecht geben.

---

198 Dreier/*Schulze*, § 26 Rn. 1; *Pierredon-Fawcett*, S. 28; *Gamerith*, FS Dittrich, 71 (81); *Katzenberger*, GRUR Int 1997, 309 (310).

199 *Küfner*, S. 23; *Pierredon-Fawcett*, S. 28; *Sinanidou*, S. 23; *Katzenberger*, GRUR Int 1997, 309 (310); *Reddy*, Loy. L.A. Ent. L. Rev. 15 (1995), 509 (518); *Wu*, J. Copyright Soc'y U.S.A. 46 (1998–1999), 531 (536).

200 *Schmidt-Werthern*, S. 21; *Katzenberger*, GRUR Int 1973, 660 (663).

201 *Schmidt-Werthern*, S. 21.

202 *Voß*, S. 5.

203 *Wiesner*, S. 81.

204 *Ellins*, S. 317.

IV. Zwischenfazit

Zusammenfassend lässt sich festhalten, dass der urheberrechtliche Beteiligungsgrundsatz ein Folgerecht für bildende Künstler geradezu gebietet. Dieser verfassungsrechtlich verankerte Auftrag an den Gesetzgeber macht eine normative Regelung erforderlich. In Anbetracht der Regeln der Preisbildung am Kunstmarkt und der vergleichsweise begrenzten Verwertungsmöglichkeiten von bildenden Künstlern erscheint der Grundgedanke des Folgerechts zudem auf Anhieb verständlich, billig sowie gerecht.[205]

C. Systematische Einordnung des Folgerechts aus deutscher Sicht

Nachdem nun die Begründung und die dogmatische Herleitung des Folgerechts erläutert wurden, verdienen die systematische Einordnung des Rechtsinstituts innerhalb des Urheberrechts und sein Verhältnis zu den anderen Urheberrechten besondere Aufmerksamkeit. Im Schrifttum werden die spezifische urheberrechtliche Rechtsnatur und die Unverzichtbarkeit des droit de suite sowie sein Bezug zum Verbreitungsrecht häufig zum Diskussionsgegenstand gemacht. Eine Reihe von Bedenken richtet sich gegen das reibungslose Einfügen in die Gesetzessystematik sowie gegen besondere kontroverse Merkmale der Ausgestaltung. Die Argumente der Kritiker werden im Zusammenhang mit Zweck und Funktion der Regelung erläutert und auf diese Weise entsprechend entkräftet. Die sichere und differenzierte Einordnung trägt dazu bei, präzise Kriterien und Maßstäbe bezüglich der Effizienz der Folgerechtsgestaltung für den weiteren Gang der Untersuchung zu entwickeln. Dafür werden die Berührungspunkte dieses Rechts zu anderen Regelungskomplexen verständlich gemacht und klare Regelungsgrenzen erarbeitet.

I. Kein Verwertungsrecht im engeren Sinne

Die Stellung des droit de suite innerhalb des Urheberrechts bedarf einer Verdeutlichung. In § 26 UrhG wird das Folgerecht unter den sonstigen Rechten des Urhebers angegliedert.

Primär betrifft die Regelung die materiellen Interessen des bildenden Künstlers. Bereits aus diesem Grund scheidet die Einordnung unter den reinen Urheberpersönlichkeitsrechten (§ 12 bis § 14 UrhG) aus.[206] Es handelt sich allerdings auch um kein Verwertungsrecht im engeren Sinne, denn das Folgerecht entfaltet keine Ausschlussfunktion.[207] Als Spiegelseite der Rechte des Urhebers ist hier kein

---

205 *Hubmann*, Das Recht des schöpferischen Geistes, S. 116; *Reinhardt*, S. 139; *Schiefler*, UFITA Bd. 31 (1960), 177 (186).

206 *Rossbach*, S. 71.

207 Mestmäcker/Schulze/*Müller-Katzenburg*, § 26 Rn. 2; Möhring/Nicolini/*Freudenberg*, § 26 Rn. 1; Schricker/Loewenheim/*Katzenberger*, § 26 Rn. 4; Wandtke/*Bullinger*,

entsprechendes Verbot gegen Dritte zu erkennen.[208] Das Folgerecht macht die Veräußerung nicht von der Zustimmung des Urhebers abhängig und ermächtigt ihn nicht dazu, den Eigentumsübergang zu verhindern.[209] Es sichert dem Urheber lediglich einen Erlösanteil bei Veräußerungen. Dieser Zahlungsanspruch entfaltet keine absolute Wirkung, sondern stellt ein bloßes schuldrechtliches Forderungsrecht dar.[210] Die Wirkung des droit de suite erschöpft sich damit in der Begründung von Vergütungs- sowie Auskunftsansprüchen zugunsten des Urhebers.

Daher zeichnet sich das Folgerecht durch seinen Charakter als eine rein berechtigende Regelung aus.[211] Diese Wertung kommt auch in der Folgerechtrichtlinie zum Ausdruck, die in der deutschen Fassung das Rechtsinstitut häufig „Folgerechtsvergütung" nennt.[212]

II. Durchbrechung des Erschöpfungsgrundsatzes

Das Folgerecht wird von manchen Autoren als eine rechtfertigungsbedürftige Ausnahme vom Erschöpfungsgrundsatz interpretiert.[213] Dies liegt daran, dass sowohl das Folgerecht als auch das Verbreitungsrecht an die Veräußerung eines verkörperten Werkstückes anknüpfen und sich damit ähneln.

1. Verbindung zwischen Folgerecht und Verbreitungsrecht

Jede Weiterveräußerung, an die § 26 Abs. 1 UrhG anknüpft, ist als Verbreitungshandlung einzustufen.[214] Denn die Veräußerung stellt ein Inverkehrbringen des Originals eines Werkes im Sinne von § 17 Abs. 1 UrhG dar.[215] Das Verbreitungsrecht ist jedoch nach der mit Zustimmung des Berechtigten erfolgten Erstveräußerung des körperlichen Werkexemplars gemäß § 17 Abs. 2 UrhG erschöpft. Damit ist gemeint, dass der Rechtsinhaber durch eigene Benutzungshandlungen sein ausschließliches Verwertungsrecht ausgenutzt und verbraucht hat, sodass weitere Verwertungshandlungen nicht mehr vom Schutzrecht erfasst werden.[216] Demnach kann nach der ersten autorisierten Veräußerung keine Vergütung für die weitere Verbreitung

§ 26 Rn.2; *Ehrler*, S. 103; *Katzenberger*, Das Folgerecht, S.73; *Pierredon-Fawcett*, S. 29; *Rossbach*, S. 72f; *Schneider-Brodtmann*, S.74; *Wiesner*, S. 79; *Lück*, GRUR Int 2007, 884 (885); *Pfennig*, INTEGRU-Tagung 2009, 235 (236); *Stanford*, Austl. Econ. Papers 42 (2003), 386 (394).

208 *Katzenberger*, Das Folgerecht, S.75.

209 *Katzenberger*, Das Folgerecht, S. 72; *Schneider-Brodtmann*, S.76.

210 *Walter*, Folgerecht-RL, Vor Art. 1 Rn. 5.

211 *Katzenberger*, Das Folgerecht, S.76.

212 *Walter*, Folgerecht-RL, Vor Art. 1 Rn. 5.

213 *Heinz*, GRUR 1998, 786 (788); *Joos*, S. 84ff; *Katzenberger*, Das Folgerecht, S.70f.

214 *BGH*, Urt. v. 16.6.1994 – I ZR 24/92 – *Folgerecht bei Auslandsbezug*, NJW 1994, 2888 (2890).

215 Dreier/*Schulze*, § 17, Rn. 15.

216 *BGH*, Urt. v. 21.3.1985 – I ZR 166/82 – *Schallplattenimport II*, GRUR 1985, 924 (925).

verlangt werden.[217] Denn ab dem Zeitpunkt der Erschöpfung kann der Urheber keinen wirtschaftlichen Gewinn aus der Verbreitung erzielen.[218]

Das Folgerecht sieht allerdings eine Vergütung des Urhebers in Verbindung mit Verbreitungshandlungen vor, die nach der Erstveräußerung stattfinden. Die Weiterveräußerungen in § 26 Abs. 1 UrhG stellen daher eine Abweichung von den grundsätzlich vergütungsfreien weiteren Verbreitungshandlungen dar.[219]

2. Folgerecht als nicht erloschenes Verbreitungsrecht

Dieser Argumentationskette folgend wird begründet, dass das Folgerecht als eine Ausnahme vom Erschöpfungsgrundsatz zu interpretieren sei.[220] Nach Erstveräußerung des Originals erlösche das Verbreitungsrecht nicht, sondern bestehe weiter bzw. lebe wieder auf, auch wenn nur zum Teil.[221] Als „Ausfluss des Verbreitungsrechts" bestehe das Folgerecht über die erste Übereignung des Originals hinaus bis zum Ende der Schutzfrist und begründe eine gesetzliche Lizenz zugunsten des Käufers.[222] Nach diesen Ansichten bewirkt das Folgerecht eine Durchbrechung der Erschöpfung, die einer dogmatischen Rechtfertigung bedarf. Auch in den USA wurde eine Inkompatibilität zwischen der Folgerechtsvergütung und der first sale doctrine erwogen.[223]

Diese Theorien sind bloße Hilfskonstruktionen und vermögen dogmatisch nicht zu überzeugen.[224] Die Überlegungen haben eine gewisse Logik, gehen jedoch fälschlich davon aus, dass das Folgerecht als eine gleichwertige Verlängerung des Verbreitungsrechts anzusehen ist und damit in den Anwendungsbereich des Erschöpfungsgrundsatzes fällt. Dies ist nicht der Fall, denn das Folgerecht stellt ein mit dem Verbreitungsrecht nicht vergleichbares Urheberrecht dar. Der wesentliche Unterschied liegt darin, dass nach § 26 Abs. 1 UrhG nicht die Verbreitung des Originals, sondern der Nutzungsvorgang durch den Veräußerer vergütet wird.

---

217 *Joos*, S. 86.
218 *Stöhr*, S. 52.
219 *BGH*, Urt. v. 16.6.1994 – I ZR 24/92 – *Folgerecht bei Auslandsbezug*, NJW 1994, 2888 (2890).
220 *Küfner*, S. 99f.
221 *Katzenberger*, Das Folgerecht, S.71; *Küfner*, S. 99f; *Stöhr*, S. 53; *Kirchner*, INTEGRU-Tagung 2009, 211 (228); *Kleine*, JZ 1964,1(3).
222 Möhring/Nicolini/*Freudenberg*, § 26 Rn. 2; *Katzenberger*, Das Folgerecht, S.71; *Stöhr*, S. 53.
223 *US Copyright Office*, Resale Royalties, S. 8; *Goetzl/Sutton*, Colum. J.L. & Art. 9 (1985), 15 (20).
224 *Katzenberger*, Das Folgerecht, S.71; *Rossbach*, S.73f.

3. *Folgerecht als aliud zum Verbreitungsrecht*

Das Folgerecht kann nicht aus dem Verbreitungsrecht hergeleitet werden.[225] Es ist vielmehr ein aliud zu den Verwertungsrechten und insbesondere zum Verbreitungsrecht.[226] Denn Verbreitungsrecht und Folgerecht verfolgen unterschiedliche Ziele.

Bei der Verbreitung geht es darum, eine dem Urheber unerwünschte Verwertung zu unterbinden. Das Verbreitungsrecht ermöglicht eine Kontrolle über die Weitergabe des Werkes bis zum Zeitpunkt der Erschöpfung.[227] Die Erschöpfung dagegen gewährleistet die spätere Verkehrsfähigkeit des Gegenstandes, in dem das geistige Werk seine Verkörperung gefunden hat. Die Erschöpfungswirkung nimmt dem Urheber das Recht, die Verbreitung und den Umlauf dieses körperlichen Gegenstandes zu kontrollieren.[228]

Bis zur Erschöpfung sind Vergütungsansprüche, die die Steuerungsoption der Verwertung nicht beinhalten, für den Urheber irrelevant.[229] Erst dann, wenn das Verbreitungsrecht bereits erschöpft ist, spielen die Ansprüche auf finanzielle Beteiligung eine Rolle.[230] Danach kann der Urheber die Weitergabe nicht mehr verhindern, er soll für diesen weiteren Nutzungsvorgang jedoch finanziell entlohnt werden. So verhält es sich auch beim Folgerecht.

Möchte man das droit de suite als einen nicht erloschenen Teil des Verbreitungsrechts interpretieren, so müsste es auch eine Ausschlusswirkung wie das Verbreitungsrecht selbst entfalten.[231] Wie schon erläutert, besteht jedoch Einigkeit darüber, dass dem Folgerecht ein Ausschließlichkeitscharakter fremd ist.[232] Es räumt dem Urheber oder seinen Rechtsnachfolgern nicht die Befugnis ein, die Verbreitung des Originals zu kontrollieren.[233] Der Urheber kann die Weiterveräußerung seines Originals nicht von seiner Zustimmung abhängig machen. Damit kommt gerade zum Ausdruck, dass der Urheber seine Herrschaft über das betreffende Werkexemplar bereits aufgegeben hat.

4. *Unanwendbarkeit des Erschöpfungsgrundsatzes*

Der Erschöpfungsgrundsatz begrenzt lediglich das Verbreitungsrecht und kann nicht auf die anderen Verwertungsrechte des Urhebers übertragen werden.[234] Die früher von der Rechtsprechung vertretene allgemeine Ausdehnung des

---

225 *Joos*, S. 86.
226 *Stöhr*, S. 77.
227 *Joos*, S. 84.
228 *DACS*, Response, S. 2.
229 *Joos*, S. 84.
230 *Joos*, S. 84.
231 *Katzenberger*, Das Folgerecht, S.71.
232 Siehe dazu Teil 2. C. I. Kein Verwertungsrecht im engeren Sinne.
233 *DACS*, Response, S. 2.
234 *BGH*, Urt. v. 4.5.2000 – I ZR 256/97 – *Parfumflakon*, GRUR 2001, 51 (53); *BGH*, Urt. v. 17.2.2000 – I ZR 194/97 – *Kabelweitersendung*, GRUR 2000, 699 (701); Dreier/

Erschöpfungsgrundsatzes im Bereich der Verwertungsrechte,[235] wurde im Schrifttum vermehrt kritisiert und mittlerweile vom *BGH* aufgegeben.[236] Die fehlende Anwendbarkeit des Erschöpfungsgrundsatzes gilt auch für das Folgerecht, welches – wie gerade erläutert – nicht einmal zu den Verwertungsrechten gehört. Denn nur bei der Verwertung durch Verbreitung besteht eine besondere Interessenkollision, die die Beschränkung der Verwertung durch Erschöpfung gebietet.[237]

Die Verbreitung bezieht sich auf ein körperliches Werkstück. Damit die Übertragung einer Eigentumsposition daran gewährleistet werden kann, müssen die urheberrechtlichen Befugnisse eine Begrenzung erfahren.[238] Ganz anders ist die Interessenslage dagegen beim Folgerecht. Da die Ausschlussbefugnisse des Urhebers hier fehlen, ist eine Anwendung des Erschöpfungsgrundsatzes nicht notwendig. Soweit ein Exemplar verkauft wurde, ist die Verbreitung ohne Zustimmung des Urhebers zulässig, ohne dass es darauf ankommt, ob bereits eine Erschöpfung gem. § 17 Abs. 2 vorliegt oder nicht.[239]

5. *Folgerecht als Erweiterung zu den Verwertungsrechten*

Das Folgerecht gibt dem Urheber keineswegs abgeschwächte Ausschließlichkeitsbefugnisse, sondern bezieht Fälle von urheberrechtlich relevanten Nutzungen in die Gesetzessystematik ein, die sonst unentgeltlich wären.[240] Die Folgerechtsvergütung ist ein finanzielles Beteiligungsrecht über das Verbreitungsrecht hinaus.[241] Dieser Vergütungsanspruch wird bei bestimmten Formen der Weiterverbreitung nach Erschöpfung als wirtschaftlicher Nutzungsausgleich vorgesehen.[242]

Die Vergütungsbefugnis kann in diesem Sinne als eine zusätzliche Erweiterung der ausschließlichen Verwertungsrechte verstanden werden.[243] Damit soll durch das Folgerecht eine Lücke in den Befugnissen des Urhebers geschlossen werden.[244] Diese gesetzliche Erweiterung der Vergütungsansprüche bezweckt die bessere materielle Sicherung des Urhebers.[245]

Schulze, § 17 Rn. 30; Schricker/*Loewenheim*, § 17 Rn. 63; *Joos*, S. 80; *Loewenheim*, Handbuch des Urheberrechts, § 20, Rn. 34.

235 *BGH*, Urt. v. 23.2.1995 – I ZR 68/93 – *Mauer-Bilder*, GRUR 1995, 673 (676); *BGH*, Urt. v. 07.11.1980 – I ZR 24/79 – *Kabelfernsehen in Abschattungsgebieten*, GRUR 1981, 413 (416).

236 Dreier/*Schulze*, § 17 Rn. 30; *Loewenheim*, Handbuch des Urheberrechts, § 19, Rn. 8.

237 *Joos*, S. 80.

238 *Joos*, S. 80.

239 Dreier/*Schulze*, § 15 Rn. 27.

240 *Joos*, S. 86.

241 *Küfner*, S. 28.

242 *Stöhr*, S. 52.

243 *Küfner*, S. 112.

244 *Küfner*, S. 28.

245 *Joos*, S. 86.

6. *Die mit Zustimmung des Urhebers erfolgte Erstveräußerung*

Die Verknüpfung zwischen Verbreitungsrecht und seiner Erschöpfungswirkung einerseits sowie Folgerecht andererseits ist daher gerade durch das bloße zeitliche Alternativverhältnis geprägt.[246] Das Folgerecht entsteht erst dann, wenn das Verbreitungsrecht erloschen ist. Letzteres lebt auch nicht wieder auf.[247] Der Beteiligungsanspruch aus dem Folgerecht kann in diesem Sinne nur bei einer zulässigen Erstveräußerung zur Geltung gelangen, durch die das Verbreitungsrecht in der Regel erschöpft wird.[248]

Mit anderen Worten ist die Erschöpfung eine ungeschriebene Tatbestandsvoraussetzung von § 26 Abs. 1 UrhG, da diese Vorschrift gerade an die freie Weiterverbreitungsmöglichkeit anschließt.[249] Dies ergibt sich aus der Systematik des Gesetzes und des Tatbestandes des § 26 Abs. 1 UrhG.[250] Die Erstveräußerung durch den Urheber stellt eindeutig ein Inverkehrbringen dar, welches die Erschöpfung des Verbreitungsrechts des Urhebers nach § 17 Abs. 2 UrhG mit sich bringt.[251] Eine Weiterveräußerung im Sinne des Folgerechts setzt voraus, dass das Werk mit Zustimmung des Künstlers bzw. seiner Erben erstveräußert wurde. Verfügt ein Dritter, dem der Künstler das Werk zeitlich befristet überlassen hat, treuwidrig darüber, entstehen bei den nachfolgenden Weiterveräußerungen keine Folgerechtsansprüche.[252]

Die Erschöpfung ist jedoch nicht im juristisch-technischen Sinne als Voraussetzung des Folgerechtsanspruchs zu verstehen, denn ein Erstverkauf in der EU entfaltet keine Erschöpfungswirkung beispielsweise in Australien. Es geht vielmehr um die Veranschaulichung der zeitlichen Reihenfolge zwischen der mit Zustimmung des Urhebers erfolgten Erstveräußerung, die in der Regel das Verbreitungsrecht erschöpft, und den nachfolgenden Veräußerungen, die für § 26 Abs. 1 UrhG relevant sind.

7. *Zwischenfazit*

Letztendlich lässt sich festhalten, dass das Folgerecht nicht als Durchbrechung des Erschöpfungsgrundsatzes gewertet werden kann.[253] Ganz im Gegenteil erweitert es die Befugnisse des Urhebers über die Verwertungsrechte und insbesondere über das Verbreitungsrecht hinaus. Es reiht sich somit widerspruchslos in die Systematik und Gesetzmäßigkeiten des Urheberrechts ein. Somit gelingt die Schließung einer Lücke von anderweitig nicht erfassbaren urheberrechtlichen Nutzungsvorgängen.

246 *Küfner*, S. 28.
247 *Küfner*, S. 100.
248 *Küfner*, S. 28.
249 *Küfner*, S. 28; *Rossbach*, S.74; *Stöhr*, S. 52; *Wiesner*, S. 96.
250 *Stöhr*, S. 52.
251 Dreier/*Schulze*, § 26 Rn. 11; *Stöhr*, S. 52.
252 *Wiesner*, S. 96.
253 *Stöhr*, S. 53.

Dies ist nicht nur mit Sinn und Zweck des gesamten Regelungskomplexes vereinbar, sondern als gesetzliche Folge durchaus erwünscht.

III. Unverzichtbarkeit im Voraus und Unübertragbarkeit

Das Folgerecht zeichnet sich durch seine Unübertragbarkeit durch Rechtsgeschäfte unter Lebenden und Unverzichtbarkeit aus (§ 26 Abs. 3 UrhG, Erwägungsgrund 1 Folgerecht-RL). Dadurch soll sichergestellt werden, dass der Künstler nicht in Versuchung gerät, auf dieses Recht im Voraus zu verzichten. Im Hinblick darauf, dass der Urheber eine schwächere Verhandlungsposition hat,[254] handelt es sich um eine Schutzbestimmung.[255] Unüberlegten oder erzwungenen Verfügungen über das Folgerecht sollen vorgebeugt werden.[256] Der Künstler wird davor geschützt, Vertragsbedingungen hinzunehmen, deren späteren finanziellen Konsequenzen er nicht absehen kann.[257]

Die Unabtretbarkeit und Unverzichtbarkeit beziehen sich jedoch nicht auf den durch eine konkrete Veräußerung entstandenen Vergütungsanspruch.[258] Sie bedeuten lediglich, dass der Urheber über das Folgerecht als Stammrecht nicht verfügen darf sowie vor dem Entstehen einer konkreten Geldforderung nicht auf die künftig erwartete Forderung verzichten darf.[259] Auf die Geltendmachung seiner Ansprüche nach einer konkreten Weiterveräußerung darf der Künstler im Vergleich beispielsweise mit dem britischen und dänischen Recht durchaus noch verzichten.[260]

Eine Übertragung des Folgerechts als Ganzes darf daher nur in Erfüllung einer Verfügung vom Todes wegen oder im Wege der Erbauseinandersetzung an Miterben erfolgen (§ 29 Abs. 1 UrhG).

1. *Die wirtschaftliche Kritik an Unverzichtbarkeit und Unübertragbarkeit*

Die Unverzichtbarkeit und Unübertragbarkeit des Folgerechts werden in der Literatur von manchen Kritikern als großer Schwachpunkt der Regelung gesehen.[261]

---

254 a.A *Ehrler*, S. 128ff., der in Anlehnung an das Common Law und die schweizerische Gesetzestradition die Unveräußerlichkeit als eine „Bevormundung" der Künstler auffasst; so auch *Fischer*, KUR 2008, 66 (67).

255 *Walter*, Folgerecht-RL, Vor Art. 1 Rn. 6; *Pfennig*, FS Kreile, 491 (511).

256 *Sinanidou*, S. 20; *Katzenberger*, GRUR Int 2004, 20 (22); *Pfennig*, Copyright Bulletin (UNESCO) 35/3 (2001), 37 (39).

257 *Küfner*, S. 152; *Pierredon-Fawcett*, S. 33.

258 Möhring/Nicolini/*Freudenberg*, § 26 Rn. 50.

259 *Ehrler*, S. 126; Loewenheim/*Pfennig*, Handbuch des Urheberrechts, § 88, Rn. 23; *GRUR*, Stellungnahme, GRUR 2005, 488 (489); *Pfennig*, Copyright Bulletin (UNESCO) 35/3 (2001), 37 (39).

260 Loewenheim/*Pfennig*, Handbuch des Urheberrechts, § 88, Rn. 23.

261 *Ehrler*, S. 128ff; *Carleton*, Cornell L. Rev. 76 (1991), 510 (536f); *Fischer*, KUR 2008, 66 (67); *Merryman*, UFITA Bd. 124 (1994), 199 (220f).

Darin wird ein ungerechtfertigter Eingriff in die freie Wirtschaftsdynamik erkannt, durch den Künstler als „unmündig" behandelt und ihrer Verfügungsbefugnisse als Schöpfer beraubt werden. Diese ökonomische Betrachtungsweise versteht die Unabtretbarkeit von Rechten als Gegensatz zur freien Wirtschaft.[262] Eigentumsrechte sollen danach grundsätzlich übertragbar sein, sodass ihr Wert steigen kann und sie ihre Effizienz behalten.[263]

Der Vorschlag, dem Künstler solle das Recht zustehen, seinen Anspruch auf Einnahmen aus dem Folgerecht im Voraus als Sicherheit für einen Kredit einer Bank oder einem Händler anbieten zu dürfen,[264] erscheint jedoch kaum praktikabel. Denn das Entstehen zukünftiger Vergütungsansprüche ist von der Ungewissheit einer Weiterveräußerung abhängig. Auch die Höhe der Ansprüche ist nicht vorhersehbar. Daher werden diese zukünftig ungewissen Ansprüche kaum als Sicherheit dienen können.

2. Folgen einer potenziellen Abdingbarkeit

Wäre das Folgerecht als Ganzes veräußerlich oder übertragbar, wie Wirtschaftswissenschaftler vorschlagen, würde der Kunsthandel dazu tendieren, die Abgabe vertraglich abzubedingen. Ziel wäre vor allem die Vermeidung des anfallenden Verwaltungsaufwandes für die Abführung des Folgerechts sowie der letztendlichen Verteuerung der Werke. Viele Künstler ihrerseits wären gewillt, solche ungünstigen Vertragsbedingungen anzunehmen, um ihre Werke überhaupt erstmals absetzen zu können.[265] Denn die größte Hürde für den Künstler ist es nicht, einen angemessenen Preis zu erzielen, sondern überhaupt jemanden zu finden, der an seinen Werken interessiert ist.[266] Im Vergleich zu einem Recht, welches in der Zukunft ungewisse Erträge bringen soll, wird ein angebotener gegenwärtiger Gegenwert viel zu verlockend wirken.[267] Aus diesem Grund könnte ein vertraglicher Ausschluss oder eine unüberlegte Übertragung häufig vorkommen und somit den Zweck der gesetzlichen Regelung aushebeln. Um dieser Abbedingungsgefahr vorzubeugen und eine Verhandlungsparität zwischen Künstlern und Kunsthändlern herzustellen, ist die Ausgestaltung als unübertragbares und unverzichtbares Recht notwendig.[268] Kunsthändler können sich auf diese Weise das Folgerecht nicht systematisch abtreten lassen und werden daran gehindert, das Recht in der Praxis auszuhöhlen.

---

262 *Filer*, J. Cult. Econ. 8 (1984), 1 (18f); *Schmidtchen/Konald/Kirstein*, FS Fikentscher, 774 (790).

263 *Weatherall*, S. 13.

264 *Schmidtchen/Konald/Kirstein*, FS Fikentscher, 774 (783).

265 *Hubmann*, Das Recht des schöpferischen Geistes, S. 118.

266 *Stanford*, Austl. Econ. Papers 42 (2003), 386 (389).

267 *Koch*, UFITA Bd. 2 (1929), 279 (289).

268 *Graddy/Horowitz/Szymanski*, S. 43; *Karp/Perloff*, Int'l Rev. L. & Econ. 13 (1993), 163 (169); a.A *Ehrler*, S. 128ff; *Pierredon-Fawcett*, S. 47.

3. *Die Funktion als Schutzbestimmung*

Bildende Künstler sind in der Erstverkaufssituation besonders schutzwürdig. Preise von Kunstwerken auf dem Markt werden von den Händlern bestimmt, die sich prinzipiell nicht auf Verhandlungen darüber einlassen.[269] Der Künstler ist bei Verträgen über die Verwertung seiner Werke daher oft die schwächere Partei.[270] Derjenige, der seine Originale nur in der Zusammenarbeit mit einem Galeristen gut absetzt und diesem Galeristen – wie oft in der Praxis – ein vertragliches Vorkaufsrecht auf seine neuen Schöpfungen eingeräumt hat, hat keinen breiten Verhandlungsspielraum. Denn die exklusiven Rechte des Galeristen bringen die Gefahr mit sich, diese Monopolstellung zu missbrauchen,[271] die Ankaufspreise nach unten zu drücken oder die Kommission zu erhöhen. Diese in der englischsprachigen Literatur oft als *uneven/unequal/inferior bargaining position*[272] bezeichnete Situation des Künstlers ist allgemein bekannt.[273] Daher ist auch das deutsche Urhebervertragsrecht vom Schutzgedanken geprägt, eine „gestörte Vertragsparität" und ein „wirtschaftliches Ungleichgewicht" auszugleichen.[274] Da die Rechtsordnung der Vertragsfreiheit einen hohen Stellenwert einräumt, gehört der Ausgleich dieses Ungleichgewichts zu den Hauptaufgaben des Zivilrechts.[275] Eingriffe in die Wirtschaftsfreiheit sind eine gesetzgeberische Notwendigkeit, wenn infolge der gestörten Vertragsparität ein Marktversagen zu beobachten ist.[276] Die Beschränkung der Vertragsfreiheit ist in diesem Sinne für den Schutz des schwächeren Vertragspartners erforderlich.[277]

Die Vorschläge, das Folgerecht als verzichtbares und übertragbares Recht zu gestalten, stehen daher mit wesentlichen Wertungen des § 26 UrhG und insbesondere mit der Schutzfunktion der Bestimmung nicht im Einklang. Der materiellen Sicherung des Urhebers kommt hier die Rolle einer Verfügungsschranke zu.[278] Daher verkennt die Kritik der Volkswirte, die die Künstler „from a protectionist perspective"[279] behandelt sieht, diese Wertung und geht damit ins Leere. Auch das *US Copyright Office* schlägt vor, bei einer künftigen Implementierung in den USA,

---

269 *Pfennig*, Copyright bulletin (UNESCO) 35/3 (2001), 37 (39); *Reutter*, Vill. Sports & Ent. L.J. 8 (2001), 99 (127); *Stanford*, Austl. Econ. Papers 42 (2003), 386 (389).

270 *Ohly*, FG Schricker, 427 (433).

271 *Weatherall*, S. 24; *Ohly*, FG Schricker, 427 (446).

272 *Weatherall*, S. 16; *Filer*, J. Cult. Econ. 8 (1984), 1 (17); *Graddy/Horowitz/Szymanski*, S. 43; *McAndrew/Dallas-Conte*, S. 19; *Pfennig*, Copyright bulletin (UNESCO) 35/3 (2001), 37 (39).

273 *DACS*, Response, S. 7; a.A *Carleton*, Cornell L. Rev. 76 (1991), 510 (536f).

274 *Riesenhuber/Klöhn*, INTEGRU-Tagung 2009, 1 (6); *Lück*, GRUR Int 2007, 884 (888).

275 Entwurf eines Gesetzes zur Stärkung der vertraglichen Stellung von Urhebern und ausübenden Künstlern, BT Drucks. 14/6433 v. 26.6.2001, S. 7.

276 *Götting*, FG Schricker, 53 (58); *Riesenhuber/Klöhn*, INTEGRU-Tagung 2009, 1 (7).

277 Dreyer/*Kotthoff*/Meckel, I § 31 Rn. 6; *Dietz*, FG Schricker, 1 (9); *Götting*, FG Schricker, 53 (58); *Riesenhuber/Klöhn*, INTEGRU-Tagung 2009, 1 (7).

278 *Küfner*, S. 152.

279 *Ginsburgh*, Econ. Analysis & Pol'y 35 (2005), 61 (62).

das Folgerecht als ein unverzichtbares und unübertragbares Recht auszugestalten.[280] Dies wird trotz gewisser Bedenken mit dem Verweis auf Art. 14 RBÜ und der Tatsache begründet, dass sich letztere Ausgestaltung mittlerweile als die international vorherrschende etabliert hat.[281]

IV. Folgerecht als Ausgleich gestörter Vertragsparität

Anschließend an die vorhergehenden Erläuterungen taucht die Frage auf, ob die staatliche Regulierung des Folgerechts tatsächlich aus rein „protektionistischen" Motiven zugunsten der bildenden Künstler erfolgt. Manche Autoren sehen den Grund für die spätere Werksteigerung von Originalen der bildenden Kunst gerade in der dargestellten schlechten Verhandlungsposition des Künstlers beim Erstverkauf.[282] Die Begründung des Folgerechts sei mit dem „Gedanken des Ausgleichs von Defiziten beim Vertragsschluss" eng verknüpft.[283] Dem Beteiligungsanspruch aus dem Folgerecht komme eine Kompensationswirkung für die gestörte Verhandlungsparität bei der Erstveräußerung zu.[284] Das Folgerecht wirke diesen Funktionsdefiziten des Kunstmarktes entgegen und gewähre dem Künstler eine angemessene Beteiligung aus der ex-post-Perspektive.[285] Bei funktionaler Betrachtung stehe es daher mit den Vertragsmechanismen in enger Verbindung.[286]

Wie bereits festgestellt, sind beide Annahmen richtig. Zunächst hat der Künstler meistens die schwächere Verhandlungsposition beim Erstverkauf. Weiterhin verdient er eine angemessene Beteiligung an der späteren Wertsteigerung. Lediglich die Kausalität zwischen gestörter Verhandlungsparität und späterem Wertzuwachsanspruch trifft nicht zu. Denn die Wertsteigerung beruht, wie bereits erläutert, auf dem gesteigerten Ruf und der Erhöhung der Wertschätzung des Œuvres des Künstlers.[287] Die Wertsteigerung ist nicht darauf zurückzuführen, dass der Künstler beim Erstverkauf unfähig war, gegenüber dem Galeristen oder dem Kunsthändler den angemessenen Preis auszuhandeln. Denn der Preis war aus der ex ante-Perspektive von beiden Vertragsparteien als mehr oder weniger angemessen erachtet. Die Wertsteigerung erfolgte im Verlauf der Zeit und war für beide Vertragsparteien gleichermaßen in ihrer Höhe unvorhersehbar.

---

280 *US Copyright Office*, Resale Royalties, S. 79.
281 *US Copyright Office*, Resale Royalties, S. 79.
282 *Kirchner*, INTEGRU-Tagung 2009, 211 (216).
283 *Kirchner*, INTEGRU-Tagung 2009, 211 (216).
284 *Kirchner*, INTEGRU-Tagung 2009, 211 (216).
285 *Kirchner*, INTEGRU-Tagung 2009, 211 (216).
286 Riesenhuber/Klöhn/*Motyka-Mojkowska*, INTEGRU-Tagung 2009, Diskussionsbericht, 246 (246).
287 Siehe dazu Teil 2. B. II. 2. Leistung des Schöpfers als Grund späterer Wertsteigerungen.

Zudem ist das Folgerecht nicht als eine schützende Norm im Sinne des Urhebervertragsrechts zu verstehen.[288] Es ist, wie bereits erläutert, ein sonstiges Recht des Urhebers, welches in keinem direkten Zusammenhang mit dem Urhebervertragsrecht steht.[289] Lediglich die Merkmale der Unverzichtbarkeit und Unübertragbarkeit weisen vertragsrechtliche Bezüge auf. Die Begründung des Folgerechts mit einer gestörten Vertragsparität und der Heranziehung der Grundsätze der angemessenen Beteiligung aus dem Urhebervertragsrecht ist nicht schlüssig, sodass dieser Ansicht nicht gefolgt werden kann.

V. Folgerecht und weitere Beteiligung nach § 32a UrhG

Eine gewisse Ähnlichkeit zwischen dem Folgerecht und der weiteren Beteiligung des Urhebers aus § 32a UrhG ist nichtsdestotrotz nicht zu leugnen. Der Urheber darf eine angemessene Vergütung verlangen, wenn sich nachträglich erweist, dass die ursprünglich vereinbarte Vergütung in einem auffälligen Missverhältnis zu den Erträgen aus der tatsächlichen Nutzung des Werkes steht. Somit wird die Angemessenheit der Vergütung aus der ex post-Perspektive beurteilt.[290] Unerheblich ist dabei laut § 32a Abs. 1 S. 2 UrhG, ob die Vertragspartner die Höhe der erzielten Erträge vorhergesehen haben oder hätten vorhersehen können. Dieser Anspruch lässt sich auch nicht nur gegenüber dem Vertragspartner des Urhebers durchsetzen (Abs. 1), sondern auch gegenüber einem Dritten, der Nutzungsrechte am Werk erlangt hat (Abs. 2).

Im Schrifttum wird das Folgerecht auch als ein Instrument gesehen, welches einen Vergütungsausgleich für die nachträgliche Veränderung der Umstände nach Vertragsschluss bietet.[291] Denn bei § 32a UrhG wird die Angemessenheit danach beurteilt, ob die Vergütung des Urhebers dem tatsächlich eingetretenen wirtschaftlichen Erfolg des Werkes entsprechend Rechnung trägt.[292] Vom Grundsatz her erfüllt das Folgerecht eine ähnliche Funktion, indem es diejenigen Wertsteigerungen des Werkes ex post erfasst, die auf dem Kunstmarkt aufgrund der zeitlich verschobenen Nachfrage eingetreten sind.

Der Unterschied zwischen beiden Regelungen liegt darin, dass es beim droit de suite nicht um Nutzungsvorgänge geht, für welche die Höhe der Vergütung lediglich zu gering ausfällt. Vom Folgerecht werden vielmehr urheberrechtlich relevante Nutzungsvorgänge erfasst, für welche sonst gar keine Vergütung an den Urheber entrichtet worden wäre. Deswegen kommt es bei der Folgerechtsabgabe auch nicht darauf an, ob ein auffälliges Missverhältnis zwischen Erstverkaufspreis und Weiterverkauf besteht. Obwohl solche Fälle gerne als Aushängeschilder für die Notwendigkeit des Rechtsinstituts angeführt werden. Durch das Folgerecht sollen die sonst

288 *Pfennig*, INTEGRU-Tagung 2009, 235 (236).
289 *Pfennig*, INTEGRU-Tagung 2009, 235 (236).
290 *Voß*, S. 165; *Engert*, INTEGRU-Tagung 2009, 167 (171).
291 *Riesenhuber/Klöhn*, INTEGRU-Tagung 2009, 1 (5).
292 *Engert*, INTEGRU-Tagung 2009, 167 (171f).

für den Künstler vergütungsfreien Nutzungsvorgänge jeder weiteren Veräußerung angemessen entlohnt werden. Mit anderen Worten wird beim droit de suite nicht auf die Angemessenheit der Vergütung, sondern – wie schon erläutert – auf die wirtschaftliche Beteiligung des Urhebers an der konkreten Nutzung abgestellt.

Zudem stellt sich auch die Frage, ob der Beteiligungsanspruch nach § 32a UrhG neben dem Folgerecht anwendbar ist. Man nehme den Fall an, dass ein Galerist das Originalwerk mit großer Wertsteigerung veräußert. In solchen Fällen ist fraglich, ob er neben dem Vergütungsanspruch aus § 26 Abs. 1 UrhG auch einem vertraglichen Anspruch aus § 32a Abs. 1 S. 1 UrhG ausgesetzt werden kann.[293] Denn einerseits findet eine folgerechtsauslösende Weiterveräußerung statt und andererseits könnte der Künstler für die als unangemessen empfundene Erstvergütung eine Nachzahlung verlangen.[294]

Im UrhG wird eine gleichzeitige Nachforderung gemäß § 32a UrhG im Falle der Inanspruchnahme des Folgerechtes nicht ausgeschlossen. Die Anwendung der §§ 32, 32a ff. UrhG solle im Bereich des Folgerechtes jedoch ausgeschlossen sein.[295] Da das Folgerecht die wirtschaftliche Beteiligung am Erfolg des Werkes gemäß Erwägungsgrund 3 Folgerecht-RL sichern solle, sei der Zweck von §§ 32 ff. UrhG bereits durch den Vergütungsanspruch gemäß § 26 Abs. 1 UrhG erfüllt, sodass für eine weitere Beteiligung keinen Raum mehr bliebe.[296]

Andererseits bestimmt § 32a Abs. 1 S. 1 UrhG, dass das auffällige Missverhältnis „unter Berücksichtigung der gesamten Beziehungen des Urhebers zu dem anderen“ besteht. In dieser Form müsste ein Vergütungsanspruch aus dem Folgerecht als Umstand der Beziehung zwischen Künstler und Galeristen mitberücksichtigt werden. Bleibt nach Abzug des Folgerechtsanspruchs ein auffälliges Missverhältnis zwischen Verkaufspreis an den Galeristen und Weiterverkaufspreis, dürfte der Künstler eine Anpassung des Vertrages durchaus noch verlangen können. Denn die Abgabesätze nach § 26 UrhG garantieren, dass der Urheber an der Weiterveräußerung als konkretem Nutzungsvorgang finanziell beteiligt wird. Dabei wird eine angemessene Beteiligung zwar angestrebt, jedoch keinesfalls gesetzlich zugesichert. Sollte in besonderen Einzelfällen trotz Folgerechtsleistung keine Angemessenheit der Vergütung gegeben sein, müsste der Künstler von seinem Anpassungsverlangen Gebrauch machen dürfen. Diese Vorgehensweise wird jedoch praktisch auf die seltensten Fälle reduziert sein, denn kaum ein Künstler würde das Verhältnis zu seinem Galeristen durch ein Nachzahlungsverlangen gefährden, es sei denn, es lägen außergewöhnliche Umständen vor. In diesen Fällen ist es allerdings nicht ersichtlich, wieso dem Künstler aufgrund des Folgerechts die Ansprüche aus dem Urhebervertragsrecht abgesprochen werden sollten.

293 *Froehlich*, ZUM 2003, 453 (457).
294 *Froehlich*, ZUM 2003, 453 (458).
295 *Froehlich*, ZUM 2003, 453 (458).
296 *Froehlich*, ZUM 2003, 453 (458).

VI. Qualifizierung als vermögensrechtliche Befugnis sui generis

Umstritten in der Literatur ist die urheberpersönlichkeitsrechtliche Grundlage des Folgerechts. Teilweise wird vertreten, dass das Folgerecht eine Ausprägung des Persönlichkeitsrechts darstellt.[297] Die persönliche Verbindung des Urhebers mit seinem Werk, die als Ausdruck seiner Individualität auch nach der Veräußerung des einzelnen Stückes beiwohne, begründe seine Einstufung als persönlichkeitsrechtliche Befugnis.[298] Anknüpfung sei das unzertrennliche Band des geistigen Schöpfers mit seinem Werk, welches als eine anhaftende Reflektion seiner Persönlichkeit erscheine.[299] Häufig wird die persönlichkeitsrechtliche Komponente des Folgerechts auf seine Unveräußerlichkeit zurückgeführt.[300] Andere Autoren sehen die vermögensrechtlichen und persönlichkeitsrechtlichen Aspekte dem Folgerecht als gleichermaßen immanent an.[301]

Das Urheberpersönlichkeitsrecht ist als „der das gesamte Urheberrecht prägende Gedanke des Schutzes der geistigen und persönlichen Interessen des Urhebers in Bezug auf sein Werk" im weiteren Sinne zu verstehen.[302] Das Urheberpersönlichkeitsrecht schützt den Schöpfer vor Verletzungshandlungen, die unter Umständen Schadensersatzansprüche auslösen können. Auf seiner Grundlage können jedoch keine unmittelbaren Ansprüche auf Vergütung oder Gewinnbeteiligung erwachsen.[303] Auch die Unveräußerlichkeit des Folgerechts bezweckt nicht den Schutz der Persönlichkeit des Künstlers, sondern vielmehr den Schutz seiner finanziellen Interessen vor Überrumpelung und Manipulation.[304] Angestrebt wird, wie schon erläutert, die Unterbindung von vertraglichen Verzichtsklauseln in der Verwertungspraxis.[305]

Daher sprechen sich die meisten Stimmen in Rechtsprechung und Schrifttum dafür aus, dass die Regelung lediglich den Schutz materieller Interessen verfolgt.[306] Der

---

297 *Ehrler,* S. 104; *Hubmann,* Das Recht des schöpferischen Geistes, S. 118; *Küfner,* S. 94; *Pierredon-Fawcett,* S. 31; *Sinanidou,* S. 19.

298 *Hubmann,* Das Recht des schöpferischen Geistes, S. 118.

299 *Schneider-Brodtmann,* S.76; a.A. *Katzenberger,* Das Folgerecht, S. 72.

300 *Pierredon-Fawcett,* S. 30.

301 *Ehrler,* S. 104.

302 Schricker/Loewenheim/*Dietz/Peukert,* Vor §§ 12ff. Rn.8.

303 *Küfner,* S. 95.

304 *Dreyer*/Kotthoff/Meckel, I § 26 Rn. 5; *Ehrler,* S. 105; *Pierredon-Fawcett,* S. 33; siehe dazu auch die Ausführungen in Teil 2. C. III. Unverzichtbarkeit im Voraus und Unübertragbarkeit.

305 *Pierredon-Fawcett,* S. 33.

306 *BGH,* Urt. v. 16.6.1994 – I ZR 24/92 – *Folgerecht bei Auslandsbezug,* NJW 1994, 2888 (2889); Mestmäcker/Schulze/*Müller-Katzenburg,* § 26 Rn. 3; Möhring/Nicolini/*Freudenberg,* § 26 Rn. 1; Schricker/Loewenheim/*Katzenberger,* § 26 Rn. 4; *Ehrler,* S. 105; Hoeren/Holznagel/Ernstschneider/*Gusia,* S. 103; *Rossbach,* S. 75; *Schmidt-Werthern,* S. 15; *Sinanidou,* S. 19f; *Lück,* GRUR Int 2007, 884 (885).

persönlichkeitsrechtliche Kern fehlt ihr.[307] Auch Erwägungsgrund 2 der Folgerecht-RL bezeichnet das Recht seinem Wesen nach als ein vermögenswertes Recht und macht seinen vermögensrechtlichen Charakter nochmals deutlich.[308]

Dem steht auch nicht entgegen, dass die Befugnisse des Urhebers nach der monistischen Theorie in der Regel einen Mischcharakter aufweisen.[309] Die Verklammerung von Vermögens- und Persönlichkeitsrechten ist nicht derart rein formalistisch zu verstehen, dass sie die Existenz rein vermögensrechtlicher urheberrechtlicher Befugnisse ausschließt.[310] Ganz im Gegenteil können sie entsprechend ihrem überwiegenden Schutzinhalt zu einem dieser Urheberrechtsbestandteile zugeordnet werden.[311] Hilfreich diesbezüglich ist die Visualisierung von *Ulmer*, der die urheberpersönlichkeits- und die vermögensrechtliche Komponente des monistischen Urheberrechts als zwei Wurzeln eines Baumstammes und die einzelnen Befugnisse des Urhebers als die Baumäste sieht.[312] So wie der Ast eines Baumes aus nur einer der vielen Wurzeln des Baumes seine Lebenskraft schöpfen kann, genauso kann es auch im monistischen Urheberrecht reine Vermögensbefugnisse geben.[313] In diesem Sinne ist das Folgerecht durch seine reine vermögensrechtliche Ausrichtung geprägt.

Einheitlich wird das Folgerecht mittlerweile als eine vermögensrechtliche Befugnis qualifiziert.[314] Es schafft für den Künstler mit der Entstehung eines Werkes der bildenden Kunst die Möglichkeit, bei dem Hinzutreten weiterer Voraussetzungen zum Inhaber einer unbestimmten Anzahl von schuldrechtlichen Vergütungsansprüchen zu werden.[315] Daraus erwächst eine latente Position, die als abstrakte Anspruchsgrundlage dient, sich aber möglicherweise auch nie realisiert.[316] In diesem Sinne handelt es sich um eine Befugnis, die als Bestandteil des Urheberrechts keine gegenwärtig konkreten Rechtsfolgen auslöst, sondern die Möglichkeit künftiger Vergütungsansprüche umfasst.[317] Das Folgerecht ist daher als eine vermögensrechtliche Befugnis sui generis zu verstehen.[318]

---

307 Dreier/*Schulze*, § 26 Rn. 2; *Sinanidou*, S. 20; *Katzenberger*, GRUR Int 2004, 20 (22); *Lück*, GRUR Int 2007, 884 (885).

308 *Sinanidou*, S. 20; *Fischer*, KUR 2008, 66 (66); *Gamerith*, FS Dittrich, 71 (83); *Katzenberger*, GRUR Int 2004, 20 (22).

309 *Küfner*, S. 96; *Rossbach*, S. 75f; *Sinanidou*, S. 20; *Stöhr*, S. 75.

310 *Rossbach*, S. 75f; *Stöhr*, S. 75.

311 *Küfner*, S. 93.

312 *Rossbach*, S. 75f; *Stöhr*, S. 75.

313 *Rossbach*, S. 75f.

314 Regierungsentwurf 1962, BT Drucks. IV/270, S. 52; Schricker/Loewenheim/*Katzenberger*, § 26 Rn. 3; *Ehrler*, S. 93; Hoeren/Holznagel/Ernstschneider/*Gusia*, S. 103; *Ulmer*, GRUR 1974, 593 (599).

315 *Küfner*, S. 84.

316 *Küfner*, S. 84; *Rossbach*, S. 66.

317 *Küfner*, S. 87.

318 *Dreyer*/Kotthoff/Meckel, I § 26 Rn. 5; Mestmäcker/Schulze/*Müller-Katzenburg*, § 26 Rn.2; Möhring/Nicolini/*Freudenberg*, § 26 Rn. 1; *Schricker*/Loewenheim/

VII. Zusammenfassung

Die systematische Einordnung der Folgerechtsregelung innerhalb des Urheberrechts sowie seine Ausgestaltung als unverzichtbares und unübertragbares Recht erscheinen nach einer Erläuterung im Lichte der Funktion und der Wirkungsweise des Folgerechts als unbedenklich. Auch hier erweist sich die Kritik am Folgerecht bei näherer Betrachtung als verfehlt.

D. Fazit

Das Folgerecht ist ein nützliches Instrument, um die Schlechterstellung von bildenden Künstlern und Fotografen im Vergleich zu anderen Urhebern zu verhindern[319] sowie der zeitlichen Verschiebung von Angebot und Nachfrage beim Erstverkauf eines Kunstwerks entgegenzuwirken. Es beteiligt bildende Künstler an von sonstigen Rechten nicht erfassten Nutzungsvorgängen und schließt somit eine Lücke in ihren Verwertungsmöglichkeiten. Als vermögensrechtliche Befugnis sui generis weist das droit de suite weder einen urheberpersönlichkeitsrechtlichen Kern auf noch steht es mit dem Urhebervertragsrecht im engen Zusammenhang oder in einem Ausschlussverhältnis. Auf dieses sonstige Recht erscheint eine Anwendung des Erschöpfungsgrundsatzes sachfremd. Bei näherer Betrachtung erweist sich das Folgerecht als eine notwendige und in sich schlüssige Rechtsfigur, die in der Gesamtsystematik des Urheberrechts einen verdienten Platz gefunden hat.

Katzenberger, § 26 Rn. 4; *Ehrler*, S. 106; *Rossbach*, S. 74; *Schneider-Brodtmann*, S. 75f; *Sinanidou*, S. 19; *Passiny*, S. 20; *Pfennig*, FS Raue, 593 (598).

319 *Europäisches Parlament*, Bericht, S. 5.

Teil 3. Auswirkungen auf die Funktionsweise des Kunstmarktes

Das Folgerecht beschränkt sich auf den ersten Blick darauf, bildende Künstler an der Verwertung ihrer Werke zu beteiligen. Welche Auswirkungen das droit de suite im Sinne von gesetzgeberisch nicht beabsichtigten Nebenfolgen im Übrigen hat, kann erst im Rahmen einer vertieften Untersuchung ermittelt werden. Insbesondere gemeint ist damit der Einfluss, den das Rechtsinstitut auf den Kunstmarkt und seine Teilnehmer ausübt.[320] Negative Auswirkungen dürfen keineswegs unberücksichtigt bleiben, denn der Kunst- und Antiquitätenmarkt trägt erheblich zur Weltwirtschaft bei.[321] Dabei ist zu beachten, dass aufgrund der zeitlichen Begrenzung der urheberrechtlichen Schutzfrist nicht der gesamte Kunstmarkt vom Folgerecht betroffen ist, sondern lediglich der Handel mit zeitgenössischer und moderner Kunst.[322]

Die Debatte über diese Nebeneffekte des Folgerechts wurde lange Zeit ohne empirische Daten allein anhand von Hypothesen und theoretischen Modellen geführt.[323] Seit der Implementierung des Folgerechts in Großbritannien 2006 bieten diverse Studien erstmalig auch empirische Befunde. Die Entwicklung des Marktes während der Umbruchsjahre wurde aufmerksam von Wissenschaftlern, Lobbyisten sowie Betroffenen verfolgt und analysiert. Denn zum ersten Mal konnte die Wirkungsweise der Regelung auf einem der wichtigsten und größten Kunstmärkte beobachtet werden. Die Forschung über die marktwirtschaftlichen Auswirkungen des Folgerechts hat dadurch enorme Fortschritte gemacht. Im weiteren Verlauf dieses Abschnitts werden daher die Vermutungen über negative Konsequenzen des droit de suite für den Kunstmarkt im Lichte der neuen Erkenntnisse dargestellt.[324]

A. Belastung für Kunstgalerien

I. Bedeutung der Kunstmittler

Damit ein bildender Künstler Bekanntheit in der Kunstszene erlangen kann, ist er auf die vermittelnde Tätigkeit von Galerien angewiesen.[325] Denn Kunstkäufer

320 *Kirchner*, INTEGRU-Tagung 2009, 211 (217).
321 *Europäisches Parlament*, Bericht, S. 4.
322 *Becker*, S. 116; *McAndrew*, The Global Art Market in 2010, S. 112.
323 *Perlmutter*, Colum. J.L. & Art. 16 (1992), 395 (397); *Wu*, J. Copyright Soc'y U.S.A 46 (1999), 531 (533).
324 Weiteren Argumentationsaustausch in: *Katzenberger*, Das Folgerecht, S.13ff.
325 *Merryman*, UFITA Bd. 124 (1994), 199 (201); *Reutter*, Vill. Sports & Ent. L.J. 8 (2001), 99 (111); *Wuenschel*, JIPLP 4 (2009), 130 (133f); Ausführlich über die geschichtliche Entwicklung des Verhältnisses Künstler-Kunsthändler *Reutter*, Vill. Sports & Ent. L.J. 8 (2001), 99 (99ff).

vertrauen selten auf ihren eigenen Sachverstand. Sie verlassen sich fast komplett auf das Urteil und die Expertise der Galeristen.[326] Erst wenn diese die Werke erwerben, ausstellen oder das Kunstpublikum generell darauf aufmerksam machen, werden die Originale auf dem Kunstmarkt verkehrsfähig. Dieses Vertrauen, welches die Kunstmittler einem neuen Künstler schenken, ist ein wesentliches Bindeglied des zeitgenössischen Kunstmarktes. Häufig wird dem Künstler erst durch einen Vertrag mit einem Galeristen der Zugang zum Kunstmarkt und damit zum späteren kommerziellen Erfolg überhaupt ermöglicht.[327] Galerien sind in diesem Sinne „not only market-makers, but they also play the role of gatekeepers for artists".[328]

Die Förderung durch den Galeristen beeinflusst die Preisentwicklung der Werke positiv.[329] Denn die Originale von Künstlern mit Vertragsbindung zu einem vorkaufsberechtigten Galeristen erzielen die höheren Marktpreise.[330] Dabei ist einmal der Ruf der Galerie entscheidend und der Umstand, ob sie die Werke auch auf Kunstmessen ausstellt.[331] Das Leitbild des Galeristen ist heutzutage immer noch von dem Impressionistenhändler Paul Durand-Ruel[332], dem Postimpressionistenhändler Ambroise Vollard[333] sowie insbesondere von Daniel-Henry Kahnweiler[334] geprägt, der exklusiv Picasso, Léger und Braque ausstellte, als deren Werke noch als unverkäuflich galten. Der Galerist fördert nicht nur die jungen Künstler, sondern auch die Vielfalt und Weiterentwicklung des jeweiligen Kunstsegments insgesamt.

II. Folgerechtsvergütung als Behinderung der Galeristentätigkeit

Viele Gegner des Folgerechts sehen darin eine Bestrafung und Behinderung der Kunstmittler.[335] Das droit de suite untergrabe das Verhältnis zwischen Künstler und Händler, das so eine außerordentlich wichtige Rolle für die Anfangsentwicklung aller Künstlerkarrieren spiele.[336] Denn die Kunstmittler seien gerade darum bemüht, Künstler zu etablieren und gingen dabei erhebliche Risiken ein.[337] Dem Engagement der Galeristen, die „auf eigenes Risiko Künstler fördern, Kunstvermittlung betreiben, an Kunstmessen teilnehmen, Ausstellungen, Events und Führungen organisieren,

326 *Reutter*, Vill. Sports & Ent. L.J. 8 (2001), 99 (121).
327 *Reutter*, Vill. Sports & Ent. L.J. 8 (2001), 99 (115f).
328 *Reutter*, Vill. Sports & Ent. L.J. 8 (2001), 99 (122f).
329 *Frey/Pommerehne*, S. 88.
330 *Frey/Pommerehne*, S. 89.
331 *Kirchner*, INTEGRU-Tagung 2009, 211 (224).
332 *Reutter*, Vill. Sports & Ent. L.J. 8 (2001), 99 (107f).
333 *Reutter*, Vill. Sports & Ent. L.J. 8 (2001), 99 (108).
334 *Ohly*, FG Schricker, 427 (442); *Reutter*, Vill. Sports & Ent. L.J. 8 (2001), 99 (107f).
335 Hoeren/Holznagel/Ernstschneider/*Gusia*, S. 98; *Froschauer*, S. 19.
336 *Froschauer*, S. 21.
337 *Heinz*, GRUR 1998, 786 (791); ausführlich zu den langfristigen Galerieverträgen und ihren Besonderheiten *Ohly*, FG Schricker, 427 (442ff).

(wissenschaftliche) Publikationen veröffentlichen und Werke des Künstlers in bedeutenden Sammlungen und Museen platzieren"[338], sollten jedoch keine Steine im Weg gelegt werden. Der Kunsthandel gehe schon ein hohes Risiko ein, indem er in moderne und zeitgenössische Kunst vertraut, in sie investiert und sich für ihren Erfolg einsetzt.[339] Aufgrund dieses Engagements und des Beitrags zur kulturellen Entwicklung unserer Gesellschaft dürfen den Galeristen keine weiteren wirtschaftlichen Belastungen auferlegt werden.[340] Insbesondere dürfe der erhöhte Schutz des Künstlers nicht auf ihre Kosten erreicht werden.[341]

An dieser Stelle muss eine ganz wichtige Differenzierung vorgenommen werden. Da das Folgerecht nur bei Weiterveräußerungen anwendbar ist, wird der Verkauf durch einen Galeristen lediglich dann mit einer Folgerechtsabgabe belastet, wenn der Galerist zuvor das Original vom Künstler erworben hat. Wenn der Galerist das Werk lediglich als Kommissionsware vom Urheber annimmt und es im eigenen Namen aber für Rechnung des Künstlers veräußert, beteiligt er sich damit lediglich an der Erstveräußerung.[342] In diesem Fall entsteht kein Folgerechtsanspruch, denn der Kaufpreis fließt nach Abzug der Kommission direkt dem Künstler zu. Heutzutage ist das Kommissionsgeschäft beim Erstverkauf im Vergleich zum Ankauf der einzelnen Werke das viel verbreitetere Vertragsverhältnis zwischen Künstlern und Galeristen.[343] Damit ist lediglich ein kleinerer Teil der Galeristenverkäufe vom Folgerecht überhaupt betroffen. Im Weiteren wird daher lediglich die erste Alternative, die eine Folgerechtsabgabe auslöst, für die Untersuchung der Belastung des Galeristengeschäfts herangezogen. Denn bei den anderen Galeristengeschäften ist eine finanzielle Belastung aufgrund der Unanwendbarkeit des Folgerechts nicht gegeben.

III. Reduzierung der Förderanreize

Konsequenz der zusätzlichen Zahlungsverpflichtung aus dem Folgerecht sei, dass die Förderanreize für Galeristen sinken[344] und die Verkehrsfähigkeit der Kunstwerke gemindert werde. Ein Galerist erwerbe ganz viele Kunstwerke in der Ungewissheit,

---

338 *Fischer*, KUR 2008, 66 (68).

339 *Heinz*, GRUR 1998, 786 (791).

340 *Heinz*, GRUR 1998, 786 (791).

341 *Heinz*, GRUR 1998, 786 (791).

342 Mestmäcker/Schulze/*Müller-Katzenburg*, § 26 Rn. 22; Schricker/Loewenheim/*Katzenberger*, § 26 Rn. 31; *Walter*, Folgerecht-RL, Vor Art. 1 Rn. 3; *Becker*, S. 39; *Pfennig*, Kunst, Markt und Recht, S. 70; *Pierredon-Fawcett*, S. 84.

343 *Becker*, S. 52; *Weatherall*, S. 23; *Pfennig*, INTEGRU-Tagung 2009, 235 (239); *Hansmann*, Paper 250, S. 9.

344 *Sinanidou*, S. 39; *Hansmann*, Paper 250, S. 4; *Froschauer*, S. 19; *Froehlich*, ZUM 2003, 453 (457); *Graddy/Horowitz/Szymanski*, S. 48f; *Karp/Perloff*, Int'l Rev. L. & Econ. 13 (1993), 163 (171); *Schmidtchen/Kirstein*, GRUR 2002, 860 (860).

ob später eine Wertsteigerung eintrete oder nicht.[345] Natürlich tue er dies mit der Einstellung, dass die Investition in die nicht wiederverkäuflichen Werke durch den Wertanstieg der wenigen „Treffer“ gedeckt werde. Sei er dann gezwungen einen Teil der Gewinne aus den erfolgreichen Werken an die Urheber abzugeben, werde sein Anreiz geringer, in Werke unbekannter junger Künstler überhaupt zu investieren.[346]

Die Tendenz, Werke junger Künstler nicht mehr anzukaufen, sondern in Kommission zu nehmen, sei als negative Folge auch auf das Folgerecht zurückzuführen.[347] Denn lediglich bei dem Kommissionsverkauf für Rechnung des Künstlers, wie gerade dargestellt, fällt bei dem Galerieverkauf kein Folgerecht an.[348] Während die Kunsthändler in der Vergangenheit die Werke neuer Künstler für die periodischen Ausstellungen kauften und damit den Künstlern regelmäßige Einkünfte sicherten, vergeben sie mittlerweile nur Darlehen für künftige Werke.[349] Diese Verlagerung auf die Kommissionsgeschäfte bringe junge Künstler in die Schuldenfalle.[350]

IV. Ausnahmeklausel für Galerien

Bislang sind keine Untersuchungen bekannt, die sich dem Zusammenhang zwischen Förderaktivitäten der Galeristen und droit de suite widmen. Die Abnahme der Förderbemühungen von Galeristen allein infolge des Folgerechts kann daher empirisch weder bestätigt noch widerlegt werden. Dies ist nur nachvollziehbar, denn die Bereitschaft, sich für die Förderung junger Künstler zu bemühen und darin zu investieren, eine lediglich subjektive Einstellung des Galeristen darstellt. Daher lassen sich diese an sich sowie der Einfluss des Folgerechts darauf auch kaum empirisch nachweisen.

Die befürchteten Auswirkungen des Folgerechts auf die Förderaktivitäten der Galeristen lassen sich jedoch durch eine Ausnahmeregelung für Galerien als Erstkäufer vermeiden.[351] Kunstgalerien, die Werke unmittelbar von ihren Schöpfern erwerben, spricht die Folgerecht-RL richtigerweise eine besondere Stellung zu und eröffnet den Mitgliedstaaten eine Ausnahmemöglichkeit vom Folgerecht. Diese Privilegierung bestimmter Galeriegeschäfte ist Ausdruck der Honorierung für den Einsatz zugunsten der jungen Künstlergeneration.[352] Von dieser Ausnahmemöglichkeit

345 *Kirstein/Schmidtchen,* CSLE Discussion Paper, S. 5; *Schmidtchen/Kirstein,* GRUR 2002, 860 (861).

346 *Karp/Perloff,* Int'l Rev. L. & Econ. 13 (1993), 163 (171); *Kirchner,* INTEGRU-Tagung 2009, 211 (229); *Schmidtchen/Kirstein,* GRUR 2002, 860 (861).

347 *Graddy/Horowitz/Szymanski,* S. 47; *Pfennig,* ZUM 2002, 195 (195).

348 *Becker,* S. 39; *Pfennig,* Kunst, Markt und Recht, S. 70.

349 *Froschauer,* S. 19.

350 *Froschauer,* S. 19.

351 Befürwortet auch von *Pierredon-Fawcett,* S.145; in diesem Sinne auch *US Copyright Office,* Resale Royalties, S. 43f.

352 *Schack,* Kunst und Recht, S. 214 Rn. 436; *Schmidt-Werthern,* S. 104; *Wiesner,* S. 91f; *Passiny,* S. 41.

haben Großbritannien, Frankreich und Belgien Gebrauch gemacht.[353] Das Entfallen einer Folgerechtsvergütung bei Galerieverkäufen wird auch in Deutschland auf Erlöseinziehungsebene praktiziert.

Der erste Weiterverkauf durch einen Galeristen darf vom Folgerecht ausgenommen werden, wenn er binnen drei Jahren nach dem Erstkauf bei einem Wiederverkaufspreis unter 10.000 Euro erfolgt.[354] Die Ausnahme berücksichtigt das erläuterte spezifische Geschäft für Kunstgalerien, die unmittelbar von unbekannten Künstlern kaufen und das Risiko der Preisentwicklung sowie der Vermarktung tragen.[355] Die Bildung des Rufes eines Künstlers ist ein langwieriger Prozess, der sich in der Regel erst langer Zeit nach der ursprünglichen Investition des Galeristen bezahlt macht.[356] Daher braucht der Galerist eine finanzielle Grundlage, die das Warten auf den Erfolg des Künstlers erlaubt.[357] Diese Besonderheiten des Galeriegeschäftes dürfen nicht unberücksichtigt bleiben. Durch die Privilegierung soll zudem gefördert werden, dass Galerien vermehrt neue Werke ankaufen, anstatt sie lediglich als Kommissionsgut anzunehmen.[358]

V. Wertsteigerung des Œuvres als Anreiz für Förderbemühungen

Die Kritik übersieht zudem, dass die Tätigkeit des Galeristen primär auf das langfristige Aufbauen eines Künstlers gerichtet ist. Es geht dabei nicht um den wirtschaftlichen Gewinn jeder einzelnen Veräußerung, sondern vielmehr um die langfristig angelegte Geschäftsbeziehung zwischen Galerie und Künstler.[359] Mit anderen Worten liegt die Haupttätigkeit eines Galeristen darin, Werke erstmalig auf den Markt zu bringen.[360] Der Galerist engagiert sich dafür, den Ruf des Künstlers aufzubauen, einen Markt für seine Werke zu bilden und ihre Preise dauerhaft zu erhöhen.[361]

Die Förderbemühungen des Galeristen werden demnach durch den Wertanstieg des gesamten Œuvres und weniger beim Verkauf einzelner Werke belohnt.[362] Durch die Werbemaßnahmen zugunsten eines Künstlers erhöht sich der Wert seiner

353 *Schmidt-Werthern*, S. 103ff; *Stokes*, S. 16; Ausnahme in Frankreich *Ferry-Fall*, CEO ADAGP, Vortrag v. 31.3.2014; in Großbritannien Regulation 12 (Resale), Paragraph (4) Artist's Resale Right Regulations 2006.

354 Schricker/Loewenheim/*Katzenberger*, § 26 Rn. 31; *Schack*, Kunst und Recht, S. 214 Rn. 436; *Stokes*, S. 16; *Wiesner*, S. 91; *Ramonbordes*, Copyright Bulletin (UNESCO) 34/2 (2000), 25 (25).

355 *Ehrler*, S. 145; *Zimmerling/Felsmann*, EuZW 2002, 267 (269).

356 *Reutter*, Vill. Sports & Ent. L.J. 8 (2001), 99 (125).

357 *Reutter*, Vill. Sports & Ent. L.J. 8 (2001), 99 (125f).

358 *Walter*, Folgerecht-RL, Art. 1 Rn. 8.

359 *Weatherall*, S. 23; *Petty*, Wm. & Mary Bill Rts. J. 22 (2014), 977 (1005).

360 *Ehrler*, S. 40f; *Stokes*, S. 6.

361 *Reutter*, Vill. Sports & Ent. L.J. 8 (2001), 99 (125).

362 *Weatherall*, S. 23; *Hansmann*, Paper 250, S. 9.

verbleibenden oder noch zu schaffenden Werke, die der Galerist häufig exklusiv anbieten darf. Somit steigert die Förderung des Galeristen den weiteren Gewinn, den er aus der Zusammenarbeit mit dem unterstützten Künstler erzielt.[363] Da der Galerist in diesem Sinne weniger um die Steigerung der Preishöhe von einzelnen Werken bemüht ist, erscheint das Folgerecht auch nicht geeignet, seine Werbe- und Fördertätigkeit in ihrer Gesamtheit zu reduzieren.

VI. Zwischenfazit

Somit lässt sich festhalten, dass die Förderung durch den Galeristen auf den Wertanstieg des gesamten Œuvres des Künstlers abzielt und damit nicht im direkten Zusammenhang mit dem bei einzelnen Veräußerungen ausgelösten Folgerecht steht. Eine Ausnahmeklausel für Galeriegeschäfte erscheint allerdings sinnvoll, um der besonderen Stellung der Kunstmittler auf dem Markt entsprechend Rechnung zu tragen. Vor allem jedoch wirkt die Ausnahme der weiteren Verbreitung des Kommissionsgeschäfts im Kunsthandel entgegen.

B. Preissenkung beim Erstverkauf und Schmälerung des Gesamtverdienstes

Der Erstverkauf ist, wie bereits erläutert, die bedeutendste Einnahmequelle des Künstlers. Daher geht es jedem Künstler primär darum, sein Original zu verkaufen und nicht darum, nachfolgende Weiterveräußerungen zu initiieren. Dies bedeutet jedoch keineswegs im Umkehrschluss, dass die Folgerechtserlöse überflüssig und unerwünscht sind. Obwohl sie nicht die primäre Verdienstquelle des Künstlers darstellen und auch gar nicht als solche gedacht sind, erfüllen sie eine Kompensationsfunktion. Sie sollen neben dem Einzelakt des Erstverkaufes eine sich auch auf die zukünftige Nutzungsvorgänge erstreckende Partizipationsmöglichkeit bieten. Dadurch wird die punktuelle Verdienstmöglichkeit des Urhebers um eine Komponente der Dauerhaftigkeit erweitert, die längerfristig zu der Sicherung der Lebensgrundlage des Künstlers beizutragen vermag.

Viele Gegner des Folgerechts gehen allerdings von der Annahme aus, dass es finanziell mit zwingenden negativen Folgen für den Erstverkaufspreis einhergeht und dadurch der tatsächliche Gesamtverdienst des Urhebers letztendlich eher geschmälert als erhöht wird. Würde diese Hypothese zutreffen, müsste man sich notwendigerweise die Frage stellen, ob ein droit de suite den bildenden Künstlern mehr schadet als sie finanziell zu begünstigen. Daher wird dieser Hypothese im Folgenden ausführlich nachgegangen.

---

363 *Weatherall*, S. 24.

I. Die Preissenkungstheorie

Das Folgerecht reduziere den Ersterwerbspreis eines Kunstwerks.[364] Es trage dazu bei, dass der Preis beim Erstverkauf automatisch dadurch sinke, dass die zukünftigen Vergütungsansprüche aus dem droit de suite einkalkuliert werden.[365] Ein potenzieller Erstkäufer, der das Werk später weiterveräußern möchte, sei gewillt nur einen Preis zu zahlen, der bereits um den späteren Vergütungsanspruch aus § 26 UrhG gekürzt sei.[366] Die Zahlungsbereitschaft des Käufers sinke „um den Barwert des Folgerechts".[367] Dies drücke gerade den Erstverkaufspreis, der die wichtigste Einnahmequelle des Künstlers sei, noch weiter nach unten als er ohne die zeitlich verschobene Wertsteigerung ohnehin sei.[368] Demnach opfere der Künstler einen sicheren gegenwärtigen Betrag, nur um unsichere Vergütungsansprüche in der Zukunft zu erhalten.[369] Zudem werde dieser Verlust beim Erstverkauf nicht durch die spätere Vergütung aus dem Folgerecht kompensiert.[370] Demzufolge schmälere das Folgerecht im Endeffekt „den Barwert des Lebenseinkommens des Künstlers", anstatt es zu erhöhen.[371]

II. Faktoren der Preisbildung auf dem Kunstmarkt

Dieser Ansatz mag zwar ökonomisch plausibel klingen, lässt jedoch die Besonderheiten des Kunstmarktes außer Acht.[372] Der Handel mit moderner und zeitgenössischer Kunst ist eigenen Gesetzen unterworfen.[373] Für die Preisbildung auf dem Primärmarkt spielen viele verschiedene Faktoren eine Rolle, wie beispielsweise "[...] the color, size, style, or subject matter of the work; the reputations of art dealers, galleries, and interested buyers (including any well-regarded museums); what

364 *Sinanidou*, S. 36; *Stokes*, S. 7; *Weatherall*, S. 10; *Filer*, J. Cult. Econ. 8 (1984), 1 (14); *Graddy/Horowitz/Szymanski*, S. 46; *Karp/Perloff*, Int'l Rev. L. & Econ. 13 (1993), 163 (171); *Kirchner*, INTEGRU-Tagung 2009, 211 (216); *Kirstein/Schmidtchen*, CSLE Discussion Paper, S. 7; *McAndrew/Dallas-Conte*, S. 19; *Perlmutter*, Colum. J.L. & Art. 16 (1992), 395 (406); *Schmidtchen/Kirstein*, GRUR 2002, 860 (860).

365 *Banternghansa/Graddy*, S. 8; *Gaster*, FS Dittrich, 91 (110); *Schmidtchen/Konald/Kirstein*, FS Fikentscher, 774 (779ff).

366 *Banternghansa/Graddy*, S. 8; *Kirstein/Schmidtchen*, CSLE Discussion Paper, S. 7; *Schmidtchen/Konald/Kirstein*, FS Fikentscher, 774 (779).

367 *Schmidtchen/Konald/Kirstein*, FS Fikentscher, 774 (781).

368 *Schmidtchen/Konald/Kirstein*, FS Fikentscher, 774 (781).

369 *Karp/Perloff*, Int'l Rev. L. & Econ. 13 (1993), 163 (171); *Kirchner*, INTEGRU-Tagung 2009, 211 (231); *Kirstein/Schmidtchen*, CSLE Discussion Paper, S. 15; *Schmidtchen/Konald/Kirstein*, FS Fikentscher, 774 (782); *Schmidtchen/Kirstein*, GRUR 2002, 860 (864); *Weatherall*, S. 10.

370 *Sinanidou*, S. 36; *Schmidtchen/Kirstein*, GRUR 2002, 860 (863).

371 *Schmidtchen/Kirstein*, GRUR 2002, 860 (863).

372 *Pfennig*, INTEGRU-Tagung 2009, 235 (236).

373 *Becker*, S. 12*.

critics say about an artist's work; the premature death of the artist; any increase or reduction in the supply of the artist's work, and his or her failure to live up to earlier promise; and the location(s) where a work was or will be exhibited."[374].

Zudem werden Kunstwerke nicht nur als reine Geldanlage und allein aus wirtschaftlichem Kalkül gekauft.[375] Vielmehr erwerben viele Kunstsammler die Werke aus Leidenschaft und Begeisterung für die Kunst. Es geht bei Kunstkäufen nicht nur um den materiellen (Gegen)Wert, sondern in erster Linie um den Kunstgenuss und den Gewinn an Lebensqualität.[376] Viele Käufer schätzen den ästhetischen Wert von Kunstwerken und basieren ihre Kaufmotivation auf den dekorativen Wert des Werkes, auf seine Eignung als Statussymbol oder auf ein eigenes Konzept von einer Kunstsammlung.[377] Solche Käufer behalten die Kunstwerke viel länger als anderes Anlagegut, nämlich durchschnittlich ca. 30 Jahre lang.[378] Die häufigsten Verkaufsgründe sind nicht profitorientiert und auf dem Auktionsmarkt als "The three D's" bekannt: death, debt and divorce.[379] Wer als Sammler ein Kunstwerk gerade erworben hat, macht sich noch keine Gedanken darüber, ob er es irgendwann weiterverkaufen wird.[380]

Originale der bildenden Kunst sind zudem im Vergleich zu Massenprodukten nicht austauschbar.[381] Bei einer Kaufentscheidung zwischen zwei industriell gefertigten Möbelstücken wird sich der durchschnittliche Käufer wahrscheinlich für das abgabenfreie und damit günstigere Möbelstück entscheiden.[382] Dagegen wird sich ein Picasso-Sammler höchst unwahrscheinlich für ein Werk von einem alten Meister entscheiden, nur um die Folgerechtsabgabe zu vermeiden.[383] Je klarer das Ziel einer privaten Kunstsammlung ist, desto weniger austauschbar wird das Werk für den Sammler.[384]

Zusammenfassend stehen die Kaufentscheidungen, insbesondere im höheren Preissegment, nicht im Zusammenhang mit der Entrichtung oder dem Fehlen einer Folgerechtsvergütung.[385] Die Erwerbsmotivation des Käufers und seine Zahlungsbereitschaft werden von anderen mannigfaltigen Faktoren beeinflusst. In diesem

---

374 *US Copyright Office*, Resale Royalties, S. 41; weitere Preisbildungskriterien bei *Reutter*, Vill. Sports & Ent. L.J. 8 (2001), 99 (117f).

375 *US Copyright Office*, Resale Royalties, S. 53; *Goetzl/Sutton*, Colum. J.L. & Art. 9 (1985), 15 (49).

376 *Ehrler*, S. 62; *Pfennig*, INTEGRU-Tagung 2009, 235 (240).

377 *Reutter*, Vill. Sports & Ent. L.J. 8 (2001), 99 (120).

378 *US Copyright Office*, Resale Royalties, S. 53.

379 *US Copyright Office*, Resale Royalties, S. 53.

380 *US Copyright Office*, Resale Royalties, S. 43.

381 *Goetzl/Sutton*, Colum. J.L. & Art. 9 (1985), 15 (49).

382 *Becker*, S. 36.

383 *Becker*, S. 36; *Weatherall*, S. 29; *Perlmutter*, Colum. J.L. & Art. 16 (1992), 395 (409).

384 *Reutter*, Vill. Sports & Ent. L.J. 8 (2001), 99 (120).

385 *Pfennig*, INTEGRU-Tagung 2009, 235 (240); *US Copyright Office*, Resale Royalties, S. 43.

Sinne wirkt eine Kürzung des Preisangebots des Käufers um ein potenziell nicht berechenbares Folgerecht viel zu konstruiert und für alle Alternativen des breitgefächerten Kunstmarktes unpassend. Eine Verbindung zwischen der Existenz des Folgerechts und der Preisbildung auf dem Primärmarkt ist zu verneinen.[386]

III. Schwachstellen der Preissenkungstheorie

Die Hypothese der Preissenkung beim Erstverkauf geht davon aus, dass der Käufer keine vollwertige Stellung als Eigentümer bekomme.[387] Die Rechte, die dem Künstler verbleiben, schmälern den Wert des Werkes.[388] Würde man dieser wirtschaftlichen Betrachtungsweise folgen wollen, müsste man das ganze Urheberrecht überdenken. Denn gewisse Rechte verbleiben immer beim Urheber.

Der genannte Versuch einer ökonomischen Analyse beschränkt sich zudem lediglich auf den Ankauf von Werken junger, noch unbekannter Künstler durch Galerien und lässt alle weiteren Optionen eines Erstverkaufs außer Betracht. Viele Künstler treten dabei beispielsweise als Selbstvermarkter auf – insbesondere in den niedrigeren Preissegmenten –, indem sie ihre Werke in Ateliers oder im Kunstverein ohne Kunstmittler anbieten.[389] Die noch häufiger vorkommende dritte Variante des Erstverkaufs, bei der der Galerist, wie schon erläutert, lediglich als Kommissionär auftritt, wird auch nicht berücksichtigt. Auch die Weiterverkäufe werden nicht ausgewertet bzw. werden bei ihnen Marktregeln schlicht unterstellt, die nicht zutreffend sind.[390] Die wesentlichen Umsätze werden jedoch bei der Abwicklung zwischen „privaten Sammlern und institutionellen Erwerbern bzw. anderen Privatleuten unter der Einschaltung von Marktprofis" erzielt.[391]

In diesem Sinne beruht die ökonomische Analyse auf nur einem der möglichen Erstverkaufsszenarien und wird den vielfältigen Möglichkeiten beim Erstverkauf in der Realität nicht gerecht. Die vorgebrachten Einwände aus ökonomischer Sicht lassen sich zudem in dem analysierten Einzelfall schlichtweg durch die geschilderte Ausnahmeregelung für Galerien als Erstkäufer entkräften.

IV. Keine Senkung der Gesamteinkünfte

Zudem kommt die genannte wirtschaftliche Analyse, die eine Senkung des Erstverkaufspreises beim Ankauf durch Galerien unterstellt, auch zu dem Ergebnis,

---

386 *Pfennig,* INTEGRU-Tagung 2009, 235 (243).
387 *Filer,* J. Cult. Econ. 8 (1984), 1 (14); *Ginsburgh,* Econ. Analysis & Pol'y 35 (2005), 61 (62).
388 *Ginsburgh,* Econ. Analysis & Pol'y 35 (2005), 61 (62).
389 *Pfennig,* Kunst, Markt und Recht, S. 69; *Pfennig,* INTEGRU-Tagung 2009, 235 (239).
390 *Hansmann,* Paper 250, S. 11.
391 *Sinanidou,* S. 46.

dass sich die Gesamteinkünfte des Urhebers durch das Folgerecht erhöhen.[392] Die Bilanz werde erst im Nachhinein lediglich dadurch relativiert, dass das monetäre Einkommen zwar insgesamt steige, der Nutzen für den Urheber, der in älteren Jahren sowieso über größere Geldbeträge als in seiner anfänglichen Schaffensperiode verfüge, dann letztendlich doch geringer ausfalle.[393] Dieses Timing sei unerwünscht, da der Künstler das Geld in seinen jungen Jahren der Unbekanntheit dringender brauche, als wenn er bereits etabliert sei.[394] Höhere Gesamteinkünfte auf die Zeit der Lebensdauer seien daher nicht geeignet, die wirtschaftliche Situation des Künstlers zu verbessern.[395]

Dieses Argument übersieht gerade die wesentliche Wertung hinter der Regelung und die Absicht, die Lebensverhältnisse der freischaffenden Urheber an die normale Einkommensentwicklung von Arbeitnehmern anzugleichen, deren Einkünfte im Laufe des Karriereweges normalerweise auch ansteigen. Damit werden nicht nur die marktwirtschaftlichen Regeln des Arbeitsmarktes negiert. Auch dem urheberrechtlichen Grundsatz, dass die wirtschaftliche Beteiligung des Urhebers sich nach der Zahl der Nutzungsvorgänge richtet – die im Laufe der Zeit notwendigerweise steigt und die Erwerbserlöse dadurch erhöht – wird keine Rechnung getragen.

V. Der empirische Gegenbeweis

Es gibt auch keine empirischen Daten, die die Theorie der Vorwegnahme des Folgerechtes auf dem Primärmarkt unterstützen.[396] Die geschilderten Auswirkungen beim Galeristenkauf sind rein hypothetisch.[397] Hingegen sind empirische Belege vorhanden, die zeigen, dass das droit de suite bei den Preisverhandlungen keine Rolle gespielt hat.[398] Schon dadurch kann diese These als widerlegt angesehen werden.[399]

Aktuellen britischen Studien zufolge gibt es keine Anzeichen dafür, dass nach Einführung des Folgerechts Preissenkungen auf dem Primärmarkt beobachtet werden konnten.[400] Auch der aktuelle Bericht des US Copyright Office stellt fest, dass sich die früheren Vermutungen, dass das Folgerecht zu einer Preisreduzierung auf dem Primärmarkt führen würde, als nicht korrekt erwiesen haben.[401] Im Bericht heißt es zudem: „Commenters and participants in the Office's roundtable

392 *Kirstein/Schmidtchen,* CSLE Discussion Paper, S. 15; *Schmidtchen/Kirstein,* GRUR 2002, 860 (864f).
393 *Kirstein/Schmidtchen,* CSLE Discussion Paper, S. 15f; *Schmidtchen/Kirstein,* GRUR 2002, 860 (865).
394 *Hansmann,* Paper 250, S. 4.
395 *Kirstein/Schmidtchen,* CSLE Discussion Paper, S. 16.
396 *Ehrler,* S. 78.
397 *Ehrler,* S. 84.
398 *Ehrler,* S. 78; *Perlmutter,* Colum. J.L. & Art. 16 (1992), 395 (407).
399 *Ehrler,* S. 78.
400 *Graddy/Horowitz/Szymanski,* S. 2
401 *US Copyright Office,* Resale Royalties, S. 3.

representing collecting societies in countries where a resale royalty right is in effect offered testimony that the right at least has not harmed the primary market in those countries"[402]. Vielmehr gaben die europäischen Verwertungsgesellschaften an, dass das Verhältnis zwischen Künstlern und Kunstmittlern nach Einführung des Folgerechts unverändert geblieben ist und sich keine negativen Auswirkungen auf den Primärmarkt gezeigt haben.[403] Die Mehrheit der an Befragungen der Verwertungsgesellschaften teilnehmenden Künstler konnte keine negativen Folgen für den Verkauf ihrer Werke feststellen.[404] Auch die Mehrheit der Galerien auf dem Primärmarkt spricht sich für die Folgerechtsregelung aus, da sie sich durch die enge Beziehung zum Künstler mit ihm und der Durchsetzung seiner Rechte verbunden fühlen.[405]

VI. Zwischenfazit

Zusammenfassend kann festgehalten werden, dass die dargestellte Argumentation gegen das Folgerecht auf der Grundlage einer ökonomischen Analyse erhebliche Schwächen hat. Demzufolge kann sie in der Diskussion über das droit de suite kaum als Richtwert herangezogen werden. Sie kann mittlerweile aufgrund der neuen Erkenntnisse des US Copyright Office als überholt und unzutreffend angesehen werden.

C. Verlagerung ins folgerechtsfreie Ausland

Eines der stärksten Argumente der Folgerechtsgegner ist die vermutete – angeblich dem droit de suite geschuldete – Umsatzverlagerung: Das Folgerecht führe zu einer Abwanderung von Kunstveräußerungen und somit auch von Kunstwerken ins folgerechtsfreie Ausland.[406] Angesichts der Globalisierung der Märkte orientiere sich der Kunstmarkt als Folge der Folgerechtsregelung außereuropäisch und verlagere sich in Richtung USA, China und Schweiz.[407] Diese Verkaufsabgabe, spezifisch für den europäischen Markt für moderne und zeitgenössische Kunst, vergrößere nur die Schwierigkeiten eines bereits abnehmenden Marktes.[408] Die Gegner des Folgerechts

---

402 *US Copyright Office*, Resale Royalties, S. 43.

403 *US Copyright Office*, Resale Royalties, S. 44.

404 *US Copyright Office*, Resale Royalties, S. 44.

405 *US Copyright Office*, Resale Royalties, S. 44.

406 *Ehrler*, S. 66; *Katzenberger*, Das Folgerecht, S.15f; *Schneider-Brodtmann*, S. 25; *Weatherall*, S. 22; *Froschauer*, S. 22f; *Ginsburgh*, Econ. Analysis & Pol'y 35 (2005), 61 (69); *Goetzl/Sutton*, Colum. J.L. & Art. 9 (1985), 15 (48); *Graddy/Horowitz/Szymanski*, S. 49; *Kirstein/Schmidtchen*, CSLE Discussion Paper, S. 16; *McAndrew*, The Global Art Market in 2010, S. 75; *Merryman*, UFITA Bd. 124 (1994), 199 (213);*Schiefler*, UFITA Bd. 31 (1960), 177 (190).

407 *Becker*, S. 24*; *Heinz*, GRUR 1998, 786 (786); *Mione*, Cardozo J. Int'l & Comp. L. 21 (2013), 461 (480).

408 *McAndrew*, The Global Art Market in 2010, S. 125.

begründen dies mit theoretischen Vermutungen über die Funktionsweise des Marktes, bieten jedoch kaum konkrete Beispiele und empirische Nachweise für eine derartige Handelsverlagerung.[409] Es gilt daher zu untersuchen, ob diese von den Folgerechtsgegnern behaupteten Handelsverlagerungen tatsächlich in der Praxis beobachtet wurden und belegt werden können.

I. Unwirtschaftlichkeit einer künstlichen Verkaufsverlagerung

Es stellt sich zunächst die Frage, ob die Verlagerung von Kunstverkäufen ins Ausland mit dem einzigen Ziel, die Folgerechtsabgabe zu vermeiden, für den Veräußerer überhaupt lohnenswert ist. Die Verbringung von Kunstwerken ins Ausland und die dadurch anfallenden Mehrkosten sind häufig höher als die Entrichtung des Folgerechtsanteils im europäischen Inland.[410] Es fallen insbesondere Transport-, Versicherungs- und Verpackungskosten an. Gegen die Verlagerung von Kunstveräußerungen außerhalb der EU sprechen aus praktischer Sicht auch Einfuhr- und Kapitalertragssteuerbelastungen, die es in manchen Drittländern gibt.[411] Eine Verlagerung der Verkäufe bei Werken mit Erlös unter 50.000 Euro lohnt sich wirtschaftlich nicht.[412] Dabei gehören 85 % aller Verkäufe auf dem Kunstmarkt in diese Preiskategorie.[413]

II. Die maßgeblichen Faktoren für die Ortswahl einer Kunstveräußerung

Es wäre zudem realitäts- und praxisfremd anzunehmen, dass bei der Auswahl des Handelsplatzes die Folgerechtsbelastung bemerkbar ins Gewicht fallen könnte. Es gibt eine Reihe anderer Faktoren, die einen bestimmten nationalen Kunstmarkt verlockend machen.[414] Steuerliche Aspekte, Ein- und Ausfuhrbestimmungen sowie Auktionshausprovisionen spielen eine weitaus größere Rolle bei der Wahl des Verkaufsortes für ein Werk der bildenden Kunst.[415] Die Verwaltungsgebühren der

409 *Weatherall*, S. 28; *US Copyright Office*, Resale Royalties, S. 51f; Zwei Einzelfälle von Verlagerungen, die Gegner anführen, geschildert in *Graddy/Horowitz/Szymanski*, S. 49

410 Möhring/Nicolini/*Freudenberg*, § 26 Rn. 9; *Katzenberger*, Das Folgerecht, S.16; *Pfennig*, Kunst, Markt und Recht, S. 73; *v. Brühl*, GRUR 2009, 1117 (1118); *Pfennig*, INTEGRU-Tagung 2009, 235 (242).

411 *Europäische Kommission*, Richtlinienvorschlag zum Folgerecht – Erläuterungen.

412 *Europäische Kommission*, Richtlinienvorschlag zum Folgerecht – Erläuterungen; *Weatherall*, S. 22; *McAndrew/Dallas-Conte*, S. 23.

413 *Europäische Kommission*, Richtlinienvorschlag zum Folgerecht – Erläuterungen; *Ramonbordes*, Copyright Bulletin (UNESCO) 34/2 (2000), 25 (26).

414 Möhring/Nicolini/*Freudenberg*, § 26 Rn. 9; *Ehrler*, S. 50; *Sinanidou*, S. 41f; *v. Brühl*, GRUR 2009, 1117 (1118); *Graddy/Horowitz/Szymanski*, S. 49; *Katzenberger*, GRUR Int 1997, 309 (312); *McAndrew/Dallas-Conte*, S. 23.

415 *Becker*, S. 46ff; *Ehrler*, S. 50; *Europäische Kommission*, Bericht, S. 7f; *Katzenberger*, GRUR Int 1997, 309 (312); *McAndrew*, The Global Art Market in 2010, S. 125;

Auktionshäuser reichen bis zu 25 % des Verkaufswertes bei Kunstobjekten.[416] Dagegen hat die Erlösabgabe aus dem Folgerecht ein vergleichsweise viel geringeres finanzielles Ausmaß. Die Erfahrung hat auch gezeigt, dass sogar bei der Anhebung der Käuferprämien bei den großen Auktionshäusern von 10 % auf 15 % 1993, keine Verkaufsverlagerungen aus dem Vereinigten Königreich zu beobachten waren.[417]

Ausschlaggebend für die Wahl des Verkaufsortes ist vor allem, ob es sich um einen etablierten Kunstmarkt handelt.[418] Nicht zu vernachlässigen ist außerdem, dass auf den einzelnen Kunstmärkten (bzw. auf dem europäischen Kunstmarkt) spezifisches Fachwissen vorhanden ist.[419] Fachkompetenz, Spezialisierung, Vertrauen und Kontakte sind weitere entscheidende Kriterien für die Bevorzugung eines bestimmten Marktes.[420] Verkäufer suchen nach dem Markt, auf dem die Kunstwerke aller Wahrscheinlichkeit nach die meisten Interessenten[421] anziehen und den höchsten Preis erzielen und nicht nach dem Markt mit einer möglichen, aber marginalen Kostenersparnis.[422] Für Kunstkenner, die für ein Werk von Picasso 17 Millionen Dollar zu zahlen bereit sind, sind 12.500 Euro mögliche Folgerechtsvergütung kein relevantes Kaufkriterium.[423]

Die großen britischen Auktionshäuser nehmen in ihren europaweiten Niederlassungen viele Kunstwerke entgegen, um diese konzentriert auf dem Londoner und New Yorker Kunstmarkt zu versteigern.[424] Dieses Vorgehen ist oder zumindest war durch die günstigen finanziellen Rahmenbedingungen in diesen Ländern[425] sowie die bereits etablierten Kunstmärkte vor Ort begründet. Die positive Entwicklung des britischen Kunstmarktes in der Vergangenheit ist durchaus auf das Fehlen von Einfuhrabgaben, Sozialabgaben und Mehrwertsteuer zurückzuführen.[426] Daher wurden Werke von weltweit bekannten Meistern, die erwartungsgemäß hohe Zuschläge erzielen, generell in London oder New York verkauft.[427] London hat sich dabei als der

McAndrew/Dallas-Conte, S. 23; dazu ausführlicher auch *US Copyright Office,* Resale Royalties, S. 53ff.

416 *Europäische Kommission,* Richtlinienvorschlag zum Folgerecht – Erläuterungen.

417 *Europäische Kommission,* Richtlinienvorschlag zum Folgerecht – Erläuterungen; *McAndrew/Dallas-Conte,* S. 24.

418 *Walter,* Folgerecht-RL, Art. 4 Rn. 1; *McAndrew,* The Global Art Market in 2010, S. 125.

419 *Europäische Kommission,* Richtlinienvorschlag zum Folgerecht – Erläuterungen.

420 *Europäische Kommission,* Bericht, S. 8.

421 *Weatherall,* S. 28.

422 *McAndrew,* The Global Art Market in 2010, S. 125; *Pfennig,* Copyright bulletin (UNESCO) 35/3 (2001), 37 (42); *Wuenschel,* JIPLP 4 (2009), 130 (132).

423 *Wuenschel,* JIPLP 4 (2009), 130 (132).

424 *Becker,* S. 20*; *Ehrler,* S. 50.

425 *Becker,* S. 20*; *Ehrler,* S. 50.

426 *Becker,* S. 20*; *Ehrler,* S. 50; *Ramonbordes,* Copyright Bulletin (UNESCO) 34/2 (2000), 25 (29).

427 *Ehrler,* S. 51.

Markt für die alten Meister etabliert, während New York als Zentrum für moderne und zeitgenössische Kunst gilt.[428]

Eine Handelsverlagerung ist aufgrund dieser Marktkonzentration mit anderen Worten leicht zu prognostizieren. Denn mit dem steigenden Preissegment erhöht sich auch die Wahrscheinlichkeit, dass das Werk nicht im Herkunftsland bleibt, sondern an einem der etablierten Kunsthandelsplätze auftaucht.[429] So verhält es sich auch bei den alten Meistern, deren Konzentration auf einem bestimmten Markt mit Sicherheit nicht mit einer Folgerechtsabgabe zusammenhängt:[430] Bei ihren Werken ist die urheberrechtliche Schutzfrist bereits abgelaufen und das Folgerecht nicht anwendbar. Auf den anderen Märkten werden daher primär Werke veräußert, die „einen ganz spezifischen Geschmack lokaler, regionaler oder nationaler Ästhetik" ansprechen und daher bei dem internationalen Publikum weniger Interesse wecken.[431] Der französische und der deutsche Markt zeichnen sich im Vergleich zum britischen und amerikanischen durch eine große Anzahl von kleineren Auktionshäusern und dadurch eine viel geringere Konzentration aus.[432]

Daher kann festgehalten werden, dass ein bestimmter Kunstmarkt aufgrund einer Fülle von Faktoren bevorzugt wird, die an Bedeutung die Anwendbarkeit eines Folgerechts weit übertreffen.[433] Eine Verlagerung der Kunstverkäufe als indirekte Folge der Folgerechtsimplementierung erscheint daher als sehr unwahrscheinlich.[434] Es kann sogar angezweifelt werden, ob die unterschiedlichen Kunstmärkte aufgrund von spezifischer Konzentration und Spezialisierung überhaupt in einem echten Konkurrenzverhältnis zueinander stehen (welches durch ein Folgerecht beeinflusst werden kann) oder ob nicht vielmehr eigenständige Handelsplätze mit abgrenzbaren Fachbereichen bezüglich Kunstart und -richtung gegeben sind.

III. Fortschreitende Internationalisierung des Folgerechts

Zudem dürfte sich die Problematik der Handelsverlagerung mit der fortschreitenden internationalen Etablierung des Folgerechts und seiner Einführung in den Ländern mit den größten Kunstmärkten immer weniger stellen.[435] Auch das *Europäische Parlament* wies Ende 2012 „mit Genugtuung" darauf hin, dass immer mehr Drittstaaten die Einführung des Folgerechts in ihr nationales Recht vorsehen.[436] So sind beispielweise seit Längerem Tendenzen in den USA und sogar in China zu

---

428 *Becker,* S. 92f.
429 *Ehrler,* S. 51.
430 *Ehrler,* S. 54.
431 *Ehrler,* S. 53.
432 *Becker,* S. 92.
433 *Ramonbordes,* Copyright Bulletin (UNESCO) 34/2 (2000), 25 (30); *Schmidtchen/Konald/Kirstein,* FS Fikentscher, 774 (796).
434 *Weatherall,* S. 28; *Pfennig,* INTEGRU-Tagung 2009, 235 (243).
435 *Schneider-Brodtmann,* S. 25.
436 *Europäisches Parlament,* Bericht, S. 4.

beobachten, eine entsprechende Regelung gesetzlich zu verankern.[437] Und wie in allen Folgerechtsländern stößt diese Entwicklung zunächst auf den Widerstand des Kunsthandels. Diese Phase der „Geburtswehen" ist von den meisten Gesetzgebern erfolgreich überbrückt worden und eine entsprechende Regelung früher oder später verabschiedet worden. Wie bereits erwähnt, haben mittlerweile über siebzig Staaten das Folgerecht gesetzlich verankert. Diese Entwicklung spricht dafür, dass auf langer Sicht eine Einführung des droit de suite auch in weiteren Ländern erwartet werden kann. Die fortschreitende Rechtsvereinheitlichung wird einer vermuteten Verlagerung von Kunstverkäufen den Boden entziehen. In diesem Sinne hat bereits *Pierredon-Fawcett* festgehalten, dass die Etablierung des Folgerechts von seiner Internationalisierung abhängt, die die befürchtete Verlagerung der Kunstverkäufe obsolet machen wird.[438]

1. *Implementierung im EU-Mitgliedstaat Großbritannien*

a) Widerstand gegen ARR vor Umsetzung der RL

Vor der Umsetzung der Folgerecht-RL hatte sich Großbritannien immer wieder gegen das Folgerecht, genannt artist's resale right (ARR), entschieden.[439] Dies lag zum einen an dem Grundverständnis von der Stellung des Werkes und des darin verkörperten materiellen Wertes als Schutzobjekt des Copyrights und die nebensächliche Stellung des Urhebers im System des Copyright Law.[440] Manche Autoren sehen daher das Folgerecht immer noch als ein Rechtsinstitut der Civil Law Staaten, welches im Common Law Recht systematisch unpassend erscheint.[441]

Zudem unterscheidet sich die britische Rechtsdogmatik von der deutschen darin, dass die gesetzliche Normierung möglichst minimiert wird.[442] Dies zeigt sich vor allem in der „case law"-Methodik und in dem „freedom of contract"-Prinzip,[443] die auch im Bereich des Immaterialgüterrechts anwendbar sind. Während in Deutschland der Urheber als die schwächere Vertragspartei angesehen wird,[444] kann er laut der „freedom of contract"-Maxime im britischen Recht autonom und gleichberechtigt seine Interessen vertreten.[445] Daher stießen die Unverzichtbarkeit und Unübertragbarkeit des Folgerechts als Schutzbestimmungen verständlicherweise

---

437 Siehe dazu ausführlicher Teil 3. C. III. 2. a) bb) US-weite Einführungsbestrebungen sowie Teil 3. C. III. 2. b) Folgerecht in China.

438 *Pierredon-Fawcett*, S. 6.

439 *Ellins*, S. 316.

440 Schricker/*Loewenheim*, Einleitung, Rn. 9; *Ellins*, S. 77; *Pierredon-Fawcett*, S. 33; *Wuenschel*, JIPLP 4 (2009), 130 (135).

441 *Petty*, Wm. & Mary Bill Rts. J. 22 (2014), 977 (1003).

442 *Ellins*, S. 83.

443 *Ellins*, S. 83.

444 Siehe dazu Teil 2. C. III. 3. Die Funktion als Schutzbestimmung.

445 *Ellins*, S. 81f.

auf die Kritik des *Whitford Committee* in Großbritannien.[446] Auch das amerikanische *Copyright Office* bemängelte noch 1992 die Unvereinbarkeit des Folgerechtskonzepts mit den „well-settled principles of free alienability in Anglo-American property jurisprudence".[447] Ähnliche Schutzvorschriften zugunsten von Urhebern hatten sich im britischen und anglo-amerikanischen Recht noch nicht etabliert.[448] Ganz im Gegenteil versuchte der englische Gesetzgeber alles der Wirtschaftsdynamik und der Vertragsfreiheit zu überlassen.[449] Daher war es dem britischen Rechtskreis auch fremd, besondere Schutzbestimmungen für eine bestimmte Urhebergruppe, wie die der bildenden Künstler, einzuführen.[450]

Gegen die Einführung eines ARRs sprachen in Großbritannien zudem wirtschaftliche Aspekte. London hatte sich in Europa ohne die Folgerechtsvergütung als bedeutendstes Kunsthandelszentrum etabliert. Der englische Kunsthandel und insbesondere die großen Auktionshäuser haben ihre starke Lobby gegen eine Harmonisierung des Folgerechts eingesetzt, geleitet von der Befürchtung, ihre wichtige Stellung auf dem Weltkunstmarkt zu verlieren.[451] Die britische Regierung wollte den potenziellen negativen Effekt auf den nationalen Kunstmarkt um jeden Preis verhindern.[452] Ihr Widerstand führte dazu, dass sich der Erlass der Folgerecht-RL erheblich verzögerte.[453]

b) Erste Erfahrungen mit dem Folgerecht

Heutzutage hat das Folgerecht in The Artist's Resale Right Regulations 2006 No. 346, zuletzt geändert durch The Artist's Resale Right (Amendment) Regulations 2011 No. 2873, im englischen Recht eine Regelung gefunden.[454] Die ursprüngliche Implementierung der Folgerecht-RL sah vor, dass das ARR nur auf Weiterveräußerungen von Werken noch lebender Künstler anzuwenden ist. Hingegen gilt das ARR nach der erwähnten Gesetzesänderung auch für die Weiterverkäufe von Werken verstorbener bildender Künstler, die ab Januar 2012 und innerhalb der 70-jährigen Schutzfrist post mortem auctoris erfolgen.[455] Mit der Einziehung des ARRs befassen sich zwei

---

446 *Sinanidou,* S. 40; Stokes, S. 10; *Pfennig,* FS Kreile, 491 (500).

447 *Perlmutter,* Colum. J.L. & Art. 16 (1992), 395 (410); *US Copyright Office,* Droit de Suite, S. 134.

448 *Ellins,* S. 317.

449 *Ellins,* S. 317.

450 *Ellins,* S. 317.

451 *Katzenberger,* GRUR Int 2004, 20 (21); *Pfennig,* FS Kreile, 491 (500).

452 *Stokes,* S. 14; *Froschauer,* S. 6.

453 *Froschauer,* S. 6; *Pfennig,* ZUM 2002, 195 (197); *Zimmerling/Felsmann,* EuZW 2002, 267 (268).

454 *Graddy/Horowitz/Szymanski,* S. 3.

455 *DACS,* Response, S. 1; Einzelheiten dazu in *Stokes,* S. 48ff.

Verwertungsgesellschaften: the Design and Artists Copyright Society (DACS)[456] und the Artists' Collecting Society (ACS)[457].

c) *Zwischenfazit*

Wie sich gezeigt hat, beruhte die Argumentation gegen die Folgerechtsvergütung, die in Großbritannien vor der Umsetzung der Folgerecht-RL zu einer Ablehnung der Regelung geführt hatte, auf spezifischen nationalen Besonderheiten des Urheberrechts sowie auf den Vorurteilen des britischen Kunsthandels. Damit wird deutlich, dass die vorgebrachten Defizite des Folgerechts keine allgemeine Gültigkeit und insbesondere auch keine Aktualität mehr besitzen. Ganz im Gegenteil sind diese Argumente auf die europäische und deutsche Regelung nicht übertragbar.

2. *Situation im folgerechtsfreien Ausland*

Ausschlaggebend für die globale Harmonisierung des Folgerechts ist die Einführung des Rechts in den Ländern mit den größten Marktanteilen: USA und China.[458]

a) *Folgerecht in den USA*

Der amerikanische Kunstmarkt kennt kein Folgerecht, obwohl die Einführung immer wieder diskutiert wird. Für die internationale Durchsetzung des Rechtsinstituts spielt diese Tatsache eine wesentliche Rolle.[459] Eine entsprechende Regelung in den USA würde die Partizipationsmöglichkeiten der dortigen Künstler am Erfolg ihrer Werke deutlich steigern. Vor allem jedoch könnten die Erlöse aus den USA – einer der weltgrößten Weiterverkaufsmärkte – in Zukunft ihren europäischen Urhebern zufließen und umgekehrt.[460]

aa) The California Resale Royalties Act

Bislang hatte Kalifornien als einziger US-Bundesstaat eine Regelung zum Folgerecht: The California Resale Royalties Act (CRRA) von 1976.[461] Allerdings wurde

---

456 *Stokes*, S. 18; https://www.dacs.org.uk/ , zuletzt besucht am 19.03.2015.

457 *Stokes*, S. 18; http://artistscollectingsociety.org/, zuletzt besucht am 19.03.2015.

458 *Stokes*, S. 43.

459 *Sinanidou*, S. 51.

460 *Mione*, Cardozo J. Int'l & Comp. L. 21 (2013), 461 (497); Pressemitteilung der VG Bild-Kunst vom 16.12.2011.

461 *Lerner/ Bresler*, S.1012; *McAndrew/Dallas-Conte*, S. 42; *Carleton*, Cornell L. Rev. 76 (1991), 510 (531); *Goetzl/Sutton*, Colum. J.L. & Art. 9 (1985), 15 (39); *Kumar*, Colum. J.L. & Art. 37 (2014), 443 (444); *Mione*, Cardozo J. Int'l & Comp. L. 21 (2013), 461 (467); *Merryman*, UFITA Bd. 124 (1994), 199 (199); *Perlmutter*, Colum. J.L. & Art. 16 (1992), 395 (395); *Petty*, Wm. & Mary Bill Rts. J. 22 (2014), 977 (980); *Reddy*, Loy. L.A. Ent. L. Rev. 15 (1995), 509 (510f); *US Copyright Office*, Resale Royalties, S. 20; *Wu*, J. Copyright Soc'y U.S.A 46 (1999), 531 (532).

die Regelung im Mai 2012 durch das District Court for the Central District of California für verfassungswidrig befunden, da sie den Handel zwischen den einzelnen Bundesstaaten beeinträchtige und im Widerspruch zu der Commerce Clause stehe.[462] Obwohl der Ausspruch der Verfassungswidrigkeit zunächst lediglich für die Prozessparteien Bindungswirkung entfaltet, hat der California Arts Council die Einziehung der Erlöse zwischenzeitlich eingestellt.[463] Das Schicksal der kalifornischen Regelung hängt im Weiteren von der erwarteten Entscheidung des Berufungsgerichts ab.[464]

Nach der betroffenen Regelung ist das Folgerecht bei Weiterverkäufen in Kalifornien oder außerhalb Kaliforniens anzuwenden, wenn der Verkäufer seinen gewöhnlichen Aufenthalt in Kalifornien hat oder der Verkauf in Kalifornien stattgefunden hat.[465] Zusätzlich muss auch der Urheber des verkauften Werkes in Kalifornien wohnhaft sein oder US-Staatsbürger sein.[466] Das Urteil erging auf die Sammelklage der Künstler Chuck Close, Laddie John Dill und die Rechtsnachfolger von Robert Graham gegen Sotheby's, Christie's und eBay hin, da letztere die Folgerechtsvergütung für Weiterverkäufe von kalifornischen Künstlern nicht bundesweit entrichteten.[467]

Das größte Problem an der kalifornischen Regelung war, dass sie keine Mechanismen der Durchsetzung, auch insbesondere keine Auskunftsansprüche der Künstler, vorsah und an der Undurchsichtigkeit des Kunstmarktes zu scheitern drohte.[468] In diesem Sinne hing die Entrichtung der Vergütung vom freien Wunsch des Zahlungspflichtigen ab und erfolgte sozusagen auf Ehrenbasis.[469] Zudem war die Entrichtung an eine tatsächlich eingetretene Wertsteigerung im Vergleich zum

462 *Estate of Graham v. Sotheby's Inc.*, 860 F. Supp. 2d 1117 (C.D. Cal. 2012); *Petty*, Wm. & Mary Bill Rts. J. 22 (2014), 977 (981); mit näheren Erläuterungen *Kumar*, Colum. J.L. & Art. 37 (2014), 443 (444); *Mione*, Cardozo J. Int'l & Comp. L. 21 (2013), 461 (471f).

463 *Zwick*, http://www.artinamericamagazine.com/news-features/news/battle-heats-up-over-resale-royalties-for-artists/, zuletzt besucht am 19.03.2015.

464 *Kumar*, Colum. J.L. & Art. 37 (2014), 443 (444); *Zwick*, http://www.artinamericamagazine.com/news-features/news/battle-heats-up-over-resale-royalties-for-artists/, zuletzt besucht am 19.03.2015.

465 *Lerner/Bresler*, S.1012; *Kumar*, Colum. J.L. & Art. 37 (2014), 443 (448); *McAndrew/Dallas-Conte*, S. 42; *Reddy*, Loy. L.A. Ent. L. Rev. 15 (1995), 509 (521); *US Copyright Office*, Resale Royalties, S. 20.

466 *Lerner/Bresler*, S.1012; *McAndrew/Dallas-Conte*, S. 42f; *Reddy*, Loy. L.A. Ent. L. Rev. 15 (1995), 509 (521f); *US Copyright Office*, Resale Royalties, S. 20.

467 *Mione*, Cardozo J. Int'l & Comp. L. 21 (2013), 461 (470).

468 *Zwick*, http://www.artinamericamagazine.com/news-features/news/battle-heats-up-over-resale-royalties-for-artists/, zuletzt besucht am 19.03.2015; zu den Schwächen der CRRA auch *Filer*, J. Cult. Econ. 8 (1984), 1 (6ff).

469 *Zwick*, http://www.artinamericamagazine.com/news-features/news/battle-heats-up-over-resale-royalties-for-artists/, zuletzt besucht am 19.03.2015.

Erstkaufpreis gekoppelt.[470] Der California Arts Council gab an, daher lediglich in 664 Fällen eine Vergütung in Höhe von insgesamt 340.000 Dollar ausbezahlt zu haben.[471]

In diesem Sinne bleibt abzuwarten, ob diese nicht besonders vom Erfolg gekrönte Regelung ihre Gültigkeit beibehalten wird. Die gravierenden Schwächen, die sie bezüglich ihrer Durchsetzbarkeit offenbart, lassen das Festhalten an dem California Resale Royalties Act vom Ergebnis her nicht besonders wünschenswert erscheinen.[472] Vielmehr würde eine US-weite Regelung Effektivität entfalten können und zu einer reibungslosen zwischenstaatlichen und internationalen Einziehung beitragen können.[473]

bb) US-weite Einführungsbestrebungen

Die Geschichte des Folgerechts in den USA ist durch mehrere Einführungsversuche – auch in den letzten Jahrzehnten – geprägt worden.[474] In 1986 regte Senator Edward M. Kennedy an, eine Regelung in das Visual Artists Rights Act (VARA) aufzunehmen.[475] Das US Copyright Office erstellte 1992 einen Bericht an den Kongress[476] und war im Ergebnis „not persuaded that sufficient economic and copyright policy justification exist to establish the droit de suite in the United States"[477]. Das Fehlen von relevanten empirischen Daten konnte das Copyright Office nicht überzeugen und zu einer Einführung bewegen.[478] Gleichzeitig wurde die Absicht bekundet, nach einer tatsächlichen EU-Harmonisierung die Zweckmäßigkeit des Folgerechtes erneut zu überprüfen.[479] Denn die eindeutige Benachteiligung der

---

470 *Reddy*, Loy. L.A. Ent. L. Rev. 15 (1995), 509 (521).

471 *Zwick*, http://www.artinamericamagazine.com/news-features/news/battle-heats-up-over-resale-royalties-for-artists/, zuletzt besucht am 19.03.2015.

472 *Kumar*, Colum. J.L. & Art. 37 (2014), 443 (446ff).

473 *Kumar*, Colum. J.L. & Art. 37 (2014), 443 (462).

474 Nähere Ausführungen zu der Geschichte des Folgerechts in den USA in: *Mione*, Cardozo J. Int'l & Comp. L. 21 (2013), 461 (484ff), sowie in: *Reddy*, Loy. L.A. Ent. L. Rev. 15 (1995), 509 (520ff).

475 *Lerner/ Bresler*, S.1008; *Carleton*, Cornell L. Rev. 76 (1991), 510 (532f); *Stoilas*, http://www.theartnewspaper.com/articles/US-Congress-lobbied-over-resale-rights/24284, zuletzt besucht am 23.06.2014; nähere Erläuterungen dazu in *Petty*, Wm. & Mary Bill Rts. J. 22 (2014), 977 (997ff); *US Copyright Office*, Resale Royalties, S. 7.

476 Der umfangreiche Report *US Copyright Office*, Droit de Suite, 1992; kurze Zusammenfassung in *US Copyright Office*, Resale Royalties, S. 8.

477 *US Copyright Office*, Droit de Suite, S. 149; *Lerner/ Bresler*, S.1010; *Perlmutter*, Colum. J.L. & Art. 16 (1992), 395 (397); *Reddy*, Loy. L.A. Ent. L. Rev. 15 (1995), 509 (526).

478 *US Copyright Office*, Droit de Suite, S. 143; *Perlmutter*, Colum. J.L. & Art. 16 (1992), 395 (397); *Wu*, J. Copyright Soc'y U.S.A 46 (1999), 531 (535).

479 *US Copyright Office*, Droit de Suite, S. 149; *Ehrler*, S. 83; *Lerner/ Bresler*, S.1017; *Mione*, Cardozo J. Int'l & Comp. L. 21 (2013), 461 (485); *Petty*, Wm. & Mary Bill Rts. J. 22 (2014), 977 (990); *Reddy*, Loy. L.A. Ent. L. Rev. 15 (1995), 509 (526); *Wu*, J. Copyright Soc'y U.S.A 46 (1999), 531 (535).

bildenden Künstler im Vergleich zu den anderen Urhebergruppen ist auch dem Copyright Office nicht entgangen.[480]

Ende 2011 reichten Jerrold Nadler, Mitglied des Repräsentantenhauses, und Senator Herb Kohl einen Gesetzesentwurf *Equity for Visual Artists Act of 2011* (EVAA)[481] ein,[482] den Nadler nach der zwischenzeitlichen Stagnation erneut vorlegen möchte.[483] Daraufhin und basierend auf der erfolgten Harmonisierung in der EU wurde Ende 2013 ein neuer Bericht des US Copyright Office[484] veröffentlicht. Mittlerweile hat das Copyright Office aufgrund der aktuellen Entwicklungen – nicht zuletzt aufgrund der weiteren über dreißig an der Zahl, zusätzlichen Länder, die seit dem ersten Bericht[485] das Folgerecht eingeführt haben – seine Auffassung überdacht.[486] Das Copyright Office hat nun eine tendenziell wohlwollende Haltung gegenüber dem droit de suite, die sich aus der gesamten Abhandlung entnehmen lässt. Vielmehr heißt es im Bericht auch ausdrücklich „the Office finds no clear impediment to implementation of a resale royalty right in the United States and supports the right as one alternative to address the disparity in treatment of artists under the copyright law“[487]. Der Bericht empfiehlt sogar eine Implementierung auf Bundesebene.[488] Die weiteren nennenswerten Empfehlungen werden thematisch entsprechend erörtert. An dieser Stelle darf jedoch schon festgehalten werden, dass der Bericht eindeutig zu hoffen erlaubt, dass das Folgerecht bald in den USA eingeführt werden wird. Auch in der neueren amerikanischen Literatur findet das Folgerecht Anklang: „Because of the recent shift toward droit de suite recognition across the globe, [...] it is an appropriate time for the United States to reconsider its position on the matter“[489]. Auch die Rechtsausschüsse des Kongresses leiteten Anfang 2014 das Gesetzgebungsverfahren für ein Folgerechtsgesetz mit entsprechenden Entwürfen ein.[490] Mit einer Implementierung des droit de suite in den USA wäre einer der größten Schritte zur weltweiten Harmonisierung des Rechtsinstituts getan.

---

480 *Perlmutter*, Colum. J.L. & Art. 16 (1992), 395 (397).

481 Equity for Visual Artists Act of 2011, S. 2000,112th Cong. (2011).

482 *Europäisches Parlament*, Bericht, S. 4; *Kumar*, Colum. J.L. & Art. 37 (2014), 443 (460); Pressemitteilung der VG Bild-Kunst vom 16.12.2011; Inhaltliche Erläuterungen zum Gesetzesentwurf *Mione*, Cardozo J. Int'l & Comp. L. 21 (2013), 461 (486f).

483 *US Copyright Office*, Resale Royalties, S. 23; *Zwick*, http://www.artinamericamagazine.com/news-features/news/battle-heats-up-over-resale-royalties-for-artists/, zuletzt besucht am 19.03.2015.

484 *US Copyright Office*, Resale Royalties: An Updated Analysis, 2013.

485 Darüber hinaus zu den methodologischen Schwächen des alten Berichts *Perlmutter*, Colum. J.L. & Art. 16 (1992), 395 (398f).

486 *US Copyright Office*, Resale Royalties, S. 1f; *Kumar*, Colum. J.L. & Art. 37 (2014), 443 (461).

487 *US Copyright Office*, Resale Royalties, S. 2f.

488 *Kumar*, Colum. J.L. & Art. 37 (2014), 443 (448).

489 *Mione*, Cardozo J. Int'l & Comp. L. 21 (2013), 461 (498).

490 http://www.bildkunst.de/urheberrecht/folgerecht/folgerecht-in-usa-china-und-der-schweiz.html, zuletzt besucht am 19.03.2015.

cc) Zwischenfazit

Da Europa der Vorreiter in Sachen Folgerecht bleibt, dürften sich die aktuellen Entwicklungen in den USA auf die europäische und deutsche Gesetzgebung nicht direkt auswirken. Trotzdem gilt es, den Blick nicht vom anderen Ufer des Atlantiks abzuwenden. Denn die erwartete – an die Bedürfnisse des Zeitgeistes angepasste – Resale Royalty in den USA kann durchaus die zukünftige Entwicklungsrichtung des europäischen Folgerechts vorzeichnen. Auch im Sinne einer weltweiten Harmonisierung sollten sich die Folgerechtskonzepte in den USA und in Europa annähern.

Insbesondere die Abführung des Folgerechts für deutsche und europäische Künstler durch die Schwesterverwertungsgesellschaften in den USA wird auf Durchsetzungsebene eine sehr wichtige Rolle spielen. Denn wie schon erwähnt, bilden die USA den bedeutendsten Weiterverkaufsmarkt weltweit. Der im Falle der Einführung des droit de suite in den USA zu erwartende große Zuwachs an Erlösen könnte das Folgerecht endlich in eine neue wirtschaftliche Dimension bringen. Durch die erhöhten Einkünfte könnte das droit de suite sich tatsächlich zu einer Regelung wandeln, die bildenden Künstlern angemessene Verwertungsmöglichkeiten für ihre wertvollen Originale bietet.

Sollte das Folgerecht auf die neue Stellungnahme des Copyright Office hin jedoch wieder kein Bestandteil des US-Rechts werden, bedeutet dies keineswegs eine endgültige Niederlage. In den meisten Folgerechtsländern sowie in der Europäischen Union sind der gesetzlichen Kodifizierung jahrzehntelange wissenschaftliche Diskussionen und mehrere gescheiterte Gesetzesentwürfe vorausgegangen. Auch auf dem „neuen Kontinent“ wird dies wahrscheinlich nicht anders sein. Wird das Folgerecht jedoch in den USA eingeführt, werden sich die Verlagerungsmöglichkeiten stark reduzieren.

b) Folgerecht in China

Lange Zeit galt die chinesische Kunst lediglich als ein Instrument staatlicher Propaganda. Erst in den 1980er Jahren wurde die chinesische Kunst zunehmend kommerzialisiert. Seitdem entstanden in China 3106 Galerien, 1986 eröffnete das erste private Auktionshaus und 1995 wurde der chinesische Verband der Kunstversteigerer gegründet.[491] Das Urhebergesetz der Volksrepublik China trat 1990 in Kraft und das Auktionsgesetz der Volksrepublik China wurde Anfang 1997 verabschiedet.[492] Das chinesische Urheberrecht versucht, von Anfang an hohe Standards zu setzen. So genießen beispielsweise fotografische Werke dieselbe Schutzdauer wie Werke der bildenden Kunst, nämlich 50 Jahre nach dem Tod des Urhebers (§ 21 Abs. 3 Urheberrechtsgesetz der VR China).[493]

---

491 *Zhou*, Art Law and Art Market in China, S. 2.
492 http://www.chinas-recht.de/011027.htm, zuletzt besucht am 19.03.2015.
493 http://www.chinas-recht.de/011027.htm, zuletzt besucht am 19.03.2015.

Zum ersten Mal vorgeschlagen wurde die Einführung des droit de suite in China 1990 von Wu Zuoren, dem Vorsitzenden des chinesischen Künstlervereins.[494] Erst der Entwurf für die jüngste Novelle des chinesischen Urhebergesetzes enthält jedoch eine Folgerechtsregelung.[495] Die 2012 begonnene Ergänzung des Urheberrechtsgesetzes sieht in Art. 14 ein Folgerecht vor.[496] Ähnlich wie Art. 14 RBÜ soll das Recht nicht nur auf Werke der bildenden Kunst und Fotografien, sondern auch auf Originalmanuskripte literarischer und musikalischer Werke anwendbar sein.[497] Dagegen sollen nur Weiterveräußerungen durch Auktionsversteigerungen erfasst werden.[498] Einzelheiten wie die Höhe der Vergütung sollen vom Staatsrat festlegt werden.[499] Der Abschluss der Gesetzgebung ist frühestens für das Jahr 2015 zu erwarten.[500]

Dieser Entwurf löst zurzeit eine große Debatte über das Folgerecht in China aus.[501] Problematisch erscheint insbesondere die große Anzahl an Kunstfälschungen, die den chinesischen Markt überfluten.[502] Die Überprüfung der Echtheit des Werkes und die Nachforschung der Berechtigten lässt daher auf Seiten der praktischen Durchsetzung des Folgerechts immense Schwierigkeiten erwarten.

Es erscheint in diesem Stadium eher unrealistisch, dass ein Folgerecht in China – auch wenn es als Vorschrift gesetzlich verankert wird –bald zur praktischen Durchsetzbarkeit und Effektivität gelangen könnte. Jedoch haben die gesetzgeberischen Bemühungen in China durchaus eine Signalwirkung bezüglich der fortschreitenden internationalen Akzeptanz des Folgerechts. Eine gesetzliche Implementierung dürfte auf mittelfristige oder lange Sicht auch in dem Land mit dem drittgrößten Kunstmarkt erwartet werden.

---

494 *Zhou*, Art Law and Art Market in China, S. 4.

495 *Europäisches Parlament*, Bericht, S. 4; *Kumar*, Colum. J.L. & Art. 37 (2014), 443 (462); *US Copyright Office*, Resale Royalties, S. 19f.

496 *Zhou*, Art Law and Art Market in China, S. 4; http://www.bildkunst.de/urheber recht/folgerecht/folgerecht-in-usa-china-und-der-schweiz.html, zuletzt besucht am 19.03.2015.

497 *Hunt*, China debates the droit de suite, S. 1; *Zhou*, Art Law and Art Market in China, S. 4.

498 *Hunt*, China debates the droit de suite, S. 1; *Zhou*, Art Law and Art Market in China, S. 4.

499 *Hunt*, China debates the droit de suite, S.1; http://www.bildkunst.de/urheber recht/folgerecht/folgerecht-in-usa-china-und-der-schweiz.html, zuletzt besucht am 19.03.2015.

500 http://www.bildkunst.de/urheberrecht/folgerecht/folgerecht-in-usa-china-und-der-schweiz.html, zuletzt besucht am 19.03.2015.

501 *Hunt*, China debates the droit de suite, S. 1; *Zhou*, Art Law and Art Market in China, S. 4.

502 *Hunt*, China debates the droit de suite, S. 1; *Zhou*, Art Law and Art Market in China, S. 5.

c) *Folgerecht in der Schweiz*

Die Schweiz ist einer der wichtigsten Kunstmärkte auf dem europäischen Festland ohne Folgerecht. Der schweizerische Kunstmarkt hat eine besondere Bedeutung vor allem aufgrund der vergleichsweise hohen Liquidität der dort ansässigen Kunstliebhaber.[503] Die Schweiz spielte zudem eine wichtige Rolle beim Import and Export von Kunstwerken. Bis zum Jahr 2009 galten Zürich, Basel und Chiasso als zollfreie Zonen, sodass dort die Kunstwerke mehrwertsteuer- und zollfrei über längere Zeiträume gelagert werden durften.[504] Auch die Kunstmesse Art Basel gewinnt immer mehr an Bedeutung und konnte 2012 eine Besucherzahl von über 70.000 verzeichnen.[505] Die fiskalischen und legalen Rahmenbedingungen in der Schweiz, wie beispielsweise niedrige Besteuerung, Import- und Exportkosten und das starke Bankgeheimnis begünstigen den nationalen Markt im Verhältnis zu den EU-Ländern.[506] Die Schweiz setzt auf einen liberalen Rahmen für den Kunstmarkt und zusätzlich auf private und staatliche Kulturförderung.[507] So wurde Ende des Jahres 2009 ein überkantonales Kulturförderungsgesetz verabschiedet.

Folgerechtsunwillige Kunstverkäufer aus den Nachbarländern benutzen den Schweizer Kunstmarkt als ihre „Fluchtburg“ in Europa.[508] Der Nationalrat lehnte 1993 eine Folgerechtsregelung unter anderem mit der Begründung ab, die Schweiz wolle weiterhin als Zufluchtsort für folgerechtsunwillige Verkäufer aus dem Ausland dienen.[509] Der einheimische Kunstmarkt solle geschützt werden, indem er ohne Folgerecht einen Wettbewerbsvorteil behalte.[510] Die Vertretungen der großen Auktionshäuser in der Schweiz verkaufen jedoch vor allem alte und neue schweizerische bildende Kunst.[511] Im Übrigen werden dort Antiquitäten, Möbel, Schmuck und Juwelen versteigert.[512] Die Schweiz hat international eine führende Stellung im Handel mit solchen Gegenständen.[513]

Obwohl alle Künstler aus EU-Mitgliedstaaten mittlerweile ein Folgerecht genießen, dürfen Schweizer Künstler bei Weiterverkäufen ihrer Werke in der EU keinen finanziellen Anteil erhalten.[514] Sie können sich auch nicht auf die RBÜ berufen, denn es fehlt die erforderliche materielle Reziprozität.[515] Daher startete der Schweizer Berufsverband für visuelle Kunst Ende des Jahres 2013 ein Aktionsprogramm zur

---

503 *Becker*, S. 119; *Ehrler*, S. 46.
504 *McAndrew*, The International Art Market in 2011, S. 142f.
505 *US Copyright Office*, Resale Royalties, S. 25.
506 *Becker*, S. 25*.
507 *Fischer*, KUR 2008, 66 (66).
508 *Pfennig*, FS Kreile, 491 (501); ähnlich *Weller*, KUR 2008, 62 (63).
509 *Becker*, S. 6*.
510 *Meyer*, KUR 2008, 71 (72); *Stauffacher*, KUR 2011, 139 (139).
511 *Becker*, S. 102.
512 *Becker*, S. 102.
513 *Becker*, S. 102.
514 *Stauffacher*, KUR 2011, 139 (139).
515 *Stauffacher*, KUR 2011, 139 (140).

Einführung des Folgerechts.[516] Wenn die Schweiz künftig nicht allein in der Welt neben den ostasiatischen Ländern, die nicht gerade für ihr modernes Urheberrecht bekannt sind, ein Folgerecht vermissen möchte, wäre ein gesetzgeberisches Handeln empfehlenswert.[517]

d) Internationale Kampagne zum Folgerecht

Die internationale Folgerechtskampagne[518] wurde im Dezember 2013 in Genf gestartet.[519] Der Zusammenschluss von EVA, CISAC, GESAP und ADAGP hat die Folgerechtskampagne „Resale-Right all over the world" ins Leben gerufen.[520] Als Hauptziel gilt die weltweite Einführung des droit de suite in die nationale Urhebergesetzgebung.[521] Auf der Grundlage des verfügbar gemachten ausführlichen Informationsmaterials im Rahmen der Kampagne sollen die Entscheidungsträger in den unterschiedlichen Ländern über das Folgerecht aufgeklärt werden.[522] Eine Petition soll dazu beitragen, dass die Berner Konvention dahingehend geändert wird, der Folgerechtsregelung in Art. 14 RBÜ einen zwingenden Charakter zu verleihen und sie somit weltweit einheitlich zu etablieren.[523]

e) Zwischenfazit

Die fortschreitende Internationalisierung des Folgerechts und die anstehende Implementierung in den Rechtsordnungen der Staaten mit den größten Kunstmärkten verringern die hypothetische Gefahr einer Abwanderung von folgerechtsbelasteten Verkäufen erheblich. Diese unerwünschte Folge des droit de suite sahen viele – darunter auch die Regierungen von Großbritannien und den USA – als eine der größten Schwachstellen einer möglichen Folgerechtsregelung. Führt man sich jedoch die Faktoren für die Wahl eines Kunstmarktes vor Augen, hätte man bereits früher erahnen können, dass die Verlagerungstheorie jeder empirischen Grundlage entbehrt. Nichtsdestotrotz haben die ersten empirischen Studien, die die These der

---

516 http://www.bildkunst.de/urheberrecht/folgerecht/folgerecht-in-usa-china-und-der-schweiz.html, zuletzt besucht am 19.03.2015.

517 *Stauffacher*, KUR 2011, 139 (140).

518 http://www.resale-right.org/, zuletzt besucht am 19.03.2015.

519 http://www.bildkunst.de/urheberrecht/folgerecht/kampagne-folgerecht.html, zuletzt besucht am 19.03.2015.

520 http://www.bildkunst.de/urheberrecht/folgerecht/kampagne-folgerecht.html, zuletzt besucht am 19.03.2015.

521 http://www.bildkunst.de/urheberrecht/folgerecht/kampagne-folgerecht.html, zuletzt besucht am 19.03.2015.

522 http://www.bildkunst.de/urheberrecht/folgerecht/kampagne-folgerecht.html, zuletzt besucht am 19.03.2015.

523 http://www.bildkunst.de/urheberrecht/folgerecht/kampagne-folgerecht.html, zuletzt besucht am 19.03.2015.

Verlagerung entkräften, die weitere Entwicklung und Internationalisierung des Folgerechts begünstigt.

IV. Empirische Daten über die Auswirkungen des Folgerechts

1. *Die Aussagekraft von ökonomischen Modellen*

Wirtschaftswissenschaftliche Untersuchungen beurteilten das Folgerecht bisher meist sehr kritisch.[524] Sie kamen zu dem Ergebnis, dass die Regelung ineffizient sei.[525] In diesem Sinne stellt sich die entscheidende Frage, ob ökonomische Studien über die Markteinflüsse des Folgerechts vom Ansatz her aussagekräftig sein können. *Pierredon-Fawcett* bezweifelt die Annahme, dass die Regeln einer Investitionsentscheidung auch für Werke der bildenden Kunst gelten.[526] Traditionelle ökonomische Analysen basieren auf der Vermutung, dass der Verkäufer risikoneutral und der Käufer risikoscheu bei Geschäften agieren.[527] Der Kunstmarkt weicht davon jedoch ab, da auf ihm Unikate und keine Massenware gehandelt werden.[528] Diese Unikate wiederum haben einen Sammlerwert, dessen Entwicklung eine ökonomische Analyse nicht präzise bestimmen kann.[529] Erhöht sich der Marktpreis eines Originals über die Erwartungen eines Interessenten hinaus, kann sich sein Kaufwunsch auf kein Ersatzobjekt verlagern: Kunstunikate sind nicht austauschbar.[530] Als je weniger austauschbar ein Käufer ein bestimmtes Werk für die eigene Sammlung ansieht, desto mehr ist er für dieses Original zu bezahlen bereit.[531] Weiterhin typisch für den Kunstmarkt ist die Tatsache, dass keine „objektiv-verbindlichen Maßstäbe für die künstlerische Qualität eines Kunstwerks" bekannt oder ermittelbar sind.[532] Es fehlen daher auch Maßstäbe für die Bestimmung eines objektiven Marktpreises.[533] Die Zahlungsbereitschaft eines Käufers kann nur an seiner subjektiven Beurteilung des künstlerischen Wertes des Unikats im Einzelfall gemessen werden.[534]

Zudem spielt die soziale Komponente eine besondere Rolle auf dem Kunstmarkt. Der Erwerb von Kunstwerken bei Versteigerungen und Vernissagen findet in einem definierten sozialen Umfeld statt und der Zugang zu solchen Veranstaltungen folgt eigenen Regeln.[535] Kunst gilt zusätzlich als besonders sensibles Gut, denn es

---

524 *Stokes*, S. 7; kurzen Überblick über die Studien *Banternghansa/Graddy*, S. 6ff sowie *Solow*, J. Cult. Econ. 22 (1998), 209 (209f).
525 *Ginsburgh*, Econ. Analysis & Pol'y 35 (2005), 61 (62).
526 *Pierredon-Fawcett*, S.145.
527 *Weatherall*, S. 29.
528 *Weatherall*, S. 29.
529 *Pierredon-Fawcett*, S.145.
530 *Weatherall*, S. 29; *Filer*, J. Cult. Econ. 8 (1984), 1 (11f).
531 *Reutter*, Vill. Sports & Ent. L.J. 8 (2001), 99 (120).
532 *Kirchner*, INTEGRU-Tagung 2009, 211 (222).
533 *Kirchner*, INTEGRU-Tagung 2009, 211 (222).
534 *Kirchner*, INTEGRU-Tagung 2009, 211 (223).
535 *Kirchner*, INTEGRU-Tagung 2009, 211 (227).

gehört zu der Kategorie der Luxusgüter.[536] Der exorbitante Preis eines Werkes sorgt erstaunlicherweise für mehr als für weniger Nachfrage.[537] Er unterstreicht einen sozialen Status und sendet ein Zeichen der Kaufkraft an Konkurrenten.[538] Daher bevorzugen manche Käufer ganz besonders teure Werke als Zeichen einer gewissen sozialen Stellung.[539] Der extrem hohe Preis wird in sozialer Hinsicht als Aktivposten und nicht als Ausgabe bewertet.[540] Daher können die Erwerber auf dem Kunstmarkt im Widerspruch zu der üblichen Marktvermutung als risikoneutral eingestuft werden.[541] Der Bericht des US Copyright Office stellt ebenfalls fest, dass "the art market may not even respond to traditional economic theory".[542] Oder nochmals mit den Worten von *Pfennig:* "Volkswirtschaftliche Analysen und Instrumente, die für und in Märkten von Verbrauchsgütern entwickelt worden sind, müssen, angewendet auf diesen Markt, notwendigerweise versagen"[543].

2. *Aktuelle Entwicklungen auf dem Kunstmarkt*

Eine Auswertung der empirischen Daten verlangt gewisse Kenntnisse über die Entwicklung und die Spielregeln des Kunstmarktes. Erst mit diesem Hintergrundwissen ist überhaupt eine richtige Einordnung der Daten möglich. Es kann nur in einer Gesamtbetrachtung der gegenseitigen Wechselwirkungen zwischen Folgerecht und den anderen marktrelevanten Faktoren festgestellt werden, wie das Folgerecht den Kunstmarkt beeinflusst.

a) Keine lineare Entwicklung

Der weltweite Kunstmarkt hat sich in 25 Jahren mehr als verdoppelt und ist seit seinem Tiefpunkt 1991 bis zu seinem Höhepunkt 2007 mit 48,1 Milliarden Euro Umsatz[544] mehr als 575 % gewachsen.[545] 2009 sank der Umsatz fast um ein Drittel.[546] Während jedoch die Folgen der Rezession in den 1990er Jahren fast ein Jahrzehnt lang zu spüren waren, war die 2009er Krise nur von kurzer Dauer.[547] Die erhöhte Widerstandsfähigkeit und Elastizität des Kunstmarkts mit Blick auf die weltwirtschaftlichen Rahmenbedingungen ist nicht zuletzt auf seine Globalisierung

---

536 *Becker*, S. 119; *Reutter*, Vill. Sports & Ent. L.J. 8 (2001), 99 (119).
537 *Weatherall*, S. 30.
538 *Weatherall*, S. 29f; *Reutter*, Vill. Sports & Ent. L.J. 8 (2001), 99 (120).
539 *Weatherall*, S. 29.
540 *Weatherall*, S. 30.
541 *Weatherall*, S. 29f.
542 *US Copyright Office*, Resale Royalties, S. 53.
543 *Pfennig*, INTEGRU-Tagung 2009, 235 (238).
544 *McAndrew*, The Global Art Market in 2013, S. 1, Tabelle.
545 *McAndrew*, The International Art Market in 2011, S. 63.
546 *McAndrew*, The Global Art Market in 2013, S. 1.
547 *McAndrew*, The International Art Market in 2011, S. 63.

zurückzuführen.[548] 2010 erholte sich der Kunstmarkt wieder (43 Milliarden Euro Umsatz), 2011 florierte er (46,1 Milliarden Euro Umsatz) und 2012 reduzierte er wieder seinen Umsatz auf 43 Milliarden Euro.[549]

Der Markt für zeitgenössische Kunst, auf die die Folgerechtsvergütung seit der Umsetzung der Folgerecht-RL 2006 anfällt, hat seitdem auch einen unvergleichbaren Boom, einen drastischen Rückgang und eine Erholung durchlebt.[550] Dies erscheint eine logische Folge von der allgemeinen Entwicklung des Marktes zu sein und lässt keine Rückschlüsse auf die Auswirkungen des Folgerechts zu.

b) Die 80:20-Regel

Das Kunstmarktvolumen wird primär von den zahlreichen Transaktionen in den niedrigeren Preissegmenten erzeugt. Im Kunsthandel haben in den Jahren 2010 und 2012 77 % der Verkäufe weniger als 50.000 Euro und nur 3 % mehr als 500.000 Euro eingebracht.[551] Im Auktionsbereich ist diese Tendenz noch stärker ausgeprägt, da 2012 93 % der Versteigerungsobjekte einen Zuschlagspreis im Wert von weniger als 50.000 Euro erhielten.[552] Nichtsdestotrotz machen 2012 die Veräußerungen von Werken, die teurer als 500.000 Euro waren, 53 % des Wertes des gesamten Kunstmarkts aus.[553] 2010 erzielten Verkäufe von Werken im Preissegment über 50.000 Euro 81 % des Marktwertes, obwohl sie nur 5 % des Marktvolumens darstellten.[554] Viele Kunstmarktteilnehmer glauben daher an eine 80:20 Regel, die besagt, dass 20 % der Werkstücke 80 % des Marktinteresses an sich ziehen und 80 % des Marktwertes ausmachen.[555]

c) Bedeutung der Kunstmessen

Kunstmessen, bei welchen Künstler, Händler und Galerien Werke der modernen und zeitgenössischen Kunst direkt an Interessenten zum Verkauf anbieten, haben in den letzten Jahrzehnten enorm an Bedeutung gewonnen.[556] Sie scheinen mehr und mehr zu dem Schauplatz zu werden, auf dem die Kunstwelt ihre Geschäfte abwickelt.[557] Der Kunstmarkt tendiert zu einer wachsenden Eventbezogenheit.[558]

---

548 *McAndrew*, The International Art Market in 2011, S. 97.

549 *McAndrew*, The Global Art Market in 2013, S. 1, Tabelle.

550 *McAndrew*, The Global Art Market in 2010, S. 125.

551 *McAndrew*, The Global Art Market in 2010, S. 45; *McAndrew*, The Global Art Market in 2013, S. 3.

552 *McAndrew*, The Global Art Market in 2013, S. 3.

553 *McAndrew*, The Global Art Market in 2013, S. 4.

554 *McAndrew*, The Global Art Market in 2010, S. 39.

555 *McAndrew*, The International Art Market in 2011, S. 126.

556 *Froschauer*, S. 23; *Schack*, Kunst und Recht, S. 59 Rn. 105; *US Copyright Office*, Resale Royalties, S. 25.

557 *US Copyright Office*, Resale Royalties, S. 54.

558 *McAndrew*, The Global Art Market in 2010, S. 49.

Auch die *Europäische Kommission* betont die wachsende Anziehungskraft nationaler und internationaler Kunstmessen.[559] Viele Händler neigen mittlerweile dazu, Transaktionen zu einer der wachsenden internationalen Kunstmessen zu verlagern, beispielsweise zu Art Basel.[560] Weltweit werden zurzeit 200 Kunstmessen im Jahr veranstaltet.[561] Mehr als 30 % der Verkäufe durch einen Händler finden auf Kunstmessen statt.[562] 2012 erhöhte sich der Anteil auf 36 %.[563]

d) Der Onlinehandel

Zudem geht der Trend dahin, Kunstwerke über das Internet zu erwerben.[564] Die wichtigsten Auktionshäuser Christie's und Sotheby's haben sich die Online-Vertriebswege schon seit Langem zu Eigen gemacht.[565] Sie ermöglichen Onlinebietern, in Echtzeit Gebote für Live-Auktionen abzugeben.[566] Sie entwickeln „digital platforms that allow their clients not only to conduct Internet bidding, but also to transact business at any time, any place, and on any device“[567].

Kunsthandelsplattformen wie Artnet haben auch einen besonderen Platz auf dem Kunstmarkt eingenommen.[568] Und auch über eBay und Amazon kann man mittlerweile Werke der bildenden Kunst erwerben.[569] Prognostiziert wird zudem eine deutliche Zunahme der Online-Kunstverkäufe in den nächsten Jahren aufgrund der Lancierung der „peer-to-peer“ Kunstmärkte wie ArtViatic und Artbanc 2012.[570]

Durch diese Orientierung des Marktes am Onlinehandel oder an bestimmten Events haben letztlich die Galerien im Einzelhandel eine Verringerung ihres Umsatzes zu befürchten.[571] Die meisten Kunsthändler und Galerien verfügen bereits über Webseiten und bieten Kunstwerke online zum Kauf an.[572] Trotzdem bleibt E-Commerce im Kunsthandel im Vergleich zum Online-Angebot von anderen Gütern und Dienstleistungen viel weniger gebräuchlich.[573] Einige der Hauptgründe

---

559 *Europäische Kommission*, Bericht, S. 8.
560 *Europäische Kommission*, Bericht, S. 8.
561 *McAndrew*, TEFAF Art Market Report 2013, S. 57; *US Copyright Office*, Resale Royalties, S. 25.
562 *McAndrew*, The International Art Market in 2011, S. 114; *US Copyright Office*, Resale Royalties, S. 25.
563 *McAndrew*, TEFAF Art Market Report 2013, S. 14.
564 *Pfennig*, Kunst, Markt und Recht, S. 66; *Schack*, Kunst und Recht, S. 66f Rn. 121; *US Copyright Office*, Resale Royalties, S. 26.
565 *Ramonbordes*, Copyright bulletin (UNESCO) 34/2 (2000), 25 (31).
566 *Hiscox/ArtTactic*, S. 5.
567 *US Copyright Office*, Resale Royalties, S. 54.
568 *Pfennig*, Kunst, Markt und Recht, S. 66.
569 *US Copyright Office*, Resale Royalties, S. 26
570 *Hiscox/ArtTactic*, S. 5.
571 *McAndrew*, The International Art Market in 2011, S. 101.
572 *McAndrew*, The International Art Market in 2011, S. 102.
573 *McAndrew*, The Global Art Market in 2010, S. 53.

für die geringe Verbreitung von Onlineverkäufen in der Kunstbranche sind „the value of personal contact and expertise; the subjective and unique nature of works of art; the relatively high values of art and antiques (as e-commerce tends to work best for lower value sales and low risk purchases); low inventories; requirements for personal guarantees and checks of authenticity which are not facilitated by purchasing from an image; and the need for discretion and privacy on both the buying and selling side, particularly at the higher end of the market".[574]

Trotzdem möchte sich auch der Kunsthandel den Anforderungen der Zeit anpassen und die modernen Technologien entsprechend nutzen. Obwohl die aktuellen Onlineverkäufe einen kleinen Anteil des Absatzes ausmachen, erwarten mehr als die Hälfte der Galerien in den nächsten Jahren eine deutliche Verlagerung der Transaktionen in den Online-Bereich.[575]

e) Die Bedeutung der neuen Märkte und ihrer Käufer im höheren Preissegment

Weiterhin wird insbesondere in den höheren Preissegmenten eine hohe Mobilität beobachtet.[576] Dies kann unter anderem auf die Veränderungen in der weltweiten Verteilung von Wohlstand zurückgeführt werden.[577] „[N]ew moneyed classes [...] fly in from Kiev, Shanghai, Doha or Abu Dhabi", um internationale Kunstmessen zu besuchen.[578] Auktionshäuser bemühen sich immer mehr durch Niederlassungen und Vermarktungsstrategien, die neuen Märkte wie Indien und Dubai zu erreichen.[579] Es gibt viele „Reiche" und „Superreiche", die auf der Suche nach Kunstwerke sind, „that boost their investment portfolio and social status".[580]

Noch vor fünf Jahren hat Sotheby's 21 % der Lose an Käufer aus diesen neuen Märkten verkauft; heutzutage hat sich die Zahl fast verdoppelt und liegt bei 39 %.[581] Auch vier neue Museen in den Vereinigten Arabischen Emiraten sowie ein in Katar, welches 2011 ein Werk aus Cézannes Serie *Die Kartenspieler* für die Rekordsumme von etwas über 250 Millionen US-Dollar erworben haben soll, bauen zur Zeit erstklassige Kunstsammlungen auf und werden erwartungsgemäß jährlich 400 bis 500 Werke für die nächsten 10 bis 15 Jahre ankaufen.[582] Auch das *Europäische Parlament* kam zu der Schlussfolgerung, dass die Verlagerung des Schwerpunkts

574 *McAndrew*, The Global Art Market in 2010, S. 53.
575 *Hiscox/ArtTactic*, S. 4.
576 *Europäische Kommission*, Bericht, S. 8; *US Copyright Office*, Resale Royalties, S. 55.
577 *Europäische Kommission*, Bericht, S. 8; *McAndrew*, The Global Art Market in 2010, S. 79ff; *US Copyright Office*, Resale Royalties, S. 55.
578 *US Copyright Office*, Resale Royalties, S. 54.
579 *US Copyright Office*, Resale Royalties, S. 54.
580 *US Copyright Office*, Resale Royalties, S. 55.
581 *US Copyright Office*, Resale Royalties, S. 55.
582 *US Copyright Office*, Resale Royalties, S. 55f, Fn. 357.

des Kunstmarktes in die Schwellenländer, auf die Globalisierung, den Aufschwung Asiens und das Auftreten neuer Sammler in diesen Ländern zurückzuführen ist.[583]

f) Zusammenfassung

Diese Tendenzen auf dem Kunstmarkt machen deutlich, dass die Globalisierung, Vernetzung, Eventorientierung sowie die neue Verteilung des Weltwohlstandes eine sehr hohe Mobilität von Kunst zu punktuellen Verkaufsorten und zu Kunstkäufern mit gesteigerter Liquidität führen. In diesem Sinne kann kaum von Verkaufsverlagerungen gesprochen werden, sondern von der Konzentrationswirkung auf dem Kunstmarkt bzw. von einer Ausrichtung der Verkäufe um gewissen Mittelpunkten mit besonderer wirtschaftlicher Anziehungskraft herum. Diese hohe Mobilität beruht jedoch nicht im Geringsten auf dem Vorhandensein einer Folgerechtsregelung. Vielmehr folgt sie den eigenen aktuellen Regeln des Kunstmarktes, ganz unabhängig von einem droit de suite.

3. Weltmarktanteile

a) Der chinesische Marktanteil

In den 1980er und 1990er Jahren wurde der weltweite Kunstmarkt von den USA und Großbritannien dominiert, wobei New York und London als jeweiliges Zentrum galten.[584] In den letzten Jahren wuchs der chinesische Kunstmarkt derart, dass er 2011 den größten Anteil am Weltmarkt einnahm.[585] Er verzeichnete das größte Wachstum von 2009 bis 2011: In diesen Jahren erhöhte sich der Umsatz um mehr als 350 %.[586] China hat eine wichtige Rolle als Kaufkraft mit internationaler Bedeutung, denn 2011 importierte sie Kunst im Wert von über 1 Milliarde Euro und exportierte lediglich für 589 Millionen.[587] Diese Expansion des chinesischen Kunstmarktes ist auf den wachsenden Reichtum, das ausreichende heimische Angebot und den Investitionsantrieb der chinesischen Käufer zurückzuführen.[588] Die Investitionsschwierigkeiten hinsichtlich des heimischen Grundeigentums und der heimischen Aktienbörse sowie der Mangel an Alternativen scheinen Kunst als eine besondere Investitionsart in China hervorgehoben zu haben.[589]

---

583 *Europäisches Parlament*, Bericht, S. 4.

584 *McAndrew*, The International Art Market in 2011, S. 68f; *US Copyright Office*, Resale Royalties, S. 24.

585 *McAndrew*, The International Art Market in 2011, S. 69; *US Copyright Office*, Resale Royalties, S. 24.

586 *McAndrew*, TEFAF Art Market Report 2013, S. 14f.

587 *McAndrew*, TEFAF Art Market Report 2013, S. 15.

588 *McAndrew*, The International Art Market in 2011, S. 34.

589 *McAndrew*, The International Art Market in 2011, S. 34.

2012 reduzierten sich die Verkaufszahlen jedoch wieder um 24 % auf 10,6 Milliarden Euro.[590] Dies liegt sowohl am Rückgang des Wirtschaftswachstums in China als auch an der reduzierten Anzahl von teuren Kunstwerken, die auf dem chinesischen Markt verfügbar waren. Anzumerken ist auch, dass der größte Anteil der Auktionskäufe mit 48 % auf chinesische Malerei und chinesische Kalligrafie entfiel.[591] Trotzdem ist China immer noch der Versteigerungsmittelpunkt für alte Meister, gefolgt von Großbritannien und den USA.[592]

Gerade die Konzentration von Verkäufen alter Meister, auf die kein Folgerecht anfällt, zeigt umso deutlicher, dass die Abwanderung mancher Verkäufe nach China nicht mit dem Folgerecht zusammenhängt. Denn würden die Verkaufsverlagerungen die Umgehung der Folgerechtsabgabe bezwecken, würden dort primär Werke der modernen und zeitgenössischen Kunst veräußert werden. Die Entwicklung des chinesischen Kunstmarktes hängt nicht mit dem Fehlen von droit de suite zusammen. Dies hat auch der chinesische Gesetzgeber erkannt, der nun ein Folgerecht in das chinesische Urheberrecht einzuführen versucht.[593] Wäre das Fehlen des Folgerechts ein relevantes Kriterium auf dem Kunstmarkt, würde das wirtschaftsorientierte China, das nicht gerade für hohe Schutzstandards im Urheberrecht bekannt ist, so einen Ortsvorteil niemals aufgeben wollen.

b) Die Verteilung unter den Marktführern

2012 eroberte sich die USA die weltführende Position zurück.[594] Der Rückgang in China führte zu Steigerung von 5 % in den USA auf 14,2 Milliarden Euro.[595] Der Marktanteil der USA betrug 33 %, während der chinesische sich auf 25 % reduzierte sowie sich der britische um 1 % erhöhte und mit 23 % weiterhin die dritte Stelle behielt.[596] Der Marktanteil der EU blieb auch 2012 unverändert zum Vorjahr bei 36 %.[597] Auch 2010 betrug der Anteil der EU am Weltkunstmarkt 37 %.[598]

Auch hier wird deutlich, dass die Einbeziehung des sog. „heirs market" in Großbritannien nicht mit einem Rückgang des EU-Kunstmarktes verbunden war. Die Entwicklung der weltführenden Kunstmärkte wurde nicht vom Folgerecht beeinflusst.

---

590 *McAndrew*, TEFAF Art Market Report 2013, S. 13.
591 *McAndrew*, TEFAF Art Market Report 2013, S. 15.
592 *McAndrew*, The Global Art Market in 2013, S. 3.
593 Siehe dazu Teil 3. C. III. 2. b) Folgerecht in China.
594 *McAndrew*, TEFAF Art Market Report 2013, S. 13; *US Copyright Office*, Resale Royalties, S. 24.
595 *McAndrew*, TEFAF Art Market Report 2013, S. 13.
596 *McAndrew*, TEFAF Art Market Report 2013, S. 13.
597 *McAndrew*, TEFAF Art Market Report 2013, S. 13.
598 *McAndrew*, The Global Art Market in 2010, S. 19.

c) Auktionsverkäufe von Werken noch lebender Künstler

Die Werke noch lebender Künstler lösen in den EU-Mitgliedstaaten – auch in Großbritannien seit 2006 – eine Folgerechtsvergütung bei einem Auktionsverkauf aus. Der Weltmarktanteil der EU an Auktionsverkäufen von Werken lebender Künstler sank im Zeitraum 2005 bis 2010 von 37 % auf 30 %.[599] Dieser Rückgang entspricht genau der Minderung des Marktanteils des Vereinigten Königreichs im selben Zeitraum von 27 % auf 20 % und ist daher hauptsächlich darauf zurückzuführen.[600] In diesem Sinne könnten die Anteilsverluste im Zusammenhang mit der Einführung des ARR stehen.

Dagegen spricht jedoch, dass auch der Marktanteil der USA in dieser Zeitspanne von 54 % auf 37 % sank.[601] Diese noch erheblicheren Einbußen an Marktanteilen können jedoch nicht mit dem Folgerecht in Verbindung gebracht werden, da das Rechtsinstitut in den USA nicht anwendbar ist. Vielmehr ist der Rückgang auf die Verlagerungstendenz in Richtung China zurückzuführen. Anzumerken ist jedoch noch, dass 78 % der weltweiten Veräußerungen von Werken noch lebender europäischer Künstler 2010 auch in Europa stattgefunden haben.[602]

d) Der Umbruch in den führenden Marktsegmenten

2012 entfiel mit 43 % der größte Anteil des Auktionsmarktes auf die Nachkriegs- und zeitgenössische Kunst mit der höchsten Summe aller Zeiten in diesem Sektor, nämlich knapp 4,5 Milliarden Euro.[603] Der Sektor der modernen Kunst belegte 2012 die zweite Stelle mit 30 % des Auktionsmarktes und 3,2 Milliarden Euro.[604] Somit hatten moderne und zeitgenössische Kunst zusammen einen Marktanteil von 73 % bei Auktionsversteigerungen. Noch 2010 hatten sie gemeinsam einen Anteil von lediglich 58 %, wobei der Marktanteil der modernen Kunst das Sechsfache des Marktes für zeitgenössische Kunst ausmachte.[605] Trotzdem gaben 2007 70 % der britischen Kunsthändler an, dass sie den größten Teil ihres Umsatzes mit zeitgenössischer Kunst erzielten.[606] Noch in den 1980er Jahren galt zeitgenössische Kunst als eine sehr risikobehaftete Investition und machte einen ganz geringen Anteil des Kunstmarktes, insbesondere im Vergleich zu den damals führenden Marktsegmenten moderne Kunst und Impressionismus, aus.[607]

---

599 *Europäische Kommission*, Bericht, S. 5

600 *Europäische Kommission*, Bericht, S. 5; einen Rückgang des globalen Anteils der EU am Markt für Arbeiten lebender Künstler in den letzten Jahren bestätigt auch *Europäisches Parlament*, Bericht, S. 3.

601 *Europäische Kommission*, Bericht, S. 5.

602 *McAndrew*, The Global Art Market in 2010, S. 117.

603 *McAndrew*, TEFAF Art Market Report 2013, S. 13.

604 *McAndrew*, TEFAF Art Market Report 2013, S. 13.

605 *McAndrew*, The Global Art Market in 2010, S. 15.

606 *Graddy/Horowitz/Szymanski*, S. 23.

607 *McAndrew*, The International Art Market in 2011, S. 117.

Der Umstand, dass die zeitgenössische Kunst der am stärksten von Folgerecht betroffene Sektor ist und diese sich eindeutig zum verkaufsstärksten Segment gewandelt hat – und zwar gerade in der Zeit nach der europäischen Vereinheitlichung des Folgerechts –, zeigt unbestritten die Unschädlichkeit des droit des suite für den Kunstmarkt. Dies ganz entgegen den vermuteten „apokalyptischen" Auswirkungen, die der Ausdehnung des ARR im Jahr 2012 vom britischen Kunsthandel nachgesagt wurden.[608] Daraus kann geschlossen werden, dass das Folgerecht keine Auswirkung auf die Entwicklung der betroffenen Segmente hat. Aufgrund der dargestellten Statistiken könnte man sogar zu dem Schluss gelangen, dass das droit de suite verkaufsfördernde, jedoch keineswegs verkaufsmindernde, Nebenfolgen hat.

e) Auktionsverkäufe von Werken verstorbener Künstler

Der Segment der modernen Kunst wird, wie schon erwähnt, als *heirs market* bezeichnet,[609] da die Verkaufserlöse innerhalb der Schutzfrist den Erben der Künstler zufließen. Bei den Auktionsverkäufen von Werken verstorbener Künstler innerhalb der Schutzfrist verlor die EU im Zeitraum 2005 bis 2010 an Weltmarktanteil, wiederum hauptsächlich infolge des Rückgangs des Marktanteils des Vereinigten Königreichs (von 27 % auf 20 %), ebenso die USA und die Schweiz.[610] Der Marktanteil Chinas vergrößerte sich von 4 % auf 23 % enorm.[611]

Da jedoch die Anwendbarkeit des ARR in Großbritannien erst seit 2012 auf die Weiterveräußerung von Werken bereits verstorbener Künstler ausgedehnt wurde, kann der oben geschilderte Rückgang des dortigen Marktsegmentes nicht in Verbindung mit einer Folgerechtsabgabe gebracht werden. Zudem spricht die Besetzung der Spitzenposition durch die zeitgenössische Kunst, die auch dem Folgerecht untersteht, dass sich die Tendenzen auf dem Kunstmarkt von einer Anwendbarkeit des Folgerechts völlig unabhängig entwickeln.

f) Marktaufteilung innerhalb der EU

Innerhalb der EU dominierte Großbritannien 2010 mit einem Anteil von 59 %, gefolgt von Frankreich mit 16 %, Deutschland mit 6 % und Italien mit 3 %.[612] Diese Marktverteilung entsprach auch den Statistiken aus den vorigen Jahren, mit Ausnahme von 2009 als der Marktanteil von Großbritannien auf 52 % sank und sich Frankreichs dafür auf 22 % erhöhte.[613]

Bei den Veräußerungen ausschließlich von Werken noch lebender Künstler hatte Großbritannien 2010 mit 71 % einen noch größeren Marktanteil, gefolgt von Frankreich mit 13 %. Dies spricht auch gegen benachteiligende Auswirkungen des ARR,

608 *Graddy/Horowitz/Szymanski*, S. 38.
609 *McAndrew*, The Global Art Market in 2010, S. 143.
610 *Europäische Kommission*, Bericht, S. 6.
611 *Europäische Kommission*, Bericht, S. 6.
612 *McAndrew*, The Global Art Market in 2010, S. 24.
613 *McAndrew*, The Global Art Market in 2010, S. 24.

denn im betroffenen Segment ist Großbritanniens Führungsposition vergleichsweise noch stärker als in den anderen Segmenten.

Bei den Werken verstorbener Künstler innerhalb der Schutzfrist hatte Großbritannien 2010 einen Marktanteil von 55 %, gefolgt von Frankreich mit 20 %, Deutschland mit 6 % und Italien mit 5 %.[614]

g) *Der deutsche Marktanteil*

Der deutsche Marktanteil in den Jahren 1990 bis 2011 lag durchschnittlich knapp unter 3 % des Weltkunstmarktes.[615] Der deutsche Anteil vom Gesamtmarktvolumen betrug 2011 bei der modernen Kunst 7,1 %, bei der impressionistischen Kunst 8,0 %, bei der post-impressionistischen Kunst 4,0 % und bei den alten Meistern 9,7 %.[616] Der deutsche Anteil vom Gesamtmarktwert im selben Jahr betrug bei der modernen Kunst 1,6 %, bei der impressionistischen Kunst 0,9 %, bei der post-impressionistischen Kunst 0,4 % und bei den alten Meistern 2,3 %.[617]

2012 betrug der deutsche Anteil des Weltmarktwertes 2 %– unverändert zu 2010.[618] Ebenfalls entfiel nach wie vor auf den Schweizer Markt ein Anteil von 2 % und auf den französischen Markt ein Anteil von 6 %.[619]

h) *Zwischenfazit*

Die Verteilung der weltweiten Kunstaktivitäten kann auch keine Anhaltspunkte für eine Verlagerung der folgerechtsbelasteten Kunstverkäufe bieten. Die Verlagerung von Kunstverkäufen in Richtung bestimmter Kunstzentren weist keinen Folgerechtsbezug auf. Auch hier scheint das droit de suite keinen Einfluss auf die gegenwärtigen Entwicklungen des Kunstmarktes gehabt zu haben.

D. Auswertende Studien

I. Bericht der Europäischen Kommission

Gemäß Art. 11 Folgerecht-RL ist die Europäische Kommission verpflichtet, dem Europäischen Parlament, dem Rat und dem Wirtschafts- und Sozialausschuss alle vier Jahre einen Bericht über die Durchführung und die Auswirkungen der Richtlinie vorzulegen. Dabei ist besonders auf die Wettbewerbsfähigkeit des Marktes für moderne und zeitgenössische Kunst in der Gemeinschaft einzugehen. Erörtert

---

614 *McAndrew*, The Global Art Market in 2010, Tabelle S. 135.

615 *McAndrew*, The International Art Market in 2011, Tabelle S. 69.

616 *McAndrew*, The International Art Market in 2011, Tabellen S. 40ff.

617 *McAndrew*, The International Art Market in 2011, Tabellen S. 40ff.

618 *McAndrew*, The Global Art Market in 2013, Tabelle S. 5; *McAndrew*, The Global Art Market in 2010, Tabelle S. 24.

619 *McAndrew*, The Global Art Market in 2013, Tabelle S. 5; *McAndrew*, The Global Art Market in 2010, Tabelle S. 24.

werden sollen vor allem die Position der Gemeinschaft gegenüber den einschlägigen Märkten, die ein Folgerecht nicht anwenden, weiterhin die Förderung des künstlerischen Schaffens sowie die Verwaltungsmodalitäten der Mitgliedstaaten.

Einen ersten Bericht lieferte die *Europäische Kommission* im Dezember 2011. Zur Vorbereitung führte die Kommission eine breit angelegte öffentliche Konsultation, an der Künstler, Rechtsnachfolger, Kunstmarktakteure, Verwertungsgesellschaften, Künstlergewerkschaften und staatliche Behörden teilnahmen.[620] Eine erneute Überprüfung wurde vom *Europäischen Parlament* für das Jahr 2015 vorgeschlagen.[621]

Die *Kommission* erkennt im Bericht keinen eindeutigen Zusammenhang zwischen dem rückläufigen europäischen Anteil am Weltkunstmarkt für moderne und zeitgenössische Kunst und der Umsetzung der Folgerecht-RL.[622] Die Implementierung der Regelung scheint dem europäischen Kunstmarkt nicht geschadet zu haben.[623] Da es so viele unterschiedliche Faktoren gibt, die den Markt beeinflussen, ist weder für positive noch für negative Auswirkungen der RL ein Muster erkennbar.[624] Es gibt zweifelsfrei jedoch keine Anzeichen für eine systematische Handelsverlagerung in das folgerechtsfreie Ausland.[625]

II. Studien über die Auswirkungen des ARR in Großbritannien

1. Die DACS Studie

Ende 2012 führte die britische Verwertungsgesellschaft DACS auf Anfrage des US Copyright Office eine Analyse über die Auswirkungen des ARR in Großbritannien. Sie stellt fest, dass es entgegen allen Befürchtungen keine Anhaltspunkte für Verlagerung von Weiterveräußerungen in folgerechtsfreie Länder gibt.[626] Das Folgerecht macht einen vernachlässigbaren Wertanteil des britischen Kunstmarktes aus: nämlich jährlich weniger als 0,15 % des Gesamtmarktes und 0,4 % vom Markt der modernen und zeitgenössischen Kunst.[627]

Lediglich die theoretischen Befürchtungen über negative Auswirkungen des Folgerechts haben viele Teilnehmer im Kunsthandel beschäftigt.[628] Die Sprecherin der DACS, Tania Spriggens, fasste die Ergebnisse wie folgt zusammen: "We can't see prices having dropped, because of the law, or that people have gone elsewhere

---

620 *Europäische Kommission*, Bericht, S. 4.
621 *Europäisches Parlament*, Bericht, S. 5.
622 *Europäische Kommission*, Bericht, S. 11; *Europäisches Parlament*, Bericht, S. 7; *Stokes*, S. 34.
623 *Mione*, Cardozo J. Int'l & Comp. L. 21 (2013), 461 (481).
624 *Mione*, Cardozo J. Int'l & Comp. L. 21 (2013), 461 (481).
625 *Europäische Kommission*, Bericht, S. 11; *Europäisches Parlament*, Bericht, S. 7.
626 *DACS*, Response, S. 1.
627 *DACS*, Response, S. 1.
628 *Grant*, http://www.huffingtonpost.com/daniel-grant/uks-artist-resale-royalty_b_1881430.html, zuletzt besucht am 19.03.2015.

to buy or sell art, and we can't see it having this kind of impact in the future. It would seem as though all the fears have been overblown."[629] Die Einführung des Folgerechts hat dem britischen Kunstmarkt nicht geschadet.[630]

2. *Die Antiques Trade Gazette Studie*

Anfang 2008 publizierte *Froschauer* eine Studie, gesponsert von der handelsnahen englischen Zeitschrift *Antiques Trade Gazette* (ATG). Erwartungsgemäß wurde die neue Regelung gerade in ihrer Einführungsphase von den ARR-kritischen britischen Händlerkreisen nicht begrüßt. Es wäre allerdings utopisch gewesen zu erwarten, dass sich die großen Auktionshäuser und britischen Kunsthändler, die seit Jahrzehnten als größte Gegner des Folgerechts agierten, sich innerhalb der ersten 18 Monaten nach der Implementierung der RL umstimmen lassen. Denn der Untersuchungszeitraum der Studie beschränkt sich auf die ersten eineinhalb Jahre nach Einführung des ARR.[631] Der Herausgeber der ATG resümierte wie folgt: „The problem is that, as with so many altruistic endeavours, the reality often fails to live up to expectation“[632].

Die Studie offenbart die praktischen Erschwernisse der Folgerechtseinführung in Großbritannien.[633] Die einzelnen Abwicklungsschritte der Zahlung für Kunsthändler und Auktionshäuser werden detailgetreu ermittelt.[634] *Froschauer* stellt dabei fest, dass vor allem die Abwesenheit einer verlässlichen Datenbank mit Berechtigten als Hauptursache für die Schwierigkeiten zu identifizieren ist, welche das Folgerechtssystem für den britischen Kunsthandel mit sich bringt.[635] Die darauf zurückzuführende Unsicherheit verursacht unnötige Zusatzkosten.[636] Weder der Kunstmarkt noch die Verwertungsgesellschaften verfügen über die Instrumente, um zweifelsfrei festzustellen, welchen Künstlern Vergütungsansprüche zustehen.[637] Insbesondere sei im Allgemeinen „the poor performance“ von den Verwertungsgesellschaften zu beklagen.[638] Im Ergebnis seien die Kosten um die Erhebung und Abführung der Abgabe sowie der damit verbundene Verwaltungsaufwand in den Prognosen unterschätzt und die Zahl der Vergütungsberechtigten überschätzt worden.[639] Dabei ist anzumerken, dass die Studie bei allen empirischen Daten nicht auf die offiziellen

629 *Grant*, http://www.huffingtonpost.com/daniel-grant/uks-artist-resale-royalty_b_1881430.html, zuletzt besucht am 19.03.2015.
630 *Petty*, Wm. & Mary Bill Rts. J. 22 (2014), 977 (1002).
631 *Froschauer*, S. 4.
632 *Macquisten*, in: *Froschauer*, S. 1, Vorwort.
633 *Froschauer*, S. 4.
634 *Froschauer*, S. 9ff.
635 *Froschauer*, S. 13f.
636 *Froschauer*, S. 4.
637 *Froschauer*, S. 4.
638 *Froschauer*, S. 15.
639 *Froschauer*, S. 4.

Zahlen der Verwertungsgesellschaften zurückgreift – so beispielsweise auch bei den erfolgten Ausschüttungen –, sondern sich lediglich den Angaben von den teilnehmenden Kunsthändlern und Auktionshäusern bedient.[640]

Jedoch kann auch *Froschauer* keine negativen Auswirkungen feststellen, die über die zunächst wenig effiziente Einziehungs- und Verwaltungsebene hinausgehen. Seit der Einführung des Folgerechts in Großbritannien hat ein beispielloser Boom in der globalen Nachfrage nach zeitgenössischer Kunst stattgefunden und Großbritannien hat seine Marktposition trotz der Abgabe behaupten können.[641] Und obwohl offensichtlich nach Anzeichen für eine Handelsverlagerung tendenziell gesucht worden ist, heißt es in der Studie: „[t]he unprecedented strength of the current Contemporary and Post-War art market has made it difficult for galleries and auction houses to offer evidence of a market shift resulting from ARR in the UK so far.“.[642]

Nach alledem wird eindeutig klar, dass die Studie ein wichtiger Befund für die noch ineffizienten Einziehungsmechanismen in Großbritannien darstellt. Die Situation ist in vielen anderen EU-Ländern ähnlich, die schon deutlich länger mit der Regelung vertraut sind. Die praktische Durchsetzung des Folgerechts lässt noch viel zu wünschen übrig. Diese Mängel auf der Durchsetzungsebene sind jedoch keineswegs geeignet, die Daseinsberechtigung der Regelung in Frage zu stellen.

3. *Die Studie im Auftrag des U.K. Intellectual Property Office*

Zudem kam die umfassende Studie aus Großbritannien im Auftrag der U.K. Intellectual Property Office (IPO)[643] 2008 zu dem Ergebnis, dass der englische Markt durch die Regelung nicht negativ beeinflusst werde.[644] Es scheine vielmehr, dass die Einführung des Folgerechts gar keine großen Auswirkungen auf die Entwicklung des Marktes im Vereinigten Königreich habe.[645] Während der Zeitspanne 1996 bis 2007 hat sich der totale Zuwachs des ARR-zugänglichen Marktsegments bedeutend erhöht.[646] Dies einerseits im Vergleich zu dem Zuwachs in anderen Ländern und andererseits im Verhältnis zu den Marksegmenten, in denen das ARR keine Anwendung findet.[647] Der Marktanteil von lebenden britischen Künstlern hat sich sowohl vom Wert als auch vom Volumen her vergrößert und zwar in Ländern mit und ohne Folgerechtsregelung.[648] Die Studie kann sogar nicht ausschließen, dass der Marktzuwachs gerade

640 *Froschauer*, S. 16.
641 *Froschauer*, S. 5.
642 *Froschauer*, S. 24.
643 *Graddy/Horowitz/Szymanski*, A study into the effect on the UK art market of the introduction of the artist's resale right, 2008.
644 *Graddy/Horowitz/Szymanski*, S. 22.
645 *Graddy/Horowitz/Szymanski*, S. 22.
646 *Graddy/Horowitz/Szymanski*, S. 2.
647 *Graddy/Horowitz/Szymanski*, S. 2.
648 *Graddy/Horowitz/Szymanski*, S. 16.

auf das Folgerecht zurückzuführen ist: "the art market in the UK, either despite or because of the introduction of ARR, appears to be doing well"[649].

Auch Stimmen aus Kunstkreisen sind der Meinung, dass es keine Anhaltspunkte dafür gebe, dass das ARR dem Sekundärmarkt für moderne und zeitgenössische Kunst in Großbritannien oder dem Business der Marktprofis geschadet hat.[650] Viele Kunsthändler empfanden das Folgerecht als keine Behinderung des Handels und gaben an, dass der Markt nach wie vor funktioniert, ohne dass das ARR ein Gesprächsthema gewesen ist.[651] Auch ein Sprecher von Christie's bestätigte, dass das Jahr 2012 sehr umsatzstark gewesen ist und sich das Folgerecht als „ziemlich irrelevant" erwiesen hat.[652]

Bis 2008 waren zudem keine Anzeichen dafür zu finden, dass die Einführung des Folgerechts die Verkaufspreise auf dem Kunstmarkt gesenkt und eine Verlagerung des Marktes weg von Großbritannien stattgefunden hat.[653] Die Ergebnisse der Studie werden als „uncompromising proof that diversion fears are unfounded" gewertet.[654]

4. Die Studie über den Auktionsmarkt

Die Studie von *Banternghansa* und *Graddy* aus dem Jahr 2010 bezieht ihre Daten aus dem Hislop's Art-Sales-Index und bewertet somit lediglich Auktionsverkäufe.[655] Es werden primär Daten aus Großbritannien, Deutschland, Frankreich, USA und der Schweiz in dem Zeitraum 1993 bis 2007 gegenübergestellt. Die Studie findet keine Anhaltspunkte für eine Wachstumsabnahme des britischen Marktes mit Bildern, die in den Anwendungsbereich des Folgerechts fallen.[656] Der Marktzuwachs bei folgerechtsauslösenden Bildern in Großbritannien ist größer als in jedem anderen Land und als der durchschnittliche Zuwachs des Gesamtmarktes.[657] Vielmehr sind die Preise von folgerechtsauslösenden Bildern höher gestiegen als in jedem anderen Land.[658]

Es gibt auch keine empirischen Beweise dafür, dass das Folgerecht zu einer Preissenkung beim Erstverkauf geführt hat.[659] Der Preiszuwachs bei Weiterveräußerungen

---

649 *Graddy/Horowitz/Szymanski*, S. 17.
650 *Henry Lydiate*, Artlaw 2012, http://www.artquest.org.uk/articles/view/artists_estates, zuletzt besucht am 19.03.2015.
651 *Grant*, http://www.huffingtonpost.com/daniel-grant/uks-artist-resale-royalty_b_1881430.html, zuletzt besucht am 19.03.2015.
652 *Grant*, http://www.huffingtonpost.com/daniel-grant/uks-artist-resale-royalty_b_1881430.html, zuletzt besucht am 19.03.2015.
653 *Graddy/Horowitz/Szymanski*, S. 16; *Pfennig*, INTEGRU-Tagung 2009, 235 (242).
654 *Graddy/Horowitz/Szymanski*, S. 50.
655 *Banternghansa/Graddy*, S. 5f.
656 *Banternghansa/Graddy*, S. 18.
657 *Banternghansa/Graddy*, S. 18.
658 *Banternghansa/Graddy*, S. 18.
659 *Banternghansa/Graddy*, S. 19.

von Werken von Künstlern im Alter über 65 Jahre war allerdings höher als bei jüngeren Künstlern.[660] Wobei der Künstler durchschnittlich zwischen 54 und 56 Jahre alt ist, wenn seine Werke auf dem Sekundärmarkt weitergehandelt werden.[661] Dieses Ergebnis ist jedoch auf die bereits erläuterte Preisbildung auf dem Kunstmarkt zurückzuführen. Dabei ist es insbesondere durch den längeren Zeitraum bedingt, den die älteren Künstler hatten, um sich entsprechend zu etablieren.

Der Preiszuwachs bei folgerechtsauslösenden und folgerechtsfreien Bildern ist in allen Ländern gleich hoch.[662] Im Gegensatz zu den theoretischen Prognosen haben sich die britischen Verkäufe nicht in folgerechtsfreie Länder verlagert.[663] Dies bedeutet möglicherweise, dass das Folgerecht keine Auswirkungen oder keine messbaren Auswirkungen auf den britischen Kunstmarkt hatte.

5. *Zwischenfazit*

Alle Studien kommen gleichermaßen zu dem Ergebnis, dass sich der Kunstmarkt in Großbritannien seit Einführung des ARR vergrößert hat und geradezu boomt.[664] Bemerkenswert ist diese Entwicklung insbesondere in Anbetracht dessen, dass einige Kunsthändler in Großbritannien dem Kaskadeneffekt unterliegen und das Folgerecht doppelt abführen. Zudem besteht auch Einigkeit darüber, dass die befürchtete Verkaufsverlagerung zu folgerechtsfreien Märkten nicht stattgefunden hat. Die weiteren Befunde, die in den Studien unterschiedlich bewertet wurden – beispielsweise Verwaltungsaufwand und -kosten bei der Abführung[665] – bleiben spezifisch für die Verwertung in Großbritannien und können durch verbesserte Einziehungsmechanismen – soweit notwendig – optimiert werden.

III. Die Studie des US Copyright Office

Die aktuelle Studie aus den USA belegt vor allem, dass die früheren Befürchtungen, der Sekundärmarkt würde sich aufgrund einer Folgerechtsregelung verlagern, nicht bewiesen werden konnten und sogar ganz im Gegenteil als weitgehend überholt gelten.[666] In ihrer Stellungnahme anlässlich dieser Studie äußerte die VG Bild-Kunst die Ansicht, der Bericht der Europäischen Kommission zeige deutlich, dass der Kunsthandel nicht zu folgerechtsfreien Ländern migriert ist.[667] Auch *Simon Stokes* bezieht sich auf den Bericht mit der Anmerkung, dass es keine Anzeichen dafür

660 *Banternghansa/Graddy*, S. 25.
661 *Wu*, J. Copyright Soc'y U.S.A 46 (1999), 531 (545).
662 *Banternghansa/Graddy*, S. 29.
663 *Banternghansa/Graddy*, S. 33.
664 *Gartentor*, Verdammtes Folgerecht!, Basler Zeitung v. 6.7.2007, S. 6.
665 Siehe dazu Teil 3. E. Erhöhung von Verwaltungsaufwand und -kosten.
666 *US Copyright Office*, Resale Royalties, S. 3.
667 *US Copyright Office*, Resale Royalties, S. 27, Fn. 197.

gebe, dass Kunstverkäufe aus Großbritannien und der EU in folgerechtsfreie Räume wie New York oder die Schweiz umgeleitet werden.[668]

IV. Schlussfolgerungen

Das Folgerecht ist nur einer unter mehreren Faktoren im internationalen Wettbewerb der Kunstmärkte und hat zudem keinesfalls eine ausschlaggebende Auswirkung auf ihre Entwicklung.[669] Das droit de suite beeinflusst kaum die allgemeinen Tendenzen und Trends auf dem Kunstmarkt, da viele verschiedene Umstände einen weitaus größeren Einfluss ausüben, beispielsweise „Konjunktur, Geschmack, Geschichte, Expertise, Struktur und Größe eines Marktes, Steuern etc."[670] Weder der Bericht der *Kommission* noch die Statistiken der Branche lassen die Schlussfolgerung zu, dass das Folgerecht nachteilige Auswirkungen auf den Kunstmarkt in Europa hat.[671] In diesem Sinne ist das wahrscheinlichste und schon längst von den Befürwortern des Folgerechts vorhergesagte Szenario eingetroffen: die Folgerechtsabgabe wurde vom Kunstmarkt ohne relevante Auswirkungen absorbiert.[672]

Im englischsprachigen Originaltext des Berichts der Europäischen Kommission kommt die Feststellung am deutlichsten zur Geltung: „the overwhelming majority of artists and successors [...] welcomed the resale right system as making a difference, both financially and in terms of recognition"[673].

E. Erhöhung von Verwaltungsaufwand und -kosten

Von den Gegnern des Folgerechts wird trotzdem vorgebracht, dass die Durchführung der Regelung in der Praxis eine immense Belastung für den Sekundärmarkt darstelle.[674] Dadurch werde der Verkaufsanreiz allgemein gedämpft, womit dem Sekundärmarkt als Ganzem geschadet werde.[675] Die Galeristen und Kunsthändler würden ihre Zeit dermaßen für Administrationsaufwand vergeuden, dass sie sich ihrem eigentlichen Geschäft gar nicht mehr widmen können.[676]

Die Abwicklung des Folgerechts sei mit erheblichem Arbeitsaufwand verbunden. Die Ermittlungen von folgerechtsauslösenden Veräußerungsvorgängen würden praktische Schwierigkeiten bereiten. So müsse beispielsweise nachgeforscht werden, ob das Werk noch geschützt sei, welche Berechtigten aktuell als Rechtsnachfolger

668 *US Copyright Office*, Resale Royalties, S. 27, Fn. 197.
669 *Becker*, S. 25*.
670 *Becker*, S. 10*.
671 *Europäisches Parlament*, Bericht, S. 5.
672 *Perlmutter*, Colum. J.L. & Art. 16 (1992), 395 (409).
673 *Europäische Kommission*, Bericht, S. 11; *US Copyright Office*, Resale Royalties, S. 16.
674 *v. Brühl*, GRUR 2009, 1117 (1118); *Goetzl/Sutton*, Colum. J.L. & Art. 9 (1985), 15 (48); *Merryman*, UFITA Bd. 124 (1994), 199 (223).
675 *US Copyright Office*, Resale Royalties, S. 50.
676 *Fischer*, KUR 2008, 66 (68).

des Künstlers gelten und wie hoch der konkret erzielte Verkaufspreis war.[677] Insbesondere die Nationalität des Künstlers sei schwer ermittelbar.[678] Auch immense Kosten für IT-Systeme zur Abwicklung der Zahlungen müssten getragen werden.[679] Das Folgerecht führe in diesem Sinne geradezu zu einer Lähmung des Kunsthandels.[680]

I. Die Stellungnahme der Europäischen Kommission

Auch der *Europäischen Kommission* ist nicht entgangen, dass die ineffiziente Abwicklung des Folgerechts in einigen Mitgliedstaaten eine nicht unerhebliche Belastung für Kunstmarktfachleute darstellt.[681] Ebenso weist das Europäische Parlament darauf hin, dass die Richtlinie Händlern eine administrative Belastung auferlege.[682] Insbesondere für den Kunsthandel am unteren Ende des Marktes sei die Belastung sehr relevant, da dort die Kosten für die Abwicklung des Folgerechts „stärker zu Buche schlagen".[683] Die Kosten für die Einziehung des Folgerechts können in der EU bis hin zu 50 Euro pro Transaktion reichen.[684]

II. Die Antiques Trade Gazette Studie

Wie schon erläutert, kommt *Froschauer* in seiner Studie zu dem Ergebnis, dass die Einziehung des Folgerechts besondere Verwaltungsbemühungen nach sich zieht.[685] Der Zeitaufwand, den Kunsthändler in Großbritannien durchschnittlich für die Abführung pro Transaktion benötigen, sei laut der Studie von *Froschauer* auf 35 Minuten berechnet worden.[686] Der größte Zeitfaktor sei die Ermittlung der Folgerechtsberechtigten.[687] Die tatsächlichen Kosten für Kunsthändler und Auktionshäuser pro Transaktion würden zwischen 30 und 70 Euro betragen.[688] Insbesondere die kleineren Händler und Galerien würden folgerechtsauslösende Kunst aufgrund der administrativen Belastung und der Gewinnschmälerung vermeiden.[689]

Selbst wenn man von der Richtigkeit dieser Zahlen ausgeht, so wären sie spezifisch für die Einführungsetappe in Großbritannien und damit nicht allgemein

---

677 *Katzenberger*, Das Folgerecht, S. 14.
678 *Graddy/Horowitz/Szymanski*, S. 36.
679 *Graddy/Horowitz/Szymanski*, S. 35.
680 Loewenheim/*Pfennig*, Handbuch des Urheberrechts, § 88, Rn. 3; *Pfennig*, FS Kreile, 491 (492).
681 *Europäische Kommission*, Bericht, S. 12.
682 *Europäisches Parlament*, Bericht, S. 5.
683 *Europäisches Parlament*, Bericht, S. 7.
684 *Europäische Kommission*, Bericht, S. 9.
685 Siehe dazu Teil 3. D. II. 2. Die Antiques Trade Gazette Studie.
686 *Froschauer*, S. 9.
687 *Froschauer*, S. 9.
688 *Fischer*, KUR 2008, 66 (70); *Froschauer*, S. 12.
689 *Froschauer*, S. 21.

aussagekräftig. Eine optimierte Einziehung des Folgerechts würde diese Problematik beseitigen.

III. Die anderen Studien

Die Unwiderlegbarkeit von *Froschauers* Zahlen lässt sich anzweifeln, denn laut der DACS-Umfrage von Ende 2007 benötigen 60 % der Kunstmarktprofis weniger als 5 Minuten und weniger als 12,60 Euro für ihre vierteljährliche Folgerechtsabwicklung.[690] Ebenfalls laut der aktuellen IPO-Umfrage empfindet nur eine geringe Anzahl an Kunsthändlern in Großbritannien – darunter die großen Auktionshäuser – die Verwaltung des Folgerechts als belastend.[691] 50 % der Kunstmarktprofis gaben an, dass sie die einzelne Folgerechtstransaktion weniger als 12,60 Euro koste, während 25 % auf die Höhe der Verwaltungskosten gar nicht geachtet haben würden.[692]

IV. Maßnahmen zur Reduzierung von Verwaltungsaufwand und Verwaltungskosten

Die Europäische Kommission hatte bereits 2013 einen Dialog zwischen Künstlerverbänden, Verwertungsgesellschaften und ihren Zusammenschlüssen (u.a. VG Bild-Kunst, DACS, ACS, ADAGP, CISAC, GESAC) sowie Vertretern der internationalen Kunsthandelsverbände und Auktionshäuser (Christie's und Sotheby's) einberufen. Ziel des Dialogs war die Ausarbeitung von Strategien, Methoden und Best Practices, die zur verbesserten Administration und Umsetzung des Folgerechts beitragen.[693] In nur vier Sitzungen konnte Anfang 2014 das gemeinsame Papier *Key Principles And Recommendations On The Management Of The Author Resale Right* unterzeichnet werden. Die Reduzierung von Verwaltungsaufwand und -kosten bei der Abführung des Folgerechts war eines der Hauptthemen des Papiers vom Stakeholder-Dialog der Europäischen Kommission. Die Führung umfassender und abfragbarer Verzeichnisse von anspruchsberechtigten Künstlern ist auf europäischer Ebene als Hauptanforderung genannt worden, um die mit dem Folgerecht verbundenen Verwaltungskosten zu senken.[694] Verwertungsgesellschaften haben im Rahmen des Stakeholder-Dialogs der Europäischen Kommission zugesichert, dass sie Kunsthändlern ausführliche Mitgliederlisten zur Verfügung stellen werden.[695] So soll sich die Recherche der folgerechtsauslösenden Veräußerungen für Kunsthändler in Zukunft einfacher gestalten. Mehrere Jahre in Folge veröffentlichte die VG Bild-Kunst ihre Mitgliederliste als Buch. Mittlerweile kann die Information, für welche Künstler die Verwertungsgesellschaft das Folgerecht abrechnet, einfach

690 *DACS*, Response, S. 12.
691 *Graddy/Horowitz/Szymanski*, S. 2.
692 *DACS*, Response, S. 12; *Graddy/Horowitz/Szymanski*, S. 25.
693 *EK-Stakeholder-Dialog*, Key principles, S. 1.
694 *Europäische Kommission*, Bericht, S. 10.
695 *EK-Stakeholder-Dialog*, Key principles, S. 3.

über die „Künstlersuche Folgerecht“ auf der Webseite der VG Bild-Kunst abgefragt werden.[696] So eine Online-Künstlersuche bieten auch die britische DACS und die französische ADAGP an, die jedoch darüber hinaus auch einen Vergütungsrechner sowie ein Veräußerungsmeldeformular online zur Verfügung stellen.[697] Die Verwertungsgesellschaften und die Repräsentanten des Kunsthandels haben sich im Rahmen des Stakeholder-Dialogs auch darauf geeinigt, bei der Entwicklung von praktikablen elektronischen Anmelde- und Abrechnungsverfahren zusammenzuarbeiten.[698] Es bleibt daher zu hoffen, dass immer mehr Verwertungsgesellschaften solche Datenbanken, Anmeldeformulare, Anwendungen und Tools online stellen, um die Abwicklung des Folgerechts möglichst zu vereinfachen. Auf europäischer Ebene sollten sich die Verwertungsgesellschaften weiterhin intensiv über bewährte Verfahren zur Handhabung und Minimierung der Verwaltungskosten in allen Mitgliedstaaten austauschen.[699]

Weiterhin verpflichteten sich die Verwertungsgesellschaften im Stakeholder-Dialog anschauliche Leitlinien und Frequently Asked Questions zu veröffentlichen und zu verbreiten.[700] Es soll erklärt werden, wie das Folgerecht realisiert wird und wie Künstler der Verwertungsgesellschaft beitreten. Diese Informationen sollen auf den Webseiten von Verwertungsgesellschaften und Künstlerverbänden zugänglich sein.[701] Angepasst an die Bedürfnisse der Kunsthändler sollen ähnliche Informationen auch letzteren zur Verfügung gestellt werden.[702] Die Kunsthändler selbst sollen dann die relevanten Erklärungen über die Administration und Realisierung des Folgerechts an ihre Käufer weitervermitteln.[703]

V. Zwischenfazit

Der Verwaltungsaufwand der Kunsthändler aufgrund des Folgerechts darf auch nicht überschätzt werden. Die meisten Auktionshäuser versteigern nicht nur Werke der bildenden Kunst, sondern auch Möbel, Geschirr und edle Haushaltswaren sowie Schmuck bis hin zu Briefmarken oder edlen Weinen.[704] Zudem macht der Handel

696 http://www.bildkunst.de/service/kuenstlersuche/folgerechte.html, zuletzt besucht am 19.03.2015.

697 http://www.dacs.org.uk/for-art-market-professionals sowie http://www.adagp.fr/fr/utilisateur/droit-de-suite, zuletzt besucht am 19.03.2015.

698 *EK-Stakeholder-Dialog*, Key principles, S. 3.

699 *Europäische Kommission*, Bericht, S. 12.

700 *EK-Stakeholder-Dialog*, Key principles, S. 4.

701 *EK-Stakeholder-Dialog*, Key principles, S. 4.

702 *EK-Stakeholder-Dialog*, Key principles, S. 4.

703 *EK-Stakeholder-Dialog*, Key principles, S. 5.

704 *Europäische Kommission*, Richtlinienvorschlag zum Folgerecht – Erläuterungen.

mit moderner und zeitgenössischer Kunst, die eine Folgerechtsabgabe auslöst, nur einen Teil des Kunstmarktes mit bildender Kunst aus.[705]

Solche praktische Erwägungen richten sich gegen eine komplizierte Durchsetzung der Regelung und nicht gegen das Konzept dieses Rechtsinstituts an sich. Bei einer entsprechend einfachen und praktikablen Einziehung ist eine erhöhte Belastung des Kunsthandels nicht mehr zu besorgen.[706] Damit sind Verwertungsgesellschaften sowie alle Kunstmarktakteure in Zukunft angehalten, nach weiteren Strategien und Best-Practice-Methoden zu suchen, die die Einziehung des Folgerechts im digitalen Zeitalter weiterhin vereinfachen und die damit verbundenen Kosten reduzieren können.

F. Fazit

Zusammenfassend lässt sich festhalten, dass nicht nur die dogmatische und systematische Einordnung des Rechtsinstituts Folgerecht unproblematisch ist, sondern auch die Auswirkungen der Regelung auf den Kunstmarkt unbedenklich sind. Es konnte festgestellt werden, dass eine Reihe anderer Faktoren die Entwicklung der Kunstmärkte weitgehend bestimmen und das droit de suite keinen wahrnehmbaren Einfluss darauf hat.

Aufgrund dieser aktuellen Erkenntnisse, die mittlerweile auch die Urheberorganisationen weltweit erreicht haben, scheint einer weltweiten Einführung des Folgerechts nichts mehr im Wege zu stehen. Wenn die USA und China, wie geplant, eine Regelung des droit de suite in ihre Gesetzgebung aufnehmen, werden bildende Künstler an Weiterveräußerungen ihrer Werke auf allen weltführenden Kunstmärkten beteiligt werden. Auch eine Normierung des Folgerechts in Art. 14 RBÜ als zwingendes Recht kann erwartet werden. Demnach wird ein weltweit vereinheitlichter Schutzmaßstab für bildende Künstler, abgesehen von kleinen nationalen Besonderheiten der Regelung, endlich Realität werden.

Auch wenn sich die Preissenkungstheorie beim Erstverkauf als untauglich erwiesen hat, sollte der besonderen Stellung der Kunstvermittler auf dem Primärmarkt durch eine Ausnahmeregelung für Galerien Rechnung getragen werden. Diese Honorierung der Förderbemühungen der Galeristen wird ein Zeichen des Zugeständnisses in Richtung Kunsthandel setzen und die Position der wenigen verbleibenden Gegner des Folgerechts aus den Handelskreisen aufweichen. Aufgrund der Verbreitung des Kommissionsgeschäfts bei Erstverkäufen im Namen des Galeristen und für Rechnung des Künstlers und der teilweisen Selbstvermarktung der bildenden Künstler dürften durch die Ausnahme für Galerien sowieso keine besonderen Einbußen an Folgerechtsverlusten zu befürchten sein.

---

705 1996 wären weniger als 10 % des Umsatzes der größten multinationalen Auktionshäuser von der Folgerechtsrichtlinie betroffen gewesen, *Europäische Kommission,* Richtlinienvorschlag zum Folgerecht – Erläuterungen.

706 *Katzenberger,* Das Folgerecht, S.14.

Teil 4. Geeignetheit und Effektivität des Folgerechts

Im Rahmen der Untersuchung des Folgerechts stellt sich die Frage, ob dieses Rechtsinstitut geeignet erscheint, die mit ihm verfolgten gesetzgeberischen Ziele zu erreichen. Im Schrifttum sind die Einwände weit verbreitet, das droit de suite komme lediglich erfolgreichen Künstlern oder ihren Erben zugute und verfehle damit seinen sozialen Zweck. Daher wird nachfolgend erläutert, welche rechtlichen Zielvorstellungen dem Folgerecht aus deutscher Sicht zugrunde liegen. Es wird der Streitfrage nachgegangen, ob dem droit de suite eine soziale Ausprägung immanent ist. Erst anhand der so gewonnenen Erkenntnisse kann ermittelt werden, ob das droit de suite der gesetzgeberischen Intention gerecht wird und ein geeignetes rechtliches Instrument darstellt. Im Rahmen der Abhandlung werden weiterhin denkbare Ersatzregelungen sowie komplementäre Rechtsinstitute thematisiert.

A. Der Beteiligungsgrundsatz als Maßstab

Das Folgerecht beruht, wie bereits erläutert,[707] auf dem Beteiligungsgrundsatz. Das Rechtsinstitut soll die ökonomische Teilhabe des bildenden Künstlers an der wirtschaftlichen Nutzung seiner Originalwerke gewährleisten. Daher sind die Geeignetheit und Effektivität der Regelung daran zu messen, ob diese wirtschaftliche Beteiligung des Künstlers in der Praxis gelingt. Nachfolgend wird daher untersucht, ob es dem bildenden Künstler ermöglicht wird, im vom deutschen Gesetzgeber erwarteten Umfang an der Wertsteigerung seiner Originale zu partizipieren.

I. Privilegierung erfolgreicher Künstler

Zunächst stellt sich die Frage, ob alle bildenden Künstler an der Nutzung ihrer Werke teilhaben können. Die Kritiker des Folgerechts lassen in diesem Zusammenhang nie unerwähnt, dass das Folgerecht zu einer Privilegierung von bekannten und vermögenden Künstlern führe.[708] Zwischen 2006 und 2008 gingen 80 % der Tantiemen aus dem Folgerecht in Großbritannien an die Top-100-Künstler.[709] *Froschauer,* der,

---

707 Siehe dazu Teil 2. B. III. Der Beteiligungsgrundsatz im deutschen Urheberrecht.

708 *Ehrler,* S. 67f; *Stokes,* S. 7; *Carleton,* Cornell L. Rev. 76 (1991), 510 (534); *Filer,* J. Cult. Econ. 8 (1984), 1 (4); *Fischer,* KUR 2008, 66 (69); *Froschauer,* S. 18; *Gaster,* FS Dittrich, 91 (109); *Ginsburgh,* Econ. Analysis & Pol'y 35 (2005), 61 (66); *Goetzl/Sutton,* Colum. J.L. & Art. 9 (1985), 15 (41); *Mione,* Cardozo J. Int'l & Comp. L. 21 (2013), 461 (489f); *Perlmutter,* Colum. J.L. & Art. 16 (1992), 395 (415); *Pfennig,* INTEGRU-Tagung 2009, 235 (236); *Pfennig,* FS Kreile, 491 (492); *Sturm,* KUR 2005, 135 (135); *Wuenschel,* JIPLP 4 (2009), 130 (136).

709 *Graddy/Horowitz/Szymanski,* S. 2.

wie schon erwähnt, nicht die offiziellen Zahlen der Verwertungsgesellschaften, sondern die Angaben der an seiner Studie beteiligten Kunsthändler und Auktionshäuser ausgewertet hat,[710] behauptet, diese 80 % der Tantiemen auf 10 % aller Berechtigten entfallen würden.[711] Weiterhin seien 40 % der Erlöse an die Top-20-Künstler ausgeschüttet worden (darunter Gerhard Richter, Frank Auerbach, Damien Hirst, Antoni Tapies, David Hockney, Miguel Barcelo, Lucian Freud und Banksy).[712]

Diesbezüglich muss erläutert werden, dass die Werke von jungen und unbekannten Künstlern selten über Auktionshäuser gehandelt werden. Es ergibt sich daher aus der Natur der Sache, dass ihre Veräußerungen kaum folgerechtliche Ansprüche auslösen.[713] Weiterverkäufe auf dem Sekundärmarkt setzen vielmehr voraus, dass der Künstler bereits gewisse Bekanntheit erlangt hat, seine Werke eine gewisse Qualität besitzen und seit seinen ersten Erfolgen einige Zeit verstrichen ist.[714] Demzufolge profitieren meistens erfolgreiche Künstler von Folgerechtsvergütungen.[715] Es besteht fast unbestritten Einigkeit darüber, dass für viele Künstler – wenn nicht für die Mehrheit – der Primärmarkt auch der einzige Markt bleibt.[716]

Die Ansicht, die darin eine Privilegierung erblicken möchte, übersieht jedoch, dass bei allen urheberrechtlichen Vergütungsansprüchen ausnahmslos diejenigen Urheber am meisten profitieren, deren Werke am häufigsten genutzt werden.[717] Nach den grundsätzlichen Wertungen des Urheberrechts soll der Urheber umso stärker finanziell profitieren, je erfolgreicher sein Werk ist. Auch unter Musikern und Schriftstellern bekommen die erfolgreichen und bekannten höhere Tantiemen. Es kann von einem Beteiligungsrecht für Nutzungen auf dem freien Markt nicht verlangt werden, dass alle Rechteinhaber dieselben Erlöse erzielen. Ein Teilhaberecht kann nur dieselben Ausgangsbedingungen für bildende Künstler schaffen, am Erfolg ihrer Werke partizipieren zu können. Es wäre verfehlt, aufgrund einer missverstandenen Privilegierung den Nutzen und die Vorteile des Folgerechts allen bildenden Künstlern zu versagen.[718] Auch bildende Künstler erkennen selbst, dass

---

710 *Froschauer*, S. 16.

711 *Fischer*, KUR 2008, 66 (70); *Froschauer*, S. 17.

712 *Fischer*, KUR 2008, 66 (70); *Froschauer*, S. 17.

713 http://www.urheberrecht.org/news/269, zuletzt besucht am 19.03.2015.

714 *Stanford*, Austl. Econ. Papers 42 (2003), 386 (390).

715 *Pfennig*, Copyright bulletin (UNESCO) 35/3 (2001), 37 (46); *US Copyright Office*, Resale Royalties, S. 42, Fn. 283.

716 *Graddy/Horowitz/Szymanski*, S. 46; *Merryman*, UFITA Bd. 124 (1994), 199 (202); *Perlmutter*, Colum. J.L. & Art. 16 (1992), 395 (414); *Sturm*, KUR 2005, 135 (135); *US Copyright Office*, Resale Royalties, S. 42; *Weatherall*, S. 32; *Wu*, J. Copyright Soc'y U.S.A 46 (1999), 531 (550).

717 *Becker*, S. 40; Loewenheim/*Pfennig*, Handbuch des Urheberrechts, § 88, Rn. 4; *Pierredon-Fawcett*, S.144; *Goetzl/Sutton*, Colum. J.L. & Art. 9 (1985), 15 (41f); *Pfennig*, Copyright bulletin (UNESCO) 35/3 (2001), 37 (46); *Pfennig*, FS Kreile, 491 (492).

718 *US Copyright Office*, Resale Royalties, S. 42.

das Folgerecht nichts anderes sein kann als "a promise, equally available to all, of reward for future success.[719,720]"

Gemessen am Beteiligungsgrundsatz erweist sich das Folgerecht somit als effizient. Denn es führt zu keinen Tantiemen bei Künstlern, deren Werke nicht genutzt werden. Dagegen ermöglicht es Vergütungen bei Urhebern, deren Werke Erfolg haben, für die es ausreichend Nachfrage gibt und die häufig verkauft werden. Gerade darin liegt die Aufgabe des Urheberrechts, dem Urheber eine entsprechende materielle Belohnung für seinen wirtschaftlichen Erfolg zu garantieren.

II. Gewinn- vs. Erlösbeteiligung

Fraglich ist weiterhin, welcher Wert für die Berechnung des Folgerechtsanteils – gemessen an den Wertungen und Zielen des Rechtsinstituts – maßgeblich sein soll. Bekannt ist einerseits die Gewinnbeteiligung, die eine Teilhabe des Künstlers an der beim Verkauf eingetretenen Wertsteigerung zu gewährleisten versucht. Das Modell der Erlösbeteiligung zieht dagegen den Verkaufspreis als Grundlage der Berechnung vor.

1. Orientierung am Gewinn

Das Modell der Gewinnbeteiligung folgt dem ursprünglichen Gedanken des Folgerechts, den Künstler nur an den Wertsteigerungen seiner Werke zu beteiligen.[721] Dieses Berechnungssystem wirft in der Praxis allerdings eine Reihe von Fragen auf. So ist beispielsweise unklar, welcher Anknüpfungspunkt für die Berechnung des Wertanstiegs herangezogen werden soll: der Preis bei dem unmittelbar vorangegangenen Verkauf, der Erstverkaufspreis oder der Höchstpreis.[722] Die Heranziehung des jemals erzielten Höchstpreises erscheint konsequent, denn nur dann erfährt das Werk eine echte Wertsteigerung.[723] Dies würde jedoch dazu führen, dass der Künstler in den seltensten Fällen einen Beteiligungsanspruch bekommen würde. Bei den anderen Berechnungsmethoden wäre die Beteiligung des Künstlers jedoch von den Unregelmäßigkeiten und Spekulationen am Kunstmarkt abhängiger als von einer tatsächlich eingetretenen Wertsteigerung.[724] Unklar ist weiterhin, wer die Wertsteigerung nachweisen muss. Dem Künstler wird der Nachweis nur schwer gelingen und der Verkäufer, den die Zahlungspflicht trifft, hätte seinerseits keine Motivation, den Beweis zu erbringen.[725]

---

719 *Perlmutter*, Colum. J.L. & Art. 16 (1992), 395 (416).
720 *US Copyright Office*, Resale Royalties, S. 39.
721 Hoeren/Holznagel/Ernstschneider/*Gusia*, S. 115.
722 *Becker*, S. 11; *Pierredon-Fawcett*, S. 108.
723 *Becker*, S. 11; *Pierredon-Fawcett*, S. 109.
724 *Pierredon-Fawcett*, S. 109.
725 *Pierredon-Fawcett*, S. 110.

Zudem setzt die Orientierung am Gewinn ein Registrierungsverfahren der Kunstverkäufe und der Erlössummen voraus.[726] Nur auf diese Weise würde sich der Gewinn jedes Mal aufs Neue berechnen lassen. Dieses Vorgehen würde jedoch den Verwaltungsaufwand und die Kosten für den Kunsthandel und die Verwertungsgesellschaften unnötig erhöhen.[727] Zudem würde die großzügige Offenlegung der Veräußerungskette gegen die allgemeine Diskretion im Kunsthandel verstoßen und wichtige wirtschaftliche Faktoren wie die Inflation außer Acht lassen.[728]

Zusammenfassend erscheint das Gewinnbeteiligungsmodell für die Praxis untauglich. Diese Berechnung des Folgerechts war früher in manchen Staaten gesetzlich vorgesehen.[729] Aus heutiger Sicht ist die vergleichsweise seltene praktische Anwendung des droit de suite in diesen Ländern auch darauf zurückzuführen.[730]

2. Veräußerungserlös als Berechnungsgrundlage

Gegen die Berechnung auf der Grundlage des Verkaufserlöses könnte sprechen, dass bei ihm theoretisch die Möglichkeit besteht, dass das Werk bei der konkreten Weiterveräußerung keine Wertsteigerung erfährt, sondern einen Wertverlust erleidet. Der Billigkeitsgedanke hinter dem Folgerecht erscheint bei einem niedrigeren Veräußerungserlös verfehlt. Der Verkäufer verzeichnet in einem solchen Fall nicht nur im Vergleich zum Anschaffungspreis Verluste. Das Werk wird zusätzlich noch mit der Pflicht zur Abführung des Urheberanteils belastet.[731] Die Berechnungsmethode sollte jedoch nicht auf Billigkeitsüberlegungen beruhen, sondern sich vielmehr am Beteiligungsgrundsatz orientieren.

In der Einordnung jeder Weiterveräußerung des Originals als urheberrechtlich relevante Nutzung wird heutzutage die Berechtigung des Erlösbeteiligungsmodells gesehen.[732] Dies rechtfertigt es, den Veräußerungserlös aus dem bestimmten Nutzungsvorgang als Bemessungsgrundlage heranzuziehen. Das droit de suite muss auf Grundlage des Wertes der konkreten Verwertung und nicht auf Grundlage der Wertsteigerung erhoben werden.[733] Die Frage, ob bei der Weiterveräußerung ein Gewinn erzielt wurde, ist daneben vielmehr irrelevant.[734] Der am Gewinn bemessene Folgerechtsanteil ist demnach nicht nur wenig praktikabel, sondern trägt dem Beteiligungsgrundsatz nicht ausreichend Rechnung. Das Erlösmodell erweist sich eindeutig als vorzugswürdig.

---

726 *Becker,* S. 11; *Pierredon-Fawcett,* S. 109; *Schneider-Brodtmann,* S. 86.
727 *Schmidt-Werthern,* S. 38.
728 *Pierredon-Fawcett,* S. 110; *Schmidt-Werthern,* S. 38; *Wiesner,* S. 83f.
729 *Pierredon-Fawcett,* S. 108.
730 *Pierredon-Fawcett,* S. 111.
731 *Heinz,* GRUR 1998, 786 (787f).
732 Hoeren/Holznagel/Ernstschneider/*Gusia,* S. 115; *Schneider-Brodtmann,* S.72, 86; *Braunschmidt,* S. 181; *Passiny,* S. 13.
733 *Becker,* S. 31.
734 *Pierredon-Fawcett,* S.19f; *Schneider-Brodtmann,* S.72, 86.

B. Die urheberrechtliche Schutzfrist als Maßstab

Die Geeignetheit des Folgerechts, den Künstler an der Nutzung seiner Werke finanziell zu beteiligen, wird oft vor dem Hintergrund angezweifelt, dass häufig erst die Rechtsnachfolger des Urhebers von den Vergütungen profitieren.[735] Das Folgerecht komme daher dem Künstler selbst gar nicht zugute, da es erst nach seinem Ableben Wirkung entfalte.[736] Von den Gesamteinnahmen aus dem weltweiten Verkauf moderner und zeitgenössischer Kunst im Preissegment über 3.000 Euro gingen 2003 84 % der Folgerechtserlöse an die Erben verstorbener Künstler und lediglich 16 % an lebende Künstler.[737] Es kann allerdings nicht geleugnet werden, dass sich zeitgenössische und avantgardistische Kunst in der Regel meist nach dem Tod des Urhebers auf dem Kunstmarkt etabliert.[738] Die Steigerung des Rufs eines jeden Urhebers und seine Etablierung auf dem Sekundärmarkts sind, wie bereits dargestellt, langwierige Prozesse.

Wenn man das Folgerecht jedoch nur dem Künstler selbst zubilligen würde und die Erben vom Anwendungsbereich ausschließen würde, wäre dies mit dem geltenden deutschen und europäischen Urheberrecht nicht vereinbar.[739] Denn die Schutzdauer des Urheberrechts beträgt allgemein 70 Jahre post mortem auctoris (§§ 64 ff. UrhG). Beim Folgerecht treffen dieselben Gründe zu, die im Übrigen eine Erstreckung der Schutzfrist über den Tod des Urhebers hinaus rechtfertigen.[740] Gerade bei Erben von bildenden Künstlern eine benachteiligende Ausnahme zu machen, erscheint wenig sachgerecht und entbehrt einen triftigen Grund für eine Ungleichbehandlung.[741] Zudem bietet die Erwartung, die eigenen Erben nach dem Ableben finanziell unterstützen zu können, eine zusätzliche Motivation für den Künstler für die Erschaffung neuer Kunstwerke.[742]

Damien Hirst hat sich jüngst für die Erstreckung des Folgerechts in Großbritannien auf die Erben mit folgenden Argumenten ausgesprochen: „I'm pleased that the Artist's Resale Right is finally to be extended to heirs and beneficiaries as in most other EU states. We need to recognise financially their role in preserving art. They spend a lot of time and energy on this and they should have some support."[743]

---

735 Loewenheim/*Pfennig*, Handbuch des Urheberrechts, § 88, Rn. 4; *Schmidt-Werthern*, S. 52; *Sinanidou*, S. 40; *Stokes*, S. 7; *Ginsburgh*, Econ. Analysis & Pol'y 35 (2005), 61 (66); *Thum*, GRUR Int 1997, 330 (333).

736 *Fischer*, KUR 2008, 66 (70); *Pfennig*, FS Kreile, 491 (492).

737 *Kusin & Company*, The Modern Temporary Art Market – A Study of the Global Resale Market (2005), S. 38

738 *Walter*, Folgerecht-RL, Art. 8 Rn. 2.

739 *Gamerith*, FS Dittrich, 71 (87); *Thum*, GRUR Int 1997, 330 (334).

740 *Koch*, UFITA Bd. 2 (1929), 279 (289).

741 *Gamerith*, FS Dittrich, 71 (87).

742 *US Copyright Office*, Resale Royalties, S. 37.

743 *Henry Lydiate*, Artlaw 2012 http://www.artquest.org.uk/articles/view/artists_estates, zuletzt besucht am 19.03.2015.

Rechtsnachfolger haben oft die verantwortungsvolle und belastende Aufgabe, die Werke zu katalogisieren, zu verwalten, sie zu lagern, haltbar zu machen, zu restaurieren sowie jegliche Informationen über sie und ihre Provenienz zu erteilen.[744] Die Tantiemen aus dem Folgerecht stellen eine nötige Entschädigung für die Belastung dar, die die Verwaltung des verbleibenden Œuvres mit sich bringt.[745] Nicht zuletzt bei der so genannten „entarteten" Kunst erfüllt das Folgerecht eine nicht zu unterschätzende Kompensationsfunktion für die Erben.[746]

Damit ist die Beteiligung der Erben an der wirtschaftlichen Nutzung der Originalwerke ihrer Vorfahren konsequent. Eine abweichende Ausgestaltung des Folgerechts würde gegen die Wertungen hinter der urheberrechtlichen Schutzfrist und den verfassungsrechtlichen Gleichheitsgrundsatz verstoßen.

C. Sozial- und kulturpolitische Ziele des Urheberrechts als Maßstab

Das Urheberrecht stellt als „Recht der Kulturwirtschaft" ein kulturpolitisches Instrument dar.[747] Während das Copyright-Law-System sich als ein reines Mittel der Industriepolitik versteht, schafft das Urheberrecht einen Ausgleich im Spannungsverhältnis zwischen Kultur-, Industrie- und Sozialpolitik.[748] Sozial- und kulturpolitische Bestrebungen sind dem Urheberrecht daher keineswegs fremd und spielen vielmehr eine gewichtige Rolle.[749]

I. Beitrag zur materiellen Sicherung von bildenden Künstlern

Das Urheberrecht hat geradezu den Auftrag, für die gesicherten materiellen Verhältnisse der geistig Schaffenden entsprechend ihrer Leistung zu sorgen.[750] Als Ausprägung des Beteiligungsgrundsatzes ist das Folgerecht als Rechtsinstitut auch um die materielle Sicherung der Urhebergruppe der bildenden Künstler und Fotografen bemüht. Daher stellt sich zunächst die Frage, ob das Folgerecht dazu geeignet erscheint, zur Verbesserung der finanziellen Situation dieser Rechteinhaber in gewisser Hinsicht beizutragen.

1. Materielle Sicherung von Urhebern als Aufgabe des Urheberrechts

Um eine entsprechende finanzielle Unterstützung von Künstlern waren Jahrhunderte lang die Mäzene bemüht. Die Kunstförderer wurden nach dem berühmten

744 *DACS*, Response, S. 4.
745 *DACS*, Response, S. 7f.
746 *Pfennig*, FS Kreile, 491 (493).
747 *Dietz*, ZRP 2001, 165 (167); *Dietz*, FG Schricker, 1 (6).
748 *Wandtke*, UFITA Bd. 123 (1993), 5 (6).
749 *Dietz*, ZRP 2001, 165 (171); *Dietz*, ZfRV 1999, 81 (86).
750 *Küfner*, S. 3.

römischen Wohltäters Maecenas (ca. 70 v. Chr. – 8 v. Chr.) genannt.[751] Doch diese Praxis gehört vergangenen Kulturepochen an.[752] Seit der französischen Revolution galt es, den Künstler von der Abhängigkeit von seinem Mäzen zu befreien und ihm zum einen, seine künstlerische Freiheit zu ermöglichen, und zum anderen, ihm rechtlich eine adäquate materielle Grundlage für sein Schaffen zu sichern.[753] Anders als in den Zeiten des Mäzenatentums soll Künstlern der Lohn ihrer Arbeit heute von Gesetzes wegen gesichert werden.[754] Daher verfolgt das heutige Urheberrecht gemäß § 11 S. 2 UrhG das Ziel, neben den geistigen Interessen auch die wirtschaftlichen Interessen des Urhebers an seinem Werk zu sichern.[755] Denn die finanziellen Interessen des Urhebers sind keineswegs sekundär.[756] Allen geistig Schaffenden soll durch das Urheberrecht ermöglicht werden, sich durch ihre geistige Arbeit eine Existenzgrundlage zu schaffen und ihren Unterhalt zu sichern.[757] Dem Urheber muss finanziell eine eigenverantwortliche Lebensgestaltung ermöglicht werden.[758] Da in diesem Sinne durch das Urheberrecht dem geistigen Schöpfer der Lohn für seine Arbeit versprochen wird, wird das Urheberrecht auch als Arbeitsrecht der geistig Schaffenden verstanden.[759]

Insbesondere freischaffende Urheber tragen das Verwertungsrisiko ganz allein und vertrauen auf die Versorgungsfunktion des Urheberrechts.[760] Sie sind ganz besonders schutzbedürftig, denn sie bedienen sich lediglich ihres Geistes und ihrer Begabung als besondere Arbeitsmittel und Startkapital. [761] Ihre Arbeit ist – es sei denn es handelt sich um ein Werk im Auftrag – allgemein mit einer Vorleistung des Urhebers zugunsten der Allgemeinheit verbunden.[762] Die Schaffensperiode gilt als eine Zeitspanne, in der sich der Künstler aus anderen Quellen finanzieren muss und zwar ohne ein gültiges Verwertungsversprechen.[763] Und auch wenn das Werk bereits vollendet ist, dauert es noch, bis es die Anerkennung der Fachkreise gewinnt, sich auf dem Kunstmarkt etabliert und sich die Investition des Schöpfers letztendlich bezahlt macht.[764] Daher erscheinen die Schutzbedürfnisse der meist

---

751 *Pfennig*, Kunst, Markt und Recht, S. 164.
752 *Ehrler*, S. 63; *Reinhardt*, S. 20; *Schulze*, S. 26; *Hubmann*, GRUR 1958, 527 (529).
753 *Ehrler*, S. 73.
754 *Dietz*, GRUR 1972, 11 (12).
755 *Dietz*, GRUR 1972, 11 (12).
756 *Küfner*, S. 4.
757 Schricker/*Loewenheim*, Einleitung, Rn. 14; *Voß*, S. 3.
758 *BVerfG*, Urt. v. 11.10.1988 1 – BvR 743/86 – Vollzugsanstalten, GRUR 1989, 193 (196); *Beyer*, S. 75; *Schricker*, GRUR 1992, 242 (246); *Wandtke*, UFITA Bd. 123 (1993), 5 (13).
759 *Dietz*, GRUR 1972, 11 (12); *Wandtke*, UFITA Bd. 123 (1993), 5 (13).
760 *Schack*, Urh- und UrhVertrR, Rn. 10f.
761 *Dillenz*, GRUR Int 1983, 920 (925).
762 *Reinhardt*, S. 20; *Hubmann*, GRUR 1958, 527 (529).
763 *Reinhardt*, S. 20; *Hubmann*, GRUR 1958, 527 (529).
764 *Reinhardt*, S. 20; *Hubmann*, GRUR 1958, 527 (529).

freischaffenden Urheber – die noch als Leitbild das Urheberrecht prägen[765] – intuitiv nachvollziehbar.[766]

Zusammenfassend kann festgehalten werden, dass die Situation der geistig Schaffenden im Wirtschaftsleben eine besondere ist, die heutzutage mit der Verantwortung des Staates einhergeht. Der Staat muss den Schöpfern eine Stellung gewähren, die der Eigenart ihrer Arbeit und ihrer Bedeutung für die Allgemeinheit gerecht wird.[767] Geistig Schaffende verdienen einen ganz besonderen Schutz, denn ohne ihren wertvollen kulturellen Beitrag ist eine humane Gesellschaft nicht denkbar.[768]

Es stellt sich demnach noch die Frage, ob das Folgerecht ein geeignetes Instrument darstellt, welches zur Erfüllung dieser besonderen Fürsorgepflicht der Gesellschaft gegenüber Kulturschaffenden beiträgt.

2. Die besondere wirtschaftliche Situation der bildenden Künstler

Die *Enquete-Kommission „Kultur in Deutschland"* kam in ihrem Bericht zu der Schlussfolgerung, dass das Einkommen vieler Künstler und Kulturschaffenden in Deutschland beschämend niedrig ausfällt.[769] Die Gruppe der bildenden Künstler hat mit 94 % den höchsten prozentualen Anteil von Selbstständigen.[770] Bildende Künstler sind auch unter den anderen Urhebergruppen immer noch die Geringverdiener.[771] Da die bildenden Künstler in diesem Sinne den sozial schwächeren Gruppen der Gesellschaft angehören, ist die Suche nach passenden Regelungen, die ihnen zusätzliche Einnahmen bieten, zweifelsohne als gerechtfertigt anzusehen.[772] Dabei sind die Einkommensunterschiede unter den Künstlern deutlich größer als unter Angestellten: Nur wenige Künstler gelangen zu Reichtum, während die Mehrheit am Rande des Existenzminimums lebt.[773] Rund zwei Drittel der Teilnehmer an der BKK-Umfrage 2011 verdienten 2010 unter 5.000 € durch den Verkauf von Kunstwerken.[774] Die Jahreseinkünfte aus dem Verkauf von Kunstwerken in dieser Größenklasse lagen durchschnittlich bei 1.362 €.[775] Das durchschnittliche Jahreseinkommen von bildenden Künstlern liegt in Deutschland seit Jahren unverändert bei ca. 11.000 Euro.[776]Auch in Großbritannien, dem größten europäischen Kunstmarkt, beträgt das durchschnittliche Einkommen eines bildenden Künstlers

765 *Dietz*, FG Schricker, 1 (25).
766 *Riesenhuber/Klöhn*, INTEGRU-Tagung 2009, 1 (7).
767 *Reinhardt*, S. 24.
768 *Dillenz*, GRUR Int 1983, 920 (925).
769 *EK-Kultur*, Schlussbericht, BT Drucks. 16/7000, S. 7.
770 *EK-Kultur*, Schlussbericht, BT Drucks. 16/7000, S. 240.
771 *Ehrler*, S. 64.
772 *Ehrler*, S. 68.
773 *EK-Kultur*, Schlussbericht, BT Drucks. 16/7000, S. 295; *Ehrler*, S. 64.
774 *Hummel*, BBK-Umfrage, S. 32.
775 *Hummel*, BBK-Umfrage, S. 32.
776 *Schack*, ZUM 2008, 817 (817).

zwischen 12.600 und 19.850 Euro, während sich das Durchschnittseinkommen insgesamt auf 26.900 Euro beläuft.[777]

Nur wenigen Künstlern gelingt es heutzutage daher, alleine von ihrer Kunst und dem Verkauf von Kunstwerken zu leben.[778] Letztere sehen sich oft gezwungen, anderen Beschäftigungen nachzugehen, um ihre künstlerische Tätigkeit zu ermöglichen. Viele sind gezwungen, den maßgeblichen Teil ihres Einkommens durch nichtkünstlerische Beschäftigungen zu verdienen.[779] In mehreren Fällen handelt es sich um Minijobs, geringfügige Beschäftigungen ohne künstlerischen Anspruch, Renten und Arbeitslosengeld.[780] Mehr als die Hälfte der bildenden Künstler brauchte Einkünfte aus regelmäßiger künstlerischer Lehrtätigkeit für ihre materielle Sicherung.[781] 22,2 % der Befragten müssen zusätzlich zum Verkauf von Kunstwerken und zu Einnahmen aus Lehrtätigkeit auch Einkünfte aus anderen bild-künstlerischen Tätigkeiten erzielen.[782]

Diese besondere wirtschaftliche Situation von bildenden Künstlern geht mit der Verantwortung des Staates einher, den gesellschaftlichen Beitrag dieser Kulturschaffenden entsprechend zu honorieren und ihren materiellen Bedürfnissen gerecht zu werden.[783]

3. *Das Folgerecht als Beitrag zur materiellen Sicherung*

Das Folgerecht wird als ein Instrument zur besseren Existenzsicherung der bildenden Künstler eingesetzt.[784] Die Vergütungsansprüche für sekundäre Werkverwertungen aus dem droit de suite dienen daher auch dem sozialen Schutzzweck des Urheberrechts im weiteren Sinne.[785] Denn der bildende Künstler setzt seine ganze schöpferische Energie und Begabung in das Entstehen des Originals hinein.[786] Lediglich die Veräußerung und Verwertung dieses Werkstücks muss grundsätzlich ausreichen können, um seinen gesicherten Lebensunterhalt zu gewährleisten.[787] Die Vergütungen aus dem Folgerecht, die dem Künstler während seiner Lebenszeit zukommen, tragen dazu bei, dass er seine künstlerische Laufbahn aufrechterhalten kann und neue Werke erschaffen möchte.[788] Durch das Folgerecht bekommt der Künstler nicht nur einmalig ein Verkaufsentgelt, sondern eine kontinuierliche

---

777 *DACS*, Response, S. 2.
778 *Ehrler*, S. 63; *Hummel*, BBK-Umfrage, S. 11.
779 *Ehrler*, S. 63; *Hummel*, BBK-Umfrage, S. 11.
780 *Hummel*, BBK-Umfrage, S. 39ff.
781 *Hummel*, BBK-Umfrage, S. 37.
782 *Hummel*, BBK-Umfrage, S. 38.
783 *EK-Kultur*, Schlussbericht, BT Drucks. 16/7000, S. 7.
784 *Küfner*, S. 21.
785 *Schricker*, GRUR 1992, 242 (246).
786 *Küfner*, S. 21.
787 *Küfner*, S. 19
788 *US Copyright Office*, Resale Royalties, S. 37.

Einnahmequelle aus Tantiemen.[789] Diese trägt zu seiner Lebenssicherung auf lange Sicht bei und schafft – so annähernd wie überhaupt möglich – eine arbeitnehmerähnliche Situation durch Einkünfte mit gewisser Wiederholbarkeit. Auch wenn die einzelnen Ausschüttungsbeträge relativ gering sind, stellen sie eine bedeutende Ergänzung zu dem Verdienst bildender Künstler dar.[790] Die britische DACS hält auch fest: „Whilst the individual sums may appear modest, they are disproportionately significant for visual artists who rely on a portfolio of earnings from different sources“.[791] Auch geringe Ausschüttungsbeträge unterstützen den Künstler bei der Entrichtung der Ateliermiete oder bei dem Erwerb von Ausstattung und Arbeitsmaterialien.[792] Sie sind daher notwendig, um das weitere Schaffen und die Entwicklung des Œuvres des Künstlers voranzutreiben.

4. Ausschüttungsstatistiken

In der Europäischen Union wurden 2010 rund 14 Millionen Euro an 6631 Künstler bzw. deren Erben als Tantiemen aus dem Folgerecht ausbezahlt.[793] In den Jahren 2006 bis Anfang 2012 hat allein die britische DACS Folgerechtsvergütungen in Höhe von 17,5 Millionen Euro ausgeschüttet.[794] Ende 2012 hatte sich diese Summe schon auf 21,7 Millionen Euro erhöht.[795] In Frankreich wurden lediglich 2013 Folgerechtstantiemen in Höhe von 12,5 Millionen Euro eingenommen.[796]

Jeder vierte bildende Künstler kommt in den Genuss von Vergütungen durch die deutsche Verwertungsgesellschaft (VG) Bild-Kunst.[797] Über 57 % der bildenden Künstler bemessen der VG Bild-Kunst eine herausragende Bedeutung als „unerlässlich“ oder „sehr wichtig“ für ihre wirtschaftliche und künstlerische Entwicklung.[798] So wurden 2013 allein in Deutschland 4.247.000 Euro an Folgerechtsleistungen ausgeschüttet.[799] Im Vorjahr 2012 betrug die Gesamtausschüttungssumme an Folgerecht 4.530.000 Euro[800] Und 2011 wurden an die Urheber 4.046.000 Euro als Folgerecht ausgezahlt.[801]

Diese Summen sind keineswegs zu vernachlässigen. Auch wenn sie verteilt auf den einzelnen Künstler noch nicht seine gesamte Existenzgrundlage sichern

---

789 *Europäisches Parlament*, Bericht, S. 4.
790 *US Copyright Office*, Resale Royalties, S. 37.
791 *DACS*, Response, S. 2.
792 *DACS*, Response, S. 3; *US Copyright Office*, Resale Royalties, S. 37, Fn. 249.
793 *Europäische Kommission*, Bericht, S. 11.
794 *Stokes*, S. 34.
795 *DACS*, Response, S. 1.
796 *Ferry-Fall*, CEO ADAGP, Vortrag v. 31.3.2014.
797 *Hummel*, BBK-Umfrage, S. 11.
798 *Hummel*, BBK-Umfrage, S. 13.
799 Geschäftsbericht VG Bild-Kunst 2013, S. 3.
800 Geschäftsbericht VG Bild-Kunst 2012, S. 3.
801 Geschäftsbericht VG Bild-Kunst 2011, S. 3.

können, stellen sie relevante Ergänzungen zu seinem restlichen Einkommen dar. Diese zusätzlichen Einnahmen stellen gerade bei den bildenden Künstlern als die Geringverdiener unter den Urhebern einen wichtigen Beitrag zur finanziellen Sicherung dar.

5. Zwischenfazit

Folgerechtsausschüttungen reichen allein für die Sicherung des Lebensunterhalts des einzelnen Künstlers in der Regel nicht aus. Es ist jedoch auch nicht ersichtlich, dass dies nach dem gesetzgeberischen Leitbild von ihnen erwartet werden kann. Die Folgerechtserlöse stellen vielmehr eine willkommene und effiziente Ergänzung zu den restlichen Einnahmen des Künstlers dar. Sie entlohnen den Urheber für gewisse sekundäre Verwertungsvorgänge. So wird der einmalige Verkaufserlös des Werkes um die auf Dauer angelegte Komponente der Gewinnerzielung aus Weiterveräußerungen komplementiert. In diesem Sinne ist das Folgerecht ein hilfreiches Instrument für die finanzielle Beteiligung des Urhebers und trägt zur seiner verbesserten materiellen Sicherung bei.

II. Beitrag zur sozialen Sicherung von bildenden Künstlern

Die soziale Sicherung von bildenden Künstlern erscheint als ein wichtiges sozialpolitisches Bedürfnis.[802] Das Einkommen vieler Urhebergruppen aus den Bereichen bildender und darstellender Kunst liegt nicht nur unter dem Durchschnitt der Arbeiter und Angestellten, sondern sogar unter dem der Sozialhilfeberechtigten.[803] Nahezu allgemein wird die Notwendigkeit anerkannt, Künstlern eine Förderung und Unterstützung zukommen zu lassen,[804] die nicht nur leistungsbezogen ist. Der finanziellen Unterstützung des Urhebers bei Krankheit und im Alter liegt ein gesellschaftlicher Konsens zugrunde.[805] Ein Kultur- und Sozialstaat muss sich beim Urheber für seine schöpferische Leistung und damit seinem Beitrag zum Gemeinwohl durch seine soziale Mindestsicherung revanchieren.[806]

In diesem Zusammenhang stellt sich die Frage, ob das Folgerecht auch das Ziel verfolgt, zur verbesserten sozialen Sicherung der bildenden Künstler beizutragen. Über dieses Thema besteht jedoch auch unter den Befürwortern des droit de suite seit Langem keine Einigkeit. Eine Untersuchung bezüglich der sozialen Ausprägung des Folgerechts hängt wesentlich davon ab, wie man Letztere definiert. Ein Teil der Differenzen zwischen den Verfechtern der Regelung liegt auch sicherlich an einer konfusen Anwendung des Begriffs „sozial". Daher sollte an dieser Stelle die Unterscheidung zwischen sozialer Sicherung der Urheber im weiteren Sinne einerseits,

802 *Katzenberger*, FS Roeber, 193 (218).
803 *Schricker*, GRUR 1992, 242 (244).
804 *Katzenberger*, FS Roeber, 193 (218).
805 *Hauptmann*, S. 65.
806 *Hauptmann*, S. 65.

sowie im engeren Sinne andererseits, vorgenommen werden. Im weiteren Sinne meint die „soziale Sicherung" die finanzielle Entlohnung der Urheber, d.h. ihre materielle Sicherung gemäß § 11 S. 2 UrhG, die gerade dargestellt wurde. Es bestehen keine Zweifel, dass das Folgerecht die verbesserte soziale Sicherung der bildenden Künstler in diesem weiteren Sinne anstrebt und zur Zielerreichung auch beiträgt.

Die soziale Sicherung im engeren Sinne hingegen ist eine Vorsorgemaßnahme bezüglich des Eintreffens sozialer Risiken,[807] wie beispielsweise Krankheit, Arbeitslosigkeit, alters- oder anderweitig bedingte Berufsunfähigkeit. Der Begriff soziale Sicherheit kommt ursprünglich aus dem Common Law und findet sich beispielsweise im Social Security Act von Roosevelt.[808] Das deutsche Sozialgesetzbuch erwähnt die soziale Sicherheit als eine Leitvorstellung des Sozialrechts in § 1 Abs. 1 S. 1 SGB I.[809] Nach dem Begriffsverständnis des Sozialgesetzbuches werden davon alle Maßnahmen umfasst, die dem Einzelnen eine sichere Grundlage für ein menschenwürdiges Leben verschaffen.[810]

1. Soziale Ausprägung des Urheberrechts

Das Folgerecht könnte soziale Ziele nur dann verfolgen, wenn zwischen Urheberrecht und Sozialrecht Wechselbeziehungen bestehen. Ob das Urheberrecht soziale Aspekte in sich trägt und berücksichtigt, ist fraglich.

Nach einer Ansicht haben soziale Anliegen keinerlei urheberrechtlichen Bezug und sind lediglich im Sozialrecht zu würdigen.[811] Im Schrifttum findet sich daher die Meinung, „[...] das Urheberrecht kennt weder einen Ausgleich zwischen gut und schlecht verdienenden Urhebern, noch liegt es in seinem Rahmen, die Versicherung gegen Alter, Krankheit usw. zu regeln. Solche Fragen sind ihm wesensfremd, es ist nach dem Leistungsprinzip und nicht nach dem Sozialprinzip angelegt"[812].

Die deutsche Sollbestimmung des § 8 WahrnG über die Bildung von Vorsorge- und Unterstützungseinrichtungen bei der Verteilung der Einnahmen von Verwertungsgesellschaften bietet jedoch einen Hinweis auf einen sozialen Bezug des Urheberrechts. Diese Vorschrift zeugt von einer sozialen Dimension des Urheberrechts, die nicht geleugnet werden darf.[813] Auch in der deutschen Künstlersozialversicherung zeigt sich die „fürsorglich-bevormundende" Haltung des Staates in seiner Rolle als Sozialstaat.[814] Der BVerfG stellte in diesem Sinne eine arbeitgeberähnliche

807 Kreikebohm/Spellbrink/Waltermann/*Hänlein*, Kommentar zum Sozialrecht, SGB I § 10, Rn. 4.
808 Tilch/Arloth/*Winkler*, Deutsches Rechts-Lexikon, S. 3889.
809 Kreikebohm/Spellbrink/Waltermann/*Hänlein*, Kommentar zum Sozialrecht, SGB I § 10, Rn. 4.
810 Tilch/Arloth/*Winkler*, Deutsches Rechts-Lexikon, S. 3890.
811 *Beyer*, S. 79.
812 *Dietz*, GRUR 1972, 11 (16).
813 Schricker/*Loewenheim*, Einleitung, Rn. 14; *Beyer*, S. 79; *Dietz*, GRUR 1972, 11 (17).
814 *Schack*, Urh- und UrhVertrR, Rn. 12.

Verantwortung der Vermarkter für die soziale Sicherung der selbständigen Künstler und Publizisten fest.[815] Auf der Grundlage dieser besonderen staatlichen Fürsorgepflicht basiert auch die 1974 gemäß § 12a Abs. 3 TVG geschaffene Möglichkeit des Abschlusses von Tarifverträgen für die Gruppe der sog. künstlerischen arbeitnehmerähnlichen Personen.[816] Die kollektive Rechtewahrnehmung enthält daher mittlerweile einen „arbeitsrechtlichen Ansatz".[817] Selbst das Urhebervertragsrecht gilt als Resultat des heutigen Sozialstaatsgedankens und unterstreicht verstärkt die sozialpolitische Dimension des Urheberrechts.[818] Insgesamt lässt sich festhalten, dass das Urheberrecht direkt keine sozialen Aufgaben erfüllt, jedoch in mancherlei Hinsicht in einem engen Zusammenhang mit dem Sozialstaatsgebot steht.

2. Das Folgerecht als Instrument zur sozialen Sicherung

Das Folgerecht wird häufig mit dem Argument kritisiert, „es werde seiner sozialen Zielsetzung nicht gerecht", weil es lediglich berühmten und vermögenden Künstlern zugutekomme.[819] Laut *Merrymann* funktioniert das Folgerecht wie "[...] Robin Hood in the reverse, taking from the poor and giving to the rich."[820] Daher biete die Folgerechtsregelung keine geeignete Lösung, um soziale Ziele durchzusetzen.[821]

Ein sozialer Zweck – auch armen Künstlern in der Not zugute zu kommen – wird aus der Entstehungsgeschichte des Folgerechts hergeleitet.[822] In Frankreich wurde dem Folgerecht in seiner Einführungsetappe so eine soziale Ausrichtung nachgesagt.[823] Nachdem der Impressionismus an Bedeutung gewonnen hatte und das staatlich finanzierte Salon-System[824] in Frankreich kollabiert war, sahen sich die damaligen bildenden Künstler auf einmal ohne staatliche Unterstützung den harten Regeln des freien Marktes ausgesetzt.[825] Die Idee für eine finanzielle und soziale Unterstützung von Künstlern musste neustrukturiert und an die neuen Anforderungen des Kunstmarktes angepasst werden.[826] In diesem Zusammenhang entstand auch

---

815 *BVerfG*, Beschl. vom 8.4.1987 – 2 BvR 909/82, 2 BvR 934/82, 2 BvR 935/82, 2 BvR 936/82, 2 BvR 938/82, 2 BvR 941/82, 2 BvR 942/82, 2 BvR 947/82, 2 BvR 64/83, 2 BvR 142/84 – ZUM 1987, 574 (574ff); Fischer/Reich/*Nordhausen*, S. 288; *Dietz*, FG Schricker, 1 (27f).

816 *Dietz*, FG Schricker, 1 (39ff); *Götting*, FG Schricker, 53 (60).

817 *Götting*, FG Schricker, 53 (61).

818 *Dietz*, FG Schricker, 1 (13); *Götting*, FG Schricker, 53 (60).

819 *Becker*, S. 32; so auch *Pfennig*, INTEGRU-Tagung 2009, 235 (237).

820 *Graddy/Horowitz/Szymanski*, S. 47.

821 *Ehrler*, S. 69.

822 *Ehrler*, S. 30.

823 *Becker*, S. 32.

824 Mit näheren Erläuterungen über das Salon-System *Reutter*, Vill. Sports & Ent. L.J. 8 (2001), 99 (105ff).

825 *Stokes*, S. 9, mit näheren Erläuterungen *Weatherall*, S. 4; *Wuenschel*, JIPLP 4 (2009), 130 (130).

826 *Stokes*, S. 9; *Wuenschel*, JIPLP 4 (2009), 130 (130).

das folgerechtliche Beteiligungskonzept.[827] Bekannt in der Einführungszeit des droit de suite in Frankreich wurde insbesondere eine Zeichnung von Jean-Louis Forain, worauf zwei in Lumpen gekleidete Mädchen vor einem Schaufenster zu erkennen waren, die auf ein besonders teueres Gemälde zeigten und riefen: „Sieh' mal, eins von Papas Bildern."[828] In diesem Sinne wurde das Folgerecht als eine Regelung betrachtet, die vor allem den verarmten Künstlern und ihren Familien unter die Arme in einer Notsituation greifen sollte. Im Schrifttum wird die Berechtigung des Ziels des Folgerechts, die soziale Sicherung der Kunstschaffenden zu gewährleisten, von manchen Autoren daher für eine Selbstverständlichkeit gehalten.[829]

Andere Autoren können dagegen einen sozialen Zweck des Folgerechts weder aus seiner Entstehungsgeschichte noch aus dem deutschen Gesetzeswortlaut herleiten.[830] Der soziale Hintergrund des droit de suite wird als „Folklore" gesehen.[831] Auch die Folgerecht-RL thematisiert das soziale Argument nicht.[832]

Das Folgerecht dient primär zur Erfüllung des Beteiligungsgrundsatzes im Urheberrecht.[833] Es stellt eine den einzelnen Künstler individuell begünstigende Regelung dar, die sich rein nach den Maßstäben der wirtschaftlichen Nutzung von Werken orientiert. Die Förderung oder finanzielle Beihilfe für einzelne notleidende Urheber, die nicht in Verbindung mit der Nutzung ihrer Werke steht, kann und muss vom Folgerecht nicht erfasst werden.[834] Das droit de suite ist keineswegs mehr als das Vervielfältigungsrecht dazu gedacht, bedürftigen Künstlern zu helfen.[835] Es bedarf vielmehr eines vielschichtigen Regelungskomplexes, um die soziale Sicherung von Urhebern im engeren Sinne zu ermöglichen. Es ist jedoch keine Aufgabe des Folgerechts, abstrakt Künstlern in besonderer Not zugute zu kommen. Obwohl eine soziale Komponente dem ursprünglichen Grundgedanken des Rechtsinstituts nicht komplett fremd gewesen sein mag, kann man vom Folgerecht einen diesbezüglichen Effekt schwer erwarten. Denn man darf diese Regelung auch nicht überfordern.[836] Das droit de suite ist als Instrument der sozialen Sicherung im engeren Sinne ungeeignet.[837]

Die sozialen Aspekte des geistigen Schaffens bedürfen einer breitgefächerten Regelung.[838] Es kann nicht erwartet werden, dass die sozialen Erfordernisse des geistigen Schaffens in ihrer Gesamtheit im Urheberrecht als Teilgebiet verwirklicht

---

827 *Stokes*, S. 9; *Wuenschel*, JIPLP 4 (2009), 130 (130).
828 *Becker*, S. 32; *Passiny*, S. 8.
829 *Meyer*, KUR 2008, 71 (71).
830 *Pierredon-Fawcett*, S. 144; *Pfennig*, INTEGRU-Tagung 2009, 235 (237).
831 *Ehrler*, S. 31.
832 *Ehrler*, S. 32, Fn. 12.
833 *Pierredon-Fawcett*, S. 144; *Pfennig*, FS Kreile, 491 (493).
834 *Pierredon-Fawcett*, S. 144.
835 *Pierredon-Fawcett*, S. 144.
836 *Pfennig*, INTEGRU-Tagung 2009, 235 (237).
837 *Becker*, S. 32.
838 *Roeber*, UFITA Bd. 21 (1956/I), 150 (196).

werden.[839] Die Grenzen des Urheberrechts würden dadurch unnötig verschoben werden.[840]

3. *Künstlersozialversicherung und Fonds der VG Bild-Kunst*

Die Urheber und die Urhebergruppe der bildenden Künstler haben einen Anspruch auf soziale Sicherheit.[841] Sie sollen auch bei Krankheit und im Alter abgesichert sein. Der Anspruch leitet sich jedoch nicht primär von ihrer Stellung als bildende Künstler ab, sondern vielmehr aus der Mitgliederstellung in einer Gesellschaft, die jedem soziale Grundrechte gewährt.[842] Vielmehr sind es dem Folgerecht komplementäre Rechtsinstitute, die diese Bereiche des Kultur- und Sozialwesens regeln.

Viele Staaten in Europa erachten Maßnahmen zur Verbesserung der sozialen Sicherung von Künstlern in ihrer Erwerbsphase sowie in der Nacherwerbsphase als notwendig.[843] Bildende Künstler werden daher zunehmend entweder in die bestehenden Sicherungssysteme integriert oder es entstehen Sonderregelungen.[844] In Deutschland und Frankreich gibt es zum Beispiel eine Pflicht des Kunsthandels in seiner Rolle als Arbeitgeber der freischaffenden Künstler, sich an den Künstlersozialversicherungsbeiträgen für selbständige Künstler zu beteiligen.[845] Zusätzlich wird ein Teil der Folgerechtserlöse in manchen Staaten für Fonds zur Unterstützung von unbekannten und alten Künstlern verwendet, und damit wird dem droit de suite eine soziale Ausrichtung verliehen.[846] Im Bereich der sozialen Gesetzgebung gibt es in Österreich beispielsweise das Künstlersozialversicherungsfondsgesetz (KSVFG).[847] Ziel des Künstler-Sozialversicherungsfonds (KSVF) ist die Leistung von Zuschüssen zu den Pensionsversicherungsbeiträgen, zu den Kranken- und Unfallversicherungsbeiträgen.[848] In den Niederlanden ermöglicht das Gesetz „Wet Werk en Inkomen Kunstenaars“ (WWIK) insbesondere Berufsanfängern durch Geldzuschüsse und vielfältige Kurs- und Beratungsangebote einen leichteren Karrierestart, aber auch andere sozial schwache Künstler werden unterstützt.[849] Die allgemeinen Sozialämter sind für die Auszahlung der niederländischen Zuschüsse verantwortlich, die auf eine Dauer von vier Jahren begrenzt sind.[850] Voraussetzungen sind ein künstlerischer

839 *Roeber*, UFITA Bd. 21 (1956/I), 150 (196).
840 *Roeber*, UFITA Bd. 21 (1956/I), 150 (196).
841 *Dillenz*, GRUR Int 1983, 920 (925).
842 *Dillenz*, GRUR Int 1983, 920 (925).
843 *Haak*, KUR 2011, 12 (12).
844 *Haak*, KUR 2011, 12 (12).
845 *Becker*, S. 32; *Pfennig*, Copyright bulletin (UNESCO) 35/3 (2001), 37 (45).
846 *Becker*, S. 32.
847 *Haak*, KUR 2011, 12 (14).
848 *Haak*, KUR 2011, 12 (14).
849 *Haak*, KUR 2011, 12 (15f).
850 *Haak*, KUR 2011, 12 (15).

Ausbildungsabschluss, die Anerkennung als professioneller Künstler sowie die Fortsetzung der aktiven künstlerischen Erwerbsarbeit.[851]

Weitere Maßnahmen für eine soziale Besserstellung von Künstlern könnten die Gründung öffentlicher Werkstätten, die Schaffung von Einkaufsgenossenschaften und Vertriebsorganisationen, die Einrichtung von Artotheken zum Entleihen von Kunstwerken, die Förderung von Ateliereinrichtungen in Bauten der öffentlichen Hand sowie die Beteiligung der Künstler an Planungs- und Bauprojekten sein.[852]

a) Künstlersozialversicherung und Ausgleichsvereinigung Kunst

In Deutschland stehen die Tantiemen aus dem Folgerecht im engen Zusammenhang mit der Künstlersozialabgabe sowie mit den Fonds der Verwertungsgesellschaften. Diese Regelungen ergänzen das Folgerecht, tragen zur verbesserten sozialen Sicherung der bildenden Künstler bei und füllen eine Lücke, die das droit de suite nicht zu schließen vermag. Daher werden sie hier überblicksmäßig dargestellt, um die Instrumente der sozialen Sicherung im engeren Sinne vorzustellen und ein Gesamtbild der sozialen Situation der bildenden Künstler zu ermöglichen.

aa) Die Künstlersozialversicherung

Die soziale Sicherung ist eines der besonderen Bedürfnisse von insbesondere selbstständigen Künstlern.[853] Denn ihre ökonomische Situation ist von einer überdurchschnittlichen Schwäche geprägt.[854] Die Künstlersozialkasse stellt ein Instrument für die soziale Absicherung von Künstlern und Publizisten im Falle von Krankheit und Alter dar.[855] Selbständige, die eine künstlerische oder publizistische Tätigkeit nicht nur vorübergehend wie auch erwerbsmäßig ausüben, werden nach dem Künstlersozialversicherungsgesetz (KSVG)[856] versichert. Es handelt sich nach § 1 KSVG um eine Versicherung in der allgemeinen Rentenversicherung, in der gesetzlichen Krankenversicherung und in der sozialen Pflegeversicherung. Somit ist die KSV ein Teil der Sozialversicherung[857] und ähnelt vom Grundsatz her dieser der Arbeitnehmer[858]. Während der Gesetzgeber mit 20.000 bis 50.000 Versicherten gerechnet hatte, waren bereits 2006 über 150.000 in der Künstlersozialkasse (KSK) versichert.[859] Heutzutage wird von ca. 190.000 Versicherten ausgegangen. Der Finanzbedarf der Künstlersozialkasse hat sich dadurch in den letzten Jahren

---

851 *Haak*, KUR 2011, 12 (15).
852 *Dietz*, GRUR 1972, 11 (11).
853 Ebling/*Schulze*, S. 11, Rn. 46.
854 *EK-Kultur*, Schlussbericht, BT Drucks. 16/7000, S. 299.
855 *EK-Kultur*, Schlussbericht, BT Drucks. 16/7000, S. 7.
856 Künstlersozialversicherungsgesetz v. 27. 7.1981, BGBI. I, S. 705ff.
857 Ebling/*Schulze*, S. 149, Rn. 314; Fischer/Reich/*Nordhausen*, S. 288; *Haak*, KUR 2011, 12 (12).
858 Fischer/Reich/*Nordhausen*, S. 288.
859 Fischer/Reich/*Nordhausen*, S. 288.

massiv erhöht.[860] 57,5 % der Teilnehmer an der BKK-Umfrage 2011 gaben an, dass sie ihre Alterseinkünfte aus künstlerischer Tätigkeit beziehen, wobei 31,6 % davon freiberuflich tätig waren.[861]

Die Versicherten entrichten die Hälfte der Beitragsanteile, gleich den Arbeitnehmern, selbst.[862] Die andere Hälfte wird durch den privaten Kunsthandel und einen Zuschuss des Bundes aufgebracht (§ 14 KSVG), wobei letzterer 20 % der jährlichen Ausgaben der KSK beträgt (§ 34 KSVG).[863] Kunsthändler und Galeristen agieren wie erwähnt in einer arbeitgeberähnlichen Position zu den selbständigen bildenden Künstlern.[864] Daher werden sie verpflichtet, den Arbeitgeberanteil an der Sozialversicherung abzuführen.[865] Der Bundeszuschuss ersetzt den Arbeitgeberanteil für sich selbstvermarktende bildende Künstler.[866]

Über die Aufnahme in die Künstlersozialversicherung entscheidet die KSK in Wilhelmshaven, die von der Unfallkasse des Bundes im Auftrag geführt wird.[867] Die Versicherungspflicht hängt von der Zugehörigkeit zu einer der Berufsgruppen der KSK und dem Nachweis ab, dass die Tätigkeit dauerhaft ausgeführt wird. Weitere Voraussetzung ist ein Mindesteinkommen aus künstlerischer Tätigkeit in Höhe von über 3.900 € im Jahr, außer bei Berufsanfängern in ihren ersten drei Jahren.[868] Zudem muss ein soziales Schutzbedürfnis vorliegen, welches beim Fehlen einer anderweitigen sozialen Sicherung – beispielsweise durch einen anderen Hauptberuf – unterstellt wird.[869] 48,2 % der Teilnehmer an der BKK-Umfrage 2011 sind bei der KSK versichert. Ein Großteil der Befragten war schon bzw. wäre gerne bei der KSK (noch) versichert, allerdings erreicht sein Jahreseinkommen nicht (mehr) das geforderte Mindesteinkommen.[870]

Die Einbeziehung der Künstler in das System der gesetzlichen Sozialversicherung durch das KSVG darf auch den Blick auf die Lücken dieses Gesetzes nicht trüben.[871] Das KSVG führt zu einem Versicherungsschutz erst ab einem hohen Mindesteinkommen. Eine der gesetzlichen Arbeitslosenversicherung entsprechende Sicherung der freiberuflich tätigen Künstler in Zeiten von mangelnden Aufträgen oder fehlender kommerzieller Verwertbarkeit der Werke wird nicht geregelt.[872] So sind viele

860 *EK-Kultur*, Schlussbericht, BT Drucks. 16/7000, S. 7.
861 *Hummel*, BBK-Umfrage, S. 45.
862 *Pfennig*, Kunst, Markt und Recht, S. 157; *Haak*, KUR 2011, 12 (13).
863 *Augenstein*, S. 134; *Haak*, KUR 2011, 12 (14).
864 *Augenstein*, S. 134; *Becker*, S. 55; *Haak*, KUR 2011, 12 (13).
865 *EK-Kultur*, Schlussbericht, BT Drucks. 16/7000, S. 63; *Becker*, S. 55.
866 *EK-Kultur*, Schlussbericht, BT Drucks. 16/7000, S. 63; Fischer/Reich/*Nordhausen*, S. 289.
867 Ebling/*Schulze*, S. 142, Rn. 258.
868 *Hummel*, BBK-Umfrage, S. 48.
869 Ebling/*Schulze*, S. 142, Rn. 259.
870 *Hummel*, BBK-Umfrage, S. 48.
871 *Katzenberger*, FS Roeber, 193 (228).
872 Fischer/Reich/*Nordhausen*, S. 288; *Katzenberger*, FS Roeber, 193 (228).

bedürftige Künstler leider auf die allgemeine Sozialhilfe angewiesen.[873] Auch die *Enquete-Kommission „Kultur in Deutschland"* sah die Künstlersozialversicherung als eine unverzichtbare, allerdings ungenügende Regelung an.[874] Vielmehr regte sie die Schaffung und Nutzung möglicher ergänzender Modelle wie beispielsweise einer privaten Altersvorsorge für Künstler an.[875]

bb) Die Ausgleichsvereinigung Kunst

Die Künstlersozialabgabe wird bei Unternehmen erhoben, die Werke und Leistungen selbstständiger Künstler und Publizisten gegen Entgelt nutzen und daraus Einnahmen erzielen. Wenn die Zahlungspflichtigen einer Ausgleichsvereinigung (AV) beitreten, kann die Künstlersozialabgabe abweichend vom KSVG mit Vorauszahlungen an die AV erfüllt werden.[876] Die Summe der eingesammelten Beiträge muss allerdings von der Höhe her der Summe entsprechen, die durch Einzelabrechnungen erzielt worden wäre.[877]

Die Künstlersozialabgabe wurde bis 31.12.2014 innerhalb der Ausgleichsvereinigung Kunst (AV Kunst) zusammen mit dem Folgerecht abgegolten. Galerien, Kunsthändler und Versteigerer entrichteten bis Ende 2014 einen Pauschalbetrag von ihrem jährlichen Gesamtumsatz zur gemeinsamen Abführung.[878] Dies führt den Zusammenhang zwischen beiden Regelungen nochmals vor Augen. Während das Folgerecht auf Weiterveräußerungen anfällt, wird die Künstlersozialabgabe nur auf Erstverkäufe erhoben.[879] Beide Regelungskomplexe erfüllen komplementäre Funktionen. Sie ergänzen sich praktisch, indem bei jeder Veräußerung von Originalwerken der bildenden Kunst eine der beiden Abgaben für Künstler zu entrichten ist. Die AV Kunst wurde in Abstimmung mit den Kunsthandelsverbänden allerdings mit Wirkung zum 31.12.2014 aufgekündigt,[880] sodass in Zukunft die Künstlersozialabgabe und das Folgerecht separat abgeführt werden müssen.

Das urheberrechtliche droit de suite und das KSVG verfolgen unterschiedliche Ziele und ergänzen sich als Regelungen zugunsten bildender Künstler. Die sozialversicherungsrechtliche Besserstellung der Urheber erhöht noch nicht ihre aktuellen Lebenseinkünfte und Werkerträgnisse[881] sowie das droit de suite keine sozialrechtliche Komponente enthält. Daher funktioniert das Zusammenspiel beider Regelungen als eine Verbindung zur Verbesserung der materiellen und sozialen Lage bildender Künstler.

---

873 *Katzenberger,* FS Roeber, 193 (229).
874 *EK-Kultur,* Schlussbericht, BT Drucks. 16/7000, S. 8.
875 *EK-Kultur,* Schlussbericht, BT Drucks. 16/7000, S. 8.
876 *Becker,* S. 55; Ebling/*Schulze,* S. 164, Rn. 404.
877 *Becker,* S. 55.
878 Ebling/*Schulze,* S. 164, Rn. 407.
879 *Pfennig,* INTEGRU-Tagung 2009, 235 (237).
880 Geschäftsbericht VG Bild-Kunst 2013, S. 3.
881 Vgl. *Dietz,* FS Roeber, 45 (51f.) in Bezug auf die Urhebernachfolgevergütung.

b) Soziale Maßnahmen der Verwertungsgesellschaften

Verwertungsgesellschaften nehmen die Rechte der Urheber kollektiv wahr und erfüllen neben der Inkassotätigkeit auch soziale sowie kulturfördernde Aufgaben.[882] Gemäß § 2 Abs. 2 Satzung VG Bild-Kunst 2014 gehört zu den Aufgaben der VG Bild-Kunst auch die Förderung kultureller Leistungen und sozialer Belange in ihrem Tätigkeitsbereich. Der Solidaritäts- und Ausgleichsgedanke findet seine gesetzliche Verankerung in § 8 WahrnG.[883] Danach sollen Vorsorge- und Unterstützungseinrichtungen zugunsten der Rechteinhaber durch die Verwertungsgesellschaften geschaffen werden. So nimmt § 8 WahrnG eine Bindegliedstellung zwischen Sozial- und Urheberrecht ein.[884] Angelehnt ist dieses Modell an die GEMA-Sozialkasse, welche ihre Mitglieder im Alter sowie in Notfällen unterstützt.[885] Die konkrete Ausgestaltung und Führung dieser Vorsorgeeinrichtungen wird im WahrnG offen gelassen und den Verwertungsgesellschaften selbst überlassen.[886]

Solche Sozialeinrichtungen gehören „zum Wesensmerkmal und zu den Grundprinzipien kontinental-europäischer Verwertungsgesellschaften".[887] Die meisten Verwertungsgesellschaften behielten schon Anfang des 20. Jahrhunderts ca. 10 % ihrer Einnahmen für soziale Einrichtungen ein.[888] Sie beruhen auf der horizontalen Sozialbindung der einzelnen Rechteinhaber in der Verwertungsgesellschaft.[889] Die Rechteinhaber bilden in diesem Sinne eine Solidargemeinschaft.[890] Langjährige Mitglieder der Verwertungsgesellschaft leisten durch die Übertragung ihrer Rechte einen wichtigen Beitrag zum Bestehen und zur Entwicklung der Verwertungsgesellschaft, sodass sie sich bei sozialer Bedürftigkeit einen berechtigten Anspruch auf Unterstützung als Gegenleistung verdient haben.[891] Zudem werden die Verwertungsgesellschaften damit staatsentlastend tätig, da die soziale Absicherung des Individuums und die Sicherung seines Existenzminimums eine öffentliche sowie verfassungsrechtlich verankerte Aufgabe des Sozialstaates darstellt.[892]

Das VG Bild-Kunst unterhält eine Stiftung Sozialwerk, die einmalige oder wiederkehrende Unterstützungsbeträge an Künstler auszahlt.[893] Sie soll Künstler im Alter,

882 *Augenstein*, S. 27; *Katzenberger/Nérisson*, GRUR Int 2011, 283 (283).
883 *Dietz*, ZRP 2001, 165 (167).
884 *Katzenberger*, UFITA Bd. 68 (1973), 71 (78).
885 Loewenheim/*Melichar*, Handbuch des Urheberrechts, § 47, Rn. 42; *Weichhaus*, S. 80.
886 *Stöhr*, S. 150.
887 Loewenheim/*Melichar*, Handbuch des Urheberrechts, § 47, Rn. 42.
888 *Hauptmann*, S. 67; *Melichar*, SP Kreile, 47 (48).
889 Dreier/*Schulze*, § 8 UrhWG Rn. 2; Möhring/Nicolini/*Freudenberg*, WahrnG § 8 Rn. 3; Loewenheim/*Melichar*, Handbuch des Urheberrechts, § 47, Rn. 42; *Melichar*, SP Kreile, 47 (56).
890 *Becker*, FS Kreile, 27 (30); *Weichhaus*, S. 81.
891 *Hauptmann*, S. 67.
892 *Augenstein*, S. 35; *Becker*, FS Kreile, 27 (30).
893 *EK-Kultur*, Schlussbericht, BT Drucks. 16/7000, S. 272; Loewenheim/*Melichar*, Handbuch des Urheberrechts, § 47, Rn. 46.

in Notlagen, bei Erwerbs- und Berufsunfähigkeit Hilfestellung bieten können.[894] Viele Künstler sind auf die Leistungen der Stiftung Sozialwerk angewiesen.[895] Die Stiftung finanziert sich primär aus den Erträgen für die Verwertung von Urheberrechten. Der Stiftungs-Anteil wird im Verteilungsplan der VG Bild-Kunst jährlich festgelegt. Weitere Mittel werden durch Spenden und Nachlässen eingenommen. Ein Rechtsanspruch auf Leistungen der Stiftung besteht nicht.

In der Stiftung existieren drei verschiedene Fonds, die der Unterteilung in Berufsgruppen folgt. Dabei schließen sich die bildenden Künstler in einer Berufsgruppe mit einem eigenen Sozialfonds zusammen. Die Antragstellung auf Unterstützung erfolgt über die Stiftung, indem der Künstler auch seine Notsituation schildert.[896] Über die Anträge entscheiden die ehrenamtlichen Beiräte aus einem unabhängigen Vergabebeirat, den die jeweilige Berufsgruppe wählt.[897]

Das Kapital der Stiftung Sozialwerk betrug in den Jahren 2012 und 2013 10.518.170.340 Euro.[898] In der Berufsgruppe I (bildende Künstler) wurden 2013 Unterstützungsleistungen von insgesamt 425.000 Euro an 753 Künstler geleistet.[899] Insgesamt 74.000 Euro wurden im Rahmen von einmaligen Unterstützungsleistungen ausbezahlt und 176.000 Euro als laufende Zuwendung zum Lebensunterhalt.[900] 635 Künstler erhielten 175.000 Euro im Rahmen der Weihnachtsaktion der VG Bild-Kunst.[901] 2013 wurden 64.000 Euro sowie 2012 75.000 Euro aus den Folgerechtseinnahmen der Stiftung Sozialwerk zugeführt.[902]

III. Zwischenfazit

Die Erlöse aus dem Folgerecht reichen allein weder zur materiellen noch zur sozialen Absicherung der bildende Künstler. Während jedoch das Folgerecht das Ziel verfolgt, zur sozialen Sicherung der Künstler im weiteren Sinnen einen direkten und effizienten Beitrag zu leisten, kann ein ähnlicher Zweck des droit de suite im engeren Sinne der sozialen Sicherung nicht bestätigt werden. Das Folgerecht dient nicht dazu, Künstler gegen soziale Risiken abzusichern. Es sind andere Regelungskomplexe notwendig, um diese sozialen Ziele zu erreichen. In der Praxis fließt ein Teil der Erlöse aus dem Folgerecht jedoch in die sozialen Vorsorgeeinrichtungen der

894 *EK-Kultur*, Schlussbericht, BT Drucks. 16/7000, S. 272; *Augenstein*, S. 27.
895 *EK-Kultur*, Schlussbericht, BT Drucks. 16/7000, S. 272.
896 http://www.bildkunst.de/vg-bild-kunst/stiftung-sozialwerk.html, zuletzt besucht am 19.03.2015.
897 http://www.bildkunst.de/vg-bild-kunst/stiftung-sozialwerk.html, zuletzt besucht am 19.03.2015.
898 Geschäftsbericht VG Bild-Kunst 2013, S. 4.
899 Geschäftsbericht VG Bild-Kunst 2013, S. 4.
900 Geschäftsbericht VG Bild-Kunst 2013, S. 4.
901 Geschäftsbericht VG Bild-Kunst 2013, S. 4.
902 Geschäftsbericht VG Bild-Kunst 2013, S. 3f.

Verwertungsgesellschaften.[903] Dies verleiht dem droit de suite zwar keinen sozialen Charakter, wirkt allerdings der Kritik entgegen, dass es im Endeffekt ausschließlich vermögenden Künstlern nützlich wird.

Gemessen an den Leitvorstellungen seines Beitrages zur materiellen und sozialen Sicherung des Urhebers zeigt das Rechtsinstitut des Folgerechts die erwünschte Effizienz.

IV. Kulturförderung

1. Kulturförderung als Staatsziel und Ziel des Urheberrechts

Die Bundesrepublik Deutschland ist nicht nur ein Rechts- und Sozialstaat, sondern auch ein Kulturstaat.[904] Daher gehört die Förderung von Kunst und Kultur zu den staatlichen Aufgaben.[905] Aktuell sind der Schutz und die Förderung von Kultur auf Bundesebene nicht ausdrücklich festgeschrieben.[906] Denn die Verfassungen der einzelnen Bundesländer, die die entsprechenden Kulturkompetenzen innehaben, formulieren das Staatsziel Kultur bereits.[907] Die Zuständigkeit der einzelnen Bundesländer für die Kulturförderung ist in den Landesverfassungen verankert. In Nordrhein-Westfalen besagt beispielweise Art. 18 Abs. 1 der Landesverfassung „Kultur, Kunst und Wissenschaft sind durch Land und Gemeinden zu fördern.“. Eine Änderung des deutschen Grundgesetzes durch einen neuen Art. 20b „Der Staat schützt und fördert die Kultur“ wurde zwar mehrfach diskutiert,[908] hat sich jedoch nicht durchgesetzt.

Ein Kulturauftrag des Bundesstaates wird jedoch in ständiger Rechtsprechung des BVerfG aus Artikel 5 Abs. 3 GG hergeleitet.[909] Dieses Grundrecht sichert unter anderem der Kunst Entfaltungsfreiheit zu. Davon ist nicht nur die Abwehr staatlicher Eingriffe umfasst. Vielmehr bringt die Verfassungsnorm zum Ausdruck, dass sich der Staat als Kulturstaat gerade im Sinne einer ungeschriebenen Staatszielbestimmung

---

903 *Pfennig*, Copyright Bulletin (UNESCO) 35/3 (2001), 37 (43).

904 BT Drucks. 8/3172, Entwurf eines Gesetzes über die Sozialversicherung der selbständigen Künstler und Publizisten v. (Künstlersozialversicherungsgesetz), S. 19; *EK-Kultur*, Schlussbericht, BT Drucks. 16/7000, S. 43; Ebling/*Schulze*, S. 142, Rn. 258; *Lerche*, GEMA-Jahrbuch 1997/1998, 80 (99).

905 BT Drucks. 8/3172, S. 19; *Augenstein*, S. 143; Ebling/*Schulze*, S. 142, Rn. 258; *Schily*, FS Raue, 313 (313).

906 *EK-Kultur*, Zwischenbericht, BT Drucks. 15/ 5560, S. 2.

907 Beschlussempfehlung des Rechtsausschusses v. 22.4. 2009, BT Drucks. 12843, S. 3; *Bing*, S. 80; *Schack*, Kunst und Recht, S. 349 Rn. 704.

908 Entwurf eines Gesetzes zur Änderung des Grundgesetzes „Staatsziel Kultur“ v. 18. 1. 2006, BT Drucks. 16/387; *EK-Kultur*, Schlussbericht, BT Drucks. 16/7000, S. 68; *EK-Kultur*, Zwischenbericht, BT Drucks. 15/ 5560, S. 2,12;; Ebling/*Schulze*, S. 33, Rn. 62.

909 *EK-Kultur*, Schlussbericht, BT Drucks. 16/7000, S. 59; Maunz/Dürig/*Scholz*, Art. 5 Abs. 3, Rn. 40; *Augenstein*, S. 35; *Bing*, S. 80.

versteht.[910] Kulturstaatlichkeit bedeutet in diesem Zusammenhang keineswegs Gestaltung der Kultur durch den Staat, sondern Förderung und Schutz kultureller Freiheit.[911] Daraus entsteht die Verpflichtung des Staates, die gleichzeitig als Auftrag und Ermächtigung verstanden wird,[912] zur Pflege und Förderung der Kunst sowie zur Erhaltung und Sicherung eines freiheitlichen Kunstlebens zu sorgen.

Neben der unbestrittenen Kulturhoheit der Länder gestaltet der Bundesstaat die rechtlichen Rahmenbedingungen für Kunst und Kultur durch die Bestimmungen des Urheber-, Urheberwahrnehmungs-, Sozialversicherungs-, Vereins-, Stiftungs- sowie Arbeitsrechts.[913] Der Staat ist in der Verantwortung eine kulturelle Infrastruktur, unter anderem durch die angemessene Gestaltung dieser Rahmenbedingungen, zu gewährleisten.[914] Der Urheberschutz ist ein wesentliches Instrument zur Erreichung solcher kulturpolitischen Ziele.[915] Als Zweck des Urheberrechts gilt die kulturelle und wirtschaftliche Entwicklung unserer Gesellschaft.[916] Das Urheberrecht soll Kreativen Anreize bieten, um geistige Schöpfungen zu erschaffen und so zur Bereicherung des kulturellen Erbes beizutragen.[917] Wie es auch in der amerikanischen Verfassung verankert ist, wird durch das Urheberrecht allgemein das Ziel verfolgt, „to promote the progress of science and useful arts“.[918]

2. *Anreizwirkung des Folgerechts für das künstlerische Schaffen*

Fasst man das Folgerecht als ein bloßes vermögenswertes Beteiligungsrecht auf, dann kann man darin keinen konkreten Beitrag zur kulturellen und kulturwirtschaftlichen Entwicklung entdecken.[919] Denn das droit de suite kommt Künstlern, die am Beginn ihrer Karriere stehen, finanziell nicht zugute.[920] Auch besonders begabte Künstler werden durch das Folgerecht nicht allgemein gefördert. Dies ist nur folgerichtig, denn junge Künstler, deren Werke den Weiterverkaufsmarkt noch nicht erreicht haben, bleiben naturgemäß vom Folgerecht ausgeschlossen.[921] Daher

---

910 *EK-Kultur*, Schlussbericht, BT Drucks. 16/7000, S. 59; *EK-Kultur*, Zwischenbericht, BT Drucks. 15/ 5560, S. 4, 8f.

911 *EK-Kultur*, Zwischenbericht, BT Drucks. 15/ 5560, S. 8; Maunz/Dürig/*Scholz*, Art. 5 Abs. 3, Rn. 40; *Schack*, Kunst und Recht, S. 349 Rn. 703; *Schily*, FS Raue, 313 (313).

912 Maunz/Dürig/*Scholz*, Art. 5 Abs. 3, Rn. 40; *Schily*, FS Raue, 313 (313).

913 *EK-Kultur*, Schlussbericht, BT Drucks. 16/7000, S. 55.

914 *EK-Kultur*, Schlussbericht, BT Drucks. 16/7000, S. 84.

915 *Schricker*, GRUR 1992, 242 (246).

916 Schricker/*Loewenheim*, Einleitung, Rn. 9; *Loewenheim*, Handbuch des Urheberrechts, § 1, Rn. 4.

917 Schricker/*Loewenheim*, Einleitung, Rn. 9; *Loewenheim*, Handbuch des Urheberrechts, § 1, Rn. 4; *Bing*, S. 53.

918 *Schricker*, GRUR 1992, 242 (242).

919 *Sinanidou*, S. 44; *Gaster*, FS Dittrich, 91 (113).

920 *Pfennig*, INTEGRU-Tagung 2009, 235 (237).

921 *Pfennig*, INTEGRU-Tagung 2009, 235 (237).

lehnen manche Autoren das Folgerecht als ein Instrument der Kultur- und Künstlerförderung ab.[922]

Letzterem muss zweifelsfrei zugestimmt werden, wenn man die Kunstförderung als die direkte Finanzierung öffentlicher Institutionen und privater Kulturschaffender,[923] beispielsweise durch die Vergabe von Preisen und Stipendien, definiert. Wenn man die Künstlerförderung allerdings nicht in dem engeren Sinne auslegt, dass dadurch jungen und aufstrebenden Künstlern direkt eine Unterstützung geboten werden soll, sondern vielmehr als das Schaffen von Anreizen für die geistig schöpferisch Tätigen, dann kann man dem Folgerecht eine Förderwirkung keineswegs absprechen.

a) *Das Zusammenwirken von öffentlicher und privater Kulturförderung*

In der Kulturförderung, die im Sinne einer Kulturfinanzierung und der Schaffung einer kulturellen Infrastruktur verstanden wird, überschneiden sich die Bereiche Kultur und private Wirtschaft.[924] Dabei spielt die nichtstaatliche Kulturförderung eine besonders wichtige Rolle im Kulturleben. Die öffentliche Hand erfüllt ihren Kulturauftrag, indem sie zum Teil ihre grundsätzliche Verantwortung mit anderen Partnern in Gesellschaft und Wirtschaft teilt oder auch die von privaten und kirchlichen Trägern und Akteuren wahrgenommene Verantwortung unterstützt.[925] Nur die Kooperation zwischen Staat, Zivilgesellschaft und Wirtschaft kann die kulturelle Infrastruktur gewährleisten, die weder öffentliche noch private Träger allein ermöglichen könnten.[926]

Aufgrund der langjährigen Kooperationen kommunaler Museen und Ausstellungshäuser mit privaten Sammlern und Mäzenen sind mindestens 75 % der Objekte in kommunalen Museen, insbesondere in den Kunstmuseen, Schenkungen, Überlassungen oder Dauerleihgaben.[927] Die privaten Mäzene sind flexibler in ihrem Geschmack und fördern ohne Zögern das „kulturell Neuartige“, welches „dem konventionellen Geschmack staatlicher Ämter“ früher nicht entsprach, heute jedoch museumsfähig ist.[928] Zudem wird ein Drittel der Museen ausschließlich durch bürgerschaftliches Engagement getragen und weitere Museen werden durch Fördervereine unterstützt.[929] Auch private Kunstvereine vermitteln zeitgenössische Kunst und sind für Künstler oftmals ein „Scharnier zwischen den ersten kommerziellen Erfolgen in Galerien und Ausstellungsmöglichkeiten in Museen“.[930] Über Kunstvereine

---

922 *Pfennig*, INTEGRU-Tagung 2009, 235 (237).
923 *Pfennig*, Kunst, Markt und Recht, S. 164; *Schily*, FS Raue, 313 (314).
924 *EK-Kultur*, Schlussbericht, BT Drucks. 16/7000, S. 84; *Schily*, FS Raue, 313 (314).
925 *EK-Kultur*, Schlussbericht, BT Drucks. 16/7000, S. 85.
926 *EK-Kultur*, Schlussbericht, BT Drucks. 16/7000, S. 8.
927 *EK-Kultur*, Schlussbericht, BT Drucks. 16/7000, S. 121.
928 *Schily*, FS Raue, 313 (316).
929 *EK-Kultur*, Schlussbericht, BT Drucks. 16/7000, S. 163.
930 *EK-Kultur*, Schlussbericht, BT Drucks. 16/7000, S. 163.

beteiligt sich die öffentliche Hand durch die Gewährung von Zuschüssen an der Sicherung dieser Infrastruktur.[931]

Während in Deutschland der Beitrag von Spenden zum Kulturleben vergleichsweise gering ist, investieren Unternehmen im Jahr ca. 350 Millionen Euro in privates Kultursponsoring.[932] Die relevanteste und zudem nicht auf eine Gegenleistung abzielende Möglichkeit der privaten Kulturförderung bieten allerdings Stiftungen.[933] So sind etwa ein Drittel der seit 1990 gegründeten deutschen Stiftungen dem kulturellen Bereich gewidmet.[934] Daher führt der Weg in die kulturelle Vielfalt heutzutage tendenziell weg vom Staat.[935] Als Tendenz rückt auch das Prinzip des „kulturellen Trägerpluralismus" immer mehr in den Vordergrund.[936] Insgesamt gehen die Bestrebungen auf dem Gebiet der Kulturfinanzierung dahin, eine Verlagerung der staatlichen Kulturpolitik nach amerikanischem Vorbild immer mehr weg von der „kulturellen Grundversorgung" und hin zu der bloßen Schaffung von Anreizen vorzunehmen.[937] Genau darin kann und soll der Beitrag des droit de suite zur staatlichen Kulturförderung gesehen werden.

b) Kulturförderung durch das Folgerecht als rechtliche Rahmenbedingung

Der Kulturauftrag wird durch die öffentliche Hand auch durch eigenes Handeln wahrgenommen. Dies geschieht einerseits durch die Bereitstellung von Ressourcen und andererseits durch die Ausgestaltung von rechtlichen Rahmenbedingungen – die sogenannte „kulturelle Ordnungspolitik".[938] Instrumente der öffentlichen Künstlerförderung sind vor allem Stipendien, Preise oder Honorare.[939] Insbesondere zu nennen in diesem Zusammenhang sind spartenspezifische Fonds auf Bundesebene[940], die Kulturstiftung des Bundes oder die Kulturstiftungen und Förderfonds der Länder und Kommunen.[941]

Auf der Bundesebene ist das wesentliche Instrument der Kulturförderung, wie erwähnt, jedoch die Gestaltung der rechtlichen Rahmenbedingungen.[942] Insbesondere werden solche Rahmenbedingungen durch die Regelungskomplexe des Urhebersowie des Urheberwahrnehmungsrechts geschaffen.[943] Das Urheberrecht lässt sich

931 *EK-Kultur*, Schlussbericht, BT Drucks. 16/7000, S. 85.
932 *Schily*, FS Raue, 313 (315).
933 *Pfennig*, Kunst, Markt und Recht, S. 164ff; *Schily*, FS Raue, 313 (315).
934 *Schily*, FS Raue, 313 (315).
935 *Schily*, FS Raue, 313 (318).
936 *EK-Kultur*, Schlussbericht, BT Drucks. 16/7000, S. 103.
937 *Schily*, FS Raue, 313 (316).
938 *EK-Kultur*, Schlussbericht, BT Drucks. 16/7000, S. 85.
939 *EK-Kultur*, Schlussbericht, BT Drucks. 16/7000, S. 293.
940 Näheres über die Stiftung Kunstfonds zur Förderung der zeitgenössischen bildenden Kunst in *EK-Kultur*, Schlussbericht, BT Drucks. 16/7000, S. 327.
941 *EK-Kultur*, Schlussbericht, BT Drucks. 16/7000, S. 293.
942 *EK-Kultur*, Schlussbericht, BT Drucks. 16/7000, S. 85.
943 *EK-Kultur*, Schlussbericht, BT Drucks. 16/7000, S. 293.

ökonomisch dadurch begründen, dass es Anreize bietet, Ideen in bestimmter Form zu fixieren und sie zu verbreiten.[944] Die kulturelle Vielfalt wird unmittelbar dadurch gefördert, dass das droit de suite geeignet ist, den Künstler in seinen schöpferischen Bestrebungen anzutreiben.[945] Letztere Ansicht teilt mittlerweile sogar die britische Regierung, die genügend Schwierigkeiten hatte, sich mit dem ARR anzufreunden.[946] Denn die Regelung trägt aktiv dazu bei, dass Künstler von ihrer Etablierung am Kunstmarkt und ihrem gesteigerten Ruf besser profitieren können.[947] Das Folgerecht stimuliere „[...] more individuals to choose art as a career and motivate those already working as artists to produce more and better work to establish a reputation that will lead to more sales and more resale royalties“[948]. Das Ziel des Folgerechts ist genauso wie bei Verwertungsrechten darin zu sehen, die Erschaffung von geistigem Gut zu fördern, indem es den Urheber für seine Bemühungen angemessen belohnt.[949]

Wenn sich ein Künstler bemüht, sich einen Namen am Kunstmarkt zu machen, erhöht er damit nicht nur die Erstverkaufspreise seiner aktuellen Werke, sondern auch normalerweise die Folgerechtsvergütungen aus seinen früheren Werken.[950] Auch umgekehrt funktioniert es ähnlich: erhöhen sich die Erlöse aus den früheren Schaffensperioden, steigen auch die Preise aus der aktuellen Schaffensphase.[951] Somit werden sowohl der Künstler als auch seine Förderer dazu ermutigt, sich bei dem Absatz der Kunstwerke möglichst viel zu bemühen. Der Künstler „has a continuing financial stake in the value of all the work that he has produced and is provided with incentives to serve as a good fiduciary duty for the interest of the current owners of his works“[952]. Das Folgerecht trägt dazu bei, dass der Künstler an das Wertniveau seiner Werke interessiert bleibt und es aufrechterhalten möchte.[953] Der Austausch von Kulturgütern wird damit insgesamt gefördert. Diese Tendenz wird nicht mal durch das Ableben des Künstlers beeinträchtigt. Denn dann entsteht eine natürliche Mengenbegrenzung eines bis dahin verfügbaren Gutes (das Gesamtkunstwerk des Künstlers), die die Kaufanreize erneut erhöhen kann.[954]

---

944 *Stanford*, Austl. Econ. Papers 42 (2003), 386 (389).
945 *Ehrler*, S. 74; *Stokes*, S. 6; *Weatherall*, S. 12; *US Copyright Office*, Resale Royalties, S. 36f.
946 *Stokes*, S. 21.
947 *Hansmann*, Paper 250, S. 7; *Karp/Perloff*, Int'l Rev. L. & Econ. 13 (1993), 163 (169); *Kumar*, Colum. J.L. & Art. 37 (2014), 443 (446).
948 *US Copyright Office*, Resale Royalties, S. 37.
949 *Becker*, S. 31; *Kumar*, Colum. J.L. & Art. 37 (2014), 443 (446); *Perlmutter*, Colum. J.L. & Art. 16 (1992), 395 (410).
950 *Hansmann*, Paper 250, S. 7; *Karp/Perloff*, Int'l Rev. L. & Econ. 13 (1993), 163 (169f).
951 *Ehrler*, S. 80.
952 *Weatherall*, S. 12.
953 *Solow*, J. Cult. Econ. 22 (1998), 209 (211).
954 *Frey/Pommerehne*, S. 89; *Karp/Perloff*, Int'l Rev. L. & Econ. 13 (1993), 163 (169f).

Weiterhin schätzen viele Künstler die Anerkennung und Bestätigung ihrer Kreativität genauso sehr wie die finanzielle Belohnung, vermittelt durch die Tantiemen.[955] Das Folgerecht begünstigt den bildenden Künstler schon dadurch, dass es „die gesellschaftliche Anerkennung seines künstlerischen Schaffens signalisiert".[956]

c) Zwischenfazit

Zusammenfassend kann festgehalten werden, dass das Folgerecht keineswegs zu den Instrumenten der Kulturförderung im engeren Sinne gezählt werden kann. Es bietet jungen und begabten Künstlern keine Starthilfe im Sinne einer finanziellen Hilfeleistung. Daher erfüllen dadurch weder der Staat noch die Gemeinden ihre Pflicht zur Kulturfinanzierung. Jedoch prägt das Folgerecht eindeutig eine kunst- und kulturfördernde Funktion, wie sie im Urheberrecht vorgesehen ist. Das droit de suite stimuliert die Künstler, neue Werke zu erschaffen, ihr Œuvre zu pflegen und gibt ihnen als zukünftiges Gewinnversprechen eine gesellschaftliche Anerkennung ihrer geistigen Bemühungen. Das Folgerecht ist für bildende Künstler auch deshalb bedeutsam, weil es ihre faire Behandlung als kreative Personen und ihre Rolle als Beitragende zu kulturellen Werten angemessen würdigt.[957]

3. Kulturfördernde Maßnahmen der Verwertungsgesellschaften

Die Verwertungsgesellschaften erfüllen nicht nur soziale, sondern auch kulturelle Aufgaben. So bestimmt § 7 Abs. 2 WahrnG, dass kulturell bedeutende Werke gefördert werden sollen. Diese Bestimmung steht in engem Zusammenhang mit der verfassungsrechtlichen Verpflichtung des Kulturstaates zur Förderung der Kunst.[958] Die Stiftung Kulturwerk befasst sich mit dieser Aufgabe der Kulturförderung für die VG Bild-Kunst. Sie unterstützt finanziell Vorhaben und Projekte rechtsfähiger Organisationen von bildenden Künstlern oder Filmschaffenden sowie vergibt Stipendien an Fotografen, Illustratoren und Grafiker.[959] Die Mittel des Kulturwerkes stammen aus den Erträgen der VG Bild-Kunst. Hinsichtlich Fotografie, Illustration und Design zählt das Kulturwerk zu einem der größten Förderer in Deutschland.[960]

Wie bei den sozialen Vorsorgefonds wird hier auch eine Aufteilung in Berufsgruppen vorgenommen. Kreative aus allen drei Berufsgruppen können bei der Stiftung Kulturwerk eine Förderung beantragen. Dies geschieht durch Einreichung

---

955 *DACS*, Response, S. 3; *Pfennig*, INTEGRU-Tagung 2009, 235 (244); so auch *Heinick*, Lasst uns unser Folgerecht! – Offener Brief an Sarkozy, FAZ, Artikel v. 27.2.2011, http://www.faz.net/-01rvtv, zuletzt besucht am 4.12.2014.

956 *Becker*, S. 134.

957 *Europäisches Parlament*, Bericht, S. 3.

958 *Becker*, FS Kreile, 27 (35f).

959 http://www.bildkunst.de/vg-bild-kunst/stiftung-kulturwerk.html, zuletzt besucht am 19.03.2015.

960 http://www.bildkunst.de/vg-bild-kunst/stiftung-kulturwerk.html, zuletzt besucht am 19.03.2015.

eines Bewerbungsformulars sowie eines Kosten- und Finanzierungsplans hinsichtlich des Kunstprojektes. Die Fördersumme bei Berufsgruppe I kann bis zu 80 % der Gesamtkosten betragen, jedoch höchstens 20.000 Euro.[961] Gefördert werden können künstlerisch wie konzeptionell anspruchsvolle Ausstellungen und Präsentationen von anderen Formen künstlerischen Schaffens, sofern sie künstlerisch und kulturell auf relevante Themenbereiche ausgerichtet sind.[962]

2013 wurden aus den Folgerechtserlösen 228.000 Euro[963] und nach dem gesamten Verteilungsplan 1.272.000 Euro[964] der Stiftung Kulturwerk zugeführt. Davon sind 549.000 für die Berufsgruppe I bestimmt.[965] In diesem Sinne dient ein Teil der Erlöse aus dem Folgerecht auch der Förderung kulturell bedeutender Werke.

4. Treuhandkonto für Museumsankäufe

Eine Art Kultur- und Künstlerförderung sieht der amerikanische Gesetzesentwurf EVAA[966] vor. Dieser macht einen interessanten Vorschlag bezüglich der Verteilung der Folgerechtseinnahmen. Nach Abzug der Verwaltungskosten sollen nur 50 % der Folgerechtseinnahmen den individuell Berechtigten ausgeschüttet werden. Die restlichen 50 % sollen auf ein Treuhandkonto der Verwertungsgesellschaft eingezahlt werden.[967] Daraus sollen Werke der reinen bildenden Kunst von in den USA wohnenden und noch lebenden Künstlern gekauft werden und gemeinnützigen Museen zur Verfügung gestellt werden.[968] Diese ungewöhnliche Verteilung scheint der interessanteste Aspekt dieses Gesetzentwurfs zu sein.[969] Sie verfolgt primär zwei wesentliche Ziele.[970] Hauptsächlich geht die Hoffnung dahin, dass diese Verteilung –„dividing the pie between artists and museums" – vor allem jungen und aufstrebenden Künstlern zugutekommen würde, dessen Werke in den Museen der breiten Öffentlichkeit zugänglich gemacht werden können.[971] Durch dieses noble Ziel der neuen Gesetzgebung soll jedoch auch der Widerstand des amerikanischen Kunsthandels gegen die Regelung verhindert oder zumindest gemildert werden.[972] Diese Verbindung zwischen droit de suite und Museumsfonds macht nochmals

---

961 Förderrichtlinien Berufsgruppe I für Projekte im Bemessungszeitraum des Jahres 2014 Nr.4.
962 Förderrichtlinien Berufsgruppe I für Projekte im Bemessungszeitraum des Jahres 2014 Nr.2.
963 Geschäftsbericht VG Bild-Kunst 2013, S. 3.
964 Geschäftsbericht VG Bild-Kunst 2013, S. 4.
965 Geschäftsbericht VG Bild-Kunst 2013, S. 4.
966 Equity for Visual Artists Act of 2011, S. 2000,112th Cong. (2011).
967 *Mione*, Cardozo J. Int'l & Comp. L. 21 (2013), 461 (486f).
968 *Mione*, Cardozo J. Int'l & Comp. L. 21 (2013), 461 (486f).
969 *Mione*, Cardozo J. Int'l & Comp. L. 21 (2013), 461 (486f).
970 *Mione*, Cardozo J. Int'l & Comp. L. 21 (2013), 461 (489).
971 *Mione*, Cardozo J. Int'l & Comp. L. 21 (2013), 461 (489).
972 *Mione*, Cardozo J. Int'l & Comp. L. 21 (2013), 461 (489).

deutlich, dass der Folgerechtsgedanke mit dem Kulturförderungsgedanke auch aus internationaler Sicht verbunden ist.

V. Zwischenfazit

Das Folgerecht kann Aufgaben der sozialen Sicherung im engeren Sinne oder der Kulturfinanzierung nicht erfüllen. Solche Funktionen der Regelung waren weder vom Gesetzgeber intendiert, noch kann man solche komplexe Auswirkungen auf Bereiche jenseits des Urheberrechts vom droit de suite erwarten. Ein relevanter Bezug zur materiellen Absicherung und eine besondere Anreizwirkung für Kulturschaffende kann dem Folgerecht jedoch durchaus attestiert werden. Zudem leistet das Folgerecht einen Beitrag in die Unterstützungs- und Vorsorgeeinrichtungen der Verwertungsgesellschaften und schafft dadurch ein Fördersystem für künstlerische Kreativität.[973] Somit ist die Regelung, gemessen an ihren Grundsätzen und an den verfolgten sozial- und kulturpolitischen Zielen, als effektiv und zielführend anzusehen.

D. Denkbare Ersatzregelungen

Eine Untersuchung der Geeignetheit des Folgerechts führt auch zu der Frage, ob es keine vergleichbaren Rechtsinstitute gibt, durch die sich die gesetzgeberischen Ziele möglicherweise effizienter erreichen lassen. Diese Fragestellung rechtfertigt die Suche nach Rechtsinstrumenten, die sowohl im Schrifttum als auch in der Praxis weniger kontrovers als das droit de suite sind. Auch auf der Effektivitätsebene stellt sich die Frage, ob keine Regelungen denkbar sind, die mehr Künstler noch zu ihren Lebzeiten am Erfolg der Werke beteiligen, die junge und aufstrebende Künstler finanzieren und/oder bedürftige Künstler sozial unterstützen. Denn letztlich ist das Folgerecht nur ein der möglichen Rechtsinstitute, die den eben erläuterten gesetzgeberischen Zielen dienlich sein können. Der aktuelle Bericht des US Copyright Office betont, dass „[a]lthough adoption of a resale royalty right is one option to address the disparate treatment of artists under the law, it is not the only option“[974]. Im bereits erwähnten ersten Bericht des US Copyright Office an den Kongress aus dem Jahr 1992 wurden mehrere Ersatzoptionen zum Folgerecht vorgeschlagen.[975] Darunter ein erweitertes Ausstellungsrecht, ein Vermietungsrecht, obligatorische Anwendung durch Vertrag sowie erhöhte Staatsfinanzierung der bildenden Künste.[976] Daher sollen auch an dieser Stelle einige mögliche Ersatzregelungen geschildert

973 *Pfennig,* Copyright bulletin (UNESCO) 35/3 (2001), 37 (43).

974 *US Copyright Office,* Resale Royalties, S. 3.

975 *Reddy,* Loy. L.A. Ent. L. Rev. 15 (1995), 509 (526); *US Copyright Office,* Resale Royalties, S. 8; *US Copyright Office,* Droit de Suite, S. 149ff.

976 *Reddy,* Loy. L.A. Ent. L. Rev. 15 (1995), 509 (526); *US Copyright Office,* Resale Royalties, S. 8; *US Copyright Office,* Droit de Suite, S. 149ff.

werden und ihre Geeignetheit und Effektivität im Vergleich zum Folgerecht untersucht werden.

I. Implementierung in Vertragsmustern

Zunächst stellt sich die Frage, ob eine gesetzliche Regelung der Vergütungspflicht aus dem Folgerecht notwendig ist. Die absolute Vertragsfreiheit für alle Teilnehmer des Kunstmarktes wird teilweise als vorzugswürdig erachtet.[977] Der Künstler solle frei entscheiden können, eine vertragliche Folgerechtsklausel zu verlangen.[978] Die Zahlungspflicht könne als vertragliche Auflage statuiert werden.[979]

Ein entsprechendes Vertragsmuster *The Artist's Reserved Rights Transfer and Sale Agreement,* bekannt noch als *Projansky Agreement* wurde bereits in den 1970-er Jahren in den USA veröffentlicht.[980] Ein *Negotiated Resale Right* ist auch aus den USA bekannt.[981] Der Künstler solle mit dem Erstkäufer das Anfallen einer Folgerechtsvergütung vereinbaren und verlangen, dass dieser selbst nur an folgerechtszahlungswillige Personen weiterverkauft.[982] Solche Kettenklauseln in Standardverträgen seien einer urheberrechtlichen Lösung auch aufgrund der Verwaltungskostenersparnis vorzuziehen.[983] Der Erstkäufer wäre dann verpflichtet, den Künstler im Falle der Weiterveräußerung zu informieren und über die Identität des neuen Käufers sowie die Höhe des Kaufpreises Auskunft zu erteilen.[984] Ein vertraglicher Verstoß dagegen würde Schadenersatzforderungen zugunsten des Künstlers auslösen.[985]

Allerdings vermag die praktische Durchsetzbarkeit eines rein vertraglichen Folgerechts kaum zu überzeugen.[986] Auch dem erwähnten *Projansky* Vertragsmuster gelang es soweit nicht, nennenswerte Erfolge zu verzeichnen.[987] Wie der Künstler diese Forderung ausgerechnet bei dem konkret Betroffenen durchsetzen wird, ist schwer vorstellbar. Denn dem Künstler wird es in seiner schwachen Verhandlungsposition höchst unwahrscheinlich gelingen, solche für den Käufer ungünstigen

---

977 *Ehrler,* S. 88.

978 *Ehrler,* S. 88.

979 *Hansmann,* Paper 250, S. 2; *Kirstein/Schmidtchen,* CSLE Discussion Paper, S. 16.

980 *Projansky/Siegelaub,* The Artist's Reserved Rights Transfer and Sale Agreement, in: *Feldman/Weil,* Art Works: Law, Policy, Practice (1974), S. 81ff; *Lerner/ Bresler,* S.1016; *Goetzl/Sutton,* Colum. J.L. & Art. 9 (1985), 15 (39f); *Filer,* J. Cult. Econ. 8 (1984), 1 (14f); *Reddy,* Loy. L.A. Ent. L. Rev. 15 (1995), 509 (520).

981 *Graddy/Horowitz/Szymanski,* S. 52.

982 *Lerner/ Bresler,* S.1016; *Pierredon-Fawcett,* S. 88; *Schmidtchen/Konald/Kirstein,* FS Fikentscher, 774 (789); *Wu,* J. Copyright Soc'y U.S.A 46 (1999), 531 (532), Fn.5.

983 *Schmidtchen/Konald/Kirstein,* FS Fikentscher, 774 (790).

984 *Ehrler,* S. 88.

985 *Ehrler,* S. 88.

986 *Ehrler,* S. 88; *Hansmann,* Paper 250, S. 2; *Lerner/ Bresler,* S.1017; *Goetzl/Sutton,* Colum. J.L. & Art. 9 (1985), 15 (40); *Stanford,* Austl. Econ. Papers 42 (2003), 386 (394f).

987 *Lerner/ Bresler,* S.1016; *Pierredon-Fawcett,* S. 88; *Filer,* J. Cult. Econ. 8 (1984), 1 (15); *Graddy/Horowitz/Szymanski,* S. 42.

Vertragsbedingungen auszuhandeln.[988] Nur ein dem Künstler gewogener Galerist, der nicht als Kommissionär, sondern als Erstkäufer agiert, könnte sich auf so eine Klausel einlassen. Wie dieser jedoch seine späteren Kunden vom vertraglich weitergeleiteten Folgerecht überzeugen soll, bleibt unklar. Denn ein Vertrag zwischen Künstler und Galeristen zulasten Dritter, nämlich dem/der späteren Käufer, entfaltet auch in den USA keine Bindung für den Dritten.[989] Auch der aktuelle Bericht des US Copyright Office geht davon aus, dass aufgrund der schwächeren Verhandlungsposition der bildenden Künstler im Vergleich zu den anderen Marktakteuren keine Verhandlungsbasis bestehen kann und lediglich eine gesetzliche Verankerung zu sinnvollen Ergebnissen führen kann.[990]

Zudem bricht diese Konstruktion in der Praxis schon mit einem einzigen verpassten Weiterverkauf zusammen,[991] da alle weiteren nicht mehr nachgeforscht werden können. Bei einem rein vertraglichen Folgerecht besitzt der Urheber keine Auskunftsansprüche gegenüber Dritten; diese sind aber ein wesentlicher Punkt für die Durchsetzbarkeit des Folgerechts, wie bereits die deutsche Regelungspraxis bewiesen hat.[992] Die freiwillige Auskunftserteilung durch den Verkäufer ist dagegen aufgrund des Anonymitätsinteresses im Kunsthandel eher utopisch. Dieser Vorschlag kommt zudem aus dem Copyright Law[993], welches im Vergleich zum Urheberrecht, wie bereits geschildert,[994] die gesetzliche Lenkung der Privatautonomie möglichst zu vermeiden versucht.

Zusammenfassend lässt sich festhalten, dass das vertragliche Folgerecht nicht die gleiche Durchsetzbarkeit wie das gesetzliche Folgerecht hat/hätte, denn das gesetzliche Instrumentarium zur Realisierung der Ansprüche kann durch keine vertragliche Vereinbarung ersetzt werden.[995] Dagegen kann es jedoch hilfreich sein, bei Weiterverkäufen im folgerechtsfreien Ausland ein vertragliches Folgerecht auszuhandeln. Zudem ist die Nutzung der in Deutschland bei Kaufverträgen über Kunstwerke schon üblichen Klauseln[996] empfehlenswert, die bei einer Weiterveräußerung den Erstkäufer verpflichten, dem Künstler Name und Anschrift des neuen Käufers unverzüglich mitzuteilen. So muss der Künstler entsprechend über den Weiterveräußerungsvorgang von Vertrags wegen in Kenntnis gesetzt werden und

988 *Pierredon-Fawcett*, S. 88; *Goetzl/Sutton*, Colum. J.L. & Art. 9 (1985), 15 (40).
989 *Lerner/ Bresler*, S.1016.
990 *US Copyright Office*, Resale Royalties, S. 72.
991 *Ehrler*, S. 88.
992 *Ehrler*, S. 89; zur Geschichte der Auskunftsansprüche in Deutschland siehe Teil 5. C. VII. 2. Anonymitätsinteresse im Kunsthandel.
993 *Schmidtchen/Konald/Kirstein*, FS Fikentscher, 774 (789f) in Anlehnung an *Karp/ Perloff*, Int'l Rev. L. & Econ. 13 (1993), 163 (163).
994 Siehe dazu Teil 3. C. III. 1. a) Widerstand gegen ARR vor Umsetzung der RL.
995 *Ehrler*, S. 90.
996 *Verdi*, Vertragswerk bildende Kunst, 3. Aufl., Stuttgart 2012, S. 23 Klausel 4.4. sowie S. 30 Klausel 4.11; *BBK*, ProKunsT 5 – Handbuch Bildende Kunst, Berlin 2012, S. 165 Klausel 4.4.

müsste ohne langwierige Nachforschungen seinen Vergütungsanspruch geltend machen können.

II. Erweitertes Ausstellungsrecht und Ausstellungsvergütung

1. Erweitertes Ausstellungsrecht

Seit Längerem wird nach Regelungen gesucht, die den bildenden Künstler an der Nutzung seiner Werke wirtschaftlich beteiligen. In diesem Zusammenhang wird erwogen, auch nach Übertragung des Eigentums am Original, dem Künstler ein erweitertes Ausstellungsrecht zu gewähren.[997] Das aktuelle Ausstellungsrecht in § 18 UrhG ist lediglich auf unveröffentlichte Werke beschränkt.[998] Der Anwendungsbereich des § 18 UrhG soll auf veröffentlichte sowie bereits veräußerte Werke erweitert werden.[999] Denn obwohl die Ausstellungsbesucher dem Urheber ihren Werkgenuss zu verdanken haben, wird er an den Einnahmen aus der Ausstellung nicht beteiligt.[1000] Dies widerspricht dem Beteiligungsgrundsatz.[1001] Das sei ein besonders gravierender Verstoß, da das Ausstellen eigentlich die primäre Verwertungsart für Werke der bildenden Kunst ausmache.[1002] In den USA wird diese Regelungsoption soweit als die vielversprechendste Alternative zum Folgerecht gehandelt.[1003] Sie solle Künstler dazu anregen und ihnen verhelfen, durch möglichst viele Ausstellungen ihre Reputation und den Wert der älteren Werke zu steigern.[1004]

So eine Regelung ist soweit jedoch weltweit unbekannt.[1005] Denn das verlängerte Ausstellungsrecht würde mit sich viel mehr praktische Schwierigkeiten als das Folgerecht bringen.[1006] Nach aktueller Rechtslage steht das Ausstellungsrecht dem Eigentümer des Werkes zu, selbst wenn das Werk vor der Veräußerung noch nicht veröffentlicht worden war (§ 44 Abs. 2 UrhG). Nach der Erstveräußerung hat der Urheber auch keinen Anspruch gegen den Eigentümer, dass dieser ihm das Original zu Ausstellungszwecken vorübergehend überlässt.[1007] Nach einer dem erweiterten Ausstellungsrecht entsprechenden Gesetzesänderung dürfte der Künstler alle Ausstellungen autorisieren, die Erteilung seiner Zustimmung von der Zahlung eines Entgelts abhängig machen und durch sein Verbotsrecht Ausstellungen

---

997 *Weatherall*, S. 31.
998 *Wiesner*, S. 42f.
999 *Beyer*, S. 104; *Wiesner*, S. 44; *Goetzl/Sutton*, Colum. J.L. & Art. 9 (1985), 15 (33).
1000 *Wiesner*, S. 44.
1001 *Wiesner*, S. 44.
1002 *Schack*, ZUM 2008, 817 (817).
1003 *Carleton*, Cornell L. Rev. 76 (1991), 510 (538ff); *Goetzl/Sutton*, Colum. J.L. & Art. 9 (1985), 15 (18); *Perlmutter*, Colum. J.L. & Art. 16 (1992), 395 (420).
1004 *Weatherall*, S. 31.
1005 *Weatherall*, S. 31.
1006 *Ehrler*, S. 91; *Perlmutter*, Colum. J.L. & Art. 16 (1992), 395 (420f).
1007 *Schack*, ZUM 2008, 817 (818).

verhindern.[1008] Zudem wird nicht nur der freie Ausstellungsbetrieb, sondern auch die sachenrechtliche Befugnisse des Eigentümers des Kunstwerkes bedeutend eingeschränkt.[1009] Unternehmen könnten zum Teil einer Ausstellung des Werkes nach dem Erwerb zustimmen. Bei privaten Sammlern, die vor allem den eigenen Genuss des Originals anstreben, wäre das jedoch kaum vorstellbar. Weiterhin müssten auch Unternehmen ein Veto des Künstlers befürchten, sobald sie sein Kunstwerk in einem der Öffentlichkeit zugänglichen Raum, wie beispielweise einem Wartezimmer, aufhängen wollen.[1010] Zudem würde dem bildenden Künstler die Belastung aufgetragen, sich anstatt um die Schaffung neuer Kunstwerke, um die Ausstellungsgelegenheiten für die bereits veräußerten Originale zu bemühen. Dies widerspricht jedoch der Funktion der Verwertung von urheberrechtlich geschützten Werken.

Aus deutscher und europäischer Sicht erscheint ein erweitertes Ausstellungsrecht wenig praktikabel. Denn sie wird die Ausstellungsaktivitäten wesentlich behindern. Die Interessenabwägung fällt hier auch eindeutig zugunsten des Werkeigentümers und seinem Interesse aus, mit dem Werkstück nach Belieben zu verfahren.[1011] Das erweiterte Ausstellungsrecht kann als geeignete Alternative zum Folgerecht nicht überzeugen.

2. *Ausstellungsvergütung*

Als ein Instrument für die Verbesserung der wirtschaftlichen Situation von bildenden Künstlern wird auch die Ausstellungsvergütung diskutiert.[1012] Für das öffentliche Ausstellen ihrer Werke sollen Künstler eine Vergütung erhalten.[1013] Der Unterschied zum erweiterten Ausstellungsrecht besteht darin, dass der Künstler kein Verbotsrecht erhält, sondern lediglich einen Vergütungsanspruch.[1014] Hier gibt es eine Ähnlichkeit zum Folgerecht: der Künstler wird durch einen bloßen Vergütungsanspruch am Ausstellungsgewinn beteiligt. Diese zusätzliche Einnahmemöglichkeit ist insbesondere vor dem Hintergrund zu bewerten, dass bildende Künstler unter Umständen Werke häufig ausstellen, jedoch selten verkaufen.[1015] Der

1008 *Beyer*, S. 105; *Wiesner*, S. 44.

1009 *Wiesner*, S. 44; *Ohly*, FG Schricker, 427 (435).

1010 *Wiesner*, S. 44f.

1011 *Schack*, ZUM 2008, 817 (819).

1012 *Beyer*, S. 75; *Passiny*, S. 75.

1013 *EK-Kultur*, Schlussbericht, BT Drucks. 16/7000, S. 264; Dreier/*Schulze*, § 18 Rn. 15; Schricker/Loewenheim/*Vogel*, § 18 Rn. 9; Fromm/Nordemann/*Dustmann*, § 18 Rn. 3; *Ehrler*, S. 91; *Wiesner*, S. 45; *Petty*, Wm. & Mary Bill Rts. J. 22 (2014), 977 (1008); *Verdi*, Stellungnahme v. 21.3.2005, S. 3.

1014 *Wiesner*, S. 45; *Ohly*, FG Schricker, 427 (435); eine Kombination zwischen erweitertes Ausstellungsrecht und Ausstellungsvergütung ist auch denkbar und findet sich beispielsweise im Gesetzesvorschlag der IG Medien aus dem 1993, ausführlich dazu und ablehnend *Beyer*, S. 125ff.

1015 *EK-Kultur*, Schlussbericht, BT Drucks. 16/7000, S. 265.

Anspruch auf eine Ausstellungsvergütung soll daher auch über den Anwendungsbereich von § 18 UrhG hinausgehen und auch bei bereits veröffentlichten Werken anwendbar sein.[1016] Sie soll von der VG Bild-Kunst eingezogen werden.[1017] Museen und Kunstvereine sollen Pflichtige für die Ausstellungsvergütung sein, während der professionelle Kunsthandel nicht davon betroffen sein soll.[1018] Andere wollen die Adressaten der Ausstellungsvergütung nicht eingrenzen, sondern bei Verkaufsausstellungen eine Anrechnung auf den Verkaufserlös des Urhebers vornehmen.[1019]

Wie beim Folgerecht spielt auch hier das Gleichstellungsargument eine wesentliche Rolle. Andere Urhebergruppen bekommen für die öffentliche Zugänglichmachung ihrer Werke – Aufführung, Lesung, Ausstrahlung – eine Vergütung.[1020] Dagegen haben bildende Künstler keine Möglichkeit von der Ausstellung ihrer Werke einen wirtschaftlichen Nutzen zu ziehen.[1021] Zudem ist das öffentliche Ausstellen auch eine Werknutzung, bei der nach dem Beteiligungsgrundsatz eine Vergütung anfallen müsste.[1022] Wenn die Ausstellungsbesucher für den Werkgenuss Eintritt bezahlen, ist es nicht ersichtlich, warum die Beteiligung an diesen Einnahmen den bildenden Künstlern versagt werden darf.[1023] Des Weiteren stellt das unentgeltliche „Ausleihen“ beim Künstler selbst einen Systembruch dar, denn die Zahlung von Leihgebühren von Museen an die anderen Leihgeber, wie beispielsweise andere Museen, ist heutzutage eine Selbstverständlichkeit.[1024]

Gegen die Ausstellungsvergütung wird allerdings vorgebracht, dass durch sie Ausstellungen teurer werden und daher auch seltener durchgeführt werden würden.[1025] Der Deutsche Museumsbund und die Arbeitsgemeinschaft deutscher Kunstvereine warnten, dass die Etats zur Durchführung von Ausstellungen knapp bemessen seien, sodass die Einführung von Ausstellungsvergütungen letztlich die Zahl der Ausstellungen und damit auch die Präsentationsmöglichkeiten für Künstler reduzieren würde.[1026] Dies würde sich unstreitig zulasten der weniger etablierten

---

1016 *Beyer,* S. 124; *Erdmann,* GRUR 2011, 1061 (1063); *Schack,* ZUM 2008, 817 (819).

1017 *Verdi,* Stellungnahme v. 21.3.2005, S. 3; *Beyer,* S. 117ff; *Schack,* ZUM 2008, 817 (821).

1018 *EK-Kultur,* Schlussbericht, BT Drucks. 16/7000, S. 264; *Erdmann,* GRUR 2011, 1061 (1064); *Schack,* ZUM 2008, 817 (821).

1019 *Beyer,* S. 141f.

1020 *EK-Kultur,* Schlussbericht, BT Drucks. 16/7000, S. 263; *Passiny,* S. 76; *Merryman,* UFITA Bd. 124 (1994), 199 (211); *Ohly,* FG Schricker, 427 (435); *Schack,* ZUM 2008, 817 (817).

1021 *EK-Kultur,* Schlussbericht, BT Drucks. 16/7000, S. 264.

1022 *EK-Kultur,* Schlussbericht, BT Drucks. 16/7000, S. 264; Dreier/*Schulze,* § 18 Rn. 15; Möhring/Nicolini/*Kroitzsch/Götting,* § 18 Rn. 12; *Beyer,* S. 89ff; *Passiny,* S. 76; *Ohly,* FG Schricker, 427 (435f).

1023 *Schack,* ZUM 2008, 817 (820).

1024 *EK-Kultur,* Schlussbericht, BT Drucks. 16/7000, S. 264.

1025 *EK-Kultur,* Schlussbericht, BT Drucks. 16/7000, S. 264.

1026 *EK-Kultur,* Schlussbericht, BT Drucks. 16/7000, S. 264.

Künstler auswirken und sie der Möglichkeit berauben, sich einen Ruf zu bilden.[1027] Die Vergütung könnte kaum vom vorhandenen Etat bezahlt werden. Das Budget der Museen und Kunstvereine für Ausstellungen müsste also zwangsweise erhöht werden.[1028] Zudem sei es bei bildenden Künstlern die Regel, dass sie ausschließlich aus dem Verkauf bzw. Weiterverkauf ihrer Werke einen wirtschaftlichen Nutzen erzielen können.[1029] Die Ausstellung als Nutzung wird weiterhin damit entlohnt, dass sie eine Wertsteigerung des Werkes bewirkt, die sich in einem höheren Verkaufserlös nach der Ausstellung niederschlägt.[1030]

Die Ausstellungsvergütung als einen Ersatz des Folgerechts zu sehen, erscheint verfehlt. Beide Rechtsinstitute ähneln sich nur in ihrem Zielbestreben, Künstler an der wirtschaftlichen Nutzung ihrer Werke partizipieren zu lassen. Dogmatisch unterscheiden sie sich jedoch darin, dass sie die Beteiligung an verschiedenen Nutzungsvorgängen gewährleisten sollen. Während das Folgerecht an die Veräußerung als Nutzung anknüpft, orientiert sich die Ausstellungsvergütung an dem öffentlichen Ausstellen. Nach einer anderen Ansicht ist das Folgerecht sogar auch ein Teil des Ausstellungsrechts und wird als eine Vergütung für das nichtöffentliche Ausstellen als Nutzungsvorgang begründet.[1031]

Daher stehen beide Rechtsinstitute nicht in einem Alternativverhältnis zueinander, sondern können einander ergänzen.[1032] Schließlich wird eine Einführung der Ausstellungsvergütung neben dem Folgerecht von der ökonomisch-politischen Abwägung abhängen, ob die Museen und Kulturvereine wirtschaftlich im Stande wären, so eine Vergütung ohne wesentliche Beeinträchtigungen des Ausstellungsbetriebs zu entrichten.

III. Urhebernachfolgevergütung

Eine mögliche Ersatzregelung zum Folgerecht, die insbesondere auf die verbesserte soziale Sicherheit der Künstlergemeinschaft abzielt, ist international unter dem Namen „domaine public payant“ bekannt. Dieses Rechtsinstitut soll auf Rechtsfolgenseite die Förderung und Unterstützung zeitgenössischer Künstler vorantreiben.[1033] Sie bezweckt vor allem eine Optimierung der wirtschaftlichen und sozialen Situation der schaffenden Urheber.[1034] Daher könnte die Urhebernachfolgevergütung die Durchsetzung von bestimmten sozialpolitischen Zielen des Urheberrechts möglich machen, welche das Folgerecht nicht erreichen kann. Die spezifische Besonderheit

---

1027 *EK-Kultur*, Schlussbericht, BT Drucks. 16/7000, S. 265.
1028 *EK-Kultur*, Schlussbericht, BT Drucks. 16/7000, S. 265.
1029 *EK-Kultur*, Schlussbericht, BT Drucks. 16/7000, S. 264.
1030 *EK-Kultur*, Schlussbericht, BT Drucks. 16/7000, S. 264; *Erdmann*, GRUR 2011, 1061 (1064f).
1031 Ausführlich dazu *Goetzl/Sutton*, Colum. J.L. & Art. 9 (1985), 15 (49ff).
1032 *Ehrler*, S. 91.
1033 *Beier*, S. 114; *Schiefler*, GRUR 1962, 338 (341).
1034 *Beier*, S. 114; *Katzenberger*, FS Roeber, 193 (193); *Zimmermann*, ZUM 1996, 862 (863).

dieser Abgabe ist, dass ihr finanzieller Ertrag im Vergleich zum droit de suite nicht dem jeweiligen Schöpfer als Individualrecht, sondern einem Künstlergemeinschaftsfonds zusteht.[1035]

Im rein rechtlichen Sinne handelt es sich dabei um eine Verlängerung der urheberrechtlichen Schutzfrist, beziehungsweise um eine Erweiterung durch eine Nachfrist.[1036] Im Grunde soll das Urheberrecht nach Ablauf der Schutzfrist zu einem Vergütungsanspruch zugunsten von Künstlerfonds abgeschwächt werden.[1037] Es wird daher eine Vergütungspflicht für die Nutzung von gemeinfreien Werken der Kunst und Literatur vorgeschlagen.[1038] Eine Variante der Urhebernachfolgevergütung bildet die 70-plus-20-Lösung.[1039] Nach Ablauf der aktuellen Schutzfrist von 70 Jahren tritt an Stelle der Individualansprüche der Künstlererben die gesamte Künstlergemeinschaft als Begünstigte.[1040] Diese zeitlich begrenzte Variante ist im Sinne einer stufenweisen Einführung der Urhebernachfolgevergütung zu sehen.[1041] Dem Grundgedanken des Urhebergemeinschaftsrechts würde jedoch eine zeitlich nicht limitierte Urhebernachfolgevergütung besser entsprechen und erscheint daher konsequenter.[1042]

1. Grundgedanke und Wesen der Urhebernachfolgevergütung

Basierend auf der These von John Locke über das natürliche Eigentum am Arbeitsertrag, wird dem Urheber ein domaine privé gegenüber den Interessen der Öffentlichkeit, dem domaine public, eingeräumt.[1043] Seit der französischen Revolution gab es Bestrebungen, das Urheberrecht nach dem Tod des Urhebers zur propriété publique zu erklären, sodass für die Nutzung seiner Werke eine Abgabe zugunsten des Kulturlebens fällig wird.[1044] Die Erträge aus der Nutzung von Werken längst verstorbener Künstler nach Ablauf der urheberrechtlichen Schutzfrist aktuell schaffenden Künstlern zur Verfügung zu stellen, wird international schon lange unter dem erwähnten Begriff „domaine public payant“ diskutiert.[1045]

1035 *Katzenberger*, Das Folgerecht, S.8f.
1036 *EK-Kultur*, Schlussbericht, BT Drucks. 16/7000, S. 261; *Rehbinder/Klingner*, UFITA Bd. 137 (1998), 5 (6).
1037 *Hubmann*, GRUR 1958, 527 (532).
1038 *Beier*, S. 114.
1039 *Dietz*, ZfRV 1999, 81 (82); *Rehbinder/Klingner*, UFITA Bd. 137 (1998), 5 (20).
1040 *Dietz*, ZRP 2001, 165 (167).
1041 *Dietz*, ZUM 1991, 129 (130).
1042 *Dietz*, ZUM 1991, 129 (130).
1043 *Dillenz*, GRUR Int 1983, 920 (920).
1044 *Dillenz*, GRUR Int 1983, 920 (920).
1045 *Dietz*, ZRP 2001, 165 (165); *Dietz*, ZUM 1991, 129 (129); *Dillenz*, GRUR Int 1983, 920 (920); *Katzenberger*, FS Roeber, 193 (195); vgl. auch *Delp*, Die Kulturabgabe, Bucharchiv München 1950, S. 6ff.

Unter der deutschen Bezeichnung Urhebernachfolgevergütung wird eine Kulturabgabe verstanden, die bei der Nutzung von gemeinfrei gewordenen Werke zu entrichten ist und für soziale Zwecke der Urheber zu verwenden ist.[1046] Dieser Terminus fand sich im Regierungsentwurf zum Urhebergesetz aus dem Jahr 1962.[1047] Bei Verabschiedung des Urhebergesetzes 1965 wurde die Regelung jedoch verworfen. Der Arbeitskreis der IG Medien „Goethegroschen – Tantiemenausgleich" veröffentlichte 1998 einen neuen Diskussionsentwurf[1048]. Daher ist das Rechtsinstitut in Deutschland weiterhin unter dem inhaltlich aussagekräftigeren und knapperen Begriff „Goethegroschen" bekannt.

Der Goethegroschen wurde von seinen Befürwortern als ein Generationenvertrag zwischen Urhebern aufgefasst.[1049] Man könne ihn das „revolvierende System der Urhebervergütung" nennen, dem der Gedanke der Risikogemeinschaft zugrunde liege.[1050] Die Erträgnisse der Werke verstorbener Künstler sollen unter den lebenden Urhebern verteilt werden, deren Werkerträgnisse wiederum den nachfolgenden Künstlergenerationen finanziell zugutekommen sollen.[1051] Damit werde die soziale Dimension des Urheberrechts zum Vorschein kommen und dem Solidaritätsprinzip der Urhebergemeinschaft Rechnung getragen.[1052] Beruhend auf dem Gedanken der kostenpflichtigen Nutzung von Geisteswerken, könne dadurch die wirtschaftliche Lage des Werkschöpfers mit den Instrumenten des Urheberrechts verbessert werden.[1053] Ein gerechter Interessenausgleich werde geschaffen: die Allgemeinheit könne das Werk frei genießen, dem Schöpfer werden die Früchte seiner Arbeit ausschöpfend zugesichert und das kulturelle Leben werde aufblühen.[1054] Es entspreche nichts anderem als der elementaren Gerechtigkeit, die Erträge von Werken während ihrer eigentlichen Erfolgsphase zumindest der Urhebergemeinschaft zukommen zu lassen, wenn die Schöpfer selbst kümmerliche Existenzen führen mussten.[1055]

Bei Werken der bildenden Kunst finde die Urhebernachfolgevergütung eine gesonderte Rechtfertigung in der enormen Diskrepanz zwischen den exorbitanten Auktionszuschlägen von gemeinfreien Kunstwerken und den bescheidenen

---

1046 Dreyer/Kotthoff/*Meckel*, I § 64 Rn. 7; *Dietz*, Das Urheberrecht in der EG, Rn. 434; *Dietz*, ZRP 2001, 165 (167); *Hubmann*, GRUR 1958, 527 (530).

1047 Entwurf eines Gesetzes über Urheberrecht und verwandte Schutzrechte (Urheberrechtsgesetz) mit Begründung, Deutscher Bundestag, 4. Wahlperiode, BT Drucks. IV/270, UFITA Bd. 45 (1965), 156 (197ff).

1048 Vgl dazu *IG Medien*, Broschüre „Künstlergemeinschaftsrecht", Stuttgart 1998.

1049 *Dietz*, ZfRV 1999, 81 (86f); *Zimmermann*, ZUM 1996, 862 (863).

1050 *Dietz*, ZfRV 1999, 81 (86); *Dietz*, ZUM 1991, 129 (129); *Dietz*, GRUR 1972, 11 (14).

1051 *Dietz*, Das Urheberrecht in der EG, Rn. 434.

1052 *Dietz*, Das Urheberrecht in der EG, Rn. 496

1053 *Hubmann*, GRUR 1958, 527 (531).

1054 *Schulze*, S. 23.

1055 *Dietz*, ZfRV 1999, 81 (87); *Dietz*, ZUM 1991, 129 (131); *Katzenberger*, FS Roeber, 193 (220).

finanziellen Verhältnissen der betroffenen Künstler zu Lebzeiten.[1056] Der Urhebergemeinschaft solle daher einen Anspruch auf Beteiligung an dieser Wertsteigerung und den Verwertungserlösen zugesprochen werden.[1057]

Die Befürworter des domaine public payant erhoffen sich Tantiemen in Milliardenhöhe, die eine Selbstfinanzierung von Kunst und Kultur ermöglichen und sowohl staatliche als auch private Zusatzfinanzierung weitgehend erübrigen.[1058] Eine Umsetzung wurde als Quelle für erhebliche Einnahmen herbeigesehnt.[1059] Diese Vergütungsmöglichkeit könne ökonomisch effizienter als alle bekannten Formen der Kunstförderung sein und ihrer Bedeutung nach dem Künstlersozialversicherungsgesetz gleichkommen.[1060] Wenn Verwertungsgesellschaften zusätzlich zu den individuellen Ansprüchen auch noch Vergütungsansprüche aus domaine public payant geltend machen, so sei es zu erwarten, dass sich insbesondere bei einer Verteilung der Nutzungserträge nach Pauschaltarifen oder Pauschalvereinbarungen die individuell anfallende Vergütung deutlich erhöhen würde.[1061] Wenn die Sozialfonds der Verwertungsgesellschaften dadurch vollständig finanziert werden, so sollen die Ausschüttungen an die Künstler zu bis zu 30 % steigen können.[1062]

Ein dem Folgerecht ähnliches Modell, welches Züge der Urhebernachfolgevergütung enthält, galt in Norwegen.[1063] Jeder öffentliche kommerzielle Verkauf von Kunstwerken – und zwar unabhängig davon, ob es sich um einen Erst- oder Weiterverkauf handelt oder die urheberrechtliche Schutzfrist abgelaufen ist – wurde einer Abgabe von 3 % unterzogen.[1064] Die norwegische Verkaufsabgabe von 1948 unterschied sich vom Folgerecht dadurch, dass der Anspruch nicht dem Schöpfer des Werkes zustand.[1065] Die Einnahmen flossen vielmehr in einen Unterstützungsfonds für bildende Künstler (Beldende Kunstneres Hjelpefond).[1066] Dabei wurden primär ältere Künstler und ihre Hinterbliebenen finanziell unterstützt, wobei auch Stipendien vergeben und künstlerische Projekte subventioniert wurden.[1067]

1056 *Dietz*, ZRP 2001, 165 (170); *Dietz*, ZfRV 1999, 81 (87); *Dietz*, ZUM 1991, 129 (131).
1057 *Dietz*, ZUM 1991, 129 (129).
1058 *Dietz*, ZfRV 1999, 81(86f); *Dietz*, ZUM 1991, 129 (131); *Zimmermann*, ZUM 1996, 862 (863);
1059 *Jean-Richard-Bressel*, S.166.
1060 *Zimmermann*, ZUM 1996, 862 (863).
1061 *Dietz*, ZUM 1991, 129 (131).
1062 *Zimmermann*, ZUM 1996, 862 (863).
1063 *Ulmer*, GRUR 1974, 593 (593).
1064 *Katzenberger*, Das Folgerecht, S. 8f, 61f; *Schneider-Brodtmann*, S. 67; *Pfennig*, FS Kreile, 491 (502).
1065 *Katzenberger*, Das Folgerecht, S. 8; *Ulmer*, GRUR 1974, 593 (593).
1066 *Schneider-Brodtmann*, S. 67; *Pfennig*, FS Kreile, 491 (502); *Ulmer*, GRUR 1974, 593 (593).
1067 *Katzenberger*, Das Folgerecht, S. 62; *Schneider-Brodtmann*, S. 67; *Pfennig*, FS Kreile, 491 (502).

2. Geplante Umsetzung

Die Einziehung und Verwaltung des Goethegroschens sollte laut Vorschlag der IG Medien durch die bestehenden Verwertungsgesellschaften erfolgen.[1068] Die Wahrnehmung dieser Aufgabe durch die Verwertungsgesellschaften zumindest in ihrem angestammten Gebiet und die Vorteile dieser Lösung erscheinen in der Literatur unbestritten.[1069] Die Urhebernachfolgevergütung sollte ausschließlich in einen als Stiftung des bürgerlichen Rechts zu errichtenden Urheberfonds einzuzahlen sein.[1070] Diese an die Verwertungsgesellschaften angeschlossenen Fonds könnten die erzielten Einnahmen verteilen.[1071] Dadurch könnten Verwaltungsausgaben für einen neuen Inkassoapparat erspart und die Erfahrung und Sachkunde der Verwertungsgesellschaften genutzt werden.[1072]

Diese Ausgestaltung sei aufgrund ihrer Einfachheit und Praktikabilität zu bevorzugen; die Werknutzer könnten die Urhebernachfolgevergütung an dieselbe Verwertungsgesellschaft abführen, an die sie die Urhebertantiemen entrichten.[1073] Die Erträgnisse sollten keinesfalls dem Staat zufließen, sondern über die Verwertungsgesellschaften an Vorsorgekassen und Sozialfonds der Urheber geleitet werden.[1074] Die öffentliche Hand solle nur über die Einkommenssteuer an die Einnahmen beteiligt werden; im Übrigen sollten die Erlöse Eigentum der Urhebergemeinschaft werden.[1075] Der Urhebergemeinschaft solle ein zivilrechtlich konstruierter und im Zivilprozess durchsetzbarer Anspruch zustehen.[1076]

3. Geeignetheit der Urhebernachfolgevergütung als Ersatz des Folgerechts

a) Vorüberlegungen

Die Urhebernachfolgevergütung kann durchaus als einer von vielen Trägern der Kulturförderung angesehen werden.[1077] Sie und das Folgerecht schließen sich keinesfalls gegenseitig aus und können gleichzeitig eingesetzt werden. Gerade die Verbindung von droit de suite und domaine public payant wird in der Literatur

---

1068 *Zimmermann*, ZUM 1996, 862 (863).

1069 *Dillenz*, GRUR Int 1983, 920 (924); *Hubmann*, GRUR 1958, 527 (534); *Jean-Richard-Bressel*, S.137; *Jean-Richard*, UFITA (2000/II), 353 (361); *Katzenberger*, UFITA Bd. 68 (1973), 71 (92).

1070 *Beier*, S. 115; *Dietz*, Das Urheberrecht in der EG, Rn. 457; *Dietz*, GRUR 1972, 11 (12); *Hubmann*, GRUR 1958, 527 (534); *Schiefler*, GRUR 1962, 338 (341).

1071 *Hubmann*, GRUR 1958, 527 (534); *Zimmermann*, ZUM 1996, 862 (863).

1072 *Hubmann*, GRUR 1958, 527 (534); *Zimmermann*, ZUM 1996, 862 (863).

1073 *Hubmann*, GRUR 1958, 527 (534).

1074 *Dietz*, Das Urheberrecht in der EG, Rn. 458; *Hubmann*, GRUR 1958, 527 (534).

1075 *Zimmermann*, ZUM 1996, 862 (864).

1076 *Dietz*, ZfRV 1999, 81 (82f); *Dietz*, ZUM 1991, 129 (130).

1077 *Jean-Richard-Bressel*, S. 166.

häufig befürwortet.[1078] Das Folgerecht könnte nach dem Tode des Urhebers auf die Urhebergemeinschaft anstatt auf die Erben übergehen. So könnte insbesondere der Einwand gegen das Folgerecht gemildert werden, dass die Erlöse vor allem erst den Erben und nicht Künstlern zugutekommen.[1079]

Durch einen Teil der Erträgnisse aus dem Folgerecht könnten auch zeitgenössische Kunst und lebende Künstler gefördert werden.[1080] Diese „teilweise Sozialwidmung" könnte nicht nur durch die Zuführung an die sozialen und kulturellen Einrichtungen der Verwertungsgesellschaften erfolgen, sondern auch durch die Verbindung mit der Urhebernachfolgevergütung.[1081] Laut Art. 14 Abs. 1 RBÜ steht das Folgerecht dem Urheber während seiner Lebzeiten zu, nach seinem Tod geht es jedoch auf die von den innerstaatlichen Rechtsvorschriften dazu berufenen Personen oder Institutionen über. Damit ist eine Verbindung zwischen droit de suite und domaine public payant für den Zeitraum nach dem Tod des Urhebers ausdrücklich offen gelassen.[1082]

Im Folgenden wird jedoch lediglich untersucht, ob die Urhebernachfolgevergütung ein geeigneteres Instrument als das Folgerecht ist. Ein Nebeneinander der Rechtsinstitute wird hingegen nicht weiter thematisiert.

b) Vorgriffstheorie statt Schöpfungsprinzip

Die Urhebernachfolgevergütung folgt nicht dem Schöpfungsprinzip als Grundsatz des deutschen Urheberrechts.[1083] Während es beim Folgerecht um die Zuteilung von Mitteln für eine konkrete Verwertung geht, handelt es sich bei der Urhebernachfolgevergütung um eine Umverteilung von Mitteln.[1084] Beim Folgerecht kommt der Urheber in den Genuss der Erträge seiner eigenen Werke. Dagegen wird bei der Urhebernachfolgevergütung die Konstruktion der sogenannten Vorgriffstheorie benötigt.[1085] Die Früchte seiner Werke können dem Schöpfer nur im Wege des finanziellen Vorgriffs auf Mittel aus einem Fonds gewährt werden, in den die Erträgnisse aus seinen Werken irgendwann in der Zukunft fließen sollen.[1086] Wenn ein Künstler aus den Mitteln der Urhebernachfolgevergütung unterstützt wird, so bedeute das lediglich einen Vorgriff auf die Früchte, die seine Werke in der Zukunft abwerfen werden.[1087] Mit anderen Worten wird das Aufkommen aus der Verwertung

---

1078 Schricker/Loewenheim/*Katzenberger*, § 26 Rn. 6; *Walter*, Folgerecht-RL, Vor Art. 1 Rn. 11, Art. 8 Rn. 2; *Dietz*, ZUM 1991, 129 (131); *Katzenberger*, FS Roeber, 193 (227f).

1079 *Walter*, Folgerecht-RL, Art. 8 Rn. 2.

1080 *Walter*, Folgerecht-RL, Vor Art. 1 Rn. 11.

1081 *Walter*, Folgerecht-RL, Vor Art. 1 Rn. 11.

1082 *Walter*, Folgerecht-RL, Art. 8 Rn. 2.

1083 *Jean-Richard-Bressel*, S. 166; *Rehbinder/Klingner*, UFITA Bd. 137 (1998), 5 (10).

1084 Vgl. *Jean-Richard-Bressel*, S. 25.

1085 *Jean-Richard-Bressel*, S. 132; *Jean-Richard*, UFITA (2000/II), 353 (357).

1086 *Bohrer*, NJW 1962, 1892 (1893); *Dietz*, GRUR 1972, 11 (14).

1087 *Bohrer*, NJW 1962, 1892 (1893); *Hubmann*, GRUR 1958, 527 (532); ; *Leinveber*, JR 1964, 447 (448).

von Werken nicht mehr nach dem Maßstab individueller Urheberrechtsansprüche ausgeschüttet. Vielmehr wird die unmittelbare Zuordnung von Vergütungsaufkommen und Nutzungsrechten aufgegeben.[1088] In diesem Sinne agieren die Urheber als mittelbar Begünstigte, die Sozialfonds als unmittelbar Begünstigte, die ein Anwartschaftsrecht auf zukünftige Werkerträge erhalten.[1089] Insbesondere problematisch erscheint der Rechtsübergang auf den Sozialfonds, denn der Fonds sollte Rechte an Werken von Künstlern erhalten, die keine finanzielle Unterstützung aus den Mitteln erhalten haben.[1090]

Letztlich trägt der Vorgriffsgedanke dem im deutschen Urheberrecht verankerten Grundsatz der individuellen Vergütungsgerechtigkeit keine Rechnung. Gerade aus dogmatischen Gründen sollte dem Schöpfungsprinzip und dem individuellen Vergütungsanspruch Vorzug gewährt werden. Denn die Idee der Urhebernachfolgevergütung trennt die vermögens- von den persönlichkeitsrechtlichen Aspekten des Urheberrechts.[1091] Schließlich sollen die vermögensrechtlichen Befugnisse auch nach Ablauf der individuellen Schutzfrist fortbestehen.[1092] Diese Trennung steht im Widerspruch zu der monistischen Theorie, die im deutschen Urhebergesetz verankert ist.[1093]

Ein Vergleich mit der Regelung des § 8 WahrnG, die bereits erörtert wurde[1094], hinkt. Die Zurückstellung eines Teils der Tantiemen für soziale Maßnahmen ist als Ausnahme von den Grundregeln der Erlösverteilung zu sehen; und zwar als eine Ausnahme auf Rechtsfolgenebene.[1095] Die Urhebernachfolgevergütung knüpft dagegen schon nicht an die Werkschöpfung an und würde als eine Ausnahme vom Rechtsgrund des Urheberrechts zu werten sein.[1096]

Nach Erlöschen der individuellen Schutzfrist kann es keine kontinuierliche Rechtsnachfolge geben.[1097] Die Schutzfrist umfasst die Lebensdauer des Urhebers sowie eine weitere Frist zugunsten seiner nächsten Angehörigen. Darin kommt zum Ausdruck, dass die urheberrechtliche Schutzfrist an die Person des Urhebers anknüpft.[1098] Daher hat sich die individuelle Schutzfristverlängerung im Gegenzug zur Urhebernachfolgevergütung durchgesetzt.[1099] Die 70-jährige Frist post mortem auctoris erlaubt, dass etwa zwei Generationen von Künstlererben in den Genuss der Erträgnisse aus der geistigen Leistung des Urhebers kommen. Dadurch begünstigt

1088 *Dietz,* FS Roeber, 45 (46).
1089 *Jean-Richard-Bressel,* S. 133; *Jean-Richard,* UFITA (2000/II), 353 (357).
1090 *Jean-Richard-Bressel,* S. 133; *Jean-Richard,* UFITA (2000/II), 353 (358).
1091 *Rehbinder/Klingner,* UFITA Bd. 137 (1998), 5 (11).
1092 *Rehbinder/Klingner,* UFITA Bd. 137 (1998), 5 (11).
1093 *Rehbinder/Klingner,* UFITA Bd. 137 (1998), 5 (11).
1094 Siehe dazu Teil 4. C. II. 3. b) Soziale Maßnahmen der Verwertungsgesellschaften.
1095 *Rehbinder/Klingner,* UFITA Bd. 137 (1998), 5 (12).
1096 *Rehbinder/Klingner,* UFITA Bd. 137 (1998), 5 (12).
1097 *Bohrer,* NJW 1962, 1892 (1893).
1098 *Roeber,* UFITA Bd. 21 (1956/I), 150 (169).
1099 *Dillenz,* GRUR Int 1983, 920 (924f); *Katzenberger,* FS Roeber, 193 (220).

sie dieselben Personen, denen der Urheber auch seine sonstigen vermögenswerten Positionen hinterlässt, während die Urheberrechtsnachfolgevergütung fremden Urhebern zufließen würde.[1100] Auch wenn die lebende Urhebergemeinschaft als geistiger Erbe der verstorbenen Urheber verstanden wird, rechtfertigt dies noch lange nicht, den wirklichen Erben Vergütungsansprüche zu entziehen und sie auf einen Kulturfonds zu übertragen.[1101] Damit würde die Einführung des Goethegroschens letztendlich die fortschreitende Entindividualisierung des Urheberrechts weiter verstärken.[1102] Die Aufgabe des Urheberrechts wird von der Gewährleistung einer angemessenen Vergütung des individuellen Urhebers auf die kollektive Versorgung der Gemeinschaft der Urheber künstlich verlagert.[1103]

Die Urhebernachfolgevergütung kann somit keine Fortsetzung des individuellen Urheberrechts darstellen.[1104] Sie sollte vielmehr als ein selbstständiges Recht verstanden werden, dessen Verbindung zum individuellen Urheberrecht in dessen Ablösung besteht.[1105] Eine Konstruktion, die an den Untergang des Urheberrechts anknüpft, um dann gleichzeitig einen Anspruch urheberrechtlicher Art festzulegen, bezeugt einen Widerspruch in sich.[1106] Das Recht auf Erhebung der Urhebernachfolgevergütung wäre demnach nicht derivativ, sondern vielmehr originär, da es sich nicht von einem bereits erloschenen Urheberrecht herleiten kann.[1107]

Die individualrechtliche Konzeption des Urheberrechts, die monistische Theorie und das Schöpferprinzip würden durch eine Regelung wie die Urhebernachfolgevergütung vom Grundsatz her in Frage gestellt werden.[1108] Letztlich erscheint der Goethegroschen in seinem Kern dem Urheberrecht fremd.[1109] Das domaine public payant bildet zwar eine Schnittstelle zwischen Urheber-, Abgabe- und Kultursozialrecht,[1110] eine Regelung der Materie als Kultursteuer oder sonstige Abgabe erscheint leider auch weder dogmatisch richtiger, noch praktikabler.[1111]

c) Weitere Bedenken gegen die Urhebernachfolgevergütung

Eine Einführung der Urhebernachfolgevergütung macht eine Auseinandersetzung mit Grundfragen des Urheberrechts unumgänglich. Es muss Stellung zum Thema bezogen werden, ob das Urheberrecht seinem Wesen nach eine Nachfrist nach

1100 *Dillenz*, GRUR Int 1983, 920 (924).
1101 *Jannsen*, UFITA Bd. 22 (1956/II), 324 (336); *Roeber*, UFITA Bd. 21 (1956/I), 150 (180f).
1102 *Dillenz*, GRUR Int 1983, 920 (925).
1103 *EK-Kultur*, Schlussbericht, BT Drucks. 16/7000, S. 265.
1104 *Jannsen*, UFITA Bd. 22 (1956/II), 324 (335).
1105 *Jannsen*, UFITA Bd. 22 (1956/II), 324 (335).
1106 *Kleine*, JZ 1964,1 (3f).
1107 *Bohrer*, NJW 1962, 1892 (1893f).
1108 *Rehbinder/Klingner*, UFITA Bd. 137 (1998), 5 (11).
1109 *Schulze*, S. 40; *Kleine*, JZ 1964,1 (4); *Roeber*, UFITA Bd. 21 (1956/I), 150 (170).
1110 *Dillenz*, GRUR Int 1983, 920 (920); *Katzenberger*, FS Roeber, 193 (194).
1111 Vgl. dazu *Hubmann*, GRUR 1958, 527 (531).

dem Ableben des Künstlers beinhaltet oder ob es in Parallele zum Sacheigentum grundsätzlich ein „ewiges" Recht darstellt.[1112]

Zudem wirft die Urhebernachfolgevergütung viele Fragen auf der Durchsetzungsebene auf.[1113] Beispielsweise ist unklar, welche Werke von der Abgabepflicht erfasst werden sollen sowie ob Ausnahmen zugelassen werden sollen.[1114] Weiterhin ist fraglich, wer zum Träger des Vergütungsanspruchs ernannt werden darf.[1115] Eine weitere Ungewissheit bestünde darin, ob die Einführung eines Künstlergemeinschaftsrechts auf nationaler Ebene überhaupt noch sinnvoll sowie gar zulässig wäre oder eher eine Regelung auf europäische Ebene ergehen müsste.[1116] Die Schutzdauer-Richtlinie[1117] hat den Gedanken des domaine public payant jedoch nicht aufgegriffen. Daneben muss auch auf die wesentlichen Fragen eine Antwort gefunden werden, ob die Urhebernachfolgevergütung verfassungskonform wäre[1118] und ob eine Gesetzgebungszuständigkeit des Bundes auf nationaler Ebene überhaupt gegeben wäre.[1119]

Die Urhebernachfolgevergütung wurde in gesetzlichen Regelungen in zahlreichen Ländern verankert,[1120] ohne dass jemals überzeugende Realisierungen festgestellt werden konnten.[1121] Solange keine Zahlen und keine entsprechende wirtschaftliche Analyse vorliegen, können keine seriösen Aussagen über die wirtschaftlichen

1112 *Dillenz*, GRUR Int 1983, 920 (924); *Katzenberger*, FS Roeber, 193 (198); *Leinveber*, JR 1964, 447 (448); *Rehbinder/Klingner*, UFITA Bd. 137 (1998), 5 (16f).

1113 *Beier*, S. 117.

1114 *EK-Kultur*, Schlussbericht, BT Drucks. 16/7000, S. 265; *Dietz*, ZRP 2001, 165 (171); *Dietz*, ZfRV 1999, 81 (85); *Dillenz*, GRUR Int 1983, 920 (925); *Hubmann*, GRUR 1958, 527 (532); *Rehbinder/Klingner*, UFITA Bd. 137 (1998), 5 (15); *Roeber*, UFITA Bd. 21 (1956/I), 150 (180); UNESCO/WIPO/DPP/CE/I/4 vom 30.4.1982.

1115 *Dillenz*, GRUR Int 1983, 920 (925); *Hubmann*, GRUR 1958, 527 (534); *Jannsen*, UFITA Bd. 22 (1956/II), 324 (339).

1116 *EK-Kultur*, Schlussbericht, BT Drucks. 16/7000, S. 266; *Dietz*, ZRP 2001, 165 (169).

1117 Richtlinie 93/98/EWG des Rates vom 29. Oktober 1993 zur Harmonisierung der Schutzdauer des Urheberrechts und bestimmter verwandter Schutzrechte, ABl. EG L 290 v. 24.11.1993, S. 9–13.

1118 Vgl. dazu *EK-Kultur*, Schlussbericht, BT Drucks. 16/7000, S. 266.

1119 Verneinend *Bohrer*, NJW 1962, 1892 (1894); *Leinveber*, JR 1964, 447ff; vgl. dazu auch *Kalkbrenner*, Bundeszuständigkeit für eine Urhebernachfolgevergütung?, GRUR 1960, S. 598ff.

1120 *Schulze*, S. 44ff; *Dillenz*, GRUR Int 1983, 920 (921ff); *Hubmann*, GRUR 1958, 527, (527f.); *Jannsen*, UFITA Bd. 22 (1956/II), 324 (325ff); *Jean-Richard*, UFITA (2000/II), 353 (353); *Leinveber*, JR 1964, 447 (447); *Rehbinder/Klingner*, UFITA Bd. 137 (1998), 5 (8f).

1121 *Dietz*, ZUM 1991, 129 (129); vgl. auch Anhörung der europäischen Gemeinschaften zur Harmonisierung der Urheberrechtsschutzfristen am 24. Oktober 1980, in: GRUR Int. 1980, 767 (768).

Auswirkungen einer Urhebernachfolgevergütung gemacht werden.[1122] Und gerade um die wirtschaftliche Situation der Urheber ist sie eigentlich bemüht.[1123]

d) *Gefahr des „Kulturdirigismus" bei der Verteilung der Erträge*

Insbesondere problematisch erscheint die gerechte Verteilung der Einnahmen.[1124] Und gerade von der richtigen Ausschüttung der Beträge hängt es doch ab, ob die Urhebernachfolgevergütung überhaupt eine in sich schlüssige Berechtigung aufweisen kann.[1125] Eine praktikable Ermittlung derjenigen Urheber, die eine Förderung tatsächlich verdienen, ist kaum vorstellbar.[1126] Als ausschlaggebendes Kriterium, um eine Unterstützung aus dem Fonds zu bekommen, solle die „Würdigkeit" gelten.[1127] Der Regierungsentwurf für die Einführung des domaine public payant aus 1962 bediente sich des Begriffs „begabter Urheber".[1128] Da es sich dabei um rein wertende Begriffe ohne rechtlichen Inhalt handelt, wird ein einklagbarer Anspruch der Begünstigten nicht justiziabel sein.[1129] Die Entscheidung über die Verteilung solle innerhalb der einzelnen Fonds durch Fachausschüsse erfolgen, da diese Personen am besten ein Urteil über die kulturelle Bedeutung eines Werkes und seines Schöpfers fällen können.[1130]

Man darf dabei jedoch die Tatsache nicht aus den Augen verlieren, dass viele bedeutende Künstler die herrschende Regeln der Kunst in handwerklicher und formaler Hinsicht gerade zu durchbrechen versucht haben und von ihren Zeitgenossen wenig geschätzt, sondern eher kritisiert wurden.[1131] Es widerstrebt dem Wesen von Geistesschöpfungen, wie die Kunstgeschichte mehrmals bewiesen hat, über ihre Bedeutung von einer Fachjury entscheiden zu lassen; geschweige denn diese Jury gesetzlich dazu zu ermächtigen.[1132] Damit würde der Grundstein des „Kulturdirigismus" gelegt werden und den verheerenden Auswirkungen auf die freie Entfaltung

1122 *Dillenz*, GRUR Int 1983, 920 (925).
1123 *Dillenz*, GRUR Int 1983, 920 (925).
1124 *EK-Kultur*, Schlussbericht, BT Drucks. 16/7000, S. 266; *Beier*, S. 117; *Hubmann*, GRUR 1958, 527 (535); *Jannsen*, UFITA Bd. 22 (1956/II), 324 (339); *Katzenberger*, FS Roeber, 193 (223).
1125 *Jannsen*, UFITA Bd. 22 (1956/II), 324 (339).
1126 *Bohrer*, NJW 1962, 1892 (1895); *Jean-Richard*, UFITA (2000/II), 353 (358).
1127 *Hubmann*, GRUR 1958, 527 (535f).
1128 § 78 Abs. 1 Nr.3 Entwurf eines Gesetzes über Urheberrecht und verwandte Schutzrechte (Urheberrechtsgesetz) mit Begründung, Deutscher Bundestag, 4. Wahlperiode, BT Drucks. IV/270, UFITA Bd. 45 (1965), S. 156 (200).
1129 *Jean-Richard*, UFITA (2000/II), 353 (362) ; ähnlich *Bohrer*, NJW 1962, 1892 (1894); *Leinveber*, JR 1964, 447 (449).
1130 *Hubmann*, GRUR 1958, 527 (536); *Jean-Richard*, UFITA (2000/II), 353 (362).
1131 *Jean-Richard*, UFITA (2000/II), 353 (372).
1132 *Jean-Richard-Bressel*, S. 166; ähnlich *Dillenz*, GRUR Int 1983, 920, 924.

der Kultur könnten Tür und Tor geöffnet werden.[1133] Die Kulturfonds der Deutschen Demokratischen Republik können als ein Beispiel dafür dienen.[1134]

Eine Verteilung von finanziellen Unterstützungsleistungen im Rahmen der Sozial- und Kulturfonds der Verwertungsgesellschaften, die an sich auch reichlich kritisiert wird[1135], darf als Ausnahme von den üblichen Verteilungsregeln auf Rechtsfolgenebene noch gerechtfertigt werden. Eine Aufteilung aller Tantiemen nach Ableben des Künstlers durch Fachgremien zu einer gesetzlichen Regel zu machen, dürfte jedenfalls verfassungsrechtlich äußerst bedenklich sein.

e) Schlechterstellung der bildenden Künstler

Im Vergleich zum Folgerecht, welches nur für bildende Künstler vorgesehen ist, sollte die Urhebernachfolgevergütung allen Urhebern zugutekommen. Vielmehr sollte gemäß § 73 des Regierungsentwurfs zum Urheberrechtsgesetz aus dem Jahre 1962 für die öffentliche Wiedergabe sowie für die „gewerbsmäßige Verbreitung von Vervielfältigungsstücken" gemeinfreier Werke eine Urhebernachfolgevergütung fällig sein.[1136] Daraus ergibt sich, dass der Goethegroschen die Verbreitung von Originalen gemeinfreier Werke der bildenden Kunst gerade nicht erfasst.[1137] Aus den Kreisen der bildenden Künstler wurde die gesetzliche Normierung eines speziellen „domaine public payant" zur Ergänzung des Folgerechts verlangt.[1138] Diese sollte auch die Weiterveräußerung von Originalen gemeinfreier Werke der bildenden Künste für vergütungspflichtig erklären.[1139] Dieser Forderung ist der Gesetzgeber in seinem weiteren Reformbestreben jedoch nicht nachgekommen.[1140]

Damit wird gerade der Unterschied zwischen bildenden Künstlern und allen anderen Urhebern außer Acht gelassen. Anstatt die Benachteiligung bei den Einnahmemöglichkeiten von bildenden Künstlern zu mildern, hätte diese Regelung sie weiterhin verstärkt. Zwischen den unterschiedlichen Urhebergruppen wäre eine noch größere soziale Kluft entstanden. Und schon damals wurde mit Recht dagegen vorgebracht, dass die beabsichtigte Regelung gerade die bedürftigste Gruppe der bildenden Künstler benachteiligen werde.[1141] Dabei war die bessere soziale Sicherung der

---

1133 *Beier*, S. 115; *Jean-Richard-Bressel*, S. 167; *Leinveber*, JR 1964, 447, 448f; *Rehbinder/Klingner*, UFITA Bd. 137 (1998), 5 (17).

1134 Vgl. *Dillenz*, GRUR Int 1983, 920 (920); *Rehbinder/Klingner*, UFITA Bd. 137 (1998), 5 (17).

1135 *Hauptmann*, S. 65ff.

1136 § 73 Abs. 1 Entwurf eines Gesetzes über Urheberrecht und verwandte Schutzrechte (Urheberrechtsgesetz) mit Begründung, Deutscher Bundestag, 4. Wahlperiode, BT Drucks. IV/270, UFITA Bd. 45 (1965), S. 156 ff.

1137 *Katzenberger*, FS Roeber, 193 (225); *Katzenberger*, UFITA Bd. 68 (1973), 71 (93).

1138 *Katzenberger*, FS Roeber, 193 (227); *Katzenberger*, UFITA Bd. 68 (1973), 71 (93).

1139 *Katzenberger*, FS Roeber, 193 (227).

1140 *Katzenberger*, FS Roeber, 193 (227).

1141 *Katzenberger*, FS Roeber, 193 (226); *Schiefler*, GRUR 1962, 338 (342).

bildenden Künstler eines der Hauptanliegen der damaligen Reformbestrebungen.[1142] Eines der Grundziele des Folgerechts würde durch die Urhebernachfolgevergütung somit nicht zum Tragen kommen. Vielmehr hätte diese Ausgestaltung des „domaine public payant“ die finanzielle Ungleichheit unter Urhebern weiterhin verstärkt. Somit hätte sie im Ergebnis dem Folgerecht entgegengewirkt und die Erreichung eines seiner Hauptziele unterminiert.

Damit zeigt sich nochmals, dass die Urhebernachfolgevergütung und das Folgerecht auch unterschiedliche Ziele verfolgen, sodass beide Rechtsinstitute keineswegs austauschbar sind und einander ersetzen können.

f) Entgegenstehende Interessen der Allgemeinheit

Die Aufgabe des Urheberrechts besteht darin, die Interessen der Urheber und die Interessen der Allgemeinheit in Einklang zu bringen. Wenn die public domaine aufgegeben wird, geistige Werke nicht zugunsten der Allgemeinheit von einem Nutzungsersatz „befreit“ werden, wird eine Abgabepflicht bei fast jeder relevanten Nutzung von geistigen Werken anfallen. Es lässt sich in diesem Zusammenhang allerdings schwer bestreiten, dass geistige Güter im Vergleich zu Sachen eher der Allgemeinheit als dem Einzelnen zugeordnet werden.[1143] Geistige Schöpfungen neigen dazu, Gemeingut zu werden und ihre Wirkung vollständig erst dann zu entfalten, wenn die Nutzung jedermann freisteht. Sollten die Werke nicht gemeinfrei werden, könnten sie als Anregung für neue Schöpfungen nur unter strengen Bedingungen und gegebenenfalls nur gegen eine Urhebernachfolgegebühr genutzt werden.[1144] Kulturelle Nachteile entstünden somit sowohl für die Allgemeinheit, als auch für die Kreise der nach Anregung suchenden Schöpfer. Das Freiwerden von Kunstwerken ist Ausdruck der Sozialbindung des geistigen Schaffens und ermöglicht die kulturelle Fortentwicklung.[1145] Es ergibt sich gerade aus den Interessen der Allgemeinheit.[1146] Daher wird auch von einem „Erbanfall an die Allgemeinheit“ gesprochen.[1147] Als Ausprägung der Sozialgebundenheit ist der Ablauf der Schutzfrist somit im urheberrechtlichen Schutzprinzip immanent verankert.[1148]

g) Zwischenergebnis

Im Ergebnis lässt sich feststellen, dass die Urhebernachfolgevergütung kein geeigneteres Mittel darstellt, um die finanzielle Lage der Urheber stabiler zu machen.[1149] Sie leidet aus Sicht des deutschen und europäischen Urheberrechts an vielen

1142 *Katzenberger*, FS Roeber, 193 (226).
1143 *Bohrer*, NJW 1962, 1892 (1893).
1144 *Rehbinder/Klingner*, UFITA Bd. 137 (1998), 5 (17).
1145 *Rehbinder/Klingner*, UFITA Bd. 137 (1998), 5 (17); *Katzenberger*, FS Roeber, 193 (221).
1146 *Roeber*, UFITA Bd. 21 (1956/I), 150 (168).
1147 Vgl. *Fromm*, Das Problem der Urhebernachfolgevergütung, NJW 1964, 523 (525).
1148 *Roeber*, UFITA Bd. 21 (1956/I), 150 (168).
1149 *Jean-Richard-Bressel*, S. 167.

dogmatischen Schwächen und ist beispielsweise mit der Individualkomponente des Schöpfungsprinzips, mit der Sozialgebundenheit von Urheberwerken und dem Erlöschen des Urheberrechts nicht vereinbar. Insbesondere trägt sie im Vergleich zum Folgerecht dem Beteiligungsgrundsatz keine Rechnung.

Die Gewährung von Ausschließlichkeitsrechten gilt als Gegensatz zur Urhebernachfolgevergütung immer noch als „die billigste und effektivste Möglichkeit" der Verwertungsbeteiligung des Schöpfers und erzielt die beste Anreizwirkung im Sinne einer weiten Kulturförderung.[1150]Auch die soziale Absicherung der Urheber bleibt den effektiveren Unterstützungsfonds der Verwertungsgesellschaften, der Künstlersozialversicherung und der Sozialhilfe vorbehalten.[1151] Zudem sind auch unerwünschte Folgen des domaine public payant zu befürchten, darunter ein Kulturdirigismus und eine Benachteiligung anstatt einer Besserstellung der bildenden Künstler unter den Urhebergruppen.

IV. Artist Pension Trust

Als eine mögliche Ersatzoption des Folgerechts wird das Artist Pension Trust Modell erwogen. In New York, Los Angeles, London, Leipzig, Mumbai, Hong Kong, Shanghai, Mexico City and Amman finden sich seit 2004 Büros des sog. Artist Pension Trust (APT).[1152] Ein internationales Komitee aus Kunstmarktprofis sucht international nach vielversprechenden Künstlern und lädt sie dazu ein, am APT teilzunehmen.[1153] Jeder teilnehmende Künstler vertraut jährlich für einen Zeitraum von 20 Jahren eines seiner Werke dem APT als Treuhänder an.[1154] Der APT macht die Werke durch Ausstellungen und Verleihungen bekannt und verkauft sie schrittweise.[1155] Bei jedem Verkauf fließen 72 % in den Trust ein, 40 % werden dem Urheber individuell ausbezahlt and 32 % werden unter den anderen Trustteilnehmer verteilt.[1156] Das APT Modell beteiligt auf diese Weise Künstler an der gesteigerter Wertschätzung ihrer Werke und gibt ihnen die Möglichkeit, von den Risikominderungen eines langfristigen Finanzplans zu profitieren.[1157]

Hier ist zunächst die eingeschränkte Zulassung der Künstler zum Trust problematisch. Die Teilnahme steht nur bestimmten Künstlern zu, deren Werke dem Geschmack des Komitees imponieren. Das Modell ist „elitär" und baut nicht auf dem Prinzip der Solidargemeinschaft auf.[1158] Eine solche Abwicklung ist anhand privater

---

1150 *Beier,* S. 116.
1151 *Beier,* S. 116.
1152 http://www.aptglobal.org/en, zuletzt besucht am 19.03.2015.
1153 *US Copyright Office,* Resale Royalties, S. 70.
1154 http://www.aptglobal.org/en, zuletzt besucht am 19.03.2015.
1155 *EK-Kultur,* Schlussbericht, BT Drucks. 16/7000, S. 309; *US Copyright Office,* Resale Royalties, S. 70.
1156 http://www.aptglobal.org/en, zuletzt besucht am 19.03.2015.
1157 *US Copyright Office,* Resale Royalties, S. 70.
1158 *EK-Kultur,* Schlussbericht, BT Drucks. 16/7000, S. 311.

Treuhandverträgen möglich, jedoch als eine Form staatlichen Handelns zugunsten von Urhebern in Deutschland kaum praktizierbar. Die Zulassungsbeschränkungen, der notwendige Verwaltungsapparat und die Gefahr des Kulturdirigismus werden nicht zu rechtfertigen sein. Als eine Form der privaten Vorsorgeunterstützung für Künstler kann dieses Modell funktionieren. Mit dem Urheberrecht und seinen Grundsätzen kann es jedoch nicht in Verbindung gebracht werden. Somit fehlt zum Folgerecht auch der nötige Vergleichsbezug.

V. Zwischenergebnis

Die vergleichende Untersuchung hat gezeigt, dass es aus der Sicht des aktuellen deutschen Urheberrechts keine vorzugswürdige Ersatzregelung zum Folgerecht gefunden werden kann. Das droit de suite erscheint momentan als das am besten geeignete Rechtsinstitut, um die sozialpolitischen und kulturellen Ziele des Urheberrechts im Hinblick auf die Bedürfnisse der bildenden Künstler zu erreichen. Weder der Beteiligungsgrundsatz noch die Gleichstellung zu anderen Urhebergruppen lassen sich anders oder effizienter erfüllen. Eine Ausstellungsvergütung wäre als ergänzende Regelung zum Folgerecht denkbar, solange gewährleistet werden kann, dass ihre Durchsetzung keine negativen Konsequenzen für den Ausstellungsbetrieb mit sich bringen wird.

E. Folgerecht und Interessen des Werkeigentümers

I. Grundsätze der urheberrechtlichen Interessenabwägung

Das Urheberrecht erfährt –genauso wie das materielle Eigentumsrecht – seine Grenzen dort, wo gleich- oder höherwertige Interessen entgegenstehen.[1159] Die wirtschaftlichen Belange des Schöpfers dürfen nicht einmal dann außer Acht gelassen werden, wenn die Interessenabwägung zu Ungunsten des Urheberschutzes ausfällt.[1160] Das Prinzip des angemessenen Lohns muss auch dort gewährleistet bleiben, wo der Schutzmaßstab aufgrund anderweitiger Interessen auf einen Mindestmaßstab reduziert wird.[1161] Die Idee der gerechten Entlohnung verlangt auch in Fällen, in denen ein Verbots- und Ausschlussrecht der Interessenabwägung nicht standhält, zumindest das Bestehen eines Vergütungsanspruchs.[1162] Nur dann, wenn besonders schutzwürdige Interessen eine sowohl erlaubnisfreie als auch unentgeltliche Nutzung gebieten, darf von diesem Grundsatz abgewichen werden.[1163]

1159 *Küfner*, S. 9.
1160 *Küfner*, S. 9.
1161 *Küfner*, S. 9.
1162 *Küfner*, S. 8f.
1163 *Küfner*, S. 9.

Das Interesse des Urhebers kann sich auch von vornherein auf einen vermögenswerten Anspruch beschränken.[1164] Dabei handelt es sich um die Beteiligung bei sekundären Verwertungsvorgängen, die keinem Ausschließlichkeitsrecht unterliegen und lediglich die Erlöse aus der Werknutzung betreffen.[1165] So verhält es sich auch beim Folgerecht. Wird dem Urheber jegliches Verbotsrecht untersagt, muss die Beteiligung an den Verwertungsvorgängen als Mindestschutz statuiert werden.[1166] Der bildende Künstler hat kein Interesse daran, Weiterveräußerungen zu verbieten, sondern lediglich finanziell daran teilzunehmen.[1167]

II. Interessenabwägung im Fall des Folgerechts

Werke der bildenden Kunst erfüllen in der Regel den Sachbegriff des § 90 BGB. Sie sind damit den bürgerlich-rechtlichen Vorschriften des Sachenrechts unterworfen. Nach der Veräußerung durch den Schöpfer geht das Eigentumsrecht auf den Erwerber über. Somit hat der Eigentümer entsprechend § 903 BGB auch die Befugnis, mit der ihm gehörenden Sache nach Belieben zu verfahren.

Manche sehen das Folgerecht als unvereinbar mit den Grundprinzipien des Eigentums an.[1168] Das Folgerecht stelle eine Beschränkung der Übertragbarkeit und Kapitalisierung des Eigentums dar, die Art. 14 GG garantiere.[1169] Für den Eigentümer des Werkes sei das Folgerecht ein Hindernis.[1170] Die Belastung mit einer Folgerechtsvergütung rufe beim Eigentümer Zweifel hervor, ob er das Werk überhaupt noch veräußern soll.[1171] Ein solches Recht mit Wirkung „erga omnes", welches der Künstler jedem Eigentümer seiner Werke entgegen halten kann, sei inakzeptabel.[1172] Es stelle ein beschränkt dingliches Recht an beweglichen Güter dar.[1173]

Die sachenrechtliche Befugnisse erhalten jedoch ihre Grenzen durch Gesetz oder die entgegenstehenden Rechte Dritter. Mit dem Erstverkauf überträgt der Künstler das sachenrechtliche Eigentum am Werk als Gegenstand im Sinne von § 90 BGB; die am Originalstück als Geisteswerk bestehenden Urheberrechte verbleiben jedoch bei dem Schöpfer.[1174] Auf diese Weise entsteht eine Konkurrenz zwischen den Rechten

1164 *Küfner*, S. 10.
1165 *Küfner*, S. 10.
1166 *Küfner*, S. 10.
1167 *Küfner*, S. 22f.
1168 *Wuenschel*, JIPLP 4 (2009), 130 (134f).
1169 *Wuenschel*, JIPLP 4 (2009), 130 (135).
1170 *Goetzl/Sutton*, Colum. J.L. & Art. 9 (1985), 15 (44); *Karp/Perloff*, Int'l Rev. L. & Econ. 13 (1993), 163 (170); *Wuenschel*, JIPLP 4 (2009), 130 (135).
1171 *Karp/Perloff*, Int'l Rev. L. & Econ. 13 (1993), 163 (170); *Wuenschel*, JIPLP 4 (2009), 130 (135).
1172 *Ehrler*, S. 87.
1173 *Ehrler*, S. 87.
1174 *Ehrler*, S. 94.

des Urhebers und des Werkeigentümers.[1175] Das Urheberrecht wirkt sich in diesem Sinne einschränkend auf das sachenrechtliche Eigentum aus.[1176] So verhält es sich auch mit dem Urheberrecht des bildenden Künstlers, welches als eine inhaltliche Begrenzung des Eigentums wirkt.[1177] Somit gehört das Folgerecht zu den bereits dogmatisch anerkannten Schranken des Eigentums.[1178]

Zudem sind die Befugnisse des Eigentümers in keinem nennenswerten Umfang eingeschränkt. Da das Folgerecht keine Ausschlussfunktion entfaltet, behält der Eigentümer seine uneingeschränkte Verfügungsfreiheit.[1179] Selbst wenn der Eigentümer die Vergütung nicht entrichtet, führt dies weder zur Nichtigkeit des zugrunde liegenden Kaufvertrages zwischen Eigentümer und Käufer,[1180] noch ist der Eigentümer Schadensersatzansprüche oder Bußgelder ausgesetzt. Sogar wenn der Eigentümer das Werk zerstört und damit zukünftige Folgerechtsansprüche vereitelt, kann der Künstler aus dem Folgerecht nicht gegen den Eigentümer vorgehen.[1181] Damit ist die Belastung des Eigentümers auf den schuldrechtlichen Anspruch des Künstlers beschränkt.[1182] Nicht vernachlässigt werden darf dabei die Tatsache, dass jeder Eigentümer als Veräußerer im Kunsthandel fest mit Ausgaben rechnet, die die Belastung durch das Folgerecht um das Vielfache übersteigen.[1183] Dazu gehören beispielsweise das Aufgeld, Transport- sowie Versicherungskosten und die Umsatzsteuer.[1184] Auch die Folgerechtskosten werden vom Veräußerer in die üblichen Ausgaben einkalkuliert, denen erhebliche Gewinnchancen gegenüberstehen.[1185] Die Belastung des Eigentümers mit einer schuldrechtlichen Zahlungspflicht ist nach einer Interessenabwägung gerechtfertigt.[1186]

Somit ist das Folgerecht mit dem Eigentumsrechte am Originalwerk vereinbar und als gesetzliche Inhaltsbestimmung dieses Eigentums zu verstehen.

F. Fazit

Die Wirkungen des Folgerechts werden den Wertungen des Urheberrechts gerecht. Insbesondere leistet es innerhalb des urheberrechtlichen Instrumentariums einen Beitrag zur verbesserten materiellen Sicherung der bildenden Künstler. Das droit de suite schafft weiterhin Anreize für das künstlerische Schaffen und verhilft zur

---

1175 *Ehrler,* S. 94.
1176 *Ehrler,* S. 87.
1177 *Pierredon-Fawcett,* S. 9.
1178 *Ehrler,* S. 87.
1179 *Wiesner,* S. 79.
1180 *Wiesner,* S. 80.
1181 *Wiesner,* S. 80.
1182 *Wiesner,* S. 80.
1183 *Koch,* UFITA Bd. 2 (1929), 279 (283).
1184 *Jayme,* KUR 2010, 60 (60).
1185 *Koch,* UFITA Bd. 2 (1929), 279 (283).
1186 *Wiesner,* S. 81.

Entfaltung von Kultur und Kunst. Gäbe es die Folgerechtsregelung nicht, würde eine Lücke im urheberrechtlichen Schutz der bildenden Künstler und Fotografen entstehen. Diese Lücke kann auch durch kein geeigneteres Rechtsinstitut geschlossen werden. Denn alle vergleichbaren Regelungen weisen wesentliche Schwächen auf und erweisen sich als ungeeignet, die Funktionen des droit de suite in ihrer Gesamtheit annährend zu erfüllen. Das bedeutet nicht, dass zukünftige Ergänzungen oder Optimierungen des Folgerechts nicht denkbar sind. Momentan entspricht die Regelung den Anforderungen des heutigen Urheberrechts aus deutscher Sicht gemessen an vergleichbaren Rechtsinstituten am ehesten.

Teil 5. Normierung des Folgerechts

Die Regelungen des Folgerechts auf internationaler, europäischer und nationaler Ebene zeichnen sich durch ihre jeweiligen Besonderheiten aus. Die Durchsetzung der folgerechtlichen Ansprüche hängt wesentlich von dieser normativen Ausgestaltung ab. Untersucht wird im Folgenden, ob die einzelnen Regelungsbestandteile dieser Normen dem Zweck sowie dem Grundgedanken des droit de suite gerecht werden. Daneben werden Defizite und Optimierungsmöglichkeiten der jeweiligen Regelungen aufgezeigt.

A. Normierung auf internationaler Ebene Art. 14 RBÜ

Bereits seit 1948 ist das Folgerecht Bestandteil eines der bedeutendsten urheberrechtlichen Übereinkommen.[1187] In Art. 14 Abs. 1 der Revidierten Berner Übereinkunft zum Schutz von Werken der Literatur und Kunst (RBÜ) ist ein weiter Begriff des Folgerechts zu finden. Inhaltlich hat sich an der Regelung durch die Pariser Fassung von 1971 nichts geändert. Die Erlösbeteiligung umfasst nicht nur die Weiterveräußerung von Originalwerken der bildenden Kunst, sondern auch von Originalhandschriften von Schriftstellern und Komponisten.

Eine Verpflichtung der Verbandsstaaten zur Einführung des Folgerechts in das nationale Recht wurde nicht statuiert.[1188] Es handelt sich demnach vielmehr um ein optionales Recht.[1189] Den nationalen Gesetzgebern wird es überlassen, diesen Schutz zu gewähren oder davon Abstand zu nehmen. Auch die inhaltliche Ausgestaltung und die Reichweite der Regelung stehen im Ermessen der Verbandsstaaten.[1190]

Als weitere Besonderheit neben der Fakultativität zeichnet die Regelung auch die Reziprozität aus, von der die Wahrnehmung des Folgerechts bei Ausländern abhängig gemacht werden darf.[1191] Die Verbandsstaaten können das Folgerecht auf Ausländer nur für den Fall vorsehen, dass die Heimatgesetzgebung dieser Urheber das droit de suite ebenfalls anerkennt.[1192] Die materielle Reziprozität wird als

1187 *Pfennig*, FS Kreile, 491 (491).

1188 *Ehrler*, S. 34; *Pierredon-Fawcett*, S. 95; *Schmidt-Werthern*, S. 23; *Weatherall*, S.2; *Wiesner*, S. 86; *Passiny*, S. 26; *Katzenberger*, GRUR Int 1997, 309 (309); *Meyer*, KUR 2008, 71 (72).

1189 *Gaster*, FS Dittrich, 91 (94).

1190 *Schmidt-Werthern*, S. 23.

1191 *Ehrler*, S. 210; Loewenheim/*Pfennig*, Handbuch des Urheberrechts, § 88, Rn. 1; *Sinanidou*, S. 24; *Gaster*, FS Dittrich, 91 (94); *Pfennig*, Copyright Bulletin (UNESCO) 35/3 (2001), 37 (39); *Pfennig*, FS Kreile, 491 (491); *Ulmer*, GRUR 1974, 593 (600); *Zimmerling/Felsmann*, EuZW 2002, 267 (267).

1192 *Ehrler*, S. 210; *Sinanidou*, S. 24; *Gaster*, FS Dittrich, 91 (94); *Katzenberger*, GRUR Int 2004, 20 (21).

gegeben angesehen, wenn das Herkunftsland des Urhebers das Folgerecht tatsächlich praktiziert.[1193] Eine bloß „dekorative" gesetzliche Verankerung reicht dafür nicht aus.[1194] Eine entsprechende Regelung für EU-Ausländer findet sich in Deutschland in § 121 Abs. 5 UrhG. Diesen steht das Folgerecht nur dann zu, wenn der Staat, dem sie angehören, umgekehrt deutschen Staatsangehörigen ein entsprechendes Folgerecht gewährt und zusätzlich diese Gegenseitigkeit auch durch eine Bekanntmachung des Bundesjustizministers im Bundesgesetzblatt festgestellt wird.[1195]

Art. 14 RBÜ dient vor allem als Richtwert. Der Anerkennung der urheberrechtlichen Bedeutung des Folgerechts für die Verbandsstaaten kommt Vorbildfunktion zu. Die RBÜ haben insgesamt 168 Staaten unterzeichnet, darunter auch alle EU-Mitgliedstaaten.[1196]

B. Normierung auf europäischer Ebene RL 2001/84/EG

I. Harmonisierungsbedarf und Ziele

Anders als nach der RBÜ besteht auf europäischer Ebene eine Umsetzungspflicht bezüglich des Folgerechts. Eine europaweite Vereinheitlichung des Rechtsinstituts wurde bereits seit 1977 erwogen.[1197] Erst 2001 wurde die Richtlinie 2001/84/EG des Europäischen Parlaments und des Rates vom 27.9.2001 über das Folgerecht des Urhebers des Originals eines Kunstwerks[1198] schließlich erlassen. Davor fehlte eine Regelung des droit de suite, wie bereits erwähnt, in Großbritannien, Niederlande, Österreich und Irland.[1199] Eine effektive Rechtewahrnehmung fand zudem nur in acht Mitgliedstaaten statt.[1200] Dies führte zu Rechtsunsicherheit sowie zu

1193 *Ehrler*, S. 210; *Pierredon-Fawcett*, S. 99.

1194 *Ehrler*, S. 210.

1195 Dreier/*Schulze*, § 26 Rn. 7; Möhring/Nicolini/*Freudenberg*, § 26 Rn. 67.

1196 http://www.wipo.int/treaties/en/ShowResults.jsp?lang=en&treaty_id=15, zuletzt besucht am 19.03.2015.

1197 Mitteilung der Kommission an den Rat vom 22.11.1977, Bulletin der EG, Beilage 6/77, S. 14; *Ehrler*, S. 35; *Sinanidou*, S. 15; *Passiny*, S. 32; *Gaster*, FS Dittrich, 91 (96); *Handig*, ZUM 2006, 546 (546); *Katzenberger*, GRUR Int 2004, 20 (20); *Katzenberger*, GRUR Int 1997, 309 (313).

1198 Richtlinie 2001/84/EG v. 27.09.2001, ABl. EG L 272 v. 13.10.2001, S. 32–36.

1199 Möhring/Nicolini/*Freudenberg*, § 26 Rn. 7; *Walter*, Folgerecht-RL, Vor Art. 1 Rn. 1; *Europäische Kommission*, Bericht, S. 3; *Schmidt-Werthern*, S. 52ff; *Schneider-Brodtmann*, S. 61ff; *Stokes*, S. 11; *Wiesner*, S. 86; *Katzenberger*, GRUR Int 2004, 20 (21); *Katzenberger*, GRUR Int 1997, 309 (310); *Kirchner*, INTEGRU-Tagung 2009, 211 (213f); *McAndrew/Dallas-Conte*, S. 8; *Sturm*, KUR 2005, 135 (138); *Wuenschel*, JIPLP 4 (2009), 130 (130).

1200 Richtlinienvorschlag vom 13. 3. 1996, KOM(96) 97 endg., S. 3; *Katzenberger*, GRUR Int 2004, 20 (21).

Wettbewerbsverzerrungen.[1201] Mit der Richtlinie soll dieser Uneinheitlichkeit des Binnenmarktes und den innereuropäischen Handelsverlagerungen entgegengewirkt werden.[1202] Die wirtschaftliche Beteiligung der bildenden Künstler am Erfolg ihrer Werke soll vielmehr auf einem einheitlichen europäischen Schutzmaßstab beruhen.[1203] Daher gehört zu den Zielen der Richtlinie die Gleichbehandlung der Künstler in den Mitgliedstaaten und die Förderung ihrer Kreativität. Die soziale Dimension des künstlerischen Schaffens soll hervorgehoben werden und die wirtschaftliche Situation bildender Künstler soll wesentlich verbessert werden.[1204] Weiterhin soll die Auswanderung des Kunsthandels in folgerechtsfreie Drittländer mit dem Ziel einer Umgehung des Folgerechts unterbunden werden.[1205]

II. Begriffsbestimmungen

1. Kunstwerk

Gegenstand des Folgerechts ist laut Erwägungsgrund 2 der Folgerecht-RL das materielle Werkstück, d.h. der Träger, der das geschützte Werk verkörpert. Als „Kunstwerke" im Sinne der Folgerecht-RL gelten Werke der bildenden Künste wie Bilder, Collagen, Gemälde, Zeichnungen, Stiche, Bilddrucke, Lithografien, Plastiken, Tapisserien, Keramiken, Glasobjekte und Lichtbildwerke (Art. 2 Abs.1). Diese Aufzählung ist bloß beispielhaft.[1206] Sie hat keinen abschließenden Charakter und gibt dadurch den Mitgliedstaaten die Möglichkeit, den Werkbegriff flexibel zu gestalten und neue Kunstgattungen und -formen hineinzuinterpretieren.[1207] Als Richtwert sollen entsprechend der Grundidee des Folgerechts Werkgattungen einbezogen werden, bei welchen die Verwertung der Werke im Grunde in der Veräußerung des Originals besteht.[1208] Eine Aussage über die allgemeinen Voraussetzungen für den urheberrechtlichen Schutz solcher Werke trifft die Richtlinie nicht. Die Anforderungen an die Schutzfähigkeit von Werken der bildenden Kunst bleiben somit den nationalen Gesetzgebern überlassen.[1209]

1201 *Ellins,* S. 315; *Wiesner,* S. 86f; *Müller-Katzenburg,* Tagungsband Kunstrechtstag, 75 (78).

1202 *Europäische Kommission,* Bericht, S. 3; Schricker/Loewenheim/*Katzenberger,* § 26 Rn. 10; *Sinanidou,* S. 17; *Graddy/Horowitz/Szymanski,* S. 44.

1203 *Europäisches Parlament,* Bericht, S. 7; Schricker/Loewenheim/*Katzenberger,* § 26 Rn. 10.

1204 *Ellins,* S. 319.

1205 *Schmidt-Werthern,* S. 15f.

1206 *Walter,* Folgerecht-RL, Art. 2 Rn. 3.

1207 *Sinanidou,* S. 29.

1208 *Ehrler,* S. 147.

1209 *Ehrler,* S. 149; *Schmidt-Werthern,* S. 108.

Nach dem ursprünglichen sowie dem geänderten Richtlinienvorschlag sollten Werke der angewandten Kunst allgemein vom Folgerecht ausgeschlossen sein.[1210] Im gemeinsamen Standpunkt wurde der entsprechende Erwägungsgrund jedoch gestrichen. Damit trifft die Richtlinie keine ausdrückliche Aussage über die Folgerechtsfähigkeit von Werken der angewandten Kunst. Letztere werden laut Art. 2 Abs. 2 in der Fassung des Gemeinsamen Standpunktes nicht generell aus dem Anwendungsbereich ausgenommen, solange es sich um Originalwerke handelt.[1211] Die Anwendbarkeit der europäischen Folgerechtsvergütung wird im konkreten Fall daher davon abhängig sein, ob im Sinne der Folgerecht-RL ein Originalwerk vorliegt und nicht davon, ob das Original den Werken der reinen bildenden Kunst zugeordnet werden kann.[1212] Die Frage nach der Anwendbarkeit des Folgerechts auf Werke der angewandten Kunst bleibt in diesem Sinne ebenfalls den nationalen Gesetzgebern überlassen.[1213] Im Vergleich zu den nationalen Gesetzen hat die Folgerecht-RL eine Vorreiterstellung eingenommen und zum ersten Mal auch Werke der Fotografie ausdrücklich dem Folgerecht unterstellt.[1214]

Zusammenfassend liegt der Folgerecht-RL ein weiter Werkbegriff zugrunde, der den Mitgliedstaaten einen breiten Regulierungsspielraum offen lässt und gleichzeitig einen hohen Schutzmaßstab ermöglicht.

2. *Original*

Laut Art. 2 Abs. 1 Folgerecht-RL gelten als Originale Werke, soweit sie vom Künstler selbst geschaffen worden sind oder es sich um Exemplare handelt, die als Originale von Kunstwerken angesehen werden. Unter einem Original der bildenden Kunst wird in der Regel ein als Unikat geschaffenes Werk verstanden.[1215] Manche Autoren sehen die Erstverkörperung eines geistigen Werkes als ein Original an.[1216] In diesem Sinne kann für die Bestimmung des Originalbegriffs auch die Abgrenzung zu der Reproduktion herangezogen werden, die eindeutig keinem Folgerecht unterliegt.[1217]

1210 Erwägungsgrund 18 Vorschlag für eine Richtlinie des Europäischen Parlaments und des Rates über das Folgerecht des Urhebers des Originals eines Kunstwerkes, KOM(1996) 97, ABl. EG Nr. C 178 v. 21. 6.1996, S. 16 (17) sowie Erwägungsgrund 15 Geänderter Vorschlag für eine Richtlinie des Europäischen Parlaments und des Rates über das Folgerecht des Urhebers des Originals eines Kunstwerks KOM (1998) 78, ABl. EG Nr. C 125, v. 23.4.98, S. 8 (12).

1211 *Walter*, Folgerecht-RL, Art. 2 Rn. 3, 8; *Katzenberger*, GRUR Int 2004, 20 (24); *Katzenberger*, GRUR Int 1997, 309 (314).

1212 *Katzenberger*, GRUR Int 2004, 20 (24).

1213 *Schmidt-Werthern*, S. 109f.

1214 *Ehrler*, S. 183.

1215 Dreier/*Schulze*, § 44 Rn. 17.

1216 *Wandtke*/Bullinger, § 44 Rn. 17; *Ehrler*, S. 159; *Katzenberger*, Das Folgerecht, S. 91; a. A. Dreier/*Schulze*, § 44 Rn. 17; *Wiesner*, S. 50.

1217 *Ehrler*, S. 148; *Pierredon-Fawcett*, S. 55f.

Bei den typischen Gattungen Malerei und Zeichnung ist der Originalbegriff unproblematisch.[1218] Im Vergleich dazu muss das Werk bei anderen Kunstgattungen jedoch kein Unikat und keine Erstfixierung sein, um das Originalitätskriterium zu erfüllen.[1219] So verhält es sich beispielsweise bei Fotografien, Mehrfachskulpturen, Lithografien und weiteren Formen der grafischen Kunst, die von vornherein in mehrfacher Ausführung erstellt werden.[1220] Die Originaleigenschaft bei solchen Mehrfachoriginalen ist nach Art. 2 Abs. 2 S. 1 2. Alt. Folgerecht-RL gegeben, wenn es sich um Exemplare handelt, die vom Künstler selbst oder unter Leitung des Künstlers in begrenzter Auflage hergestellt wurden.[1221] Was den Grad der Beteiligung des Künstlers am Herstellungsvorgang des Originals betrifft oder andere Fragen, die die Definition offen lässt, ist auf die Anschauung der am Kunstmarkt beteiligten Kreise abzustellen.[1222]

Die Anzahl von folgerechtsfähigen Mehrfachoriginalen sollte nach den Vorstellungen des Europäischen Parlaments ursprünglich zwölf nicht übersteigen.[1223] Schon im geänderten RL-Vorschlag wurde diese starre zahlenmäßige Begrenzung jedoch aufgegeben.[1224] Denn das Original unterscheidet sich von der Reproduktion nicht vorwiegend durch die Anzahl der hergestellten Kopien, sondern vielmehr durch den darin verkörperten Ausdruck der künstlerischen Persönlichkeit.[1225] Um eine begrenzte Auflage und damit um Originale im Sinne der RL handelt es sich in der Regel vielmehr, wenn die Exemplare nummeriert, signiert oder vom Künstler anderweitig autorisiert sind (Art. 2 Abs. 2 S. 2 Folgerecht-RL).[1226] Bei Serienwerken sind dies Indizien, jedoch keine Voraussetzungen für die Eigenschaft als Werkoriginal.[1227] Vom Anwendungsbereich sollen daher eindeutig Auflagen der Massenproduktion ohne jegliche Stückbegrenzung herausgenommen werden.[1228] In dem amerikanischen EVAA wird hingegen vorgeschlagen, Werke „existing either in the original embodiment or in a limited edition of 200 copies or fewer that bear the signature or other identifying mark of the author and are consecutively numbered by the author“ als Originale einzustufen.[1229]

1218 *Pierredon-Fawcett*, S. 58.
1219 *Pierredon-Fawcett*, S. 55f; *Wiesner*, S. 51.
1220 *Ehrler*, S. 160f.
1221 Möhring/Nicolini/*Freudenberg*, § 26 Rn. 22.
1222 *Katzenberger*, Das Folgerecht, S. 91; *Wiesner*, S. 49f; *Ohly*, FG Schricker, 427 (450); *Samson*, UFITA Bd. 50 B (1967/II), 491 (499).
1223 *Ehrler*, S. 152; *Wiesner*, S. 53; *Zimmerling/Felsmann*, EuZW 2002, 267 (269).
1224 *Walter*, Folgerecht-RL, Art. 2 Rn. 4; *Gaster*, FS Dittrich, 91 (101); *Katzenberger*, GRUR Int 2004, 20 (24).
1225 *Pierredon-Fawcett*, S. 56.
1226 a. A. bezüglich der Kriterien Nummerierung und Signatur *Ehrler*, S. 223; *Pierredon-Fawcett*, S. 62ff; *Wiesner*, S. 53f.
1227 Dreier/*Schulze*, § 44 Rn. 18.
1228 *Stokes*, S. 38f.
1229 *US Copyright Office*, Resale Royalties, S. 23, Fn. 158.

Zusammenfassend lässt sich festhalten, dass die Subsumtion unter den Begriff „Original" maßgeblich darüber entscheidet, ob das Folgerecht auf ein Werk Anwendung findet. Voraussetzung dafür ist wiederum die urheberrechtliche Werkqualität, die sich nach dem jeweiligen nationalen Recht bestimmt. Die Zugehörigkeit des Werkes zu einer bestimmten Kunstgattung bleibt dagegen zweitrangig.

3. *Weiterveräußerung*

Das Folgerecht knüpft ausdrücklich an Weiterveräußerungen an und erfasst somit nicht den Erstveräußerungsvorgang sowie keine Kommissionserstverkäufe auf Rechnung des Künstlers oder seiner Erben.[1230] Das droit de suite ist nur anwendbar, wenn sich das Werk vor der Veräußerung im Eigentum eines Dritten und nicht mehr im Eigentum des Künstlers oder seiner Rechtsnachfolger befindet.[1231]

Das Folgerecht gilt für alle Weiterveräußerungen gemäß Art. 1 Abs. 2 der Folgerecht-RL, an denen Vertreter des Kunstmarkts wie Auktionshäuser, Kunstgalerien und allgemein Kunsthändler als Verkäufer, Käufer oder Vermittler beteiligt sind. Vom Anwendungsbereich ausgenommen sind demnach lediglich Weiterveräußerungen zwischen Privaten, bei welchen der Kunsthandel unbeteiligt bleibt. Dabei konkretisiert Erwägungsgrund 18 S. 2 der Folgerecht-RL die Weiterveräußerungen durch Privatpersonen und inkludiert auch solche an öffentliche Museen, die nicht auf Gewinn ausgerichtet sind.[1232]

In Art. 1 Abs. 3 Folgerecht-RL besteht, wie bereits erörtert,[1233] eine Ausnahmemöglichkeit auch für Kunstgalerien. Bezüglich der Zielsetzung und der Hintergründe dieser durchaus begrüßenswerten Vorschrift wird auf die Ausführungen in Teil 3 verwiesen.[1234] Von der Ausnahmemöglichkeit haben Großbritannien, Frankreich und Belgien Gebrauch gemacht.[1235] Die angestrebte Einführung des Folgerechts in den USA soll auch mit einer Ausnahmeregelung für Galerieverkäufe einhergehen.[1236] Eine entsprechende Branchenvereinbarung sah auch die deutsche Ausgleichsvereinigung Kunst vor.[1237] Fiel ein Weiterverkauf durch eine Galerie in die ersten 3 Jahre nach dem Erstverkauf, wurde gemäß einem Beschluss des Beirates

---

1230 Mestmäcker/Schulze/*Müller-Katzenburg*, § 26 Rn. 22; Schricker/Loewenheim/*Katzenberger*, § 26 Rn. 31; *Walter*, Folgerecht-RL, Vor Art. 1 Rn. 3; *Pierredon-Fawcett*, S. 84.

1231 *Pierredon-Fawcett*, S. 89.

1232 *Schack*, Kunst und Recht, S. 214 Rn. 436.

1233 Siehe dazu Teil 3. A. IV. Ausnahmeklausel für Galerien.

1234 Siehe dazu Teil 3. A. IV. Ausnahmeklausel für Galerien.

1235 *Schmidt-Werthern*, S. 103ff; *Stokes*, S. 16; Ausnahme in Frankreich *Ferry-Fall*, CEO ADAGP, Vortrag v. 31.3.2014; in Großbritannien Regulation 12 (Resale), Paragraph (4) Artist's Resale Right Regulations 2006.

1236 *Stoilas*, http://www.theartnewspaper.com/articles/US-Congress-lobbied-over-resale-rights/24284, zuletzt besucht am 23.06.2014.

1237 *Sinanidou*, S. 30.

der Ausgleichsvereinigung Kunst eine Folgerechtsvergütung nicht abgerechnet.[1238] Auch nach Auflösung der AV Kunst kann diese Ausnahme auf Erlöseinziehungsebene aufrechterhalten bleiben, denn die unentbehrliche Tätigkeit von Galeristen als Erstvermittlern neuer Kunstwerke sollte von staatlicher Seite im Sinne eines Kulturstaates unterstützt und gefördert werden.

III. Anspruchsgläubiger und Anspruchsschuldner

1. *Anspruchsgläubiger*

Die Folgerechtsvergütung steht dem Urheber des Werkes sowie nach seinem Tode seinen Rechtsnachfolgern zu (Art. 7 Abs. 1 Folgerecht-RL). Dabei wird nicht geregelt, wer als Rechtsnachfolger bezüglich des Folgerechts gilt. Vielmehr bestimmt sich die Rechtsnachfolge samt aller weiteren erbrechtlichen Fragen nach dem Recht des jeweiligen Mitgliedstaats.[1239] Während in manchen Mitgliedstaaten Verfügungen über das Folgerecht von Todes wegen zulässig sind, dürfen in anderen nur die gesetzlichen Erben als eine Art Pflichtteil vom Folgerecht profitieren.[1240]

Angehörige von Drittstaaten sind nur im Falle der materiellen Reziprozität anspruchsberechtigt.[1241] Das bedeutet, dass sie vom Folgerecht in der Europäischen Gemeinschaft nur dann profitieren sollen, wenn der Staat, dessen Staatsangehörigkeit sie besitzen, den EU-Bürgern ein Folgerecht ebenfalls gewährt (Art. 8 Abs. 1 Folgerecht-RL). Diese Lösung entspricht den Prinzipien der Berner Übereinkunft.[1242] Eine Lockerung dieses Prinzips im Sinne einer Inländergleichbehandlung ist nur bei den Angehörigen von Drittstaaten möglich, die ihren gewöhnlichen Aufenthalt in einem EU-Mitgliedstaat haben.

Die Mitgliedstaaten sind in der Ausgestaltung frei, ob die Wahrnehmung des Folgerechts obligatorisch oder fakultativ einer Verwertungsgesellschaft übertragen werden darf (Art. 6 Abs. 2 Folgerecht-RL). Während in Deutschland nur die Auskunftsansprüche der kollektiven Wahrnehmungspflicht unterliegen, hat sich Großbritannien für die allgemeine obligatorische Wahrnehmung durch Verwertungsgesellschaften entschieden.[1243] Letzteres wird begründet mit der Annahme,

---

1238 Auskunft VG Bild-Kunst.

1239 *EuGH*, U. v. 15.4.2010 – Rs. C-518/08 – Fundación Gala-Salvador Dalí, VEGAP ./. ADAGP – GRUR Int 2010, 588 (591) ; *Dreyer*/Kotthoff/Meckel, I § 26 Rn. 25; Fromm/Nordemann/*Nordemann-Schiffel*, § 26 Rn. 16; Möhring/Nicolini/*Freudenberg*, § 26 Rn. 12; *Walter*, Folgerecht-RL, Art. 6 Rn. 2; *Katzenberger*, GRUR Int 2004, 20 (26).

1240 *Ehrler*, S. 204; *Pierredon-Fawcett*, S. 44ff.

1241 *Walter*, Folgerecht-RL, Art. 7 Rn. 5; *Gamerith*, FS Dittrich, 71 (87).

1242 *Ehrler*, S. 210; siehe dazu Teil 5. A. Normierung auf internationaler Ebene Art. 14 RBÜ.

1243 Regulation 14 (Collective management), Paragraph (1) Artist's Resale Right Regulations 2006; *Stokes*, S. 20.

dass die Verwaltungskosten, die die Einziehung des Folgerechts verursacht, durch die obligatorische kollektive Rechtewahrnehmung wesentlich minimiert werden.[1244]

2. Anspruchsschuldner

a) Grundlagen

Laut Art. 1 Abs. 4 Folgerecht-RL schuldet grundsätzlich der Veräußerer die Abführung der Folgerechtsvergütung. Gemäß Erwägungsgrund 25 S. 3 gelten als Veräußerer die Personen oder Unternehmen, in deren Namen die Veräußerung erfolgt.[1245] Damit haften auch Kommissionäre als Veräußerer, da sie im eigenen Namen und nur für fremde Rechnung handeln.[1246]

Gemäß Erwägungsgrund 25 S. 2 können die Mitgliedstaaten Ausnahmen von der Haftung des Veräußerers für die Zahlung der Folgerechtsvergütung vorsehen. Es bleibt ihnen überlassen, ob eine andere natürliche oder juristische Person, die als Vertreter des Kunstmarktes agiert, allein oder gemeinsam mit dem Veräußerer haften soll.[1247] Insbesondere aufgrund potenzieller Zahlungsunfähigkeit oder Unerreichbarkeit des Veräußerers, der eine natürliche Privatperson sein kann, kann eine die Primärschuld sichernde Haftung empfehlenswert sein.[1248]

b) Kaskadeneffekt

Viele Kunsthändler kritisieren das Folgerecht aufgrund des sogenannten „Kaskadeneffekts“, den es auslöse. Der Begriff stammt aus dem britischen Kunsthandel und möchte veranschaulichen, dass bei schneller Abfolge von Weiterverkäufen jeder Verkauf Folgerechtsansprüche auslöst. Und obwohl bei jeder Transaktion eine Folgerechtsvergütung anfällt, kann diese – anders als bei der Mehrwertsteuer – bei Transaktionen zwischen Händlern nicht zurückerstattet werden.[1249]

Der Kaskadeneffekt ist eines der Hauptthemen des bereits erwähnten Papiers *Key Principles And Recommendations On The Management Of The Author Resale Right*[1250] vom Stakeholder-Dialog der Europäischen Kommission. Die Beteiligten erkannten im Rahmen dieses Dialogs an, dass der Kaskadeneffekt mit der Folgerecht-RL

1244 *Stokes*, S. 21.

1245 *Katzenberger*, GRUR Int 2004, 20 (26).

1246 Schricker/Loewenheim/*Katzenberger*, § 26 Rn. 45; Wandtke/*Bullinger*, § 26 Rn. 5; Loewenheim/*Pfennig*, Handbuch des Urheberrechts, § 88, Rn. 18; *Schmidt-Werthern*, S. 107; *Wiesner*, S. 84.

1247 *Stokes*, S. 15; *Gamerith*, FS Dittrich, 71 (87); *Pfennig*, ZUM 2002, 195 (199).

1248 *Schmidt-Werthern*, S. 107f; *Wiesner*, S. 86.

1249 *Europäische Kommission*, Bericht, S. 10; *McAndrew*, The Global Art Market in 2010, S. 157.

1250 Siehe dazu Teil 3. E. IV. Maßnahmen zur Reduzierung von Verwaltungsaufwand und Verwaltungskosten.

vereinbar ist.[1251] Damit war die Auswirkung gemeint, dass das droit de suite bei mehreren aufeinanderfolgenden Veräußerungen mit jeweiliger Beteiligung des Kunsthandels anfallen kann.[1252] Wenn bei Weiterveräußerungen jede nachfolgende, auch nach einer lediglich kurzen Zeitspanne, wieder Folgerechtsansprüche auslöst, so ist dies „das logische und vom Gesetzgeber gewollte Ergebnis des Folgerechts".[1253]

In der Presse und im Schrifttum wird der Begriff jedoch häufiger in seiner negativ besetzten Bedeutung verwendet, dass bei aufeinanderfolgenden Veräußerungen derselbe Kunsthändler die Folgerechtsvergütung doppelt entrichten muss. Ein Kunsthändler, der an zwei aufeinanderfolgenden Transaktionen beteiligt ist – zuerst als Käufer und anschließend als Verkäufer –, muss möglicherweise zweimal eine Vergütung für dasselbe Kunstwerk bezahlen.[1254] Bei Kunstwerken, die mehrmals verkauft werden, entfaltet das Folgerecht in diesem Fall eine kumulierende Wirkung.[1255]

Der Kaskadeneffekt ist auf die Besonderheit zurückzuführen, dass die meisten Auktionshäuser in Großbritannien das Folgerecht auf den Käufer abwälzen.[1256] In solchen Mitgliedstaaten, in denen nicht nur der Verkäufer, sondern möglicherweise auch der Käufer zur Bezahlung der Vergütung herangezogen wird, kann das Folgerecht bei einem Händler mehrfach für dasselbe Kunstwerk anfallen.[1257] Dies ist meistens der Fall, wenn der Kunsthändler das Werk bei einer Auktion ersteigert und es anschließend in seinem Kunsthandel oder Galerie an Privatpersonen weiterveräußert.[1258] In diesem Fall kann dem Kunsthändler als Käufer eine vertragliche Folgerechtsumlage auferlegt werden und ihn zusätzlich – dann als (Weiter-)Verkäufer – eine gesamtschuldnerische Haftung mit dem privaten Käufer treffen. Von diesem privaten Endkäufer kann der Händler die Folgerechtsumlage entweder aus rechtlichen Gründen nicht herausverlangen oder er scheut dies aus marktspezifischen Gründen.[1259]

Auch bei aufeinanderfolgenden Veräußerungen in unterschiedlichen Mitgliedstaaten kann der Kaskadeneffekt auftreten.[1260] Das ist der Fall, wenn das Werk beispielsweise bei einer britischen Auktion ersteigert wird, wo üblicherweise der Käufer für das Folgerecht herangezogen wird, und anschließend bei einer französischen

1251 *EK-Stakeholder-Dialog*, Key principles, S. 5.
1252 *EK-Stakeholder-Dialog*, Key principles, S. 5.
1253 *VG Bild-Kunst*, http://www.bildkunst.de/urheberrecht/folgerecht/kritik-ist-unbegruendet.html, zuletzt besucht am 19.03.2015.
1254 *DACS*, Response, S. 8.
1255 *Europäische Kommission*, Bericht, S. 10.
1256 *DACS*, Response, S. 8; *EK-Stakeholder-Dialog*, Key principles, S. 5 Fn. 1.
1257 *Europäische Kommission*, Bericht, S. 10; *EK-Stakeholder-Dialog*, Key principles, S. 5.
1258 *Grant*, http://www.huffingtonpost.com/daniel-grant/uks-artist-resale-royalty_b_1881430.html, zuletzt besucht am 19.03.2015.
1259 *EK-Stakeholder-Dialog*, Key principles, S. 5; *Grant*, http://www.huffingtonpost.com/daniel-grant/uks-artist-resale-royalty_b_1881430.html, zuletzt besucht am 19.03.2015.
1260 *EK-Stakeholder-Dialog*, Key principles, S. 5.

Auktion weiterversteigert wird, wo in den meisten Fällen noch der Veräußerer für das Folgerecht aufkommen muss.[1261] In Deutschland ist diese Abwälzungspraxis auch üblich.[1262] Diese Problematik wird innerhalb der Darstellung der deutschen Regelung behandelt.[1263]

Auch in Frankreich erhob das Auktionshaus Christie's in den Jahren 2008 und 2009 eine Folgerechtsumlage für den Erwerber. Berühmtes Beispiel ist die in 2009 erfolgte Versteigerung der Kunstsammlung von Yves Saint Laurent in Paris.[1264] Das französische Justizministerium vertrat schon 2008 die Meinung, dass Folgerechtsumlageklauseln mit dem französischen Urheberrecht unvereinbar sind.[1265] Auch der Syndicat national des antiquaires hielt eine entsprechende Klausel in den allgemeinen Verkaufsbedingungen von Christie's für nichtig und ist gerichtlich dagegen vorgegangen. Diese Auffassung teilte auch die *Cour d'appel de Paris*: das Folgerecht sei als ein von dem durch die Veräußerung eines Werkes bereicherten Veräußerer an den Urheber zu zahlendes Entgelt konzipiert worden und jede vertragliche Abweichung von diesem Prinzip verstoße gegen die Sicherstellung der europäischen Vereinheitlichung des Folgerechts.[1266] Auf die Vorlagefrage der Cour de cassation hat der *EuGH* nun entschieden, dass durch Art. 1 Abs. 4 Folgerecht-RL die nach den nationalen Rechtsvorschriften zur Abführung der Folgerechtsvergütung verpflichtete Person – sei es der Veräußerer oder ein an der Transaktion beteiligter Vertreter des Kunstmarkts – nicht daran hindert, mit einer anderen Person einschließlich des Erwerbers zu vereinbaren, dass diese letztlich die Kosten des Folgerechts ganz oder teilweise trägt, sofern eine solche vertragliche Vereinbarung die Pflichten und die Haftung der abführungspflichtigen Person gegenüber dem Urheber unberührt lässt.[1267]

Zwar stellt Art. 1 Abs. 4 den Grundsatz auf, dass die Folgerechtsvergütung vom Veräußerer zu zahlen ist, erlaubt aber gleichzeitig den nationalen Gesetzgebern, die Zahlungspflicht anderen an der Veräußerung des Kunstwerkes Beteiligten aufzuerlegen.[1268] Somit trifft die Folgerecht-RL keine verbindliche Aussage darüber, wer die Kosten der dem Urheber geschuldeten Folgerechtsvergütung endgültig zu tragen hat.[1269] Eine Vereinbarung zwischen den an der Veräußerung beteilgiten

---

1261 *EK-Stakeholder-Dialog*, Key principles, S. 5 Fn.1.
1262 *v. Brühl*, GRUR 2009, 1117 (1120).
1263 Siehe dazu Teil 5. C. VI. 2. b) Abwälzung auf den Ersteigerer.
1264 *v. Brühl*, GRUR 2009, 1117 (1120).
1265 *v. Brühl*, GRUR 2009, 1117 (1120).
1266 *EuGH*, Urt. v. 26.2.2015 – Rs. C-41/14 – Christie's France ./. Syndicat national des antiquaires, Rn. 11.
1267 *EuGH*, Urt. v. 26.2.2015 – Rs. C-41/14 – Christie's France ./. Syndicat national des antiquaires, Rn. 33.
1268 *EuGH*, Urt. v. 26.2.2015 – Rs. C-41/14 – Christie's France ./. Syndicat national des antiquaires, Rn. 21–24.
1269 *EuGH*, Urt. v. 26.2.2015 – Rs. C-41/14 – Christie's France ./. Syndicat national des antiquaires, Rn. 21–24.

Personen darüber, dass der Erwerber die Folgerechtsvergütung im Endeffekt trägt, stellt somit keinen Verstoß gegen die Folgerecht-RL dar.[1270] Dies gilt jedoch nur soweit, als durch eine solche Vereinbarung die Zahlungsverpflichtung des im Gesetz genannten Schuldners gegenüber dem Urheber nicht beeinträchtigt wird. Der *EuGH* bringt damit die Wertung zum Ausdruck, dass die Folgerecht-RL primär den Schutz des Vergütungsanspruchs des Urhebers bezweckt und die Frage nach dem Verkaufsbeteiligten, der die Kostentragung dieser Vergütung übernimmt, als nachrangig betrachtet.[1271]

Diese Entscheidung des *EuGH*, die dem Beteiligungsgrundsatz zugunsten des Urhebers den höchsten Stellenwert beimisst, ist durchaus zu begrüßen. Nichtsdestotrotz dürfen die Interessen der Kunsthändler nicht völlig vernachlässigt werden, um eine reibungslose Entrichtung der Folgerechtsvergütung gewährleisten zu können, der die Kunstmarktbeteiligten tatsächlich nachkommen. Der Kaskadeneffekt stellt eine nicht zu leugnende finanzielle Doppelbelastung insbesondere in den Fällen dar, in denen er denselben Kunstmarktteilnehmer mehrmals für dasselbe Werk trifft. Wie oft und in welchem Umfang diese Doppelbelastung tatsächlich auftritt, ist noch nicht ausreichend untersucht worden.[1272] Es wäre eine der wichtigen Aufgaben der Europäischen Kommission, bei dem zweiten Bericht über die Umsetzung der Folgerecht-RL sich der Klärung der Marktsituation zu widmen, wie auch vom *Europäischen Parlament* und *Stakeholder Dialog* bereits empfohlen.[1273] Sollten empirische Studien und der zweite Bericht der Europäischen Kommission bestätigen, dass der Kaskadeneffekt in Form der Doppelbelastung des Kunsthandels im nennenswerten Umfang zu beobachten ist, sollten entsprechende Gegenmaßnahmen erwogen werden. Trotz der Tatsache, dass die Folgerechtsumlageklausel vom *EuGH* für zulässig erachtet wurde, können entsprechende Vereinbarungen zwischen Kunsthändlerverbänden, Auktionshäusern und Verwertungsgesellschaften getroffen werden, die tatsächlich auftetende Doppelbelastungen bei der Abführung des Folgerechts auffangen und abmildern.

IV. Berechnung der Anspruchshöhe

Der Folgerechtsanspruch berechnet sich auf der Grundlage der Höhe des erzielten Nettoverkaufspreises und folgt einem System mit degressiven Sätzen für bestimmte Preisspannen (Art. 4 Folgerecht-RL). Vorgesehen sind folgende Sätze: 4 % für die Tranche des Verkaufspreises bis zu 50.000 Euro, 3 % für die Tranche des

---

1270 *EuGH*, Urt. v. 26.2.2015 – Rs. C-41/14 – Christie's France ./. Syndicat national des antiquaires, Rn. 32.

1271 Möhring/Nicolini/*Freudenberg*, § 26 Rn. 14.

1272 *EK-Stakeholder-Dialog*, Key principles, S. 5f; *VG Bild-Kunst*, http://www.bildkunst.de/urheberrecht/folgerecht/kritik-ist-unbegruendet.html, zuletzt besucht am 19.03.2015.

1273 *Europäisches Parlament*, Bericht, S. 5f; so auch *EK-Stakeholder-Dialog*, Key principles, S. 6.

Verkaufspreises von 50.000 bis 200.000 Euro, 1 % für die Tranche des Verkaufspreises von 200.000 bis 350.000 Euro, 0,5 % für die Tranche des Verkaufspreises von 350.000 bis 500.000 Euro und schließlich 0,25 % für die Tranche des Verkaufspreises über 500.000 Euro. Die Minderung des Satzes mit zunehmender Höhe des Verkaufserlöses soll die Gefahr einer Handelsverlagerung außerhalb der Europäischen Union verringern.[1274] Die Sätze divergieren demzufolge insbesondere aufgrund der Höhe der Verlagerungskosten einer Veräußerung ins folgerechtsfreie Ausland für das jeweilige Preissegment, sog. „Folgerechtsumgehungskosten".[1275] Der Höchstbetrag der Folgerechtsvergütung ist auf 12.500 Euro gedeckelt. In der Praxis bedeutet dies, dass ab einer Veräußerungssumme in Höhe von 2 Millionen Euro der Folgerechtsanteil nicht mehr ansteigt.[1276]

Es fällt auf, dass die Richtlinie, die im Übrigen den Mitgliedstaaten einen weiten Umsetzungsspielraum lässt, gerade bei der Höhe der Folgerechtssätze sehr konkrete Vorgaben macht und kaum Abweichungen zulässt. Abweichend können die Mitgliedstaaten lediglich einen Satz von 5 % auf die Tranche des Verkaufspreises bis zu 50.000 EUR anwenden. Art. 4 Abs. 1 führt nochmal den Kompromisscharakter der Richtlinie vor Augen und den erbitterten Widerstand der britischen Auktionshäuser, die den Verlust ihrer Stellung auf dem Weltkunstmarkt befürchteten.[1277] Die Verwertungsgesellschaften in einigen Mitgliedstaaten haben ihr Bedauern ausgedrückt, dass die Harmonisierung der anwendbaren Vergütungssätze zu einem niedrigeren Satz geführt hat als in den nationalen Rechtsvorschriften festgelegt war, bevor die Obergrenze von 12.500 Euro für den Gesamtbetrag der Vergütung und die Staffelung der Vergütungssätze für die verschiedenen Preissegmente eingeführt wurden.[1278]

Die Aufspaltung der Abgabesätze stellt eine Benachteiligung der auf dem Kunstmarkt erfolgreichsten Künstler (sowie ihrer Rechtsnachfolger) und zudem eine bürokratische Belastung für die Verwertungsgesellschaften dar.[1279] Auch die Kappungsgrenze erscheint bei Erlösen in Millionenhöhe bedenklich.[1280] Für Anspruchsinhaber bei teureren Werken hat die Begrenzung der Anspruchshöhe fast eine enteignungsähnliche Natur und es könnte sogar über die Verfassungskonformität

---

1274 *Ehrler*, S. 195; *Weatherall*, S. 23; *Gamerith*, FS Dittrich, 71 (82); *Gaster*, FS Dittrich, 91 (118); *Katzenberger*, GRUR Int 2004, 20 (25); *Pfennig*, ZUM 2002, 195 (200).

1275 Möhring/Nicolini/*Freudenberg*, § 26 Rn. 45; *Walter*, Folgerecht-RL, Art. 4 Rn. 1; *Wiesner*, S. 94; *Handig*, ZUM 2006, 546 (547); Loewenheim/*Pfennig*, Handbuch des Urheberrechts, § 88, Rn. 24; *Pfennig*, Copyright Bulletin (UNESCO) 35/3 (2001), 37 (42); *Sturm*, KUR 2005, 135 (136).

1276 Dreier/*Schulze*, § 26 Rn. 17; Möhring/Nicolini/*Freudenberg*, § 26 Rn. 48; *Wiesner*, S. 84; *Müller-Katzenburg*, Tagungsband Kunstrechtstag, 75 (81).

1277 *Katzenberger*, GRUR Int 2004, 20 (25).

1278 *Europäische Kommission*, Bericht, S. 11.

1279 *Pfennig*, ZUM 2002, 195 (200).

1280 *GRUR*, Stellungnahme, GRUR 2005, 488 (489).

auf nationaler Ebene nachgedacht werden.[1281] Aufgrund der Kappungsgrenze konnten in Frankreich allein 2012 Tantiemen in Höhe von 310.000 Euro nicht als Folgerechtsvergütungen ausgezahlt werden.[1282]

Es stellt sich daher die Frage, ob die hypothetische Kunsthandelsverlagerung, die ausschließlich auf der Umgehung des Folgerechts beruhen soll, tatsächlich die degressive Staffelung rechtfertigt.[1283] Schließlich sahen vor der Umsetzung der Folgerecht-RL fast alle nationalen Regelungen uniforme Folgerechtssätze ohne Staffelung vor.[1284] In Deutschland galt vorher beispielsweise ein Pauschalsatz von 5 % für alle Verkäufe.[1285]

Der Folgerechtssatz sollte sich vom Grundsatz her an der wirtschaftlichen Zweckmäßigkeit orientieren, indem er einen angemessenen Ausgleich zwischen den Interessen der Künstler und des Kunstmarktes anstrebt.[1286] Bei der Abwägung sollte beachtet werden, dass die Staffelung sowie die Kappungsgrenze im Widerspruch zum urheberrechtlichen Beteiligungsgrundsatz[1287] und zum allgemeinen Gleichheitsgrundsatz stehen. Denn nicht allen Künstlern wird die Möglichkeit gewährt, in gleicher Weise am wirtschaftlichen Erfolg ihrer Werke zu partizipieren. Die Abweichung von solchen wesentlichen Rechtsprinzipien zulasten der Interessen der Urheber könnte nur durch eine besondere Belastung des Kunstmarktes gerechtfertigt werden. Da jedoch nach Umsetzung der Folgerecht-RL keine Abwanderung des Kunsthandels beobachtet werden konnte[1288], sollte sowohl die Staffelung als auch die Kappungsgrenze erneut auf ihre Existenzberechtigung hinterfragt werden. Denn schließlich wurden sie mit der befürchteten Folgerechtsumgehungstendenz begründet, die sich nach den neuesten Erkenntnissen nicht realisiert hat.

Eine regelmäßige Anpassung der Höhe der Beteiligungssätze, des Höchstbetrages und des Mindestbetrages sieht Artikel 11 Abs. 1 S. 3 iVm Erwägungsgrund 26 der Folgerecht-RL vor.[1289] Die Kommission sollte regelmäßig nicht nur über die tatsächliche Anwendung des Folgerechts in den Mitgliedstaaten sowie über dessen Folgen für den Kunstmarkt in der Gemeinschaft berichten, sondern auch regelmäßig Vorschläge zur Änderung der vorliegenden Richtlinie in den genannten Punkten vorlegen. In diesem Sinne darf durchaus erwartet werden, dass sich die Kommission einer Anpassung der gestaffelten Sätze und der Kappungsgrenze widmet. Gegen

---

1281 *Wiesner,* S. 93; *Passiny,* S. 47; *GRUR,* Stellungnahme, GRUR 2005, 488 (489); *Pfennig,* ZUM 2002, 195 (200); *Stauffacher,* KUR 2011, 139 (139).

1282 *Ferry-Fall,* CEO ADAGP, Vortrag v. 31.3.2014.

1283 *Pfennig,* Copyright bulletin (UNESCO) 35/3 (2001), 37 (42).

1284 *Ehrler,* S. 194; *DACS,* Response, S. 10; *Gamerith,* FS Dittrich, 71 (82); *Gaster,* FS Dittrich, 91 (101f); *Pierredon-Fawcett,* S. 114f: Ausnahmen waren Belgien, Portugal und Italien, die progressive und keine degressiven Sätze regelten.

1285 *Europäische Kommission,* Bericht, S. 11.

1286 *Pierredon-Fawcett,* S. 112.

1287 Möhring/Nicolini/*Freudenberg,* § 26 Rn. 48.

1288 Siehe dazu ausführlich Teil 3. D. Auswertende Studien.

1289 Möhring/Nicolini/*Freudenberg,* § 26 Rn. 39.

eine Überarbeitung von Art. 4 Folgerecht-RL im Hinblick auf die ausgebliebene Abwanderung des Kunsthandels kann man natürlich einwenden, dass eine Verlagerung möglicherweise gerade durch die vorausschauende aktuelle Regelung der Beteiligungssätze in der Europäischen Union verhindert werden konnte. Gerade diese Rechtfertigung der degressiven Staffelung gilt es für die Europäische Kommission jedoch zu überprüfen und zwar vor dem Hintergrund, dass das bestehende System dem Beteiligungsgrundsatz nicht in einheitlicher Weise folgt und dadurch manche Künstler wirtschaftlich benachteiligt werden. Auch das *Europäische Parlament* hat der Kommission empfohlen, bei der erneuten Überprüfung der Auswirkungen der Folgerecht-RL in ihrem nächsten Bewertungsbericht, sich der Angemessenheit der geltenden Sätze und Grenzwerte aufs Neue zu widmen.[1290]

Es könnte in diesem Sinne wieder eine schrittweise Vereinheitlichung des Beteiligungssatzes und eine zukünftige Streichung der Kappungsgrenze angestrebt werden. Spätestens dann, wenn die Gefahr der Verlagerung von teuren Kunstveräußerungen sich minimiert hat – insbesondere nach einer Einführung des Folgerechts in den USA und China – sollte die aktuelle Berechnung des Folgerechtsanteils auf europäischer Ebene erneut überprüft werden.

V. Mindesterlösgrenze

Ein Folgerechtsanspruch sollte nur gegeben sein, wenn seine Einziehung und Verwaltung keine gleichwertigen oder gar höheren Kosten verursacht.[1291] Die Mitgliedstaaten müssen daher zwingend gemäß Art. 3 Folgerecht-RL einen Mindestverkaufspreis festlegen, ab dem die Veräußerungen dem Folgerecht unterliegen. Dieser Mindestbetrag muss sich an dem Ertrag orientieren, der den Künstlern nach Abzug der Verwaltungskosten zufließt.[1292] Die Höhe dieses Mindestbetrages bleibt den nationalen Gesetzgebern vorbehalten, wobei die Obergrenze bei 3.000 Euro liegt.[1293]

Positiv anzumerken ist hier, dass im Vergleich zu der Höhe der Folgerechtssätze nach Art. 4 Abs. 1 Folgerecht-RL, die Höhe des Mindestbetrages den nationalen Gesetzgebern überlassen bleibt. Es stellt sich lediglich die Frage, ob die zulässige Obergrenze von 3.000 Euro nicht unverhältnismäßig großzügig erscheint. Diese Summe ist recht hoch, wenn man bedenkt, dass weniger bekannte Künstler sowie besondere Werkarten wie beispielsweise Fotografien oder Druckgrafiken selten diese Preissequenz erreichen.[1294] Ein faktischer Ausschluss von Werkkategorien

1290 *Europäisches Parlament*, Bericht, S. 5.

1291 Möhring/Nicolini/*Freudenberg*, § 26 Rn. 35; *Schmidt-Werthern*, S. 116.

1292 *Pierredon-Fawcett*, S.119.

1293 Dreier/*Schulze*, § 26 Rn. 6; Fromm/Nordemann/*Nordemann-Schiffel*, § 26 Rn. 4; Möhring/Nicolini/*Freudenberg*, § 26 Rn. 36; *Müller-Katzenburg*, Tagungsband Kunstrechtstag, 75 (79).

1294 *Walter*, Folgerecht-RL, Art. 3 Rn. 1; *Pierredon-Fawcett*, S.119; *Schmidt-Werthern*, S. 116; *Gamerith*, FS Dittrich, 71 (82); *Katzenberger*, GRUR Int 2004, 20 (25).

darf jedoch „durch die Hintertür des Mindestbetrages" nicht erfolgen.[1295] Das US Copyright Office spricht auch die Empfehlung aus: „Include a relatively low threshold value to ensure that the royalty benefits as many artists as possible"[1296]. Der Erwägungsgrund 22 zur Folgerecht-RL weist auch besonders darauf hin, dass durch die Festsetzung eines niedrigeren Mindestbetrages unbekannte Künstler gefördert werden.[1297]

Man könnte beispielsweise auch an unterschiedliche Mindestbeträge entsprechend der Werkkategorie denken und eine flexiblere Regelung schaffen.[1298] An dieser Stelle könnte eine Staffelung des Mindestbetrages jedenfalls sachgerechter erscheinen als eine allgemeine Staffelung der Sätze. Lediglich die erschwerte Praktikabilität eines gestaffelten Mindestbetrages könnte dagegen sprechen.

Von den Veräußerungen von Werken noch lebender europäischer Künstler erreichten in der EU 2010 lediglich 29,9 % das Preissegment 3.000 bis 50.000 Euro.[1299] 29,6 % dieser Verkäufe endeten in der Preisspanne 1.000 bis 3.000 Euro.[1300] 37,1 % der genannten Geschäfte wiesen einen Kaufpreis niedriger als 1.000 Euro aus.[1301] Damit durften allein nach den Vorgaben der Richtlinie über die Mindesterlösgrenze 66,7 % dieser Veräußerungen keinen Folgerechtsanspruch auslösen. Auch in Italien, Belgien und Deutschland erhalten die Werke bei über 70 % dieser Veräußerungen einen Preis unter 3.000 Euro.[1302] 2010 erfolgten im Vereinigten Königreich 45,2 % der genannten Veräußerungen im Preisbereich unter 3.000 Euro.[1303] Die Veräußerungen von Werken verstorbener Künstler innerhalb der Schutzfrist unter 3.000 Euro lagen sogar bei 49,3 %.[1304] In Österreich beispielsweise wurde die höchste zulässige Mindesterlösgrenze von 3.000 Euro zunächst voll ausgeschöpft[1305] und mittlerweile auf 2.500 Euro gesenkt[1306].

Würde man die Mindestgrenze bei 3.000 Euro anlegen, würde nur eine kleine elitäre Gruppe innerhalb der Künstlergemeinschaft vom Folgerecht profitieren.[1307] Daher erscheint es empfehlenswert, die zulässige Höhe des Mindestbetrages auf europäischer Ebene herabzusetzen. Dies könnte die nötige Signalwirkung für die Mitgliedstaaten haben, ebenfalls an niedrigen Mindestbeträgen festzuhalten oder auch eine Senkung auf nationaler Ebene vorzunehmen.

1295 *Schmidt-Werthern*, S. 116.
1296 *US Copyright Office*, Resale Royalties, S. 3.
1297 Möhring/Nicolini/*Freudenberg*, § 26 Rn. 39.
1298 *Pierredon-Fawcett*, S.120.
1299 *McAndrew*, The Global Art Market in 2010, Tabelle S. 121.
1300 *McAndrew*, The Global Art Market in 2010, Tabelle S. 121.
1301 *McAndrew*, The Global Art Market in 2010, Tabelle S. 121.
1302 *McAndrew*, The Global Art Market in 2010, S. 122.
1303 *McAndrew*, The Global Art Market in 2010, Tabelle S. 121.
1304 *McAndrew*, The Global Art Market in 2010, Tabelle S. 151.
1305 *Lück*, GRUR Int 2007, 884 (887).
1306 § 16b Abs. 2 S. 1 öUrhG.
1307 *DACS*, Response, S. 8.

VI. Auskunftsanspruch

Art. 9 Folgerecht-RL sieht vor, dass die Anspruchsberechtigten in einem Zeitraum von drei Jahren nach einer Weiterveräußerung von jedem Vertreter des Kunstmarkts die Auskünfte einholen können, die für die Sicherung der Zahlung der Folgerechtsvergütung aus dieser Weiterveräußerung erforderlich sein können. Als Vertreter des Kunstmarktes sind wie in Art. 1 Abs. 2 Folgerecht-RL Auktionshäuser, Kunstgalerien und allgemein Kunsthändler gemeint. Nicht zuletzt aufgrund der negativen Praxiserfahrungen in den Mitgliedstaaten vor der Einführung des Auskunftsanspruchs erscheint diese Auskunftspflicht zwingend, um die Durchsetzung der Vergütungsansprüche zu ermöglichen.[1308]

Das Auskunftsbegehren kann vom jedem Anspruchsberechtigten geltend gemacht werden. Sofern die Wahrnehmung der Auskunftsanspüche nicht obligatorisch durch eine Verwertungsgesellschaft erfolgen muss, können die diversen unkanalisierten Nachfragen für einen erheblichen Verwaltungsaufwand für die Vertreter des Kunstmarktes sorgen.[1309] Daher erscheint ein Auskunftsmonopol der Verwertungsgesellschaften nach deutschem Vorbild zumindest aus verwaltungstechnischen Gründen empfehlenswert, solange ein transparentes Tätigwerden der Verwertungsgesellschaft im Interesse des einzelnen Urhebers dem Grunde nach gewährleistet werden kann.

VII. Schutzdauer

Gemäß der Richtlinie 2006/116/EG über die Schutzdauer des Urheberrechts und bestimmter verwandter Schutzrechte[1310] erstreckt sich der Schutz des Urheberrechts auf einen Zeitraum von 70 Jahren nach dem Tod des Urhebers. Vom Anwendungsbereich des Folgerechts werden daher nur Originale moderner und zeitgenössischer Kunstwerke erfasst (Erwägungsgrund 16 Folgerecht-RL).

VIII. Fazit

Die nähere Betrachtung der Folgerecht-RL zeigt, dass die europäische Regelung vom Grundsatz her einen weitreichenden Schutz der bildenden Künstler anstrebt. Der Richtlinie liegt daher ein weiter Original- und Kunstwerkbegriff zugrunde, der eher losgelöst von der Werkgattung verstanden wird. Ein weitreichendes Auskunftsrecht und eine umfassende, auch sekundäre Haftung der Vertreter des Kunstmarktes werden ermöglicht. Andererseits werden manche Aspekte der Ausgestaltung, wie beispielsweise die hohe Mindestbetragsgrenze, die degressive Staffelung der Beteiligungssätze und die Kappungsgrenze durch die Befürchtungen über erwartete negative Auswirkungen auf den Kunstmarkt diktiert. Die prozentuale wirtschaftliche

---

1308 *Walter*, Folgerecht-RL, Vor Art. 9 Rn. 1.

1309 *Pfennig*, ZUM 2002, 195 (200).

1310 Richtlinie 2006/116/EG v. 12.12.2006, ABl. EG L 372 v. 27.12.2006, S. 12–18.

Beteiligung des Künstlers, insbesondere in den höheren Preissegmenten, wurde mit erkennbarem Bedacht festgesetzt.

Seit dem Erlass der Richtlinie und ihrer Umsetzung ist nun eine gewisse Zeit vergangen. Der britische Widerstand gegen das Folgerecht hat sich mittlerweile gelegt, die Regelung hat europaweit größere Akzeptanz gewonnen und die empirischen Daten belegen, dass keine nennenswerten negativen Einflüsse auf den europäischen Kunstmarkt festgestellt werden konnten. Das anfängliche Herantasten an das droit de suite auf europäischer Ebene sollte nun vorangetrieben und das Schutzniveau für Künstler weiterhin vereinheitlicht werden. Vor diesem Hintergrund und im Hinblick auf die Verpflichtung der Kommission zur regelmäßigen Anpassung von Beteiligungssätzen, Höchstbetrag und Mindesterlösgrenze aus Art. 11 Folgerecht-RL erscheint es empfehlenswert, in einem der kommenden Berichte der Europäischen Kommission überarbeitete Vorschläge für diese Teilregelungen aufzunehmen. Der harmonisierte Schutzstandard für bildende Künstler sollte deshalb nicht mehr den früheren wirtschaftlichen Bedenken untergeordnet sein und an die neuen Erkenntnisse angepasst werden. Entsprechend der Empfehlungen des *Europäischen Parlaments* sollte auf nationaler und europäischer Ebene weiterhin nach Lösungen für Probleme bei der Durchsetzung wie die kumulierte Folgerechtsabführung durch denselben Kunstmarktteilnehmer (sog. Kaskadeneffekt) und die administrative Belastung des Kunsthandels gesucht werden.[1311]

C. Gesetzliche Verankerung in Deutschland und Regelungsgehalt

Zum ersten Mal wurde das droit de suite 1920 in Frankreich gesetzlich normiert.[1312] In Deutschland wurde es als gesetzliche Regelung erstmalig 1965 eingeführt.[1313] Eine

---

1311 *Europäisches Parlament*, Bericht, S. 5f; so auch *EK-Stakeholder-Dialog*, Key principles, S. 5f.

1312 Mestmäcker/Schulze/*Müller-Katzenburg*, § 26 Rn. 1; Möhring/Nicolini/*Freudenberg*, § 26 Rn. 6; Schricker/Loewenheim/*Katzenberger*, § 26 Rn. 1; *Walter*, Folgerecht-RL, Vor Art. 1 Rn. 10; *Ehrler*, S. 30; *Lerner/ Bresler*, S.1001; Loewenheim/*Pfennig*, Handbuch des Urheberrechts, § 88, Rn. 1; *Pierredon-Fawcett*, S. 4; *Rossbach*, S. 43; *Schack*, Kunst und Recht, S. 212 Rn. 431; *Schmidt-Werthern*, S. 18f; *Schneider-Brodtmann*, S. 32,39; *Sinanidou*, S. 15; *Stokes*, S. 9; *Kirchner*, INTEGRU-Tagung 2009, 211 (213); *Koch*, UFITA Bd. 2 (1929), 279 (279); *Katzenberger*, GRUR Int 2004, 20 (22); *Katzenberger*, GRUR Int 1997, 309 (309); *Müller-Katzenburg*, Tagungsband Kunstrechtstag, 75 (77); *Ohly*, FG Schricker, 427 (433); *Pfennig*, FS Kreile, 491 (491); *Ramonbordes*, Copyright Bulletin (UNESCO) 34/2 (2000), 25 (25); *Samson*, UFITA Bd. 50 B (1967/ II), 491 (498); *Ulmer*, GRUR 1974, 593 (593); *Wuenschel*, JIPLP 4 (2009), 130 (130); *Zimmerling/Felsmann*, EuZW 2002, 267 (267).

1313 § 26 des Gesetzes über Urheberrecht und verwandte Schutzrechte (Urheberrechtsgesetz) vom 9. 9. 1965, BGBl. 1965 I, S. 1273; *Ohly*, FG Schricker, 427 (433); *Samson*, GRUR 1970, 449 (449); *Ulmer*, GRUR 1974, 593 (593).

überarbeitete Norm wurde 1972 in das Urhebergesetz aufgenommen.[1314] In Gesetzesentwürfen war das Folgerecht allerdings bereits seit 1932 vermehrt zu finden.[1315]

I. Erfasste Werke

Schutzgegenstand des Urheberrechts ist die immaterielle Schöpfung des Urhebers, die im gegenständlichen Werk lediglich ihre Verkörperung findet. Trotz dieser unerlässlichen Differenzierung bilden das geistige Gut und sein materieller Formausdruck bei Werken der bildenden Kunst eine untrennbare Einheit.

Laut § 26 Abs. 1 S. 1 UrhG sind die Originale der bildenden Kunst sowie von Lichtbildwerken Schutzobjekte des Folgerechts. Die Terminologie unterscheidet sich von der der Folgerecht-RL, die von Originalen von Kunstwerken spricht. Im Folgenden soll daher der Frage nachgegangen werden, was im deutschen Recht unter einem Originalwerk der bildenden Kunst sowie einem Originalwerk eines Lichtbildwerkes im urheberrechtlichen Sinne zu verstehen ist.

Zunächst ist nicht alles, was in den Kunstfachkreisen als „Kunstwerk" angesehen wird, auch zwingend urheberrechtlich geschützt.[1316] Der Begriff des „Kunstwerks" im kunstwissenschaftlichen Sinne kann nicht mit dem urheberrechtlichen Werkbegriff gleichgesetzt werden.[1317] Das Urheberrecht schützt nicht die Kunst schlechthin, die sich juristisch kaum definieren lässt, sondern lediglich die Formgebung individueller geistiger Leistungen des Schöpfers.[1318] Somit ist der urheberrechtliche Werkbegriff durch seine normative Natur geprägt und setzt eine persönliche geistige Schöpfung voraus.[1319]

Die gebräuchliche urheberrechtliche Definition eines Werkes der bildenden Kunst lautet „eine eigenpersönliche Schöpfung, die mit den Darstellungsmitteln der Kunst durch formgebende Tätigkeit hervorgebracht und vorzugsweise für die ästhetische Anregung des Gefühls durch Anschauung bestimmt ist; dabei ist

---

1314 Gesetz zur Änderung des Urhebergesetzes vom 10.11.1972, BGBl. 1972 I S. 2081.

1315 § 18 des Entwurfs eines Gesetzes über das Urheberrecht an Werken der Literatur, der Kunst und der Photographie des Reichsjustizministeriums 1932, S. 62ff; § 41 des Referentenentwurfs des Bundesjustizministeriums 1959, UFITA Bd. 29 (1959), 214 (223); § 26 des Regierungsentwurf 1962, BT Drucks. IV/270, S. 52f = UFITA Bd. 45 (1965), 155 (267ff).

1316 Dreier/*Schulze*, § 2 Rn. 149; Schricker/*Loewenheim*, § 2 Rn. 134; Loewenheim/*Schulze*, § 9 Rn. 96.

1317 Dreier/*Schulze*, § 2 Rn. 149; Schricker/*Loewenheim*, § 2 Rn. 134; ; *Erdmann*, FS v. Gamm, 389 (395).

1318 Dreier/*Schulze*, § 2 Rn. 149; Schricker/*Loewenheim*, § 2 Rn. 134; *Erdmann*, FS v. Gamm, 389 (390ff).

1319 Dreier/*Schulze*, § 2 Rn. 149; Schricker/*Loewenheim*, § 2 Rn. 134; *Erdmann*, FS v. Gamm, 389 (392), (396).

gleichgültig, ob das Werk neben seinem ästhetischen Zweck noch einem praktischen Gebrauchszweck dient."[1320]

Als Werke der bildenden Kunst gelten daher „zwei- oder dreidimensionale Gestaltungen", die auf bildnerischer Fantasie beruhen.[1321] Vor allem Gemälde, Zeichnungen, Drucke, Grafiken, Skulpturen, Plastiken und Stiche können dazu gezählt werden.[1322] Als Werke der bildenden Kunst werden laut § 2 Abs. 1 Nr. 4 UrhG nicht nur die klassischen Gattungen wie Malerei und Bildhauerei qualifiziert, sondern auch Werke der Baukunst und der angewandten Kunst sowie Entwürfe solcher Werke.

1. *Keine Werke der Baukunst und der angewandten Kunst*

Werke der Baukunst und der angewandten Kunst sind allerdings ausdrücklich vom Schutzbereich des Folgerechts ausgeklammert (§ 26 Abs. 8 UrhG). Die Preisbildung und die Wertsteigerungen bei Werken der angewandten Kunst und Baukunst sind oft auf nicht kunstbezogene Faktoren zurückzuführen.[1323] Bei Gebäuden und Schmuckstücken beispielsweise richtet sich der Verkaufspreis seltener nach dem künstlerischen Wert, sondern vielmehr nach dem Wert des Grundstückes bzw. des verarbeiteten Materials.[1324] Zudem wird der Urheber dieser Werke bei der Erstveräußerung eher gerecht entlohnt,[1325] da die spätere Preissteigerung viel weniger mit einer Höherbewertung der schöpferischen Leistung zusammenhängt[1326].

In der Literatur gibt es Stimmen, die Werke der angewandten Kunst, soweit sie urheberrechtlich schutzfähig sind, allgemein dem Folgerecht unterstellen wollen.[1327] So eine Umsetzung wäre nach der Folgerecht-RL zulässig, da sie, wie erwähnt, nicht nach Werkkategorien differenziert, sondern allgemein von „Kunstwerken" spricht. Angesichts der Bedeutung des Materials für die Preisbildung bei dieser Kunstgattung wird vorgeschlagen, lediglich bei Werken, bei denen das Material einen „offenkundigen und erheblichen Einfluss" auf den Preis ausübt, das Folgerecht

1320 *BGH*, Urt. v. 27.11.1956 – I ZR 57/55 – *Europapost*, GRUR 1957, 291 (292); *BGH*, Urt. v. 9.12.1958 – I ZR 112/57 – *Rosenthal-Vase*, GRUR 1959, 289 (290); *BGH*, Urt. v. 21.5.1969 – I ZR 42/67– *Vasenleuchter*, GRUR 1972, 38 (39); Dreier/*Schulze*, § 2 Rn. 150; *Wiesner*, S. 2, Rn. 3.

1321 *Walter*, Folgerecht-RL, Vor Art. 1 Rn. 9; *Katzenberger*, Das Folgerecht, S. 82; *Wiesner*, S. 2.

1322 Dreier/*Schulze*, § 2 Rn. 151; *Pierredon-Fawcett*, S. 57 ff; *Schneider-Brodtmann*, S.77.

1323 Regierungsentwurf 1962, BT Drucks. IV/270 S.53; Möhring/Nicolini/*Freudenberg*, § 26 Rn. 18; Schricker/Loewenheim/*Katzenberger*, § 26 Rn. 22; Wandtke/*Bullinger*, § 26 Rn. 11; *Katzenberger*, Das Folgerecht, S. 84; *Schmidt-Werthern*, S. 29; *Wiesner*, S. 107.

1324 Möhring/Nicolini/*Freudenberg*, § 26 Rn. 18; *Walter*, Folgerecht-RL, Art. 2 Rn. 6; *Schneider-Brodtmann*, S. 77; *Wiesner*, S. 107; *Koch*, UFITA Bd. 2 (1929), 279 (291f).

1325 Möhring/Nicolini/*Freudenberg*, § 26 Rn. 18; *Walter*, Folgerecht-RL, Art. 2 Rn. 6.

1326 Regierungsentwurf 1962, BT Drucks. IV/270, S. 53; *Wiesner*, S. 107, Rn. 228.

1327 *Ehrler*, S. 177f.

allein anhand des gutachterlich geschätzten künstlerischen Wertes nach Abzug des Materialwertes auszurechnen.[1328] Diese Lösung erscheint viel zu konstruiert, um jemals von den Kunstmarktakteuren und Verwertern akzeptiert zu werden. Die Durchsetzung des Folgerechts wird schon in seiner aktuellen Ausgestaltung von den Kunstmarktteilnehmern als sehr komplex wahrgenommen. Aus heutiger Sicht ist es kaum vorstellbar, dass eine Lösung über Gutachter und Werteinschätzungen praktikabel sein kann. Zudem wäre nach der *Geburtstagszug*-Entscheidung[1329] des *BGH* der Bogen der Folgerechtsfähigkeit im deutschen Recht eindeutig überspannt.

Demnach sind die Werkkategorien Baukunst und angewandte Kunst richtigerweise kein Gegenstand der deutschen Folgerechtsregelung. Im Umkehrschluss bedeutet dies, dass nur Werke der „reinen" bildenden Kunst vom Folgerecht erfasst werden.[1330]

2. Werke der reinen bildenden Kunst

Von den Werken der angewandten Kunst, die als kunstgewerbliche Erzeugnisse Gebrauchszwecken dienen, unterscheiden sich die Werke der „reinen" bildenden Kunst als zweckfrei.[1331] Es stellt sich somit die Frage, ob lediglich Werke ohne jeglichen Gebrauchszweck Folgerechtsfähigkeit genießen können. Dann wäre der Schutzbereich der Regelung sehr eng. Als umstritten in diesem Sinne gilt, ob bei der Abgrenzung zwischen angewandter und reiner Kunst primär auf den Gebrauchszweck oder eher auf die handwerkliche bzw. industrielle Serienfertigung der Werke abzustellen ist.[1332] Denn als Werke der angewandten Kunst werden zudem künstlerisch gestaltete Bedarfs- und Gebrauchsgegenstände angesehen,[1333] die sich meistens durch industrielle und serienmäßige Herstellung auszeichnen.[1334] Letztlich gibt es keinen starren Übergang von Werken der angewandten Kunst zu Werken der reinen bildenden Kunst – dieser ist vielmehr fließend.[1335]

Bei der Abgrenzung zwischen angewandter und reiner Kunst sollten die Begrifflichkeiten der Folgerecht-RL herangezogen werden. Auch Tapisserien und Keramiken, die im Grundsatz der angewandten Kunst angehören, können folgerechtsfähige Werke im Sinne der Folgerecht-RL sein.[1336] Wie schon erläutert,[1337] wird in der

1328 *Ehrler*, S. 177f; *Pierredon-Fawcett*, S. 67.
1329 *BGH*, Urt. v. 13. 11. 2013 – I ZR 143/12 – *Geburtstagszug*, GRUR 2014, 175 (177ff).
1330 *Katzenberger*, Das Folgerecht, S. 83; *Wiesner*, S. 107.
1331 *BGH*, Urt. v. 22.6.1995 – I ZR 119/93 – *Silberdistel*, GRUR 1995, 581 (582); Schricker/*Loewenheim*, § 2 Rn. 146; *Wiesner*, S. 108.
1332 *Katzenberger*, GRUR Int 2004, 20 (23).
1333 Schricker/*Loewenheim*, § 2 Rn. 158; Wandtke/*Bullinger*, § 2 Rn. 96.
1334 Dreier/*Schulze*, § 2 Rn.158.
1335 Wandtke/*Bullinger*, § 2 Rn. 96.
1336 Fromm/Nordemann/*Nordemann-Schiffel*, § 26 Rn. 14; *Ehrler*, S. 150; *Wiesner*, S. 108; *GRUR*, Stellungnahme, GRUR 2005, 488 (489); *Sturm*, KUR 2005, 135 (136).
1337 Siehe dazu Teil 5. B. II. 1. Kunstwerk.

Richtlinie für die Folgerechtsfähigkeit lediglich auf die Originaleigenschaft eines Kunstwerkes abgestellt.[1338] Es ist auch sachgerecht, wenn einer Vase oder einem Krug von Picasso die Folgerechtsfähigkeit zugesprochen wird, anstatt auf den Gebrauchszweck dieser Gegenstände abzustellen.[1339] Es gibt durchaus Werke, die einem Gebrauchszweck dienen und trotzdem die Anforderungen an die für das Folgerecht erforderliche Originalität erfüllen.[1340] Diese sind meist künstlerisch gestaltete Gebrauchsgegenstände, die als Unikate hergestellt wurden oder aus einer individualisierten Kleinserie stammen.[1341] Dagegen sollten künstlerische Gegenstände, die serienmäßig industriell hergestellt wurden und die Kriterien der Originalität vermissen, aus dem Anwendungsbereich des Folgerechts ausgeklammert werden.[1342] Aufgrund ihrer Produktionsweise (mechanische Massenproduktion) verblasst bei solchen Werken der Ausdruck der künstlerischen Persönlichkeit komplett.[1343]

Es ist im Hinblick auf eine richtlinienkonforme Auslegung daher fraglich, ob der überwiegende Gebrauchszweck im Gegensatz zum reinen künstlerischen, ästhetischen Zweck eines Werkes das entscheidende Kriterium für die Abgrenzung der reinen von der angewandten Kunst in Bezug auf das deutsche Folgerecht sein kann.[1344] Die Zweckbestimmung des Gegenstands kann, muss aber nicht zwingend für die Abgrenzung tauglich sein.[1345] Vielmehr sollte die Bestimmung eines Werkes zur Verwertung in Handwerk oder Industrie als kennzeichnendes Merkmal der Werke der angewandten Kunst angesehen werden.[1346]

Zusammenfassend können also auch künstlerisch gestaltete Gegenstände des täglichen Bedarfs folgerechtsfähig sein, soweit sie nicht aus einer handwerklich oder industriell hergestellten Serie stammen, sondern vom Künstler selbst angefertigt wurden.[1347] Es kommt bei der Abgrenzung nicht auf den Gebrauchszweck des Gegenstandes, sondern auf seine Herstellungsweise an.[1348] Letztlich soll in Streitfällen richtlinienkonform auf die Originaleigenschaft abgestellt werden.[1349] Handelt es

1338 *GRUR*, Stellungnahme, GRUR 2005, 488 (489); *Pfennig*, Copyright Bulletin (UNESCO) 35/3 (2001), 37 (38).
1339 *Ehrler*, S. 173; *Pierredon-Fawcett*, S. 64.
1340 Möhring/Nicolini/*Freudenberg*, § 26 Rn. 20; *Pierredon-Fawcett*, S. 65.
1341 Möhring/Nicolini/*Freudenberg*, § 26 Rn. 20.
1342 Möhring/Nicolini/*Freudenberg*, § 26Rn. 20; *Schack*, Kunst und Recht, S. 213f Rn. 434; *Stokes*, S. 17; *Pfennig*, Copyright Bulletin (UNESCO) 35/3 (2001), 37 (38).
1343 *Pierredon-Fawcett*, S. 65.
1344 Möhring/Nicolini/*Freudenberg*, § 26 Rn. 20; *Katzenberger*, Das Folgerecht, S. 86.
1345 Dreier/*Schulze*, § 26 Rn.34.
1346 Dreier/*Schulze*, § 26 Rn.34; Schricker/Loewenheim/ *Katzenberger*, § 26 Rn. 24.
1347 Dreier/*Schulze*, § 26 Rn.34; *Schack*, Kunst und Recht, S. 213 Rn. 434; *Wiesner*, S. 109.
1348 Dreier/*Schulze*, § 26 Rn.34; *Katzenberger*, Das Folgerecht, S. 87; *Schack*, Kunst und Recht, S. 213 Rn. 434; Schricker/Loewenheim/ *Katzenberger*, § 26 Rn. 24; *Wiesner*, S. 108;
1349 Möhring/Nicolini/*Freudenberg*, § 26 Rn. 20; Fromm/Nordemann/*Nordemann-Schiffel*, § 26 Rn. 14; *Pfennig*, Copyright Bulletin (UNESCO) 35/3 (2001), 37 (38).

sich um ein durch den Urheber selbst einmalig hergestelltes Werk oder in geringer Stückzahl angefertigte Gestaltung, ist der praktische Gebrauchszweck des Gegenstandes daneben nicht mehr als Kriterium relevant.[1350] In den Anwendungsbereich des Folgerechts können daher künstlerisch gestaltete Gebrauchsgegenstände wie Gläser, Schalen, Vasen oder Teppiche fallen.[1351]

In der Praxis wird auch auf die Originalität eines Werkes abgestellt, anstatt auf seine Gebrauchstauglichkeit. Folgerechtspflichtig sind Veräußerungen von Werken von Mitgliedern der VG Bild-Kunst, wenn sie in der Katalogbeschreibung des Versteigerers mit der Bezeichnung „Original" versehen sind. Die zukünftigen folgerechtspflichtigen Verkaufsmeldungen von Kunsthändlern und Versteigerern an die VG Bild-Kunst sollen durch die baldige Erstellung von Leitlinien erleichtert werden. Zu der Erstellung solcher Leitlinien haben sich die Verwertungsgesellschaften bereits entsprechend Punkt 2 Nr. 10 sowie Nr. 14 der *Key Principles And Recommendations On The Management Of The Author Resale Right* bereit erklärt. Diese Leitlinien werden in Zukunft Auskunft über Grenzfragen bezüglich der Folgerechtspflichtigkeit von Werken bieten und in dieser Weise die Meldungen der Nutzer unterstützen und vereinfachen.[1352]

3. Lichtbildwerke

Die Erstreckung des Folgerechts auf Lichtbildwerke findet seine Begründung darin, dass heutzutage limitierte Abzüge ähnliche Preise wie andere Werkoriginale der bildenden Kunst auf dem Kunstmarkt erzielen.[1353] Denn der Fotomarkt gehört mittlerweile unabdingbar zum Kunsthandels- und Auktionsmarkt.[1354] Die Stellung des Fotografen am Kunstmarkt ähnelt der des bildenden Künstlers, daher wurde vor der Umsetzung der Folgerecht-RL eine analoge Anwendung des Folgerechts auf Lichtbildwerke angenommen, jedoch durch die VG Bild-Kunst nicht realisiert.[1355] Nach der Neufassung und ausdrücklichen Einbeziehung von Fotografien in § 26 Abs. 1 S. 1 UrhG können die Schöpfer von Lichtbildwerken auch vom Folgerecht profitieren.[1356]

Lichtbildwerke sind Werke der künstlerischen Fotografie, die als eigene Werkkategorie nach § 2 Abs. 1 Nr. 5 UrhG gelten. Lichtbildwerke werden als Abbildungen definiert, welche mithilfe einer Strahlungsquelle durch die chemische oder physikalische Veränderung von strahlungsempfindlichen Schichten hervorgerufen

---

1350 *Wiesner*, S. 108.
1351 *Wiesner*, S. 108.
1352 Auskunft VG Bild-Kunst.
1353 *Katzenberger*, GRUR Int 2004, 20 (23).
1354 *Pfennig*, Kunst, Markt und Recht, S. 73.
1355 Schricker/Loewenheim/*Katzenberger*, § 26 Rn. 20.
1356 Dreier/*Schulze*, § 26 Rn. 9; *Wiesner*, S. 93; *Müller-Katzenburg*, Tagungsband Kunstrechtstag, 75 (82).

werden.[1357] Daneben sind Werke geschützt, die unter Benutzung strahlender Energie auch in anderer Weise erschaffen werden.[1358] Darunter fällt auch die digitale Festlegung.[1359] Maßgebend ist die Abbildung von etwas in der Natur Vorgegebenem durch Bildgestaltung und Akzentuierung, wie beispielsweise Motivwahl, Ausschnittwahl, Blickführung, Verteilung zwischen Licht und Schatten.[1360] Die Aufnahmetechnik, das Aufnahmeverfahren und das benutzte Trägermaterial spielen dagegen keine Rolle bei der Zuordnung zu den Lichtbildwerken.[1361]

Auf Lichtbilder, die den Leistungsschutz nach § 72 UrhG genießen, ist die Folgerechtsregelung nicht anwendbar.[1362] Lichtbildwerke erfüllen im Vergleich zu bloßen Lichtbildern das Kriterium der persönlichen geistigen Schöpfung.[1363]

II. Begriff des Originals

Originale sind zunächst die Unikate, die der Künstler selbst eigenhändig angefertigt hat.[1364] Sie müssen sich durch eine selbstständige künstlerische Gestaltung auszeichnen, auch wenn es sich um Wiederholungsstücke handelt.[1365] Keine Originale sind demgemäß identische Wiederholungen von künstlereigenen oder fremden Werken.[1366] Zur Bestimmung der Originaleigenschaft wird zudem die Anschauung der am Kunstmarkt beteiligten Kreise herangezogen.[1367]

1. Werke der reinen bildenden Kunst

Besonderheiten gelten bei der Druckgrafik und den im Abgussverfahren hergestellten plastischen Werken. Drucke und Abgüsse können Originalqualität besitzen, wenn sie von der Vorlage vom Künstler selbst oder mit dessen Zustimmung bzw.

1357 Schricker/*Loewenheim*, § 2 Rn. 179; Wandtke/*Bullinger*, § 2 Rn. 113; Castendyk/*Buchholz/Pahlen*, Fotorecht, S. 60 Rn. 65.

1358 Dreier/*Schulze*, § 2 Rn. 199; *Dreyer*/Kotthoff/Meckel, I § 2 Rn. 242; Wandtke/*Bullinger*, § 2 Rn. 113.

1359 *Dreyer*/Kotthoff/Meckel, I § 2 Rn. 241; Schricker/*Loewenheim*, § 2 Rn. 179.

1360 Schricker/*Loewenheim*, § 2 Rn. 180; *Schack*, Kunst und Recht, S. 430 Rn. 856.

1361 Dreier/*Schulze*, § 2 Rn. 199; *Dreyer*/Kotthoff/Meckel, I § 2 Rn. 244; Schricker/*Loewenheim*, § 2 Rn. 180; Wandtke/*Bullinger*, § 2 Rn. 113; Castendyk/*Buchholz/Pahlen*, Fotorecht, S. 61 Rn. 67.

1362 Dreier/*Schulze*, § 26 Rn. 9; Mestmäcker/Schulze/*Müller-Katzenburg*, § 26 Rn. 18; Möhring/Nicolini/*Freudenberg*, § 26 Rn. 21; Schricker/Loewenheim/*Katzenberger*, § 26 Rn. 20; Loewenheim/*Pfennig*, Handbuch des Urheberrechts, § 88, Rn. 13.

1363 *Dreyer*/Kotthoff/Meckel, I § 2 Rn. 241; Schricker/*Loewenheim*, § 2 Rn. 182; Wandtke/*Bullinger*, § 2 Rn. 112; *Schack*, Kunst und Recht, S. 431 Rn. 858.

1364 *Katzenberger*, Das Folgerecht, S. 90f; *Schneider-Brodtmann*, S.78; *Lück*, GRUR Int 2007, 884 (888).

1365 Schricker/Loewenheim/*Katzenberger*, § 26 Rn. 26.

1366 Schricker/Loewenheim/*Katzenberger*, § 26 Rn. 26.

1367 Schricker/Loewenheim/*Katzenberger*, § 26 Rn. 27; *Schmidt-Werthern*, S. 34f; *Lück*, GRUR Int 2007, 884 (888).

unter dessen Leitung von einem Dritten angefertigt werden.[1368] „Unter der Leitung des Künstlers“ entsteht ein Werkstück, wenn er den Herstellungsvorgang initiiert und die entstehenden Abzüge bzw. Abgüsse, Drucke nachträglich kontrolliert und billigt.[1369] Solche Exemplare zeichnen sich gewöhnlich durch ihre Signatur oder Nummerierung aus bzw. sie machen ihre Autorisierung durch den Künstler anderweitig kenntlich.[1370]

In der Ausgleichsvereinigung Kunst (§ 4 Nr. 2 Rahmenvertrag) galten als Originale Werke, die in mehreren Exemplaren hergestellt wurden, soweit auch die Hilfsmittel der Vervielfältigung (Druckplatten, Gussform usw.) vom Künstler stammen und die Vervielfältigung entweder von ihm selbst oder unter seiner Aufsicht durch Dritte vorgenommen worden ist; bei vom Künstler signierten Exemplaren wurde dies unwiderleglich vermutet (§ 4 Nr. 2 S. 2 Rahmenvertrag). Eingeschlossen wurden auch Mappenwerke, sofern sie Originale im vorstehenden Sinn enthielten, nicht jedoch Bücher (§ 4 Nr. 2 S. 3 Rahmenvertrag). Posthume Güsse zählten zum Umsatz mit Kunst des 20. Jahrhunderts (§ 4 Nr. 2 S. 4 Rahmenvertrag). Diese Definition der deutschen Verwertungspraxis aus dem Jahr 1980 erinnert sehr an die Formulierung der viel später verabschiedeten Folgerecht-RL.[1371]

Letztlich wichtig für die Praxis ist die Tatsache, dass die Originalität eines Werkes in der Regel vermutet wird.[1372] Derjenige, der sich auf fehlende Originalität beruft und damit Vergütungsansprüche aus dem Folgerecht bestreitet, ist beweispflichtig.[1373] Da jedoch, insbesondere im Bereich der Druckgrafik, der Kunstmarkt von massenhaften Vervielfältigungen überflutet ist, erachtet die VG Bild-Kunst Weiterveräußerungen von Druckgrafiken der klassischen Moderne als folgerechtsfrei, es sei denn ein besonderer Provenienznachweis hebt die Originalität hervor.

2. Lichtbildwerke

Ähnlich wie in der grafischen Kunst lassen sich identische Vervielfachungen einer Vorlage auch in der Fotografie vom Negativ erstellen.[1374] Lichtbildwerke sind im Vergleich zu anderen Werkarten geradezu von vornherein dazu bestimmt, in mehreren Exemplaren durch Abzüge und Vergrößerungen angefertigt zu werden.[1375]

1368 Dreier/*Schulze*, § 26 Rn. 10; Schricker/Loewenheim/*Katzenberger*, § 26 Rn. 28; *Ohly*, FG Schricker, 427 (450); *Samson*, UFITA Bd. 50 B (1967/II), 491 (498f); *Sturm*, KUR 2005, 135 (136).

1369 *Wiesner*, S. 52.

1370 Mestmäcker/Schulze/*Müller-Katzenburg*, § 26 Rn. 17; Schricker/Loewenheim/*Katzenberger*, § 26 Rn. 28; *Ohly*, FG Schricker, 427 (450); *Samson*, UFITA Bd. 50 B (1967/II), 491 (499).

1371 *Pfennig*, ZUM 2002, 195 (199).

1372 Dreier/*Schulze*, § 26 Rn. 10; *Dreyer*/Kotthoff/Meckel, I § 26 Rn. 13.

1373 Dreier/*Schulze*, § 26 Rn. 10; *Dreyer*/Kotthoff/Meckel, I § 26 Rn. 13.

1374 *Ehrler*, S. 183.

1375 Dreier/*Schulze*, § 44 Rn. 19.

Der Begriff des Originals wird bei Lichtbildwerken noch sehr uneinheitlich definiert und ist in einigen Punkten umstritten. Als keine Originale gelten allgemein Nachdrucke, die ohne Wissen und Willen des Fotografen oder erst posthum erstellt worden sind.[1376]

Bei Abzügen von historischen Fotos gelten als Originale diejenigen, die mit Wissen und Willen des Fotografen vom Negativ hergestellt und von ihm signiert worden sind.[1377] Umfasst werden somit Fotos, die auf Weisung des Künstlers hergestellt und autorisiert wurden, wie beispielsweise Massenlaborabzüge.[1378] Manche Autoren nehmen dagegen Eingrenzungen vor und verlangen eine eigenhändige Erstellung des Abzuges durch den Künstler innerhalb einer bestimmten Auflage oder die zeitlich unmittelbare Herstellung nach der Negativaufnahme bei sogenannten Vintage-Prints.[1379]

Bei moderner – auch digitaler Fotografie – wird darauf abgestellt, dass die Abzüge signiert und einer Auflage zugeordnet werden, um als autorisierte Originale zu gelten.[1380] Im Rahmen der digitalen Lichtbildwerke kommt dem ersten Datenträger mangels Wahrnehmbarkeit keine Bedeutung als Original zu.[1381] Erst vom Künstler autorisierte und wahrnehmbar gemachte Exemplare, die nach seiner Vorstellung eine hervorgehobene Stellung haben, stellen daher die Originale dar.[1382]

Im „seriösen" Kunst- und Auktionshandel wird man davon ausgehen können, dass es sich um folgerechtspflichtige Originale handelt, es sei denn das Angebot ist gesondert als Reproduktion oder als einfaches Lichtbild gekennzeichnet.[1383] Somit wird in der Praxis auch in diesem Punkt auf die Beschreibung des Kunsthändlers abgestellt, die im Katalog oder in der Ergebnisliste festgehalten ist.

III. Weiterveräußerung

Die erste Veräußerung, in der das Eigentum am Original vom Urheber selbst oder seinen Erben erstmalig an einen Dritten übertragen wird, fällt folgerichtig nicht unter die Folgerechtsregelung. Da der Verkaufserlös direkt dem Schöpfer zufließt, bedarf es auch keinem Beteiligungsrecht daran.

1376 Dreier/*Schulze*, § 44 Rn. 19; Schricker/Loewenheim/*Vogel*, § 44 Rn. 28.

1377 Dreier/*Schulze*, § 44 Rn. 19; Schricker/Loewenheim/*Vogel*, § 44 Rn. 27.

1378 Dreier/*Schulze*, § 44 Rn. 19; Wandtke/*Bullinger*, § 26 Rn. 10; Castendyk/*Buchholz/Pahlen*, Fotorecht, S. 83 Rn. 110.

1379 Schricker/Loewenheim/*Vogel*, § 44 Rn. 27.

1380 Schricker/Loewenheim/*Vogel*, § 44 Rn. 27.

1381 Wandtke/*Bullinger*, § 26 Rn. 10; Castendyk/*Buchholz/Pahlen*, Fotorecht, S. 83f Rn. 110.

1382 Wandtke/*Bullinger*, § 26 Rn. 10; Castendyk/*Buchholz/Pahlen*, Fotorecht, S. 83f Rn. 110.

1383 Loewenheim/*Pfennig*, Handbuch des Urheberrechts, § 88, Rn. 14f.

1. *Begriff*

Das Folgerecht greift daher bei weiteren Eigentumsübertragungen ein.[1384] In Anlehnung an die ältere, mittlerweile aufgegebene Rechtsprechung des *BGH* wollen manche Autoren in Deutschland allein das dingliche Verfügungsgeschäft darunter subsumieren.[1385] Andere verstehen den Begriff der Weiterveräußerung als aus Verfügungs- und Verpflichtungsgeschäft zusammengesetztes Veräußerungsgeschäft.[1386] Eine Trennung des Verpflichtungs- und Verfügungsgeschäfts scheint außerhalb des internationalen Privatrechts nicht notwendig, da die gesetzliche Regelung auf den tatsächlich erzielten Erlös abstellt.[1387] Weder das dingliche Verfügungsgeschäft noch das schuldrechtliche Verpflichtungsgeschäft für sich allein betrachtet können jeweils einen urheberrechtlichen Folgerechtsanspruch begründen.[1388] Im Vergleich dazu wird in Großbritannien auf die Vollendung des Kaufes (completion of the sale) abgestellt,[1389] welcher entsprechend der Rechtsprechung als Eingang des vollständigen Kaufpreises beim Käufer plus Eigentumsübergang auszulegen ist.[1390]

Das Folgerecht kommt daher bei Rechtsgeschäften zur Anwendung, die einen Eigentumsübergang bewirken.[1391] Dies ist auch folgerichtig, denn die Übertragung des Eigentums eröffnet einem neuen Personenkreis die Möglichkeit des Werkgenusses und stellt eine urheberrechtlich relevante Nutzung dar. Zudem ergibt sich aus dem Sinn und Zweck der Folgerechtsregelung, dass es sich um eine entgeltliche Weiterveräußerung handeln muss.[1392] Während die Erstveräußerung durch den Urheber auch als Schenkung erfolgen darf, ist eine folgerechtsauslösende Weiterveräußerung mindestens eine gemischte Schenkung oder ein Tausch, bei denen der Verkehrswert der Gegenleistung als Veräußerungserlös fungiert wird.[1393] Dies beruht auf der praktischen Überlegung, dass eine Schenkung meist unter Privaten

1384 *Pierredon-Fawcett*, S. 76;

1385 *BGH*, Urt. v. 16.6.1994 – I ZR 24/92 – *Folgerecht bei Auslandsbezug*, NJW 1994, 2888 (2888); Schricker/Loewenheim/*Katzenberger*, § 26 Rn. 30; *Schmidt-Werthern*, S. 36;; *Lück*, GRUR Int 2007, 884 (888).

1386 *BGH*, Urt. v. 17.7.2008 – I ZR 109/05 – *Sammlung Ahlers*, GRUR 2008, 989 (989); *Dreyer*/Kotthoff/Meckel, I § 26 Rn. 9; Fromm/Nordemann/*Nordemann-Schiffel*, § 26 Rn. 19; Mestmäcker/Schulze/*Müller-Katzenburg*, § 26 Rn. 20; Möhring/Nicolini/*Freudenberg*, § 26 Rn. 27; *Wiesner*, S. 96; *Handig*, ZUM 2006, 546 (548).

1387 Möhring/Nicolini/*Freudenberg*, § 26 Rn. 27; *Wiesner*, S. 96ff.

1388 *BGH*, Urt. v. 17.7.2008 – I ZR 109/05 – *Sammlung Ahlers*, GRUR 2008, 989 (989); Möhring/Nicolini/*Freudenberg*, § 26 Rn. 27.

1389 Regulation 13 (Liability to pay resale royalty), Paragraph (3) Artist's Resale Right Regulations 2006.

1390 *Stokes*, S. 25f.

1391 *Ehrler*, S. 141f.

1392 *Ehrler*, S. 142; *Schmidt-Werthern*, S. 36; *Schneider-Brodtmann*, S. 83.

1393 Mestmäcker/Schulze/*Müller-Katzenburg*, § 26 Rn. 23; Schricker/Loewenheim/*Katzenberger*, § 26 Rn. 31f; *Ehrler*, S. 141f; a. A. bzgl. Tauschgeschäfte *Wiesner*, S. 99f.

(Museen einbezogen) erfolgt und ihr Erlös sowie auch die Folgerechtsvergütung einen Betrag von Null Euro ergeben.[1394]

2. Inlandsbezug

Für das Entstehen des Folgerechts nach deutschem Recht wird ein Inlandsbezug beim Verkauf in dem Sinne vorausgesetzt, dass die Weiterveräußerung wenigstens teilweise im Inland stattgefunden haben muss.[1395] Ob die deutsche Folgerechtsregelung Anwendung findet, spielt vor allem – jedoch nicht nur – in Fällen eine Rolle, die sich auf folgerechtsfreie Staaten wie die Schweiz oder die USA beziehen. Auch die innereuropäischen Regelungen über das droit de suite unterscheiden sich beispielsweise bei der Mindestbetragsgrenze, sodass auch bei grenzüberschreitenden Sachverhalten innerhalb der EU das anwendbare materielle Recht zu divergierenden Ergebnissen über das Entstehen eines Folgerechtsanspruchs führen kann.

Bei grenzüberschreitenden Sachverhalten wird im Urheberrecht das Recht des Schutzlandes angewendet.[1396] Dies ist allgemein das Recht des Staates, für dessen Gebiet Urheberrechtsschutz verlangt wird.[1397] Dies ist darauf zurückzuführen, dass Immaterialgüterrechte ihre Schutzwirkungen stets nur innerhalb der Grenzen des Staates entfalten, der diese Rechte normiert hat.[1398] Aufgrund dieses urheberrechtlichen Territorialitätsprinzips entstehen bei Weiterveräußerungen von in Deutschland folgerechtspflichtigen Werken dann keine Vergütungsansprüche, wenn der gesamte Verkaufsvorgang im folgerechtsfreien Ausland stattgefunden hat.[1399] In solchen Fällen fehlt es an einem erforderlichen Inlandsbezug der Weiterveräußerung.

Der *BGH* entschied in einem Rechtsstreit um drei Werke von Joseph Beuys, die ein deutscher Sammler günstig erworben hatte und 1989 in London bei Christie's versteigern ließ, dass englisches Recht anwendbar war.[1400] Die Auftragserteilung

1394 *Ehrler*, S. 142.

1395 *BGH*, Urt. v. 16.6.1994 – I ZR 24/92 – *Folgerecht bei Auslandsbezug*, NJW 1994, 2888 (2888); Dreier/*Schulze*, § 26 Rn. 5; Schricker/Loewenheim/*Katzenberger*, Vor §§ 120 Rn. 146; Wandtke/*Bullinger*, § 26 Rn. 15; *Lerner/ Bresler*, S.1003; *Schack*, Kunst und Recht, S. 214 Rn. 437; *Wiesner*, S. 87; *v. Brühl*, GRUR 2009, 1117 (1119); *Müller-Katzenburg*, Tagungsband Kunstrechtstag, 75 (85);).; *Schneider-Brodtmann*, NJW 2009, 740 (740); *Vorpeil*, GRUR Int 1992, 913 (913); *Zimmerling/Felsmann*, EuZW 2002, 267 (267).

1396 Loewenheim/*Pfennig*, Handbuch des Urheberrechts, § 58, Rn. 6; *Pfefferle*, GRUR 1996, 338 (339).

1397 *Schneider-Brodtmann*, NJW 2009, 740 (740); *Vorpeil*, GRUR Int 1992, 913 (913).

1398 *v. Brühl*, GRUR 2009, 1117 (1118); *Vorpeil*, GRUR Int 1992, 913 (913).

1399 Loewenheim/*Pfennig*, Handbuch des Urheberrechts, § 88, Rn. 24; *Katzenberger*, GRUR Int 1992, 567 (570).

1400 Dreier/*Schulze*, § 26 Rn. 5; *Lerner/ Bresler*, S.1003; *Schack*, Kunst und Recht, S. 214f Rn. 437; *Wiesner*, S. 87; *v. Brühl*, GRUR 2009, 1117 (1118); *Katzenberger*, GRUR Int 1997, 309 (311); *Katzenberger*, GRUR Int 1992, 567 (567f); *Schneider-Brodtmann*, NJW 2009, 740 (740); *Weller*, KUR 2008, 62 (63).

und die Einlieferung aus Deutschland sowie die Unterstützung von der deutschen Niederlassung von Christie's waren nur Vorbereitungshandlungen, die nicht zur Anwendung des deutschen Rechts führten.[1401] Auch die gemeinsame deutsche Staatsangehörigkeit der Parteien bzw. ihr gewöhnlicher Aufenthalt in Deutschland sowie die Überweisung des Versteigerungserlöses nach Deutschland waren als Begleitumstände irrelevant.[1402] Diese Entscheidung wird eher als obiter dictum gewertet, da der gesamte Veräußerungsvorgang außerhalb von Deutschland abgewickelt worden ist.[1403] Zudem stellte der *BGH* in dem Fall noch allein auf den sachenrechtlichen Eigentumsübergang ab, der sich teilweise im Inland vollzogen haben sollte.[1404]

Später änderte der *BGH* seine Auffassung und subsumierte unter den Begriff der Weiterveräußerung das gesamte, sowohl das schuldrechtliche Verpflichtungsgeschäft als auch das dingliche Verfügungsgeschäft umfassende Veräußerungsgeschäft.[1405] Daher darf bei der Beurteilung des Inlandbezuges nicht mehr lediglich auf den dinglichen Eigentumsübergang abgestellt werden. Auch die Umstände des schuldrechtlichen Vertragsabschlusses sind zu berücksichtigen. Daher kann das deutsche Folgerecht auch auf Sachverhalte angewendet werden, bei denen der Kaufvertrag ganz oder zum Teil in Deutschland abgeschlossen worden ist.[1406] Da der Kaufvertrag die Zahlungsverpflichtung begründet und die Höhe des Veräußerungserlöses bestimmt, ist er ein wesentlicher Teil des Weiterveräußerungsbegriffs im Sinne des Folgerechts.[1407]

1401 Dreier/*Schulze*, § 26 Rn. 5; *Dreyer*/Kotthoff/Meckel, I § 26 Rn. 11; Schricker/Loewenheim/*Katzenberger*, Vor §§ 120 Rn. 146; Wandtke/*Bullinger*, § 26 Rn. 15; *Schack*, Kunst und Recht, S. 215 Rn. 437; *Wiesner*, S. 87; *v. Brühl*, GRUR 2009, 1117 (1118); *Katzenberger*, GRUR Int 1997, 309 (312); *Katzenberger*, GRUR Int 1992, 567 (573); *Schneider-Brodtmann*, NJW 2009, 740 (740f).

1402 Schricker/Loewenheim/*Katzenberger*, Vor §§ 120 Rn. 146; Wandtke/*Bullinger*, § 26 Rn. 15; *Schack*, Kunst und Recht, S. 215 Rn. 437; *Wiesner*, S. 87; *v. Brühl*, GRUR 2009, 1117 (1118); *Katzenberger*, GRUR Int 1997, 309 (312).

1403 Schricker/Loewenheim/*Katzenberger*, Vor §§ 120 Rn. 146; *v. Brühl*, GRUR 2009, 1117 (1118); *Müller-Katzenburg*, Tagungsband Kunstrechtstag, 75 (85); *Katzenberger*, GRUR Int 1992, 567 (576f).

1404 *Dreyer*/Kotthoff/Meckel, I § 26 Rn. 40; *v. Brühl*, GRUR 2009, 1117 (1118); *Müller-Katzenburg*, Tagungsband Kunstrechtstag, 75 (84); *Pfefferle*, GRUR 1996, 338 (340); *Schneider-Brodtmann*, NJW 2009, 740 (741); *Weller*, KUR 2008, 62 (63).

1405 *BGH*, Urt. v. 17.7.2008 – I ZR 109/05 – *Sammlung Ahlers*, GRUR 2008, 989 (989); *Dreyer*/Kotthoff/Meckel, I § 26 Rn. 40; Fromm/Nordemann/*Nordemann-Schiffel*, § 26 Rn. 19; *Müller-Katzenburg*, Tagungsband Kunstrechtstag, 75 (85); *Schneider-Brodtmann*, NJW 2009, 740 (742f); *Welser*, ZUM 2000, 472 (476f).

1406 Dreier/*Schulze*, § 26 Rn. 5; *Dreyer*/Kotthoff/Meckel, I § 26 Rn. 40; Schricker/Loewenheim/*Katzenberger*, Vor §§ 120 Rn. 146; *v. Brühl*, GRUR 2009, 1117 (1119); *Müller-Katzenburg*, Tagungsband Kunstrechtstag, 75 (86); *Weller*, KUR 2008, 62 (65).

1407 *v. Brühl*, GRUR 2009, 1117 (1119).

Nun können sich Kunstmarktakteure auf den Grundsatz verlassen, dass jeder in Deutschland abgeschlossene Kaufvertrag bei Vorliegen der übrigen Tatbestandsvoraussetzungen folgerechtliche Ansprüche auslöst.[1408] Ob sich die Eigentumsübertragung im Ausland vollzieht oder die Kunstwerke zur Zeit des Vertragsschlusses im Ausland lagern, wie im Falle der Sammlung Ahlers, ist irrelevant.[1409] Höchstrichterlich ungeklärt bleibt bisweilen nur noch die Fallgruppe, in der zwischen deutschen Kunsthändlern und deutschen Sammlern schuldrechtliches und dingliches Rechtsgeschäft auf internationalen Kunstmessen im Ausland geschlossen werden und lediglich die tatsächliche Übergabe im Inland vollzogen wird.[1410]

3. *Erfasste Weiterveräußerungsgeschäfte*

a) *Keine Weiterveräußerungen zwischen Privaten*

Rein private Veräußerungen sind vom Anwendungsbereich ausgenommen.[1411] Damit sind Verkaufs- oder Tauschgeschäfte zwischen „marchands amateurs", privaten Sammlern und Museen, gemeint.[1412] Die Einschränkung beruht auf praktischen Überlegungen.[1413] Es ist für den Urheber wirtschaftlich sinnvoller, wenn der professionelle Kunsthandel als Adressat der Norm vorgesehen ist.[1414] Im Vergleich dürften rein private Geschäfte auf dem Kunstmarkt nur sehr schwer erfassbar sein. Für den Berechtigten wird es mit immensen praktischen Schwierigkeiten verbunden sein, rein private Veräußerungen nachzuweisen. Die Beteiligten werden aus finanziellen Gründen bemüht sein, den Eigentumsübergang nicht offen zu legen, sondern eher anonym zu halten bzw. zu bestreiten. Die Ermittlung von Privatverkäufen wäre mit einem sehr hohen Verwaltungsaufwand verbunden. Nachfragen oder sogar Nachforschungen bei Privatpersonen sind mit der Eigendynamik des Kunstmarktes nicht vereinbar.[1415] So stellt auch *Pierredon-Fawcett* fest: „The costs of establishing a system for controlling sales of artistic works between individuals would be truly disproportionate in relation to the sums one might reasonably hope to collect."[1416]

Nicht vernachlässigt werden darf auch der Aspekt, dass Rahmenvereinbarungen, die zur erheblichen Erleichterung der Abrechnungspraxis beitragen, mit

---

1408 *v. Brühl*, GRUR 2009, 1117 (1120).
1409 *v. Brühl*, GRUR 2009, 1117 (1120).
1410 *v. Brühl*, GRUR 2009, 1117 (1120).
1411 *Ginsburgh*, Econ. Analysis & Pol'y 35 (2005), 61 (61); *Graddy/Horowitz/Szymanski*, S. 3; *Samson*, UFITA Bd. 50 B (1967/II), 491 (499).
1412 Möhring/Nicolini/*Freudenberg*, § 26 Rn. 29; *Samson*, UFITA Bd. 50 B (1967/II), 491 (499).
1413 *Schneider-Brodtmann*, S. 84; *Katzenberger*, GRUR Int 1997, 309 (311); *Perlmutter*, Colum. J.L. & Art. 16 (1992), 395 (422); *Pfennig*, Copyright Bulletin (UNESCO) 35/3 (2001), 37 (39).
1414 *Verdi*, Stellungnahme v. 21.3.2005, S. 4.
1415 *Verdi*, Stellungnahme v. 21.3.2005, S. 4.
1416 *Pierredon-Fawcett*, S. 87.

Privatverkäufern nicht möglich wären.[1417] In Ländern, die das Folgerecht auf private Veräußerungen erstreckten, kam es zur praktischen Paralyse des droit de suite.[1418] Mit anderen Worten wird eine Durchsetzung von Folgerechtsansprüchen bei rein privaten Veräußerungen kaum realisierbar sein.[1419]

b) Beteiligung eines Kunsthändlers oder Versteigerers

Voraussetzung für die Folgerechtsabgabe ist die Beteiligung eines Kunsthändlers oder eines Versteigerers am Veräußerungsgeschäft in der Rolle als Erwerber, Veräußerer oder Vermittler. Als Kunsthändler oder Vermittler in diesem Sinne gilt jeder, der aus eigenem wirtschaftlichem Interesse mit Kunstwerken handelt, an solchen Veräußerungsgeschäfte beteiligt ist oder für seine Kunstberatung eine Provision erhält.[1420] Maßgeblich ist die Teilnahme am Wirtschaftsverkehr mit Gewinnerzielungsabsicht.[1421] Der Kunsthändlerbegriff ist tendenziell weit auszulegen, um Umgehungsgeschäfte zu erschweren.[1422]

Wenn die Tätigkeit des Kunsthändlers für den Vertragsabschluss einen wichtigen kausalen Beitrag geleistet hat, wird die Beteiligung zu bejahen sein.[1423] Dies gilt auch in Fällen, in denen keine konkrete Gegenleistung vereinbart oder erhalten wurde.[1424] Als Vermittler wird ein Kunsthändler schon dann tätig, wenn er das Veräußerungsgeschäft zwischen Veräußerer und Erwerber fördert.[1425] Eine Ausstellung des Werkes, das Aushängen in der Kunsthandlung, die Aufnahme in einen Katalog oder einfach eine fachkundige Empfehlung des Kunsthändlers reichen aus.[1426]

1417 *Verdi*, Stellungnahme v. 21.3.2005, S. 4.

1418 *Pierredon-Fawcett*, S. 87.

1419 *Katzenberger*, GRUR Int 1997, 309 (311).

1420 *BGH*, Urt. v. 17.7.2008 – I ZR 109/05 – *Sammlung Ahlers*, GRUR 2008, 989 (990); Dreier/*Schulze*, § 26 Rn. 15; Mestmäcker/Schulze/*Müller-Katzenburg*, § 26 Rn. 25; Möhring/Nicolini/*Freudenberg*, § 26 Rn. 33; Schricker/Loewenheim/*Katzenberger*, § 26 Rn. 33f; Loewenheim/*Pfennig*, Handbuch des Urheberrechts, § 88, Rn. 17; *Wiesner*, S. 101; *v. Brühl*, GRUR 2009, 1117 (1119); *Schneider-Brodtmann*, NJW 2009, 740 (741).

1421 Fromm/Nordemann/*Nordemann-Schiffel*, § 26 Rn. 19, *Samson*, UFITA Bd. 50 B (1967/II), 491 (499).

1422 *BGH*, Urt. v. 17.7.2008 – I ZR 109/05 – *Sammlung Ahlers*, GRUR 2008, 989 (989); Dreier/*Schulze*, § 26 Rn. 16; Wandtke/*Bullinger*, § 26 Rn. 13; *Wiesner*, S. 101.

1423 *Samson*, UFITA Bd. 50 B (1967/II), 491 (500).

1424 Dreier/*Schulze*, § 26 Rn. 16; *Dreyer*/Kotthoff/Meckel, I § 26 Rn. 16; Fromm/Nordemann/*Nordemann-Schiffel*, § 26 Rn. 22; *Samson*, UFITA Bd. 50 B (1967/II), 491 (500); a. A. *Wiesner*, S. 104f.

1425 *BGH*, Beschl. v. 18.11.2010 – I ZR 86/09 – *Sammlung Ahlers II*, ZUM 2011, 340 (341); *BGH*, Urt. v. 17.7.2008 – I ZR 109/05 – *Sammlung Ahlers*, GRUR 2008, 989 (990); Möhring/Nicolini/*Freudenberg*, § 26 Rn. 33; a.A. *Wiesner*, S. 104f.

1426 *BGH*, Urt. v. 17.7.2008 – I ZR 109/05 – *Sammlung Ahlers*, GRUR 2008, 989 (990); *Dreyer*/Kotthoff/Meckel, I § 26 Rn. 16; Fromm/Nordemann/*Nordemann-Schiffel*, § 26 Rn. 22; Möhring/Nicolini/*Freudenberg*, § 26 Rn. 33; Schricker/Loewenheim/

§ 26 UrhG erfordert nicht, dass der Kunsthändler das Werk selbst veräußert, erwirbt oder vermittelt, sondern nur dass er sich an diesen geschäftlichen Vorgängen beteiligt.[1427]

c) *Besonderheiten im Online-Kunsthandel*

Das Folgerecht ist unstreitig schon aufgrund seiner historischen Grundlage auf Auktionsverkäufe anwendbar.[1428] Wenn die Versteigerung von einem Auktionshaus selbst im Internet durchgeführt wird – unabhängig davon, ob es sich um Live- oder Langzeit-Versteigerungen handelt, – ergeben sich dadurch keine Ausnahmen.[1429] Wenn ein Kunstmarktprofi eine Online-Plattform oder einen Service wie eBay oder ArtBank für seine Verkäufe nutzt, dann fällt auch eine Folgerechtsvergütung an, soweit die weiteren Voraussetzungen erfüllt sind.[1430] So arbeitet beispielweise Sotheby's gemeinsam mit e-Bay und veranstaltet gemäß diesem Geschäftsmodell eigene Online-Auktionen.[1431]

Es stellt sich jedoch die Frage, ob auch bei einem Geschäft zwischen Privaten, bei dem ein Online-Auktionshaus lediglich eine Plattform für das Geschäft bietet, folgerechtspflichtig ist. Es ist darauf abzustellen, ob eine web-basierte Vermittlung die Abgabe nach § 26 Abs. 1 S. 1 UrhG auslöst, denn auch bei Online-Versteigerungen wird ein Vermittler tätig. Das bloße Zur-Verfügung-Stellen einer Plattform stellt allerdings noch keine Vermittlung des Geschäfts dar.[1432] Die Bereitstellung einer technischen Möglichkeit für den Geschäftsabschluss kann nicht als Förderungshandlung im Sinne des Folgerechts eingestuft werden.[1433] Ob man bei der Vermittlung auf das Fehlen eines „personalistischen Elements" oder einer Beteiligung bei der Preisbildung abstellt,[1434] ist irrelevant. Denn die Plattform agiert lediglich als ein technischer Vermittler und nicht als Vertreter des Kunstmarktes im Sinne eines Kunstsachverstandes von § 26 Abs. 1 UrhG iVm Art. 1 Abs. 2 Folgerecht-RL. Ein Vergütungsanspruch ist daher nur gegeben, wenn das Online-Auktionshaus in eigenem Namen als Kommissionär veräußert.[1435]

Katzenberger, § 26 Rn. 34; Wandtke/*Bullinger*, § 26 Rn. 13; *Ehrler*, S. 140; *Samson*, UFITA Bd. 50 B (1967/II), 491 (500); *Schneider-Brodtmann*, NJW 2009, 740 (741).

1427 *Samson*, UFITA Bd. 50 B (1967/II), 491 (500).

1428 *Pierredon-Fawcett*, S.78.

1429 *Wiesner*, S. 105.

1430 Dreier/*Schulze*, § 26 Rn. 15; *DACS*, Response, S. 7.

1431 *Froehlich*, ZUM 2003, 453 (459).

1432 Dreier/*Schulze*, § 26 Rn. 15; Möhring/Nicolini/*Freudenberg*, § 26 Rn. 33; *Wiesner*, S. 105f; *Froehlich*, ZUM 2003, 453 (461); *Welser*, ZUM 2000, 472 (476).

1433 Möhring/Nicolini/*Freudenberg*, § 26 Rn. 33; *Froehlich*, ZUM 2003, 453 (461); *Welser*, ZUM 2000, 472 (476).

1434 *Froehlich*, ZUM 2003, 453 (462).

1435 *Welser*, ZUM 2000, 472 (476).

IV. Die Erlösbeteiligung des Künstlers

Im deutschen Urheberrecht ist die Erlösbeteiligung des Künstlers verankert, unabhängig von einem bei der konkreten Weiterveräußerung tatsächlich erzielten Gewinn. Wie bereits erläutert,[1436] ist die Wertdifferenz zwischen aufeinanderfolgenden Verkaufsvorgängen auf dem Kunstmarkt praktisch schwierig festzustellen. Die Ermittlung des Mehrwerts erfordert einen beträchtlichen Verwaltungsaufwand und damit auch kaum zu rechtfertigende Verwaltungskosten.[1437] Sie berücksichtigt ferner die Inflation nicht. Abgesehen von diesen rein praktischen Bedenken gegen eine Gewinnbeteiligung ist diese auch dogmatisch nicht haltbar. Sie würde gegen den Grundsatz der tunlichsten wirtschaftlichen Beteiligung des Urhebers an jeder wirtschaftlichen Nutzung seiner Werke verstoßen.[1438]

1. Mindesterlös

Der Erlös sollte weiterhin eine bestimmte Höhe, wie bereits in den Ausführungen im Rahmen der Folgerecht-RL erörtert,[1439] erreicht haben. Die Einschränkung verhindert einen Beteiligungsanspruch des Künstlers, der wirtschaftlich wenig zielführend wäre. Es sollen Ansprüche entfallen, deren Verwaltungsaufwand außer Verhältnis zum erzielten Folgerechtsanteil stehen würde.[1440]

§ 26 Abs. 1 S. 4 UrhG legt aktuell einen Mindestbetrag von 400 Euro fest. Damit soll gewährleistet werden, dass auch Werkgattungen, die häufig in niedrigeren Preissegmenten gehandelt werden, in den Anwendungsbereich der Regelung fallen.[1441] So soll die Folgerechtsvergütung einem breiteren Kreis von bildenden Künstlern zugänglich sein.

In Großbritannien beläuft sich der Mindestbetrag aktuell auf 1.000 Euro.[1442] 23,5 % der Werke von noch lebenden europäischen Künstlern und 24,8 % der Werke von verstorbenen Künstlern innerhalb der Schutzfrist wurden 2010 unter dieser Grenze auf dem englischen Markt verkauft.[1443] In Deutschland wurden sogar 44,2 % des erstgenannten Segments und 41,5 % des zweitgenannten Segments der Preisspanne unter 1.000 Euro zugerechnet.[1444] In Frankreich beträgt die Mindesterlösgrenze

1436 Siehe dazu Teil 4. A. II. 1. Orientierung am Gewinn.

1437 *Walter*, Folgerecht-RL, Vor Art. 1 Rn. 8.

1438 *Walter*, Folgerecht-RL, Vor Art. 1 Rn. 8; *Katzenberger*, GRUR Int 2004, 20 (23); *Katzenberger*, GRUR Int 1997, 309 (310).

1439 Siehe oben WO?

1440 *Schmidt-Werthern*, S. 37.

1441 BT Drucks. 16/2019, S. 4.

1442 Regulation 12 (Resale), Sub-Paragraph (3)(b) Artist's Resale Right Regulations 2006; Möhring/Nicolini/*Freudenberg*, § 26 Rn. 38; *Stokes*, S. 20; *Müller-Katzenburg*, Tagungsband Kunstrechtstag, 75 (81).

1443 *McAndrew*, The Global Art Market in 2010, Tabelle S. 121& Tabelle S. 151.

1444 *McAndrew*, The Global Art Market in 2010, Tabelle S. 121& Tabelle S. 151.

750 Euro.[1445] Seit ihrer Erhöhung 2007 von dem Betrag von 15 Euro sank nach Auswertung der ADAGP die Anzahl der folgerechtsberechtigten Künstler um 20 % und die Zahl der folgerechtsauslösenden Weiterveräußerungen um 30 %.[1446] In diesem Sinne scheint eine Erhöhung der Mindesterlösgrenze in Deutschland nicht empfehlenswert.[1447]

Der aktuelle Mindestbetrag ist vor dem Hintergrund zu begrüßen, dass im Regierungsentwurf zur Umsetzung der Folgerecht-RL ein Schwellenwert von 1.000 Euro vorgesehen war.[1448] Die geplante Heraufsetzung 2006 von 50 auf 1.000 Euro wollte dem Verwaltungsaufwand für die Durchsetzung von Folgerechtsansprüchen Rechnung tragen.[1449] Dieser sei bei einem Schwellenwert unter 1.000 Euro unangemessen hoch.[1450] Angesichts der technischen Fortentwicklung bei der Abrechnung bereitet die Administration durch die VG Bild-Kunst keine großen Schwierigkeiten.[1451] Denn auch bei der weitgehend nicht computerisierten Abwicklung in den 70-er Jahren schien der Schwellenwert von 100 DM nicht unangemessen niedrig gewesen zu sein.[1452] Bei einer niedrigeren Erlösgrenze würde eine viel größere Anzahl von Künstlern in den Genuss des Folgerechts gelangen, ohne dass dadurch die Abrechnungsbelastung von Kunsthändlern und Versteigerern erheblich steigen müsste, wie es die Erfahrungen in Deutschland bisweilen gezeigt haben.[1453] Darüber hinaus würde man mit der Festsetzung einer niedrigeren Erlösgrenze dem Argument entgegenwirken, dass lediglich bereits vermögende Künstler vom Folgerecht profitieren.[1454]

Viele Stimmen sprechen sich daher dafür aus, im Interesse der Urheber die Mindesterlösgrenze wieder auf einen Betrag in Höhe von 100 Euro zu reduzieren, um gerade auch die noch unbekannten Künstler zu schützen und zu fördern.[1455] Denn

---

1445 *Graddy/Horowitz/Szymanski*, S. 7, Fn. 3; *Passiny*, S. 63; *Ferry-Fall*, CEO ADAGP, Vortrag v. 31.3.2014.

1446 *Ferry-Fall*, CEO ADAGP, Vortrag v. 31.3.2014.

1447 a.A. *Arbeitskreis Deutscher Kunsthandelsverbände (ADK)*, der sich für einen Mindestbeitrags in Höhe von 3.000 Euro ausspricht, *ADK*, Stellungnahme des ADK zu dem Gesetzentwurf zur Umsetzung der EU-Richtlinie über das Folgerecht des Urhebers eines Originalkunstwerks, KUR 2005, 109 (110)

1448 *Bundesregierung*, Entwurf eines Fünften Gesetzes zur Änderung des Urheberrechtsgesetzes v. 31.03.2006, BT Drucks. 16/1107, S. 5ff.

1449 *Bundesregierung*, Entwurf eines Fünften Gesetzes zur Änderung des Urheberrechtsgesetzes v. 31.03.2006, BT Drucks. 16/1107, S. 6f.

1450 *Bundesregierung*, Entwurf eines Fünften Gesetzes zur Änderung des Urheberrechtsgesetzes v. 31.03.2006, BT Drucks. 16/1107, S. 6f.

1451 Möhring/Nicolini/*Freudenberg*, § 26 Rn. 38; *GRUR*, Stellungnahme, GRUR 2005, 488 (489).

1452 *Wiesner*, S. 106f.

1453 Möhring/Nicolini/*Freudenberg*, § 26 Rn. 38; *GRUR*, Stellungnahme, GRUR 2005, 488 (489); *Wiesner*, S. 106f.

1454 *GRUR*, Stellungnahme, GRUR 2005, 488 (489).

1455 Möhring/Nicolini/*Freudenberg*, § 26 Rn. 38; *GRUR*, Stellungnahme, GRUR 2005, 488 (489); zur Diskussion über die Höhe der Mindesterlösgrenze BT Plenarprotokoll 16/32, v. 6.4.2006, S. 3–7.

insbesondere für Lichtbildwerke erscheint die aktuelle Mindesterlösgrenze noch zu hoch.[1456] Auch Serienwerke in den Bereichen Grafik und Plastik liegen regelmäßig unter diesem Preissegment, sodass ihre Urheber auch nicht in den Genuss eines Folgerechts kommen können.[1457]

Zusammenfassend wird eine Erhöhung des deutschen Mindestbetrages das Schutzniveau für bildende Künstler und Fotografen senken. Wenn eine Änderung des Mindesterlöses stattfinden soll, dann ist diese eher in Richtung Herabsetzung des Betrages zu empfehlen.

2. Beteiligungsanteil

Als Bemessungsgrundlage dient der Verkaufspreis ohne Steuern und ohne das vom Ersteigerer zu zahlende Aufgeld.[1458] Vor Umsetzung der Folgerecht-RL galt in Deutschland einheitlich ein Erlösanteil in Höhe von 5 % des Weiterveräußerungspreises.[1459] In diesem Sinne ist durch die Umsetzung der RL in Deutschland eine Senkung in Form der Staffelung eingetreten.[1460] Sonst gelten auch hier die ausführlichen Erläuterungen zur Staffelung in der RL.[1461]

V. Zeitliche Geltung

Das Folgerecht erlischt mit Ablauf der urheberrechtlichen Schutzfrist (§ 64 UrhG). Berechtigter ist zunächst der Schöpfer des Werkes. Das Folgerecht ist vererblich (§ 28 Abs. 1 UrhG) und wird während der 70 Jahre nach dem Ableben des Urhebers durch seine Erben ausgeübt.

VI. Vergütungsansprüche

1. Schuldrechtliche Ansprüche im Verhältnis zum Stammrecht

Während das Folgerecht mit dem Schöpfungsakt eines Werkes entsteht, sind die sich daraus ergebenden Vergütungsansprüche von einer konkreten Veräußerung abhängig.[1462] Dieser strukturelle Unterschied zwischen dem Folgerecht als immanentem Stammrecht und den daraus fließenden schuldrechtlichen

1456 *GRUR*, Stellungnahme, GRUR 2005, 488 (489); *Lück*, GRUR Int 2007, 884 (890).
1457 *Wiesner*, S. 106.
1458 *Dreyer*/Kotthoff/Meckel, I § 26 Rn. 18; Loewenheim/*Pfennig*, Handbuch des Urheberrechts, § 88, Rn. 21; *Schack*, Kunst und Recht, S. 215 Rn. 439.
1459 *Dreyer*/Kotthoff/Meckel, I § 26 Rn. 20; Schricker/Loewenheim/*Katzenberger*, § 26 Rn. 36.
1460 Dreier/*Schulze*, § 26 Rn. 6; Fromm/Nordemann/*Nordemann-Schiffel*, § 26 Rn. 5; Möhring/Nicolini/*Freudenberg*, § 26 Rn. 37; *Schack*, Kunst und Recht, S. 212 Rn. 431.
1461 Siehe dazu Teil 5. B. IV. Berechnung der Anspruchshöhe.
1462 *Rossbach*, S. 66f; *Stöhr*, S. 78.

Vergütungsansprüchen sollte beachtet werden.[1463] Andernfalls kann eine präzise systematische Einordnung des Rechtsinstituts nur schwer erfolgen.[1464] Im britischen Recht macht sich der Unterschied auch durch die entsprechende Terminologie verständlich. Während das Folgerecht als *resale right* bezeichnet wird, nennt sich die Vergütung des Urhebers *resale royalty*.[1465]

Das Stammrecht erschließt die Gesamtheit aller einzelnen zukünftigen Forderungen.[1466] Es bleibt als latente Befugnis ganz unabhängig davon bestehen, ob es sich jemals durch das Entstehen eines konkreten Vergütungsanspruchs realisiert oder nicht.[1467] Anders als die urheberrechtliche Befugnis gehört der einzelne Vergütungsanspruch nicht dem Urheberrecht an.[1468] Beim letzterem handelt es sich um eine obligatorische Forderung.[1469]

2. *Anspruchsschuldner und Anspruchsgläubiger*

Mit dem Weiterverkauf eines Werkes im Sinne von § 26 Abs. 1 UrhG entsteht ein gesetzliches Schuldverhältnis zwischen dem Veräußerer und dem Urheber bzw. seinen Rechtsnachfolgern.[1470] Es wird eine Geldforderung gegen den Veräußerer begründet.[1471]

a) *Schuldner*

Schuldner ist primär derjenige, der das Eigentum am Werk im eigenen Namen überträgt.[1472] Der Veräußerer ist Adressat des § 26 Abs. 1 UrhG und Anspruchsgegner des Folgerechts, da er beim Weiterverkaufsvorgang von der eingetretenen Wertsteigerung profitiert.[1473]

Geht jemand eine Verpflichtung ein und trifft er eine Verfügung für fremde Rechnung, obwohl er im eigenen Namen handelt – wie üblicherweise beim

---

1463 Mestmäcker/Schulze/*Müller-Katzenburg*, § 26 Rn. 2; Schricker/Loewenheim/*Katzenberger*, § 26 Rn. 5; *Katzenberger*, Das Folgerecht, S. 73; *Küfner*, S. 83; *Rossbach*, S. 65; *Schmidt-Werthern*, S. 27; *Schneider-Brodtmann*, S. 70f; *Sinanidou*, S. 28; *Passiny*, S. 23; *Koch*, UFITA Bd. 2 (1929), 279 (288f).

1464 *Schneider-Brodtmann*, S. 70; *Passiny*, S. 23.

1465 *Stokes*, S. 23.

1466 *Rossbach*, S. 66.

1467 *Rossbach*, S. 66.

1468 *Küfner*, S. 91; *Rossbach*, S. 66; *Stöhr*, S. 78.

1469 *Rossbach*, S. 66.

1470 *Katzenberger*, Das Folgerecht, S.73; *Küfner*, S. 16; *Schmidt-Werthern*, S. 27f; *Schneider-Brodtmann*, S.71.

1471 *Katzenberger*, Das Folgerecht, S.73.

1472 Fromm/Nordemann/*Nordemann-Schiffel*, § 26 Rn. 17; Schricker/Loewenheim/*Katzenberger*, § 26 Rn. 45; *Schmidt-Werthern*, S. 40; *Schneider-Brodtmann*, S. 84; *Wiesner*, S. 84; *Lück*, GRUR Int 2007, 884 (888).

1473 *Jayme*, KUR 2010, 60 (60).

Kommissionsgeschäft –, so rechtfertigt diese Tatsache keine abweichende Wertung von den allgemeinen Grundsätzen des bürgerlichen Rechts.[1474] Auch der Kommissionär gilt somit als Veräußerer, da er auf fremde Rechnung, jedoch im eigenen Namen verkauft.[1475] Entscheidend für die Stellung als Veräußerer im Sinne des § 26 UrhG ist daher nicht das Eigentum am Werkoriginal, sondern ob der Abschluss des Veräußerungsgeschäfts im eigenen oder fremden Namen stattfindet. Grundsätzlich scheidet daher als Veräußerer – ungeachtet seiner Mitwirkung an dem Rechtsgeschäft – nur aus, wer das Veräußerungsgeschäft im fremden Namen abschließt.[1476]

Kunstauktionshäuser versteigern in der Regel in eigenem Namen auf fremde Rechnung. Im Falle des Kommissionsverkaufs kann davon ausgegangen werden, dass der im eigenen Namen handelnde Kommissionär Veräußerer im Sinne des § 26 UrhG ist.[1477] Wenn die Veräußerung dagegen in fremdem Namen erfolgt – was in den Versteigerungsbedingungen bekanntgegeben wird –, der Name des Vertretenen jedoch nicht genannt wird, liegt unbeschadet davon eine Veräußerung in fremdem Namen und damit unmittelbare Stellvertretung vor.[1478]

b) Abwälzung auf den Ersteigerer

Die Tendenz im Kunsthandel, die Folgerechtsabgabe auf den Käufer abzuwälzen, wurde auf europäischer Ebene bereits unter dem Stichwort „Kaskadeneffekt" erwähnt.[1479] Auch in Deutschland werden die Folgerechtskosten bei Auktionshäusern häufig dem Bieter in Rechnung gestellt.[1480] Der Anspruch gegen den Käufer wird über die Allgemeinen Geschäftsbedingungen des Auktionshauses konstruiert, auf deren Grundlage das Gebot des Ersteigerers erfolgt.[1481] Während manche AGB von Versteigerern eine sog. „Folgerechtsumlage" zulasten des Bieters nicht enthalten, regeln viele Auktionshäuser aus Deutschland eine solche ausführlich in ihren Versteigerungsbedingungen.[1482]

Wie bereits erläutert, steht die Folgerecht-RL einer vertraglichen Vereinbarung, nach der die Folgerechtsvergütung endgültig vom Erwerber und nicht vom

---

1474 *BGH*, Urt. v. 7.6.1971 – I ZR 32/70 – *Urheberfolgerecht*, GRUR 1971, 519 (520); Schricker/Loewenheim/*Katzenberger*, § 26 Rn. 45; *Schmidt-Werthern*, S. 40.

1475 Fromm/Nordemann/*Nordemann-Schiffel*, § 26 Rn. 17; Schricker/Loewenheim/*Katzenberger*, § 26 Rn. 45; Wandtke/*Bullinger*, § 26 Rn. 5; *Becker*, S. 5*; *Schmidt-Werthern*, S. 107; *Wiesner*, S. 84; *Lück*, GRUR Int 2007, 884 (888).

1476 *BGH*, Urt. v. 7.6.1971 – I ZR 32/70 – *Urheberfolgerecht*, GRUR 1971, 519 (520); *Dreyer*/Kotthoff/Meckel, I § 26 Rn. 23.

1477 *Samson*, GRUR 1970, 449 (451f).

1478 *Katzenberger*, GRUR 1971, 495 (498).

1479 Siehe dazu Teil 5. B. III. 5. b) Kaskadeneffekt.

1480 *Braunschmidt*, S. 178ff; *v. Brühl*, GRUR 2009, 1117 (1121); *Jayme*, KUR 2010, 60 (60ff).

1481 *Jayme*, KUR 2010, 60 (60).

1482 *Braunschmidt*, S. 178; *Jayme*, KUR 2010, 60 (60f).

Veräußerer des Kunstwerks zu tragen ist, nicht entgegen.[1483] An dieser Stelle ist jedoch anzumerken, dass sich der *EuGH* in seinem Urteil mit einer AGB-Klausel von Christie's befasste, laut welcher Christie's für Rechnung und im Namen des Veräußerers einen Betrag beim Erwerber erhob, den sie sodann an die mit der Erhebung der Folgerechtsvergütung betraute Stelle oder an den Künstler selbst abführte. Demnach haftet der Ersteigerer lediglich anstatt des Veräußerers. Ganz anders werden viele deutsche Folgerechtsumlageklauseln gestaltet, denn die Abwälzung auf den Käufer führt keinesfalls zu einer Befreiung des Einlieferers vom Folgerecht. Vielmehr werden sowohl Veräußerer als auch Bieter doppelt vom Versteigerer für die Folgerechtskosten belangt.[1484] Versteigerer versuchen durch solche Klauseln, wonach sie das Folgerecht sowohl vom Einlieferer als auch vom Ersteigerer erhalten, sich hinsichtlich des Folgerechts nicht nur „schadlos" zu halten, sondern an der doppelten Entrichtung zu verdienen.[1485] Diese zusätzlichen Einnahmen sind auch nicht dazu gedacht, auf Ausschüttungsebene dem Urheber zugutezukommen, denn die VG Bild-Kunst rechnete lediglich die Vergütung nach der Vereinbarung innerhalb der Ausgleichsvereinigung Kunst ab.

Indem die Folgerechtsvergütung vom Veräußerer entrichtet wird und die Folgerechtsumlage somit inhaltlich vom Vergütungsanspruch des Urhebers losgelöst ist, benachteiligen solche Klauseln, die den Ersteigerer zusätzlich zum Verkäufer zur Zahlung verpflichten, den Käufer unangemessen und sind laut § 307 Abs. 2 Nr. 1 iVm Abs. 1 S. 1 BGB unwirksam.[1486]

c) Weiterleitung der pauschalierten Zahlungspflicht

Eine zusätzliche Problematik der Regelung des Folgerechts in den AGB des Versteigerers ergab sich bis zur Auflösung der Ausgleichsvereinigung Kunst[1487] dadurch, dass die Verpflichtung des Versteigerers zur Pauschalabgabe aus der AV Kunst in ihrer Gesamtheit auf den Einlieferer und/oder den Ersteigerer verlagert wurde.[1488] Dabei wurde keine gesetzliche Verpflichtung umgelegt, sondern die weit darüber hinausgehende Abgabepflicht des Versteigerers.[1489] Denn Gegenstand des Rahmenvertrags mit der VG Bild-Kunst waren auch Veräußerungsvorgänge, die nach § 26 UrhG keinen Folgerechtsanspruch auslösen. Beispielsweise wurden Werke auch noch nach Ablauf der urheberrechtlichen Schutzfrist – Werke, erschaffen nach dem 1.1.1900 – und Werke, die weniger als 400 Euro Veräußerungserlös eingebracht

1483 *EuGH*, Urt. v. 26.2.2015 – Rs. C-41/14 – Christie's France ./. Syndicat national des antiquaires.
1484 *Jayme*, KUR 2010, 60 (61).
1485 *Jayme*, KUR 2010, 60 (62).
1486 Dreier/*Schulze*, § 26 Rn. 20a; *Braunschmidt*, S. 183; *v. Brühl*, GRUR 2009, 1117 (1122); *Jayme*, KUR 2010, 60 (64).
1487 Siehe dazu Teil 4. C. 3. a) bb) Die Ausgleichsvereinigung Kunst.
1488 *v. Brühl*, GRUR 2009, 1117 (1121); *Jayme*, KUR 2010, 60 (61).
1489 *v. Brühl*, GRUR 2009, 1117 (1122).

haben, in die Entrichtung der Pauschale miteinbezogen.[1490] Obwohl die Klausel über diejenigen des § 26 UrhG hinausgehende Pflichten begründete, beriefen sich diese AGB auf das gesetzliche Folgerecht.[1491] Dem Einlieferer bzw. Ersteigerer wurde dadurch suggeriert, es würden ihn eigene Verpflichtungen aus dem Folgerecht auch dann treffen, wenn die gesetzliche Schutzfrist für das Werk bereits abgelaufen ist.[1492] Völlig unerwähnt blieb auch die Tatsache, dass Veräußerer oder Käufer durch Entrichtung des Folgerechtsanteils auch den Künstlersozialversicherungsbeitrag entrichteten.[1493]

Eine unangemessene Benachteiligung des Kunden kann sich daraus ergeben, dass eine AGB-Klausel nicht klar und verständlich ist (§ 307 Abs. 1 S. 2 BGB). Insbesondere die irreführende Darstellung oder Verschleierung der Rechtslage verstößt gegen das Transparenzgebot.[1494] Solche Klauseln, die ein Folgerecht für Werke vorsehen, an denen das Urheberrecht bereits erloschen ist, verletzen daher das Transparenzgebot.[1495] Ihre Unwirksamkeit ergibt sich aus § 307 Abs. 1 S. 2 iVm Abs. 1 S.1 BGB.

Mit Auflösung der AV Kunst zum 1.1.2015 entbehren solche Klauseln jeglicher Grundlage. In diesem Sinne sollten sich die Auktionshäuser, die ähnliche Klausel benutzen, verpflichtet sehen, diese schnellstmöglich zu überarbeiten.

d) Gläubiger

Das Folgerecht steht dem Schöpfer des Werkes zu. Nach seinem Ableben geht das Folgerecht auf seine Rechtsnachfolger über. Bei Miturheberschaft ist jeder Miturheber berechtigt, die Ansprüche geltend zu machen, solange er Leistung an die gesamte Hand der Miturheber verlangt.[1496] Für Miterben gilt dasselbe.[1497]

3. Gesamtschuldnerische Haftung

Wird das Original durch eine Privatperson veräußert, haftet der beteiligte Kunsthändler oder Versteigerer neben dem Veräußerer als Gesamtschuldner (§ 26 Abs.1 S. 3 UrhG). In einem solchen Fall ist irrelevant, ob er das Werk selbst erwirbt oder als Vermittler an der Veräußerung beteiligt ist. Die gesamtschuldnerische Haftung bezweckt nicht die Entlastung des Veräußerers, sondern eine zusätzliche Absicherung des Vergütungsanspruchs.[1498] Daher gilt der Veräußerer im Innenverhältnis

---

1490 Ebling/*Schulze*, S. 164, Rn. 408.
1491 *Jayme*, KUR 2010, 60 (63).
1492 *v. Brühl*, GRUR 2009, 1117 (1122); *Jayme*, KUR 2010, 60 (61).
1493 *Jayme*, KUR 2010, 60 (64).
1494 *Wurmnest*, MüKo, § 307, Rn. 61.
1495 *Braunschmidt*, S. 183; *Jayme*, KUR 2010, 60 (63).
1496 Dreier/*Schulze*, § 26 Rn. 19; Schricker/Loewenheim/*Katzenberger*, § 26 Rn. 44.
1497 Dreier/*Schulze*, § 26 Rn. 19; *Dreyer*/Kotthoff/Meckel, I § 26 Rn. 21.
1498 Dreier/*Schulze*, § 26 Rn. 20; *Wiesner*, S. 86.

als Schuldner der Forderung.[1499] In Großbritannien ist eine gesamtschuldnerische Haftung zwischen Verkäufer und Vermittler und nachrangig zwischen Verkäufer und Erwerber vorgesehen.[1500]

Praktische Bedeutung sollte die zusätzliche Haftungsverpflichtung vor allem bei Zahlungsunfähigkeit oder Unauffindbarkeit des Veräußerers erlangen.[1501] Faktisch entrichtet der Händler oder Versteigerer jedoch regelmäßig die Folgerechtsabgabe selbst, um den Verkäufer nicht nennen zu müssen und ihm die Auskunftserteilung gegenüber der Verwertungsgesellschaft zu ersparen.[1502]

Entrichtet der Schuldner keine Vergütung, betreibt die VG Bild-Kunst die weiteren Inkassoforderungen für ihre Mitglieder. Nichtmitglieder der VG Bild-Kunst können selbst Mahnungen verschicken, die Forderung im Wege des Mahnverfahrens eintreiben oder Klage erheben.

4. Verjährung

Im Vergleich zum Stammrecht erlöschen die Vergütungsansprüche nicht mit Ablauf der urheberrechtlichen Schutzfrist. Sie unterliegen vielmehr als schuldrechtliche Ansprüche der Verjährung entsprechend der gesetzlichen Vorgaben.[1503]

VII. Auskunftsansprüche

1. Zweck der Auskunftsansprüche

Die Hauptschwierigkeit der Durchführung eines Beteiligungsrechts besteht darin, dass sich der Künstler Kenntnis von der Tatsache der konkreten Veräußerung und von dem dabei erzielten Kaufpreis verschaffen muss. Damit er eine Vergütungsbeteiligung verlangen kann, muss er wissen, gegen wen sich sein Anspruch richtet. Wenn der Urheber das Werk bereits aus der Hand gegeben hat, kann die vollständige Veräußerungsgeschichte nur schwer rekonstruiert werden. Dafür benötigen der Urheber oder seine Erben entsprechende Informationen von den im Handel aktiven Kunstmarktakteuren.

In den Anfängen des Folgerechts wurde daher darüber diskutiert, eine Registrierungs- oder Mitteilungspflicht zu statuieren, aus deren Verletzung die Nichtigkeit des Kaufvertrages bzw. Schadensersatzansprüche resultieren würden.[1504] Diese

---

1499 Loewenheim/*Pfennig*, Handbuch des Urheberrechts, § 88, Rn. 5; *Wiesner*, S. 86; *Lück*, GRUR Int 2007, 884 (888).

1500 Regulation 13 (Liability to pay resale royalty), Paragraph (1) and Paragraph (2) Artist's Resale Right Regulations 2006; *DACS*, Response, S. 8.

1501 Möhring/Nicolini/*Freudenberg*, § 26 Rn. 15; Schricker/Loewenheim/*Katzenberger*, § 26 Rn. 44.

1502 *Pfennig*, INTEGRU-Tagung 2009, 235 (241).

1503 Hoeren/Holznagel/Ernstschneider/*Gusia*, S. 103; *Küfner*, S. 92; *Rossbach*, S. 64; *Schmidt-Werthern*, S. 28.

1504 *Koch*, UFITA Bd. 2 (1929), 279 (286f).

Vorschläge wurden zugunsten von Auskunftsansprüchen verworfen. Die notwendige Information über die Person des Schuldners ist nur über die an der Veräußerung mitwirkenden Galeristen, Händler und Auktionshäuser zu beschaffen.[1505] Dem Berechtigten stehen daher heutzutage Auskunftsansprüche zu, deren Ziel in der Durchsetzung des Vergütungsanspruchs zu sehen ist.[1506]

2. *Anonymitätsinteresse im Kunsthandel*

Diskretion und Verschwiegenheit sind charakteristisch für den Kunsterwerb und die Investition in Kunstwerke.[1507] Diese Geheimhaltung kommt einer „anerkannten Usance" gleich.[1508] Im Kunsthandel herrscht daher allgemein eine ablehnende Haltung gegenüber Auskunftsbegehren. Dies beruht auf der Tatsache, dass sowohl Verkäufer als auch Käufer oft auf die Wahrung ihrer Anonymität bestehen. Die Preisgabe des Namens des Auftraggebers sei mit den Grundsätzen des Kunsthandels, besonders des Versteigerungsgewerbes, unvereinbar.[1509] An dieser, dem Kunsthandel immanent mangelnden, Auskunftsbereitschaft droht die Realisierung des Folgerechts stets zu scheitern.[1510]

Damit der Urheber die notwendigen Informationen für die Geltendmachung seiner Vergütungsansprüche erhält, gewährt ihm das Gesetz aktuell auch entsprechende Auskunftsansprüche. Wenn keine Pflicht zur Herausgabe von Informationen bestünde, würde der Händler diese mit dem Verweis auf die Diskretionsgepflogenheiten verweigern.[1511] Die immer ins Feld geführte Diskretionspflicht gegenüber den Kunden hat jedoch weitere Hintergründe; die undurchsichtige Preisgestaltung erlaubt drastische Unterschiede in den Preisverlangen gegenüber verschiedenen Kunden für ähnliche Werke.[1512]

Bezeichnend in Hinblick auf die Bedeutung der Auskunftsansprüche ist auch die Tatsache, dass bis zu ihrer gesetzlichen Einführung durch die Urheberrechtsnovelle von 1972 kaum eine Realisierung des Folgerechts in der Praxis verzeichnet werden konnte.[1513] Das Fehlen von Auskunftsansprüchen erwies sich als eine kaum überwindbare Schwäche des deutschen Folgerechts.[1514] Zahlreiche Akteure des Kunstmarktes verweigerten jegliche Auskünfte bis der *BGH* 1971 die

1505 *Ehrler*, S. 215.
1506 Schricker/Loewenheim/*Katzenberger*, § 26 Rn. 38.
1507 *US Copyright Office*, Resale Royalties, S. 26.
1508 *Samson*, GRUR 1970, 449 (450).
1509 Regierungsentwurf 1962, BT Drucks. IV/270, S. 53.
1510 *Katzenberger*, Das Folgerecht, S. 124.
1511 *Ehrler*, S. 215; *Pierredon-Fawcett*, S.130.
1512 *US Copyright Office*, Resale Royalties, S. 29.
1513 Dreier/*Schulze*, § 26 Rn. 26; *Schmidt-Werthern*, S. 49; *Wiesner*, S. 109; *Katzenberger*, GRUR 1971, 495 (496); *Ulmer*, GRUR 1974, 593 (593).
1514 *Wiesner*, S. 109.

Auskunftsverpflichtung statuierte.[1515] Diese Grundsatzentscheidung[1516] gab den Anstoß für die entsprechende gesetzliche Änderung, die das Folgerecht praktikabler machte.[1517] Das Auskunftsrecht ist folglich ein „nützliches und angemessenes Instrument", um eine effiziente Durchsetzung des Folgerechts zu ermöglichen.[1518]

3. Geltendmachung durch die VG Bild-Kunst

Um einen Kompromiss zu finden und den Kunsthandel nicht unnötig durch zahlreiche Auskunftsverlangen zu belasten, können die Auskunftsansprüche in Deutschland lediglich durch eine Verwertungsgesellschaft geltend gemacht werden.[1519] Dies entlastet eindeutig auch die Berechtigten. Denn ohne eine Verwertungsgesellschaft würden sie kaum feststellen können, wo, wann und zu welchem Preis ihre Werke veräußert wurden.[1520] Die Prüfung aller Ergebnislisten von Versteigerungen wäre in diesem Sinne weder aufschlussreich noch zumutbar.[1521] Zudem ist so eine Prüfung über dem Auktionshandel hinaus kaum möglich, da Kunsthändler und Galeristen keine Ergebnislisten veröffentlichen.[1522] Ohne Gewissheit über die Person des Gläubigers ist das Auskunftsrecht des Urhebers selbst völlig impraktikabel.[1523] Aufgrund der Verwertungsgesellschaftspflichtigkeit der Auskunftsansprüche wird gemäß § 13c Abs. 1 WahrnG zugunsten der VG Bild-Kunst vermutet, dass sie die Rechte aller Berechtigten wahrnimmt.[1524]

Die Geltendmachung der gesetzlichen Auskunftsansprüche lediglich durch die Verwertungsgesellschaft beeinflusst jedoch eine vertragliche Auskunftsvereinbarung zwischen Künstler und Händler über Weiterveräußerungsvorgänge nicht.[1525]

1515 *BGH*, Urt. v. 7.6.1971 – I ZR 32/70 – *Urheberfolgerecht*, GRUR 1971, 519 (521); *Ehrler*, S. 216; *Pierredon-Fawcett*, S.130.

1516 *BGH*, Urt. v. 7.6.1971 – I ZR 32/70 – *Urheberfolgerecht*, GRUR 1971, 519 (521); ausführlich dazu *Katzenberger*, GRUR 1971, 495 (496ff).

1517 *Ehrler*, S. 216; *Pierredon-Fawcett*, S.130; *Wiesner*, S. 109.

1518 *Ehrler*, S. 216.

1519 *Dreyer*/Kotthoff/Meckel, I § 26 Rn. 33; Möhring/Nicolini/*Freudenberg*, § 26 Rn. 56; Schricker/Loewenheim/*Katzenberger*, § 26 Rn. 38; Loewenheim/*Pfennig*, Handbuch des Urheberrechts, § 88, Rn. 5; *Wiesner*, S. 111; *Pfennig*, Copyright Bulletin (UNESCO) 35/3 (2001), 37 (40).

1520 *Samson*, UFITA Bd. 50 B (1967/II), 491 (501).

1521 *Samson*, UFITA Bd. 50 B (1967/II), 491 (501).

1522 *Wiesner*, S. 110; *Katzenberger*, GRUR 1971, 495 (499); *Merryman*, UFITA Bd. 124 (1994), 199 (202).

1523 *Samson*, UFITA Bd. 50 B (1967/II), 491 (501).

1524 Dreier/*Schulze*, § 26 Rn. 29; Möhring/Nicolini/*Freudenberg*, § 26 Rn. 58; *Heindorf*, S. 100; *Wiesner*, S. 111.

1525 Dreier/*Schulze*, § 26 Rn. 28; *Dreyer*/Kotthoff/Meckel, I § 26 Rn. 33; Schricker/Loewenheim/*Katzenberger*, § 26 Rn. 38; *Wiesner*, S. 111.

In diesem Fall stehen vertragliche und gesetzliche Auskunftsansprüche nebeneinander.[1526]

4. *Die einzelnen Auskunftsansprüche*

§ 26 Abs. 4 UrhG regelt einen allgemeinen Auskunftsanspruch des Urhebers, der keinen Bezug zu einer konkreten Veräußerung voraussetzt, jedoch sich gegen einen bestimmten Kunsthändler, Versteigerer oder Vermittler richtet. Der Anspruch ist darauf ausgelegt, eine vollständige Mitteilung zu erhalten, welche Originalwerke des Künstlers unter Beteiligung des Kunsthändlers weiterveräußert wurden.[1527] Dieser generelle werkbezogene Auskunftsanspruch verjährt drei Jahre nach der Weiterveräußerung.[1528] So waren die Mitglieder der Ausgleichsvereinigung Kunst nach § 11 Nr. 2 Rahmenvertrag verpflichtet, die Auskünfte nach § 26 Abs. 4 UrhG spätestens zum 30. März des auf die Weiterveräußerung folgenden Jahres für jeden folgerechtspflichtigen Verkauf zu erteilen. Die Einreichung der vollständigen Ergebnislisten war als Ersatz der Auskunftserteilung zugelassen. Bei den Nichtmitgliedern der AV Kunst ersuchte die VG Bild-Kunst einmal jährlich Auskunft über die folgerechtspflichtigen Veräußerungen. Hier ist noch anzumerken, dass nach Ablauf der dreijährigen Frist aus § 26 Abs. 4 UrhG keine Auskünfte mehr über ein konkretes Geschäft verlangt werden können. Bekommt der Urheber jedoch nach Ablauf dieser drei Jahre auf andere Art und Weise die notwendigen Informationen, stehen ihm die Vergütungsansprüche aus dem Folgerecht noch solange zu bis sie verjähren.[1529]

Bei Kenntnis von einem bestimmten Veräußerungsvorgang kann die Verwertungsgesellschaft dagegen den detaillierten Auskunftsanspruch nach § 26 Abs. 5 UrhG geltend machen. Geschuldete Angaben sind der Name und die Anschrift des Veräußerers sowie die Höhe des Veräußerungserlöses. Da sich der Verkäufer oft in Anonymität wiegen möchte, kann er mit dem Kunsthändler bzw. Versteigerer vereinbaren, dass letzterer die Vergütungsforderung aus dem Folgerecht begleicht.[1530] Dann ist lediglich die Höhe des Veräußerungserlöses als Informationsangabe notwendig.[1531]

Falls begründete Zweifel an der Vollständigkeit oder Richtigkeit der Auskünfte bestehen, kann die Verwertungsgesellschaft sogar Einsicht in die Geschäftsbücher des Auskunftspflichtigen verlangen (§ 26 Abs. 7 UrhG). Die Androhung einer Buchprüfung kann als deutlicher Anreiz wirken, die richtigen Auskünfte zu erteilen.[1532]

1526 *Dreyer*/Kotthoff/Meckel, I § 26 Rn. 33; Möhring/Nicolini/*Freudenberg*, § 26 Rn. 59; *Wiesner*, S. 111.

1527 Schricker/Loewenheim/*Katzenberger*, § 26 Rn. 39.

1528 Möhring/Nicolini/*Freudenberg*, § 26 Rn. 52.

1529 *Ehrler*, S. 215.

1530 *Wiesner*, S. 109.

1531 Möhring/Nicolini/*Freudenberg*, § 26 Rn. 53; *Wiesner*, S. 109.

1532 *Ehrler*, S. 216.

VIII. Zusammenfassung

Der Regelungsinhalt des Folgerechts auf nationaler Ebene wurde seit seiner Einführung durch Rechtsprechung und Schrifttum präzisiert und fortentwickelt. Während der langen Geltungszeit hat sich die Ausgestaltung des droit de suite bewährt. Zudem haben sich die Tatbestandsmerkmale der Vorschrift § 26 UrhG gefestigt. Insbesondere die gesetzliche Normierung von Auskunftsansprüchen hat wesentlich zur Durchsetzbarkeit der Vergütungsansprüche beigetragen.

Im Rahmen der Umsetzung der Folgerechts-RL wurde die prozentuale Beteiligung des Urhebers in Deutschland gesenkt. Es bleibt zu hoffen, dass sich der europäische Gesetzgeber in Zukunft an die Anhebung bzw. Angleichung der Sätze heranwagen wird. Aus deutscher Sicht verdient zudem vor allem die Folgerechtsumlage Beachtung, die sowohl den Einlieferer als auch den Ersteigerer zur Zahlung der Folgerechtsvergütung verpflichtet, die manche Auktionshäuser als AGB-Klausel verwenden. Diese benachteiligt private Käufer sowie Kunsthändler unangemessen und lässt das Folgerecht wie eine lästige Doppelbelastung der Kunstmarktteilnehmer wirken. Diese Praxis der Auktionshäuser gibt dem droit de suite einen unnötigen negativen Beigeschmack und sollte daher eingedämmt werden. Es erscheint empfehlenswert, dass Kunsthandelsverbände und weitere Interessenvertreter Aufklärungsarbeit über die Unwirksamkeit dieser AGB-Klausel auch nach dem EuGH Urteil im Fall Christie's ./. SNA[1533] leisten. Auf diesem Wege könnte eine Minimierung ihrer Verkehrsfähigkeit erreicht werden.

D. Fazit

Die Normierung des Folgerechts könnte in Zukunft gewisse Änderungen erfahren. Infolge der internationalen Folgerechtskampagne[1534] könnte die Regelung des droit de suite in Art. 14 RBÜ einen zwingenden Charakter annehmen. Auf europäischer Ebene stellt sich vor allem die Herausforderung, die Angemessenheit der geltenden Beteiligungssätze zu überprüfen. Im Hinblick auf einen homogenen und verbesserten Schutz der Urheber erscheinen ein einheitlicher Beteiligungssatz ohne Kappungsgrenze und eine Mindesterlösgrenze weit unter 1.000 Euro empfehlenswert. Eine derartige Anpassung würde den finanziellen Nutzen für die bildenden Künstler und ihre Rechtsnachfolger insgesamt erhöhen und dem Folgerecht eine gesteigerte praktische Bedeutung verleihen. Daher können der nächste Bericht der *Europäischen Kommission* und mögliche darin enthaltene Optimierungsvorschläge bezüglich des geltenden Folgerechts mit großer Spannung erwartet werden.

1533 *EuGH*, Urt. v. 26.2.2015 – Rs. C-41/14 – Christie's France ./. Syndicat national des antiquaires.

1534 http://www.resale-right.org/, zuletzt besucht am 19.03.2015.

Teil 6. Durchsetzung der folgerechtlichen Vergütungsansprüche im Einzelnen

Das moderne Urheberrecht hat vier Säulen: Das sogenannte materielle Urheberrecht, das Urhebervertragsrecht, das Recht der Verwertungsgesellschaften und das Recht der verwandten Schutzrechte.[1535] Für die Durchsetzung der folgerechtlichen Vergütungsansprüche sind vor allem zwei dieser Säulen von großer Bedeutung. Dies ist zum einen das materielle Urheberrecht, welches in § 26 UrhG eine „Anspruchsgrundlage“ für das Folgerecht liefert, und zum anderen das Recht der Verwertungsgesellschaften, welches die praktische Einziehung der Vergütung sowie ihre Ausschüttung an die Berechtigten im Bereich der kollektiven Rechtewahrnehmung regelt. Nachdem die materielle Regelung sowie ihre Ausgestaltung im Einzelnen ausführlich geschildert worden sind, folgt in diesem Kapitel eine Untersuchung der Realisierung der Folgerechtsansprüche in der Praxis.

Das wirtschaftliche Gelingen einer Beteiligung von bildenden Künstlern an der Wertsteigerung ihrer Originale hängt im Wesentlichen von einer effizienten Verwaltung der folgerechtlichen Ansprüche ab. Im Folgenden wird daher das Recht der Verwertungsgesellschaften im Hinblick auf die Durchsetzung des Folgerechts sowie auf die aktuellen Entwicklungen auf diesem Gebiet dargestellt. Nicht nur auf europäischer Ebene gibt es neue normative Vorgaben, die es in das deutsche Recht umzusetzen gilt. Auch auf nationaler Ebene sind Änderungen zu verzeichnen. Für die praktische Abwicklung der Ansprüche aus dem droit de suite war soweit die Rahmenvereinbarung zwischen der deutschen Verwertungsgesellschaft Bild-Kunst und den Kunsthandelsverbänden maßgeblich. Mit Auflösung der Ausgleichsvereinigung Kunst sollen auch hier neue Wege eingeschlagen werden. Insbesondere die Pauschaleinziehung des Folgerechts soll nun einer Abrechnungsweise nach Einzelveräußerungen weichen. Dabei wird die deutsche Wahrnehmungspraxis, die sich in Europa als vorbildlich etabliert hat, vor neue Herausforderungen gestellt werden.

A. Kollektive Rechtewahrnehmung durch die VG Bild-Kunst

Die Hauptschwierigkeit beim Folgerecht liegt seit eh und je in der Einziehung und Verteilung der Erlöse an die Urheber und ihre Erben.[1536] Neben der Begründung und der Dogmatik des droit de suite wurde vor allem seine Realisierbarkeit kritisiert. Künstler versäumen es oft, ihre Ansprüche geltend zu machen – entweder, weil sie ihre Rechte nicht kennen, oder, weil sie als „freie Geister“ den Aufwand und die Auseinandersetzung mit Kunsthändlern scheuen. Viele Verwertungsgesellschaften

1535 *Becker*, FS Kreile, 27 (27f).
1536 *Samson*, UFITA Bd. 50 B (1967/II), 491 (500).

im Ausland schaffen es hingegen nicht, die Vertreter des Kunstmarktes zu einer regelmäßigen Abführung der Folgerechtsabgabe zu bewegen. Der Kunsthandel zahlt nur unwillig Abgaben und erspart sich gerne weiteren Verwaltungsaufwand. Aufgrund dieser bemängelten Durchsetzung in der Praxis wurde dem Folgerecht häufig ein reiner „Dekorationsstatus" zugesprochen.[1537] Das *US Copyright Office* hat zu Recht festgestellt, dass die Verwandlung des Folgerechts von einer bloß idealistischen Vorstellung zu einer international harmonisierten Norm von der Schaffung praktischer Mittel abhängt, die die tatsächliche Anwendbarkeit der Regelung sichern.[1538] Auch die *Europäische Kommission* misst der Durchsetzbarkeit der Urheberrechte eine essenzielle Bedeutung bei. Denn „rights that cannot be enforced are of no (economic) value"[1539].

Bei der Rechtewahrnehmung in Bezug auf das Folgerecht gilt in Deutschland der Grundsatz der Selbstwahrnehmung von Vergütungsansprüchen durch den bildenden Künstler und seine Rechtsnachfolger.[1540] Jedoch sind die Ansprüche in der Praxis ohne die Mitwirkung von Verwertungsgesellschaften kaum realisierbar.[1541] Auch in den USA soll die Einziehung des Folgerechts nach einer zukünftigen Einführung durch „collective management by private collecting societies, with general oversight by the US Copyright Office" erfolgen. Ein wirksames Inkasso- und Ausschüttungssystem hängt neben einem funktionierenden Kunstmarkt vor allem von der Tätigkeit einer Verwertungsgesellschaft ab, die „über die nötige Kraft und Legitimation verfügt", um die Rechte ihrer Mitglieder durchzusetzen.[1542] Verwertungsgesellschaften haben eine viel größere Marktbeobachtungskapazität im Vergleich zu jedem einzelnen Künstler und sind in der Lage, die Erträge durch ihren Administrationsapparat effektiv auszuschütten.[1543] Diese zentralisierte Wahrnehmung gewährleistet eine bedeutende Verfahrensverein-fachung.[1544] Nur eine Verwertungsgesellschaft wird die Geltendmachung der Ansprüche entsprechend „kanalisieren und verwaltungsmäßig im vernünftigen Rahmen halten" können.[1545] Daher ist die kollektive Rechtewahrnehmung für die Realisierung der Vergütungsansprüche aus § 26 UrhG von zentraler Bedeutung.

1537 *Ehrler*, S. 33.

1538 *US Copyright Office*, Droit de Suite, S. III.

1539 *Europäische Kommission*, A Copyright Policy for Creativity and Innovation in the European Union, White Paper Internal Draft, Brussels 2014, S. 17.

1540 *Katzenberger*, Das Folgerecht, S. 120; *Küfner*, S. 212.

1541 *Küfner*, S. 212; Hoeren/Holznagel/Ernstschneider/*Pfennig*, S. 153.

1542 *Pfennig*, ZUM 2002, 195 (196).

1543 *Pierredon-Fawcett*, S.134.

1544 *Pierredon-Fawcett*, S.134.

1545 *Pfennig*, ZUM 2002, 195 (200).

I. Einführung in das Recht der Verwertungsgesellschaften

1. Richtlinie 2014/26/EC

Im Urheberwahrnehmungsgesetz (WahrnG) finden sich die deutschen Regelungen zur kollektiven Rechtewahrnehmung. Im April 2014 ist die EU-Richtlinie über die kollektive Wahrnehmung von Urheber- und verwandten Schutzrechten und die Vergabe von Mehrgebietslizenzen für Rechte an Musikwerken für die Online-Nutzung im Binnenmarkt[1546] in Kraft getreten. Erstmalig regelt sie die kollektive Rechtewahrnehmung und das Recht der Verwertungsgesellschaften auf europäischer Ebene.[1547] Die neue Richtlinie sollte die kollektive Rechtewahrnehmung insbesondere im Bereich der Transparenz und der Rechenschaftspflichten gegenüber Mitgliedern und Nutzern optimieren.[1548] Auch die Effizienz und Korrektheit der Arbeitsweise sollen im Mittelpunkt stehen.[1549] Insgesamt sollen einheitliche europäische Maßstäbe für das Management von Verwertungsgesellschaften geschaffen werden.[1550] Der Richtlinie waren die Empfehlung 2005/737/EG vom 18.10.2005 sowie der Vorschlag für eine Richtlinie vom 11.7.2012[1551] der Europäischen Kommission vorausgegangen.

Die neuen Vorgaben über die Funktionsweise der Verwertungsgesellschaften müssen bis April 2016 in das deutsche Recht umgesetzt werden.[1552] Zur Reformierung des WahrnG startete das Justiz- und Verbraucherschutzministerium (BMJV) Anfang Juli 2014 eine Anhörung bei Berufs- und Branchenverbänden sowie bei Interessenvertretern von Urhebern und Verwertern.[1553] Nach Angaben des Justizministeriums sind etwa 50 Stellungnahmen abgegeben worden.[1554] Nach deren Auswertung wird

---

1546 Richtlinie 2014/26/EU v. 26.02.2014, ABl. EU L 84 v. 20.03.2014, S. 72–98.

1547 *Rupp*, MMR 2014, 217 (218).

1548 Möhring/Nicolini/*Freudenberg*, WahrnG § 1 Rn. 16; *Rupp*, MMR 2014, 217 (219).

1549 Möhring/Nicolini/*Freudenberg*, WahrnG § 1 Rn. 16.

1550 *Peifer*, ZUM 2014, 453 (453).

1551 Vorschlag für eine Richtlinie des europäischen Parlaments und des Rates über die kollektive Wahrnehmung von Urheber- und verwandten Schutzrechten und die Vergabe von Mehrgebietslizenzen für die Online-Nutzung von Rechten an Musikwerken im Binnenmarkt vom 11.7.2012 COM(2012) 372 final 2012/0180 (COD).

1552 Das Bundesministeriums der Justiz und für Verbraucherschutz hat im Juni 2015 einen Referentenentwurf zur Umsetzung der RL 2014/26/EC *„Gesetz über die Wahrnehmung von Urheberrechten und verwandten Schutzrechten durch Verwertungsgesellschaften“* (Verwertungsgesellschaftengesetz – VGG) veröffentlicht. Das Bundeskabinett beschloss im November 2015 einen Regierungsentwurf des VGG-Gesetzes, dessen erste Lesung im Bundestag am 15. Januar 2016 stattfand. Beide Gesetzesentwürfe wurden nach Fertigstellung des Manuskripts bekannt und sind demnach kein Gegenstand der Ausarbeitung.

1553 http://urheber.info/aktuelles/2014–10-07_vg-recht-bmjv-erhielt-rund-50-stellung nahmen, zuletzt besucht am 19.03.2015.

1554 http://urheber.info/aktuelles/2014–10-07_vg-recht-bmjv-erhielt-rund-50-stellung nahmen, zuletzt besucht am 19.03.2015.

ein erster Referentenentwurf vorgestellt werden.[1555] Eine Überarbeitung soll nach erneuter Kommentierung von Verbänden und Experten erfolgen.[1556] Im Anschluss an die parlamentarische Sommerpause 2015 soll voraussichtlich die entsprechende Gesetzesänderung eingeleitet werden, damit die zweijährige Umsetzungsfrist eingehalten werden kann.[1557]

2. *Aufgaben der Verwertungsgesellschaften*

Bei einer rein wirtschaftlichen Betrachtung handelt es sich bei den Verwertungsgesellschaften um Dienstleister.[1558] Sie bieten den Urhebern eine organisierte und strukturierte Art und Weise der Verwertung sowie Know-how in der Rechtevermarktung.[1559] Sie sind in der Regel dafür zuständig, die Werknutzung durch einen Dritten zu autorisieren, das Ausmaß dieser Nutzung zu kontrollieren, das Entgelt zu kassieren (Inkasso) und schließlich dieses Entgelt an die Berechtigten abzuführen.[1560]

Diese marktbezogene Sichtweise stellt Verwertungsgesellschaften jedoch sehr einseitig dar, denn bei ihnen handelt es sich um Einrichtungen, die auch kulturelle und soziale Aufgaben erfüllen.[1561] Dadurch fördern und schützen sie die schöpferisch Tätigen.[1562] Sie leisten zudem einen wesentlichen Beitrag zur Sicherung der kulturellen Vielfalt in Europa.[1563] Bei der Tarifgestaltung spielt der tatsächliche Marktwert einzelner Schutzgegenstände keine Rolle: Eine erfolgreiche Produktion kostet genauso viel wie eine wirtschaftlich erfolglose Produktion.[1564] Dies erlaubt weniger bekannten Künstlern dieselbe Marktpräsenz wie ihren berühmten Mitbewerbern und führt faktisch zu einem Schutz schwächerer Marktteilnehmer.[1565]

Daher ist die Tätigkeit der Verwertungsgesellschaften trotz der ökonomischen Stellung als Dienstleister nicht auf Gewinn ausgerichtet (so auch § 2 Abs. 3 Satzung VG Bild-Kunst 2014), sondern uneigennützig und zugunsten der Rechteinhaber.[1566] Auch die RL 2014/26/EU definiert Verwertungsgesellschaften als nicht auf Gewinnerzielung ausgerichtete Organisationen (Art. 3 lit. a), ii)). Die Erlöse

---

1555 http://urheber.info/aktuelles/2014–10-07_vg-recht-bmjv-erhielt-rund-50-stellung nahmen, zuletzt besucht am 19.03.2015; s.o. Fn. 1561.

1556 http://urheber.info/aktuelles/2014–10-07_vg-recht-bmjv-erhielt-rund-50-stellung nahmen, zuletzt besucht am 19.03.2015.

1557 http://urheber.info/aktuelles/2014–10-07_vg-recht-bmjv-erhielt-rund-50-stellung nahmen, zuletzt besucht am 19.03.2015; s.o. Fn. 1561.

1558 *Augenstein*, S. 18; *Hauptmann*, S. 43.

1559 *Hauptmann*, S. 43.

1560 *Augenstein*, S. 18; *Hauptmann*, S. 43.

1561 *EK-Kultur*, Schlussbericht, BT Drucks. 16/7000, S. 278f.

1562 *Landfermann*, KUR 2000, 33 (33).

1563 *EK-Kultur*, Schlussbericht, BT Drucks. 16/7000, S. 278f; *Hoeren*, FS Pfennig, 451 (469).

1564 *EK-Kultur*, Schlussbericht, BT Drucks. 16/7000, S. 279.

1565 *EK-Kultur*, Schlussbericht, BT Drucks. 16/7000, S. 279.

1566 *Augenstein*, S. 26; *Hauptmann*, S. 43.

aus der Verwertung der eingebrachten Nutzungsrechte und Vergütungsansprüche werden nach Abzug der Verwaltungskosten und Abgaben für soziale und kulturelle Zwecken vollständig an die Mitglieder ausgeschüttet.[1567] Die Richtlinie nennt Verwertungsgesellschaften „Organisationen für die kollektive Rechtewahrnehmung" bzw. „Collective Management Organisations (CMO)". Im Vergleich zu dem noch im Vorschlag verwendeten Begriff „Collecting Societies" wird damit den Funktionen der Verwertungsgesellschaften Rechnung getragen, die über die reine Inkassotätigkeit hinausgehen.

a) *Funktionen*

Die Zuordnung des materiellen Vergütungsanspruchs an den Urheber zieht noch keine finanziellen Leistungen nach sich. Erst wenn der Urheber den auf die Nutzung seines Werkes anfallenden Betrag durch die Verwertungsgesellschaft ausgeschüttet bekommt, erfährt er einen Vermögenszuwachs.[1568] Daher bestimmt sich die Effizienz eines Vergütungsanspruchs letztlich danach, wie die daraus entstehenden Forderungen der Urheber im Rahmen der kollektiven Wahrnehmungspraxis durchgesetzt werden.[1569] Verwertungsgesellschaften erfüllen die Funktion, die ihnen zur Verwertung anvertrauten Individualrechte gemeinsam durchzusetzen.[1570] Als Inkassostelle schließen sie Gesamtverträge und entsprechende Einzelverträge mit den Verwertern ab.[1571]

aa) Vereinfachung und Effektivierung der Marktbeziehungen

Als Hauptaufgabe der Verwertungsgesellschaften kann die Vereinfachung der Marktbeziehungen betrachtet werden.[1572] Die Werknutzer können sich an eine zentrale Anlaufstelle wenden.[1573] Damit sind Verhandlungen zwischen Urhebern und Werknutzern nicht mehr notwendig. Die Verwertungsgesellschaften agieren als Vermittler zwischen den Rechteinhabern und den Rechtenutzern.[1574] So verschaffen sich die Verwertungsgesellschaften einen Marktüberblick bezüglich der Nutzung von Urheberrechten. Denn eine anderweitige Überwachung der urheberrechtlichen Nutzungen im privaten Bereich ist weder möglich noch sind die Nutzungsvorgänge individuell kontrollierbar.[1575] Zudem bieten Verwertungsgesellschaften ein einheitliches Tarifsystem, was die Kalkulation der Kosten für Werknutzer im Voraus möglich

1567 *Augenstein*, S. 26; http://www.bildkunst.de/vg-bild-kunst/ueber-die-vg-bild-kunst/wer-wir-sind.html, zuletzt besucht am 19.03.2015.
1568 *Stöhr*, S. 128.
1569 *Stöhr*, S. 128.
1570 *Hauptmann*, S. 44; *Heindorf*, S. 29.
1571 Schricker/Loewenheim/*Reinbothe*, Vor §§1ff. WahrnG Rn. 6.
1572 *Augenstein*, S. 17; *Heindorf*, S. 29.
1573 *Augenstein*, S. 17; *Stöhr*, S. 134; *Weichhaus*, S. 5.
1574 *Heindorf*, S. 29.
1575 *Augenstein*, S. 19; *Heindorf*, S. 29; *Weichhaus*, S. 4f.

macht.[1576] Die gebündelten Nutzungsrechte können demnach von Verwertern zu einheitlichen und klar bestimmten Bedingungen erworben werden.[1577] Weiterhin arbeiten die Verwertungsgesellschaften mit Schwestergesellschaften aus dem Ausland auf der Grundlage von Gegenseitigkeitsverträgen eng zusammen und machen Ausschüttungen zugunsten ausländischer Urheber in Deutschland sowie zugunsten deutscher Urheber im Ausland möglich.[1578]

bb) Verhandlungsparität zwischen Rechteinhabern und Nutzern

Verwertungsgesellschaften agieren auch als Interessenvertreter.[1579] Durch die gebündelte Wahrnehmung anhand von Verwertungsgesellschaften haben Urheber eine stärkere Verhandlungsposition.[1580] Die Tatsache, dass Urheber im Vergleich zu Verwertern die schwächere Partei im Sinne einer gestörten Vertragsparität sind, wurde bereits erörtert.[1581] Die gebündelte Interessenvertretung durch die Verwertungsgesellschaften wirkt dem entgegen und stellt das wirtschaftliche Gleichgewicht wieder her.[1582] So hatte die VG Bild-Kunst beispielsweise als Interessenvertreterin langjährige Prozesse gegen den Kunsthandel geführt, damit einzelne Fragen um die Wahrnehmung des Folgerechts geklärt werden konnten.[1583] Laut § 2 Abs. 2 Satzung VG Bild-Kunst 2014 gehört die Förderung des Urheberrechts und die Stärkung der Rechte ihrer Mitglieder auch zu den Aufgaben der VG Bild-Kunst.

cc) Staatsentlastende Tätigkeit

Der Staat darf die Erfüllung gewisser Aufgaben an privatrechtlich organisierte Träger delegieren.[1584] Obwohl Verwertungsgesellschaften in den Formen des Privatrechts handeln, erfüllen sie Aufgaben, die der Staat selbst wahrnehmen müsste, falls es Verwertungsgesellschaften nicht gäbe.[1585] So ist zunächst die tatsächliche Durchsetzung von Urheberrechten eine staatliche Aufgabe aufgrund von Art. 14 Abs. 1 GG.[1586] Die verwertungsgesellschaftliche Inkassotätigkeit dient zur Erfüllung

---

1576 *Augenstein*, S. 17f.
1577 *Augenstein*, S. 18.
1578 *Augenstein*, S. 19; *Heindorf*, S. 29; *Mauhs*, S. 16; *Pfennig*, Kunst, Markt und Recht, S. 149; *Pfennig*, KUR 1999, 10 (10).
1579 *Hauptmann*, S. 43; *Weichhaus*, S. 5; *Hoeren*, K Drucks. 16/240.
1580 *Augenstein*, S. 20; *Heindorf*, S. 29; *Stöhr*, S. 134.
1581 Siehe dazu Teil 2. C. III. 3. Die Funktion als Schutzbestimmung.
1582 Dreier/*Schulze*, Vor § 1 UrhWG Rn. 10; Wandtke/Bullinger/*Gerlach*, Vor §§ 1ff WahrnG Rn. 26; *Augenstein*, S. 20.
1583 *Pfennig*, Kunst, Markt und Recht, S. 147f.
1584 *Augenstein*, S. 35; *Jean-Richard-Bressel*, S. 137; *Jean-Richard*, UFITA (2000/II), 353 (362).
1585 *Becker*, FS Kreile, 27 (30); *Weichhaus*, S. 7.
1586 *Augenstein*, S. 36ff.; *Heindorf*, S. 137.

dieser staatlichen Pflicht.[1587] Wie bereits erläutert, erfüllen Verwertungsgesellschaften allgemein sowie die VG Bild-Kunst im Einzelnen auch soziale und kulturelle Aufgaben. Dadurch, dass die Verwertungsgesellschaften diese verfassungsrechtlich verankerten Aufgaben des Staates übernehmen, werden sie staatsentlastend tätig.[1588] Ihre Stellung ist daher dadurch geprägt, dass sie „mit der höheren Legitimität und Pflichtbindung einer Tätigkeit im öffentlichen Interesse ausgestattet“[1589] wurden und daher eine besondere Verantwortung tragen.

b) Treuhandstellung

Verwertungsgesellschaften nehmen im Verhältnis zu den Rechteinhabern eine treuhänderische Stellung ein.[1590] Zweck der VG Bild-Kunst ist die treuhänderische Wahrnehmung von urheberrechtlich geschützten Rechten (§ 2 Abs. 1 der Satzung der VG Bild-Kunst). Der Treugeber überträgt seine Rechte an den Treuhänder, der nur nach Maßgabe des Treuhandvertrages im Interesse des Treugebers von den Rechten Gebrauch machen darf.[1591] Daher verfolgen die Verwertungsgesellschaften keine eigenen Interessen, sondern als Interessenvertreter nur Ziele, die allen Berechtigten dienlich sind. Im Vergleich zu der typischen Treuhand ist die Verwertungsgesellschaft jedoch nicht an Weisungen einzelner Berechtigter gebunden, sondern nur an die Beschlüsse ihrer Organe.[1592]

Die Treuhandstellung der Verwertungsgesellschaften kommt mittlerweile auch in Art. 4 sowie Erwägungsgrund 22 der RL 2014/26/EU deutlich zum Ausdruck.[1593] Danach müssen Verwertungsgesellschaften im Interesse der Rechtsinhaber handeln. Dies wird auch durch die Pflicht zur Trennung der Urhebervergütungen von dem eigenen Vermögen unterstrichen (Art. 11 Abs. 3 RL 2014/26/EU).[1594]

1587 *Augenstein*, S. 39.

1588 *EK-Kultur*, Schlussbericht, BT Drucks. 16/7000, S. 267; Wandtke/Bullinger/*Gerlach*, Vor §§ 1ff WahrnG Rn. 25; *Augenstein*, S. 35; *Becker*, FS Kreile, 27 (30); Hoeren/Holznagel/Ernstschneider/*Pfennig*, S. 153; *Vogel*, GRUR 1993, 513 (521).

1589 *Becker*, FS Kreile, 27 (31).

1590 *BGH*, Urt. v. 21.1.1982 – I ZR 182/79 – *Kunsthändler*, GRUR 1982, 308 (309); *BGH*, Urt. v. 3.11.1967 – Ib ZR 123/65 – *Haselnuss*, GRUR 1968, 321 (327); *BGH*, Urt. v. 25.2.1966 – Ib ZR 30/64 – *GELU*, GRUR 1966, 567 (569); Dreier/*Schulze*, § 6 UrhWG Rn. 3; Dreyer/Kotthoff/Meckel/*Zeisberg*, II § 1 Rn. 14; Fromm/*Nordemann/Wirtz*, UrhWahrnG § 1 Rn. 1; *Schricker*/Loewenheim/*Reinbothe*, Vor §§1ff. WahrnG Rn. 6; *Augenstein*, S. 26; *Hauptmann*, S. 49; *Heindorf*, S. 95; *Mauhs*, S. 18; *Lerche*, GEMA-Jahrbuch 1997/1998, 80 (84).

1591 *Mauhs*, S. 19.

1592 *Augenstein*, S. 27.

1593 *Peifer*, ZUM 2014, 453 (455).

1594 *Peifer*, ZUM 2014, 453 (455).

c) *Faktische Monopolstellung*

aa) Aktuelle Rechtslage

Wenn eine Verwertungsgesellschaft in einem bestimmten Bereich der Werkkategorien allein für die Wahrnehmung der Urheberrechte zuständig ist, führt diese Tatsache notwendigerweise zu einer faktischen Monopolstellung.[1595] Diese Stellung entspricht durchaus auch dem ursprünglichen gesetzgeberischen Leitbild.[1596] Die marktbeherrschende Stellung wird im WahrnG als zweckmäßig sowie wünschenswert erachtet, denn sie mindert den Verwaltungsaufwand und gewährleistet eine gewisse Effizienz.[1597] Dies vor dem Hintergrund, dass Verwertungsgesellschaften nur dann effektiv arbeiten können, wenn sie eine möglichst große Anzahl gleichartiger Rechte in einer Hand vereinigen.[1598] Zudem hat Wettbewerb in der Regel den Zweck, unter anderem auch für den Nutzer/Verbraucher niedrigere Preise zu gewährleisten.[1599] Dies wäre im Bereich der Rechtewahrnehmung, wo der Grundsatz der angemessenen Tarifaufstellung gilt, für die Urheber als Rechteinhaber „geradezu kontraproduktiv".[1600]

Monopole bergen jedoch die Gefahr des Missbrauchs, zum einen gegenüber den Berechtigten (Veruntreuung oder unangemessene Verteilung der Vergütungen), zum anderen gegenüber den Werknutzern durch ungerechtfertigte Vergütungssätze.[1601] Um dieser Gefahr vorzubeugen, unterliegen Verwertungsgesellschaften einem doppelten Kontrahierungszwang (§§ 6 Abs. 1, 11 WahrnG): einerseits gegenüber den Rechteinhabern und andererseits gegenüber den Nutzern.[1602] Das ändert jedoch nichts daran, dass bei dem Dasein lediglich einer Verwertungsgesellschaft in der betroffenen Werkkategorie der Urheber keine andere Wahl hat, als die angebotenen Verwertungsbedingungen zu akzeptieren.[1603] Eine sachgemäße Verwaltung und gerechte Verteilung der Einnahmen muss die Verwertungsgesellschaft sicherstellen, da die Urheber, die ihr ihre Rechte zur Wahrnehmung übertragen, ihr damit auch einen wesentlichen Teil ihres Vermögens anvertrauen.[1604] Eine weitere

---

1595 *Augenstein*, S. 28; *Becker*, FS Kreile, 27 (36).

1596 Dreier/*Schulze*, Vor § 1 UrhWG Rn. 4; *Landfermann*, KUR 2000, 33 (33).

1597 *EK-Kultur*, Schlussbericht, BT Drucks. 16/7000, S. 282; Schricker/Loewenheim/*Reinbothe*, Vor §§1ff. WahrnG Rn. 7; Möhring/Nicolini/*Freudenberg*, WahrnG § 1 Rn. 4; Wandtke/Bullinger/*Gerlach*, Vor §§ 1ff WahrnG Rn. 25; *Heindorf*, S. 73; *Weichhaus*, S. 7.

1598 BT Drucks. IV/271, S. 11; Dreier/*Schulze*, Vor § 1 UrhWG Rn. 4; Wandtke/Bullinger/*Gerlach*, Vor §§ 1ff WahrnG Rn. 25.

1599 *Heindorf*, S. 69.

1600 *Heindorf*, S. 69.

1601 *EK-Kultur*, Schlussbericht, BT Drucks. 16/7000, S. 282; *Heindorf*, S. 73; *Vogel*, GRUR 1993, 513 (515).

1602 *EK-Kultur*, Schlussbericht, BT Drucks. 16/7000, S. 269; Möhring/Nicolini/*Freudenberg*, WahrnG § 6 Rn. 4; *Heindorf*, S. 74.

1603 *Hauptmann*, S. 47.

1604 *EK-Kultur*, Schlussbericht, BT Drucks. 16/7000, S. 282; *Becker*, FS Kreile, 27 (37).

Vorbeugungsmaßnahme bezüglich des Missbrauchs der Monopolstellung sollte die umfassende staatliche Aufsicht über die Verwertungsgesellschaften darstellen.[1605]

bb) Vorgaben der RL 2014/26/EU

Die neue Richtlinie strebt an, die Monopolstellung der Verwertungsgesellschaften aufzuheben. Wenn sich der Rechteinhaber für die Mitgliedschaft in einer Verwertungsgesellschaft entscheidet, kann er zwischen Gesellschaften im In- und Ausland wählen. Der Wettbewerb zwischen Verwertungsgesellschaften soll diese zu einer transparenteren und effizienteren Rechtewahrnehmung zwingen und die Verhandlungsposition der Rechteinhaber gegenüber den Verwertungsgesellschaften verbessern.[1606]

Auch das US Copyright Office orientiert sich an den Grundsätzen der Richtlinie.[1607] "Collecting societies also should be subject to competition, as well as ongoing government oversight to ensure transparency, accountability, and good governance."[1608] Weiterhin wird in den USA erwogen, die Verwaltungskostenabzüge von Verwertungsgesellschaften in der Höhe gesetzlich zu begrenzen, um eine maximale Ausschüttung an Künstler zu ermöglichen.[1609]

Mit der Rechtewahrnehmung dürfen Urheber statt einer Verwertungsgesellschaft nach der neuen Richtlinie auch unabhängige Verwertungseinrichtungen betrauen.[1610] Der wesentliche Unterscheid zwischen Verwertungsgesellschaften und den neu geregelten unabhängigen Verwertungseinrichtungen – noch Manager oder Agenten genannt – liegt darin, dass letztere auf Gewinnerzielung ausgerichtet sind und nicht im Eigentum oder unter der Kontrolle der Rechteinhaber stehen (Art. 3 lit. b) ii) iVm Erwägungsgrund 15 RL 2014/26/EU). In der Praxis wird diese Wahrnehmungsform bei exklusiv lizenzierbaren Nutzungsrechten erwartet, die von speziellen Agenturen verwaltet werden.[1611]

Weiterhin wird den Urhebern nicht nur die Wahl zwischen Verwertungsgesellschaften und unabhängigen Verwertungsunternehmen, sondern auch die Wahl kostenloser Lizenzierungsformen ausdrücklich gestattet (Art. 5 Abs. 3 RL 2014/26/EU). Es soll dadurch ermöglicht werden, bestimmte Nutzungen im Rahmen von „Creative Commons" zur kostenlosen Verwendung freizugeben.[1612] Diese Möglichkeit könnte

1605 Möhring/Nicolini/*Freudenberg*, WahrnG § 1 Rn. 4; Schricker/Loewenheim/*Reinbothe*, Vor §§1ff. WahrnG Rn. 7; Wandtke/Bullinger/*Gerlach*, Vor §§ 1ff WahrnG Rn. 25; *Landfermann*, KUR 2000, 33 (33).

1606 *Hoeren*, K Drucks. 16/240, S. 19.

1607 *US Copyright Office*, Resale Royalties, S. 79.

1608 *US Copyright Office*, Resale Royalties, S. 79.

1609 *US Copyright Office*, Resale Royalties, S. 79.

1610 *Pfennig*, Neue Regeln für VG, Ziff.4.

1611 *Pfennig*, ZUM 2014, 484 (487).

1612 *Peifer*, ZUM 2014, 453 (455); *Pfennig*, ZUM 2014, 484 (486).

jedoch manche Verwerter dazu verleiten, eine kostenfreie Verwendung von den Urhebern zu „erpressen“.[1613]

cc) Zulässigkeit zukünftiger Monopole

Die *OSA-Entscheidung* des EuGH[1614] macht deutlich, dass nationale Monopole für die Wahrnehmung bestimmter Rechte auch nach der RL 2014/26/EU zulässig sind, wenn sie von einer inländischen Verwertungsgesellschaft ausgeübt werden.[1615] Danach unterliegt die Tätigkeit von Verwertungsgesellschaften nicht der Dienstleistungsfreiheit nach Art. 16 RL 2006/123/EG.[1616] Andernfalls hätten ausländische Verwertungsgesellschaften in Deutschland tätig werden können, ohne die Regelungen des WahrnG einhalten zu müssen und hätten beispielsweise im Inland verbindliche Tarife unterbieten können.[1617]

Die *OSA-Entscheidung* erklärt somit die Schaffung von gesetzlichen Gebietsmonopolen der Verwertungsgesellschaften mit europäischem Primärrecht für vereinbar.[1618] Die meisten Experten sprechen sich dafür aus, auch nach Umsetzung der Richtlinie – soweit möglich – an dem faktischen Monopol der Verwertungsgesellschaften festzuhalten.[1619] Auch der doppelte Kontrahierungszwang solle daher erhalten bleiben.[1620] Viele kritische Stimmen sehen den Wettbewerb im Kultursektor als keinen geeigneten Weg, um kulturelle Vielfalt zu ermöglichen und erhalten.[1621] Vielmehr wird eine „Verarmung der Kulturlandschaft“ als notwendige Auswirkung des Wettbewerbs erwartet.[1622] Zudem wird der Wettbewerb von Verwertungsgesellschaft ihre Tätigkeit als One-Stop-Shops wesentlich erschweren.[1623]

Es wird im Umsetzungsprozess der Richtlinie darüber zu diskutieren sein, ob auch in Zukunft die Erhaltung faktischer Monopole als Grundlage einer effizienten Wahrnehmung von Vergütungsansprüchen nicht sinnvoller wäre.[1624] Gesetzliche Vergütungsansprüche werden durch die unterschiedlichen nationalen Schrankenregelungen praktisch territorial begrenzt.[1625] Ausländische Verwertungsgesellschaften,

---

1613 *Pfennig*, ZUM 2014, 484 (486).

1614 *EuGH*, Urt. v. 27.2.2014 – C-351/12 – *OSA*, GRUR 2014, 473ff.

1615 *GRUR*, Stellungnahme VG-Richtlinie, S. 7; *Pfennig*, ZUM 2014, 484 (487); *Welp*, GRUR 2014, 751 (751).

1616 *Welp*, GRUR 2014, 751 (753).

1617 *Welp*, GRUR 2014, 751 (753).

1618 *Welp*, GRUR 2014, 751 (754).

1619 *GRUR*, Stellungnahme VG-Richtlinie, S. 7; *Pfennig*, ZUM 2014, 484 (487).

1620 *Pfennig*, Neue Regeln für VG, Ziff. 2.

1621 *EK-Kultur*, Schlussbericht, BT Drucks. 16/7000, S. 279; *Deutscher Kulturrat*, Stellungnahme, S. 1; *Pfennig*, Neue Regeln für VG, Ziff.2; ausführlich dazu *Hoeren*, K Drucks. 16/240, S. 20ff.

1622 Mit weiteren Erläuterungen *EK-Kultur*, Schlussbericht, BT Drucks. 16/7000, S. 279.

1623 *Deutscher Kulturrat*, Stellungnahme, S. 1.

1624 *Pfennig*, ZUM 2014, 484 (486).

1625 *GRUR*, Stellungnahme VG-Richtlinie, S. 7.

die keiner Erlaubnispflicht und Aufsicht unterliegen, sollten daher gesetzliche Vergütungsansprüche in Deutschland nicht wahrnehmen dürfen.[1626] Empfehlenswert erscheint daher zumindest ein nationales Monopol für die Wahrnehmung von gesetzlichen Vergütungsansprüchen, um die Kontrollfähigkeit zu ermöglichen.[1627] Der Gesetzgeber unterließ die Einführung eines gesetzlichen Monopols zugunsten der Verwertungsgesellschaften aus verfassungsrechtlichen Gründen vor allem unter Hinweis auf das *Apothekenurteil*[1628,1629] Insbesondere vor dem Hintergrund der aktuellen *OSA*-Entscheidung könnte erneut über die Verfassungsmäßigkeit eines gesetzlichen Monopols nachgedacht werden. Anderenfalls sollte als Mindestvoraussetzung für die Wahrnehmung gesetzlicher Vergütungsansprüche eine Niederlassungspflicht der ausländischen Verwertungsgesellschaften statuiert werden, damit sie den Regelungen der WahrnG unterliegen.[1630]

Ob im Bereich des Folgerechts ein faktisches Monopol der VG Bild-Kunst erhalten bleiben wird, ist unklar. Dies würde sich vor allem vor dem Hintergrund empfehlen, dass die VG Bild-Kunst die notwendige Verhandlungsstärke hat, um Kunsthandelsverbänden und ihre Mitglieder in Gesamtverträgen zu einer regelmäßigen Abführung zu verpflichten. Nach der Auflösung der AV Kunst und dem Wegfall des Pauschalmodells bleibt es abzuwarten, ob vielleicht sogar eine neue Verwertungsgesellschaft eine moderne praktizierbare Einziehung des Folgerechts anbieten wird. Im Hinblick auf die langjährige Erfahrung der VG Bild-Kunst auf diesem Gebiet sowie die langjährige Kooperation von Kunsthandelsverbänden und großen Auktionshäusern mit der VG Bild-Kunst im Rahmen der AV Kunst erscheint eine solche Entwicklung in nächster Zukunft eher unwahrscheinlich.

II. Wahrnehmungsbereich der VG Bild-Kunst

Die VG Bild-Kunst wurde 1968 von Bildurhebern gegründet und vertritt bis dato die Urheberrechte der Bildurheber in Deutschland.[1631] Über 54.000 Künstlerinnen und Künstler, die Werke im visuellen Bereich erschaffen, sind momentan ihre Mitglieder.[1632] Dazu zählen bildende Künstler, Fotografen, Grafik-Designer, Verleger von Illustrierten, Filmproduzenten und Filmurheber (Regisseure, Kameramänner, Cutter

1626 *GRUR*, Stellungnahme VG-Richtlinie, S. 7.

1627 *Deutscher Kulturrat*, Stellungnahme, S. 7; *Pfennig*, Neue Regeln für VG, Ziff.1.

1628 *BVerfG*, Urt. v. 11.6.1958 – 1 BvR 596/56 – *Apothekenurteil*, NJW 1958, 1035.

1629 Dreier/*Schulze*, Vor § 1 UrhWG Rn. 4; Möhring/Nicolini/*Freudenberg*, WahrnG § 1 Rn. 4; Wandtke/Bullinger/*Gerlach*, Vor §§ 1ff WahrnG Rn. 24; Loewenheim/*Melichar*, Handbuch des Urheberrechts, § 45 Rn. 17; *Heindorf*, S. 69.

1630 *Deutscher Kulturrat*, Stellungnahme, S. 7; *GRUR*, Stellungnahme VG-Richtlinie, S. 7.

1631 http://www.bildkunst.de/vg-bild-kunst/ueber-die-vg-bild-kunst/wer-wir-sind.html, zuletzt besucht am 19.03.2015.

1632 http://www.bildkunst.de/vg-bild-kunst/ueber-die-vg-bild-kunst/wer-wir-sind.html, zuletzt besucht am 19.03.2015.

und Szenenbildner).[1633] Durch den Abschluss von Verträgen mit Nutzern gibt die VG Bild-Kunst die Bedingungen der Nutzung vor. Anschließend betreibt und überwacht sie die Entrichtung der vereinbarten Vergütung und schüttet die Tantiemen an die Berechtigten aus. Daneben leistet sie politische Lobbyarbeit für die Stärkung der Urheberrechte und die Aufklärung über urheberrechtliche Fragen auf nationaler und internationaler Ebene.[1634]

Die VG Bild-Kunst zieht die sogenannten gesetzlichen Vergütungen durch pauschale Abgaben ein, wie etwa Privatkopie-, Pressespiegel-, Kabelweitersendungs- sowie Videovermietervergütungen und Bibliothekentantiemen. Auch individuelle Nutzungsrechte, wie die Reproduktions- und Senderechte, werden durch die Verwertungsgesellschaft verwaltet. Zuständig ist die VG Bild-Kunst weiterhin für die Rechte der Umwandlung von analogen Werken in digitales Format.[1635] Sie ist die deutsche Agentur von OLA („OnLineArt"), eine Verwertungsgesellschaft, die als internationaler One-Stop-Shop die Lizenzierung im Onlinebereich für alle angeschlossenen europäischen Bildverwertungsgesellschaften zu einem einheitlichen Tarif weltweit ermöglicht.[1636] In diesem Rahmen vergibt die VG Bild-Kunst auch „Lizenzen" für die Internetnutzung von Werken.[1637]

III. Rechtliche Grundlagen der Rechtewahrnehmung durch die VG Bild-Kunst

1. *Urheberwahrnehmungsgesetz als gesetzlicher Rahmen*

a) *Aktuelle Fassung*

Nach dem WahrnG sind Verwertungsgesellschaften als juristische Personen oder Personengemeinschaften definiert, die Nutzungsrechte, Einwilligungsrechte oder Vergütungsansprüche, die sich aus dem UrhG ergeben, für Rechnung mehrerer Urheber oder Inhaber verwandter Schutzrechte zur gemeinsamen Auswertung im eigenen oder im fremden Namen wahrnehmen (§ 1 Abs. 1 iVm § 1 Abs. 4 S. 1).[1638]

Das Urheberwahrnehmungsgesetz sieht angemessene Bedingungen der Wahrnehmung zugunsten der Rechteinhaber (§ 6 Abs. 1) sowie ihr Mitspracherecht in den Entscheidungsgremien (§ 6 Abs. 2) vor. Die Grundsätze für die Verteilung der

---

1633 *Pfennig*, Kunst, Markt und Recht, S. 146.

1634 http://www.bildkunst.de/vg-bild-kunst/ueber-die-vg-bild-kunst/was-wir-tun.html, zuletzt besucht am 19.03.2015.

1635 *Pfennig*, Kunst, Markt und Recht, S. 146.

1636 Dreier/*Schulze*, Vor § 1 UrhWG Rn. 27; *Pfennig*, Kunst, Markt und Recht, S. 146; mit weiteren Erläuterungen *Pfennig*, FS Raue, 593 (600f); ausführlich zu OLA, *Streul*, OnLineArt, Weltweite Multi-Repertoirlizenzen an Werken der bildenden Kunst, FS Pfennig, 511–522.

1637 *Pfennig*, Kunst, Markt und Recht, S. 146; *Pfennig*, FS Raue, 593 (600).

1638 Dreyer/Kotthoff/Meckel/*Zeisberg*, II § 2 Rn. 34; Schricker/Loewenheim/*Reinbothe*, § 2 WahrnG Rn. 13; *Heindorf*, S. 58f; *Weichhaus*, S. 3.

Erträgnisse werden in §§ 7, 8 festgelegt. Rechnungslegung und Buchprüfung (§ 9), Auskunftspflicht der Werknutzer (§ 10) und die Verpflichtung zur Aufstellung von Tarifen (§ 13) sollen eine transparente Handlungsweise der Verwertungsgesellschaft gewährleisten.

Verwertungsgesellschaften unterliegen einer Erlaubnispflicht. Die Erlaubnis erteilt die Aufsichtsbehörde DPMA nach §§ 2 Abs. 1, 18 Abs. 1 WahrnG. Ihr obliegt auch die Überwachung der Einhaltung der Vorschriften des WahrnG durch die Tätigkeit der Verwertungsgesellschaften. Die neue RL verlangt dagegen bei Aufnahme der Tätigkeit einer Verwertungsgesellschaft keine förmliche Zulassung.[1639] Die Verbände und Experten empfehlen nach Umsetzung der Richtlinie 2014/26/EU die Erlaubnispflicht für Verwertungsgesellschaften in Deutschland aufrechtzuerhalten.[1640]

Das Prinzip der Mindestharmonisierung kann zu Nachteilen für die deutschen Verwertungsgesellschaften führen, denn andere Mitgliedstaaten werden erwartungsgemäß bei der Umsetzung der Richtlinie in vielen Bereichen – wie möglicherweise auch bei der Erlaubnispflichtigkeit oder bei der Aufsicht allgemein – bedeutend hinter den Standards des deutschen WahrnG bleiben.[1641] Die Kontrolle über die Verwertungsgesellschaften ist in anderen europäischen Mitgliedstaaten, falls überhaupt vorhanden, bedeutend schwächer ausgestaltet als in Deutschland.[1642] Die Zulassungspflicht vor dem DPMA soll zumindest auch für ausländische Verwertungsgesellschaft gelten, die auf dem deutschen Märkt tätig werden, um mögliche Wettbewerbsverzerrungen zu minimieren.[1643]

b) Reformbedarf

Zunächst dürfte im Rahmen der Umsetzung der RL 2014/26/EU im neuen WahrnG eine richtlinienkonforme Definition der Verwertungsgesellschaft sowie die Anwendbarkeit des Gesetztes auf Tochtergesellschaften (Art. 2 Abs. 3 iVm Erwägungsgrund 17) zu erwarten sein.[1644] Insbesondere Vorschriften über die Organisation der Verwertungsgesellschaften und die Beteiligung ihrer Mitglieder an Entscheidungsprozessen werden erwartungsgemäß in das reformierte WahrnG aufgenommen werden.[1645] Die Vorschriften über die Aufsicht §§ 18 ff. WahrnG müssten weiterhin an die Anforderungen der RL angepasst werden.[1646] Grundsätze über die Ausschüttung

1639 *Pfennig*, ZUM 2014, 484 (486).

1640 *Deutscher Kulturrat*, Stellungnahme, S. 4; *GRUR*, Stellungnahme VG-Richtlinie, S. 4; *Pfennig*, Neue Regeln für VG, Ziff.1; *Steinhau*, S. 2.

1641 Möhring/Nicolini/*Freudenberg*, WahrnG § 1 Rn. 18.

1642 *EK-Kultur*, Schlussbericht, BT Drucks. 16/7000, S. 62.

1643 *Steinhau*, S. 2.

1644 *Peifer*, ZUM 2014, 453 (455); siehe dazu ausführlich *BITKOM*, Stellungnahme zur Anhörung zur Umsetzung der VG-Richtlinie und weiteren Änderungen des UrhWG v. 15.9.2014, S. 11ff.

1645 *Peifer*, ZUM 2014, 453 (453).

1646 *Peifer*, ZUM 2014, 453 (457).

der Erträge müssten aus den Satzungen der Verwertungsgesellschaften auch in das WahrnG aufgenommen werden.[1647] Vorschriften über die Transparenzpflichten und den erforderlichen Transparenzbericht werden zudem notwendig. Auch die informative Besserstellung der Verwertungsgesellschaften ist gesetzlich zu verankern. Art. 17 RL 2014/26/EU verlangt, dass jeder Nutzer „innerhalb vereinbarter oder bereits festgelegter Fristen" Informationen über die Nutzung der in Anspruch genommen Rechte zur Verfügung stellt.

Im deutschen Recht wird die Umsetzung der RL 2014/26/EU keine drastischen Änderungen hervorrufen. Zu hoffen bleibt, dass der Gesetzgeber Regelungen bietet, die über die Mindestanforderungen der Richtlinie hinausgehen und bewährte Konzepte des WahrnG aufrechterhält.[1648] Das WahrnG muss jedoch an vielen Stellen ausführlicher werden und einen viel präziseren Rahmen für die Satzungen der Verwertungsgesellschaften gewähren.[1649] Die Umsetzung der RL 2014/26/EU kann auch als Gelegenheit wahrgenommen werden, um gewisse Klarstellungen im Gesetzestext und Reformierungen vorzunehmen, die sich in der deutschen Praxis als notwendig und empfehlenswert erwiesen haben.[1650]

2. *Satzung VG Bild-Kunst*

Die Satzung, die Gründungsbestimmungen oder die Gründungsurkunden einer Organisation für die kollektive Rechtewahrnehmung werden nach der RL allgemein als „Statut" bezeichnet (Art. 3 lit. e)). Der Verwaltungsrat der VG Bild-Kunst hatte bereits im November 2013 beschlossen, eine Reihe von Satzungsbestimmungen zu reformieren und so ein modernisiertes Statut präsentieren zu können. Die überarbeiteten Satzungsbestimmungen betreffen vor allem technische und rechtliche Aspekte des Vereinslebens, so beispielsweise die Zuständigkeiten der Gremien, Grundsätze der Wahlordnung oder die Zeichnungsberechtigung des Vorstandes. In vielen Fällen wurden zwingende Vorschriften der neuen Richtlinie über Verwertungsgesellschaften übernommen. Die neue Satzung wurde am 28. Juni 2014 beschlossen.

a) Rechtsform und Organisation der VG

Verwertungsgesellschaften dürfen ihre Rechtsform nach dem WahrnG frei wählen.[1651] Auch die RL 2014/26/EU schreibt keine bestimmte Rechtsform vor (Erwägungsgrund 14). Die VG Bild-Kunst selbst ist, wie viele andere Verwertungsgesellschaften, ein

---

1647 *Peifer*, ZUM 2014, 453 (463).

1648 *Pfennig*, Neue Regeln für VG, http://irights.info/artikel/eu-richtlinie-kollektive-rechtewahrnehmung-deutschland/23807, zuletzt besucht am 19.03.2015.

1649 *Peifer*, ZUM 2014, 453 (467).

1650 Vgl. dazu bsp. *Hoeren*, FS Pfennig, 451ff.

1651 *EK-Kultur*, Schlussbericht, BT Drucks. 16/7000, S. 267; *Heindorf*, S. 56; *Stöhr*, S. 132; Hoeren/Holznagel/Ernstschneider/*Pfennig*, S. 156; *Dünnwald*, FS Kreile, 161 (162); *Vogel*, GRUR 1993, 513 (516).

durch staatliche Verleihung rechtsfähiger Verein i.S. des § 22 BGB (§ 1 Satzung). Den Mitgliedern des Vereins kommt eine vereinsrechtliche Stellung zu. Sie vertreten ihre Interessen in der Mitgliederversammlung. In den meisten Verwertungsgesellschaften gibt es jedoch Wahrnehmungsberechtigte, die keine Mitglieder sind. Ihre Belange werden erst durch die gemeinsame Vertretung nach § 6 Abs. 2 WahrnG berücksichtigt.[1652] Verbände und Experten, die an der Umfrage der BMJV teilnehmen, sprechen sich mehrheitlich dafür aus, mehr Beteiligungsdemokratie in der internen Struktur von Verwertungsgesellschaften zu verlangen.[1653] Beispielsweise sollen bezüglich der Verteilungspraktiken nicht nur Mitglieder, sondern auch Wahrnehmungsberechtigte mitbestimmen dürfen.[1654]

b) Vorgaben der RL 2014/26/EU

Eines der wichtigsten Ziele der neuen RL war die Stärkung der Mitgliederrechte. Die Transparenz der Rechtewahrnehmung und die angemessene Einbindung sowie Beteiligung der Mitglieder und sonstigen Berechtigten sollte in den Mittelpunkt rücken. So bestimmt Art. 6 Abs. 2, dass die Verwertungsgesellschaften Rechteinhaber und Einrichtungen, die Rechteinhaber vertreten, als Mitglieder aufnehmen, wenn diese die Voraussetzungen für die Mitgliedschaft erfüllen. Die Voraussetzungen müssen auf objektiven, transparenten und nichtdiskriminierenden Kriterien beruhen und im Statut festgelegt werden. Auch der Rechte der Nichtmitglieder sollen in gewissen Aspekten entsprechend verstärkt werden (Art. 7 Abs. 1).

Im Rahmen der richtlinienkonformen Überarbeitung wurde in § 6 Nr. 1 (früher Nr. 4) Satzung festgelegt, dass die Mitgliedschaft bei der VG Bild-Kunst mit dem Abschluss des Wahrnehmungsvertrages erworben wird. Viele Verwertungsgesellschaften unterscheiden, wie erwähnt, zwischen verschiedenen Kategorien von Berechtigten und Mitgliedern.[1655] In dieser Hinsicht bildet die VG Bild-Kunst eine begrüßenswerte Ausnahme, da keine Unterscheidungen diesbezüglich vorgenommen werden.[1656] Die VG Bild-Kunst kennt in diesem Sinne nur ordentliche Mitglieder.[1657] Damit werden die aus anderen Verwertungsgesellschaften bekannten Demokratiedefizite[1658] bei der VG Bild-Kunst vorgebeugt.

Weiterhin müssen im Statut angemessene, wirksame Verfahren für die Mitwirkung aller Mitglieder am Entscheidungsfindungsprozess der Verwertungsgesellschaft vorgesehen werden (Art. 6 Abs. 3). Bei der Mitgliederhauptversammlung sind alle Mitglieder teilnahme- und stimmberechtigt, es sei denn, es liegen innerstaatliche Einschränkungen vor, die auch nur anhand bestimmter Kriterien zulässig sind

1652 *Stöhr*, S. 132.
1653 *Steinhau*, S. 2.
1654 *Steinhau*, S. 2.
1655 *EK-Kultur*, Schlussbericht, BT Drucks. 16/7000, S. 272; *Heindorf*, S. 57.
1656 *EK-Kultur*, Schlussbericht, BT Drucks. 16/7000, S. 273.
1657 *EK-Kultur*, Schlussbericht, BT Drucks. 16/7000, S. 273.
1658 Siehe dazu *Hoeren*, K Drucks. 16/240, S. 2ff.

(Art. 8 Abs. 9). Änderungen des Statuts oder der Mitgliedschaftsbedingungen bedürfen eines Beschlusses durch die Mitgliederhauptversammlung, die mindestens einmal jährlich einzuberufen ist (Art. 8 Abs. 2). Von der Mitgliederhauptversammlung werden die allgemeinen Grundsätze der Verteilung, der Abzüge, der Anlagepolitik sowie der Verwendung nicht verteilbarer Beträge (Art. 8 Abs. 5) entschieden. Daran wurde § 8 Nr. 3 Satzung VG Bild-Kunst bereits vollständig angepasst.

So bestimmt der neue § 8 Satzung VG Bild-Kunst, dass es eine ordentliche Mitgliederversammlung gibt und eine außerordentliche einberufen werden kann. Die Regeln über die Einladung zur Mitgliederversammlung, das Stellen von Anträgen sowie die Beschlussfähigkeit wurden in § 8 Satzung VG Bild-Kunst präzisiert und ausführlicher dargestellt. In Absatz 3 geht es um die Zuständigkeiten der Mitgliederversammlung, die aufgrund der Vorgaben der neuen Richtlinie erweitert wurden. Am wichtigsten ist, dass die Mitgliederversammlung in Zukunft auch über den Inhalt des Wahrnehmungsvertrages beschließt.

Noch neu für die Praxis ist die in der Richtlinie vorgestellte Möglichkeit, dass Mitglieder ihre Stimmrechte durch Nichturheber ausüben lassen (Art. 8 Abs. 10). Eine solche Vertretung wird wahrscheinlich künftig durch Anwälte und Manager ausgeübt werden.[1659] Auch § 8 Nr. 5 Satzung VG Bild-Kunst sieht neuerdings die Möglichkeit vor, das Stimmrecht auf ein anderes Mitglied oder auf eine Berufsorganisation zu übertragen, die in einer von der zuständigen Berufsgruppe im Kalenderjahr vor der Mitgliederversammlung aufzustellenden Liste benannt wurde.

c) Kuriersystem und Berufsgruppen

Die Aufteilung in Urhebergruppen innerhalb einer Verwertungsgesellschaft soll ermöglichen, dass alle Urheber angemessen repräsentiert werden.[1660] Wesentliche Entscheidungen für die Verwertungsgesellschaft bedürfen der Zustimmung aller Berufsgruppen.[1661] Dadurch soll verhindert werden, dass die Interessen einer Berufsgruppe durch die einer zahlenmäßig überlegenen verdrängt werden, indem diese die anderen Urhebergruppen überstimmt.[1662] Daher bildet dieses sog. Kuriersystem den Grundstein der „innergesellschaftlichen Demokratie".[1663] Auch die neue RL legt fest, dass die verschiedenen Kategorien von Mitgliedern beim Entscheidungsfindungsprozess (Art. 6 Abs. 3, Erwägungsgrund 22) sowie bei der Aufsicht (Art. 9 Abs. 2) fair und ausgewogen vertreten sein müssen.

Intern teilen sich die Mitglieder der VG Bild-Kunst in drei Berufsgruppen. Bildende Künstler und ihre Verleger gehören zu Berufsgruppe I. Fotografen, Bildjournalisten, Grafiker, Illustratoren, Designer, Karikaturisten, Pressezeichner und Bildagenturen bilden die Berufsgruppe II. Dazu zählt auch die angewandte

1659 *Pfennig*, ZUM 2014, 484 (486).
1660 *Augenstein*, S. 51.
1661 *Stöhr*, S. 133.
1662 *Augenstein*, S. 51; *Mauhs*, S. 121; *Vogel*, GRUR 1993, 513 (520).
1663 *Augenstein*, S. 51.

Kunst.[1664] In der Berufsgruppe III sind Regisseure, Kameraleute, Cutter, Filmarchitekten/ Szenenbildner, Kostümbildner, Trickfilmzeichner und Produzenten von freien (Co)Produktionen organisiert.

Die Berufsgruppen I bis III bilden je eine Berufsgruppenversammlung, die vor der Mitgliederversammlung zu tagen hat. Die Berufsgruppenversammlungen schlagen der Mitgliederversammlung die Vergabebeiräte von Kultur- und Sozialwerk sowie die Mitglieder der im Verteilungsplan vorgesehenen Bewertungskommissionen vor (§ 9 Satzung VG Bild-Kunst).

Die Ansprüche aus dem Folgerecht werden zugunsten der Berufsgruppen I und II durch die VG Bild-Kunst geltend gemacht.[1665]

3. *Rahmenvertrag mit dem Arbeitskreis deutscher Kunsthandelsverbände*

Von entscheidender Bedeutung für die effektive Befriedigung der Ansprüche aus dem Folgerecht ist sowohl die Arbeitsweise der Verwertungsgesellschaften als auch ihre Kooperation mit dem Kunsthandel.[1666] Die spezifische Ausgestaltung der kollektiven Rechtewahrnehmung in Bezug auf das Folgerecht in Deutschland wurde in der folgerechtlichen Diskussion im europäischen Vergleich stets als vorbildlich angesehen.[1667] Im Folgenden werden daher ihre Besonderheiten sowie die aktuellen Entwicklungen erläutert.

a) Der Rahmenvertrag als Pauschalvertrag

Die VG Bild-Kunst tritt mit Nutzern und Nutzervereinigungen in Kontakt, um die anfallenden Vergütungen einzuziehen. Sie bündelt die ihr übertragenen Rechte und macht sie gegenüber den Nutzern gemeinsam geltend.[1668] Zu diesem Ziel und zur Bestimmung der Vergütungshöhe stellt sie Tarife auf oder schließt mit Nutzervereinigungen Gesamtverträge ab.[1669] Dadurch soll die Gleichbehandlung gleich gelagerter Fälle sichergestellt werden.[1670] Gleichzeitig soll vorgebeugt werden, dass die Verwertungsgesellschaft in jedem Einzelfall langwierige Verhandlungen über Art und Höhe der zu zahlenden Vergütung führen muss.[1671] Gesamtverträge nach § 12 WahrnG legen die allgemeinen Bedingungen für die Nutzung fest und enthalten die wesentlichen Vorgaben für spätere Einzelverträge.[1672] Die einzelnen Nutzer treten

---

1664 http://www.bildkunst.de/vg-bild-kunst/die-berufsgruppen.html, zuletzt besucht am 19.03.2015.
1665 Hoeren/Holznagel/Ernstschneider/*Pfennig*, S. 160.
1666 *Schmidt-Werthern*, S. 44.
1667 *Schmidt-Werthern*, S. 44; *Heinz*, GRUR 1998, 786 (786).
1668 *Stöhr*, S. 138.
1669 *Stöhr*, S. 138.
1670 *EK-Kultur*, Schlussbericht, BT Drucks. 16/7000, S. 269; *Becker*, FS Kreile, 27 (45).
1671 *EK-Kultur*, Schlussbericht, BT Drucks. 16/7000, S. 269f; *Becker*, FS Kreile, 27 (45).
1672 *EK-Kultur*, Schlussbericht, BT Drucks. 16/7000, S. 270; Schricker/Loewenheim/*Reinbothe*, § 12 WahrnG Rn. 3; *Stöhr*, S. 139.

dann durch Einzelverträge dem Gesamtvertrag bei, der dann Bindungswirkung für sie entfaltet.[1673]

In vielen Inkassobereichen schließen die Verwertungsgesellschaften solche Gesamtverträge ab.[1674] Diese stellen für Verwertungsgesellschaften eine Verwaltungsvereinfachung dar.[1675] Für die Nutzervereinigungen liegt ihr Vorteil hingegen darin, dass der Gesamtvertrag üblicherweise im Vergleich zum Entgelt für die einzelnen Nutzungen niedrigere Vergütungssätze (bis hin zu 20 %) vorsieht.[1676] In Gesamtverträgen vereinbarte Vergütungen sind „Tarife" im Sinne von § 13 Abs. 1 WahrnG. Eine allgemeine Verbindlichkeit ist nicht gegeben: sie gelten nur für die Mitglieder der Nutzervereinigung, die den Gesamtvertrag unterzeichnet hat.[1677] Im Übrigen gilt das Gebot der Wahrnehmung zu angemessenen Bedingungen auch bei Gesamtverträgen.[1678]

Ein ähnlicher Vertrag ist der Pauschalvertrag zwischen der VG Bild-Kunst und dem Arbeitskreis deutscher Kunsthandelsverbände.[1679] Durch solche Pauschalverträge verpflichten sich Nutzer über ihre Verbände zur Auskunftsverteilung und Vergütungszahlung.[1680] Der Unterschied zu einem üblichen Gesamtvertrag besteht darin, dass der Pauschalvertrag keine Tarife festlegt, denn die Höhe der folgerechtlichen Vergütung ist gesetzlich in § 26 Abs. 2 UrhG vorbestimmt. Der Vorteil der Abschlagsgewährung für die Nutzer und die Vereinfachung der Administration für die Verwertungsgesellschaft bestehen jedoch gleichermaßen wie bei einem üblichen Gesamtvertrag.

b) Die Ausgleichsvereinigung Kunst

Hauptzweck der 1969 gegründeten VG Bild-Kunst sollte in der Wahrnehmung der Ansprüche aus dem Folgerecht liegen.[1681] Zu diesem Zweck schloss die VG Bild-Kunst 1980 einen Rahmenvertrag mit dem Arbeitskreis deutscher Kunsthandelsverbände

---

1673 *Stöhr*, S. 140.

1674 *EK-Kultur*, Schlussbericht, BT Drucks. 16/7000, S. 270.

1675 Dreier/*Schulze*, § 12 UrhWG Rn. 1; Schricker/Loewenheim/*Reinbothe*, § 12 WahrnG Rn. 4; Loewenheim/*Melichar*, Handbuch des Urheberrechts, § 48 Rn.39; *Weichhaus*, S. 62; *Becker*, FS Kreile, 27 (45).

1676 *EK-Kultur*, Schlussbericht, BT Drucks. 16/7000, S. 270; Dreier/*Schulze*, § 12 UrhWG Rn. 2; Schricker/Loewenheim/*Reinbothe*, § 12 WahrnG Rn. 4; Wandtke/Bullinger/*Gerlach*, § 12 WahrnG Rn. 3; *Weichhaus*, S. 63; *Becker*, FS Kreile, 27 (45); *Vogel*, FG Schricker, 117 (146).

1677 *Becker*, FS Kreile, 27 (45f).

1678 Schricker/Loewenheim/*Reinbothe*, § 12 WahrnG Rn. 9.

1679 Dreier/*Schulze*, § 12 UrhWG Rn. 17; Dreyer/Kotthoff/Meckel/*Zeisberg*, II § 12 Rn. 7; Hoeren/Holznagel/Ernstschneider/*Pfennig*, S. 157; *Vogel*, GRUR 1993, 513 (527).

1680 Dreier/*Schulze*, § 12 UrhWG Rn. 17; Dreyer/Kotthoff/Meckel/*Zeisberg*, II § 12 Rn. 7; *Vogel*, GRUR 1993, 513 (527).

1681 *Pfennig*, Kunst, Markt und Recht, S. 150; Hoeren/Holznagel/Ernstschneider/*Pfennig*, S. 152; *Pfennig*, KUR 1999, 10 (10); *Pfennig*, SP Kreile, 63 (66); *Heinz*, GRUR 1998, 786 (787).

ab.[1682] So entstand die bereits erwähnte Ausgleichsvereinigung Kunst (AV Kunst) entsprechend § 32 KSVG als Verwaltungsabteilung der VG Bild-Kunst (§ 2 Nr. 3 Rahmenvertrag).[1683] Im Rahmenvertrag war eine pauschale Abgeltung von Folgerechtsansprüchen und Künstlersozialabgabe festgehalten (§ 1 Nr. 3 Rahmenvertrag), die eine prozentuale Zahlung des Kunsthandels vom Umsatz mit Werken bildender Kunst und Fotographie des 20. und des 21. Jahrhunderts vorsah.[1684] Betroffen waren die Veräußerungen aller Werke, die nach dem 01.01.1900 entstanden sind (§ 4 Nr. 1 S. 1 Rahmenvertrag).[1685] Die Einbeziehung erfolgte unabhängig davon, ob die Originale noch urheberrechtlichen Schutz genossen (§ 4 Nr. 2 S. 1 Rahmenvertrag).[1686] Die Pauschale wurde in diesem Sinne auch für die Verkäufe von Werken der Künstler gezahlt, deren Urheberrecht bereits seit über 40 Jahren erloschen war.[1687] Auch Verkäufe von Werken, die weder einen Folgerechtsanspruch auslösten, noch künstlersozialabgabenpflichtig waren oder die von nicht durch die VG Bild-Kunst vertretenen Künstlern geschaffen wurden, wurden von der Pauschale erfasst.[1688]

Die AV Kunst diente daher primär einem vereinfachten Verwaltungsverfahren und verschaffte dem Kunsthandel eine administrative Erleichterung.[1689] Durch den Abschluss eines Einzelvertrags zum Rahmenvertrag konnten weitere Versteigerer, Galerien und Kunsthändler der Ausgleichsvereinbarung beitreten (§ 2 Nr. 2 Rahmenvertrag).[1690] In diesem Einzelvertrag wurde auch die Gewährung eines bestimmten Rabatts für das Mitglied vereinbart und festgehalten.

1682 Dreier/*Schulze*, § 26 Rn. 23; Fromm/Nordemann/*Nordemann-Schiffel*, § 26 Rn. 43; Mestmäcker/Schulze/*Müller-Katzenburg*, § 26 Rn. 45; Schricker/Loewenheim/*Katzenberger*, § 26 Rn. 12; *Becker*, S. 5*; Loewenheim/*Pfennig*, Handbuch des Urheberrechts, § 88, Rn. 7; *Pierredon-Fawcett*, S.130ff; *Pfennig*, Kunst, Markt und Recht, S. 71; *McAndrew/Dallas-Conte*, S. 29; *Wiesner*, S. 111; *Pfennig*, KUR 1999, 10 (11); *Pfennig*, FS Kreile, 491 (496); *Sturm*, KUR 2005, 135 (136).

1683 Mestmäcker/Schulze/*Müller-Katzenburg*, § 26 Rn. 45.

1684 Schricker/Loewenheim/*Katzenberger*, § 26 Rn. 13; *Jayme*, KUR 2010, 60 (61); Loewenheim/*Pfennig*, Handbuch des Urheberrechts, § 88, Rn. 28; *Wiesner*, S. 112; *Pfennig*, FS Raue, 593 (598); *Sturm*, KUR 2007, 45 (45); *Sturm*, KUR 2005, 135 (138); *Vogel*, GRUR 1993, 513 (527).

1685 Schricker/Loewenheim/*Katzenberger*, § 26 Rn. 13; *Pfennig*, FS Raue, 593 (598).

1686 Dreier/*Schulze*, § 26 Rn. 23; Fromm/Nordemann/*Nordemann-Schiffel*, § 26 Rn. 44; Loewenheim/*Pfennig*, Handbuch des Urheberrechts, § 88, Rn. 29; *Wiesner*, S. 112.

1687 *Sturm*, KUR 2005, 135 (138).

1688 Fromm/Nordemann/*Nordemann-Schiffel*, § 26 Rn. 44; Mestmäcker/Schulze/*Müller-Katzenburg*, § 26 Rn. 48; Loewenheim/*Pfennig*, Handbuch des Urheberrechts, § 88, Rn. 29; *Sturm*, KUR 2007, 45 (45).

1689 Ebling/*Schulze*, S. 164, Rn. 407; *Sturm*, KUR 2005, 135 (138).

1690 Dreier/*Schulze*, § 26 Rn. 23; Mestmäcker/Schulze/*Müller-Katzenburg*, § 26 Rn. 47; *Becker*, S. 5*; *Schmidt-Werthern*, S. 45; *Schneider-Brodtmann*, S. 38f; *Pfennig*, FS Raue, 593 (599); *Sturm*, KUR 2007, 45 (45).

Mit Abführung der Umsatzpauschale wurden, wie schon erwähnt,[1691] das Folgerecht sowie die Künstlersozialabgabe gemeinsam abgegolten.[1692] Denn bei jedem Verkauf fällt eine Abgabe an: bei einer Erstveräußerung schuldet der Händler eine Künstlersozialabgabe, während bei jeder Weiterveräußerung ein Folgerecht fällig wird.[1693] Durch die gemeinsame Einziehung wurden „Synergieeffekte" beobachtet, die zur Senkung der Verwaltungskosten führten.[1694] Eine ähnliche Pauschale gibt es in Frankreich, wobei dort das Folgerecht bei Wiederverkäufen durch die Künstlersozialabgabe abgegolten wird.[1695]

Die Abgaben in der AV Kunst richteten sich nach dem jährlichen Gesamtumsatz des einzelnen Kunsthändlers, wobei die pauschalen Abgabesätze von einer gemeinsamen Kommission (Beirat) von Verwertungsgesellschaft und Kunsthandel jährlich angepasst wurden.[1696] 1988 wurde eine Flexibilisierung der Zahlung an die AV Kunst nach Branchen vereinbart, um den zunehmenden Verkäufen im Bereich der Auktionshäuser Rechnung zu tragen.[1697] Daraus ergaben sich je nach Branche unterschiedliche Pauschalsätze. Die Sätze der Pauschale betrugen 2012 1,8 % des Umsatzes für Galerien, 2,1 % für Versteigerer und 2,4 % für Gemäldegroßhändler.[1698] Der Abgabesatz betrug 2013 für Galerien 2,0 % und für Kunstversteigerer 2,1 %.[1699] Der Umsatz wird durch den Umsatzsteuerbescheid bescheinigt (§ 6 Nr. 2 S. 1 Rahmenvertrag). Bis dieser vorliegt, reicht auch eine Bescheinigung von einem Steuerberater (§ 6 Nr. 2 S. 2 Rahmenvertrag).[1700]

Anhand des pauschalen Inkassos wurde eine jährliche Gesamtsumme eingenommen. Die Einnahmen wurden aufgeteilt, um einerseits die Forderungen der Künstlersozialkasse zu befriedigen und andererseits der VG Bild-Kunst in allen gemeldeten Fällen die gesetzliche Folgerechtsvergütung auszuschütten.[1701] Der Anteil zur Abgeltung der Künstlersozialabgabe wurde von der Ausgleichsvereinigung direkt an die Künstlersozialkasse weitergeleitet.[1702] Nach Abführung der Künstlersozialabgabe wurde die verbleibende Summe nach den einzeln gemeldeten, unter das gesetzliche Folgerecht fallenden Veräußerungen aufgeteilt. Bei der Ausschüttung

1691 Siehe dazu Teil 4. C. II. 3. a) bb) Die Ausgleichsvereinigung Kunst.

1692 *Becker,* S. 55; *Pierredon-Fawcett,* S.132; *Pfennig,* Kunst, Markt und Recht, S. 71; *McAndrew/Dallas-Conte,* S. 29; *Pfennig,* KUR 1999, 10 (11); *Pfennig,* FS Kreile, 491 (496); *Schmidtchen/Konald/Kirstein,* FS Fikentscher, 774 (776); *Vogel,* GRUR 1993, 513 (527).

1693 *Pfennig,* Kunst, Markt und Recht, S. 74; *Sturm,* KUR 2007, 45 (45).

1694 *Becker,* S. 34.

1695 *Becker,* S. 56.

1696 *Pfennig,* ZUM 2002, 195 (196); *Sturm,* KUR 2007, 45 (46).

1697 Loewenheim/*Pfennig,* Handbuch des Urheberrechts, § 88, Rn. 34.

1698 Ebling/*Schulze,* S. 164, Rn. 408.

1699 Geschäftsbericht VG Bild-Kunst 2013, S. 3.

1700 *Sturm,* KUR 2007, 45 (45).

1701 Schricker/Loewenheim/*Katzenberger,* § 26 Rn. 13; *Vogel,* GRUR 1993, 513 (527).

1702 *Pfennig,* FS Raue, 593 (599); *Sturm,* KUR 2007, 45 (46).

wurden dann lediglich die Mitglieder der VG Bild-Kunst als Berechtigte berücksichtigt. Zudem wurden bei der Ausschüttung nur Werke einbezogen, für die die urheberrechtliche Schutzfrist nicht abgelaufen war und nicht allgemein Werke nach dem Stichtag 1.1.1900, der lediglich für das Inkasso ausschlaggebend war. Blieben nach Verteilung der durch die Pauschale eingezogenen Summe Beträge übrig, wurden die Abgabesätze für das nächste Jahr gesenkt.[1703] Bei einer zu geringen Gesamtsumme mussten dagegen die Abgabesätze für das nächste Jahr angehoben werden (§ 4 Nr. 1 S. 3 Rahmenvertrag).[1704]

Um die genauen folgerechtspflichtigen Verkäufe zu ermitteln, wertete die VG Bild-Kunst nicht nur die Kataloge und die Ergebnislisten der Versteigerer aus, sondern forderte von den Mitgliedern der AV Kunst das jährliche Ausfüllen von Fragebögen, die die maßgeblichen Weiterveräußerungen festhalten sollen.[1705] Die Mitglieder der AV Kunst mussten jährlich neben ihrem Gesamtumsatz bei jedem Verkauf den vollständigen Namen des Künstlers, die Bezeichnung des Werkes, das Entstehungsjahr des Werkes und den Veräußerungserlös angeben.[1706] Die VG Bild-Kunst schüttete dann die Folgerechtsvergütung in Höhe des § 26 Abs. 2 UrhG an die jeweiligen Künstler oder an ihre Rechtsnachfolger aus.[1707] Einerseits wurde daher beim Inkasso pauschaliert, sodass auch Umsätze aus Verkäufen von bereits schutzlosen Werken eine Vergütungspflicht auslösten.[1708] Andererseits wurden durch die Angaben zu den Einzelverkäufen nur die gesetzlich entstandenen Vergütungsansprüche der folgerechtsberechtigten Mitglieder der VG Bild-Kunst bei noch geschützten Werken abgegolten.[1709]

Eine wichtige Rolle innerhalb der AV Kunst spielte der erwähnte Beirat, der alle für die Arbeit der Ausgleichsvereinigung wesentlichen Entscheidungen traf (§ 2 Nr. 5 S. 2 Rahmenvertrag). Dieser bildete sich aus drei Vertretern der Kunsthandelsverbände und zwei Vertretern der VG Bild-Kunst (§ 2 Nr. 4 S. 1 Rahmenvertrag). Durch die Vereinbarung im Rahmenvertrag wurde die Konfrontation zwischen den Folgerechtsberechtigen und dem Kunsthandel abgemildert.[1710] Der Weg dorthin war alles andere als leicht, da der Vereinbarung eine Boykottierung der Künstler in der VG Bild-Kunst durch die Kunsthandelsverbände vorangegangen war.[1711] Denn bei den ursprünglichen Versuchen, die Folgerechte wahrzunehmen, bestritt der

1703 Fromm/Nordemann/*Nordemann-Schiffel*, § 26 Rn. 45.
1704 Fromm/Nordemann/*Nordemann-Schiffel*, § 26 Rn. 45.
1705 Loewenheim/*Pfennig*, Handbuch des Urheberrechts, § 88, Rn. 33.
1706 Dreier/*Schulze*, § 26 Rn. 23; *Sturm*, KUR 2007, 45 (46).
1707 Dreier/*Schulze*, § 26 Rn. 23; Hoeren/Holznagel/Ernstschneider/*Pfennig*, S. 164; *Pfennig*, KUR 1999, 10 (11).
1708 Dreier/*Schulze*, § 26 Rn. 23.
1709 Dreier/*Schulze*, § 26 Rn. 23; Hoeren/Holznagel/Ernstschneider/*Pfennig*, S. 164; *Pfennig*, KUR 1999, 10 (11).
1710 *Pfennig*, ZUM 2002, 195 (196).
1711 *Pierredon-Fawcett*, S.131; *Pfennig*, KUR 1999, 10 (11).

Kunsthandel sogar die Verfassungsmäßigkeit von § 26 UrhG.[1712] Die pauschalierte Durchsetzungspraxis trug wesentlich dazu bei, dass der Kunsthandel auf seine Einwände gegen die Folgerechtsregelung nicht länger beharrte und sich das Folgerecht als praktikable Regelung etablieren konnte.[1713]

Die Funktionsweise der Ausgleichsvereinbarung Kunst zeichnete sich durch gewisse Vorteile aus. An erster Stelle war der gesenkte Verwaltungsaufwand für den Kunsthandel anzumerken. Der einzelne Weiterveräußerungsfall wurde nicht durch die Verwertungsgesellschaft ermittelt, es wurden diesbezüglich keine umfangreichen Auskünfte erteilt und keine Einzelabrechnungen angefertigt. Alle relevanten Weiterveräußerungen wurden bei dem Kunsthändler intern festgestellt und einmal jährlich nach außen hin dokumentiert.[1714] Diese Vorgehensweise wurde auch dem Diskretionsbedürfnis des Kunsthandels gerecht.[1715] Zahlungen erfolgten zentral und die notwendigen Abzüge wurden im Voraus berechnet.[1716] Diese Abwicklung war keineswegs einseitig, sondern berücksichtigte sowohl die Interessen der Berechtigten als auch die der Verpflichteten.[1717]

c) Die Auflösung der Ausgleichsvereinigung Kunst

Die AV Kunst wurde zum 31.12.2014 allerdings gekündigt und löste sich zum Jahreswechsel ins Jahr 2015 auf.[1718] Das Inkassowesen der AV Kunst muss 2015 entsprechend neu strukturiert werden.[1719] Nach Angaben der VG Bild-Kunst erwirtschaftete die AV Kunst jedoch lediglich die Hälfte der inländischen Einnahmen aus dem Folgerecht.[1720] Daher rechnet die VG Bild-Kunst mit geringen Anlaufschwierigkeiten bei der Erlöseinziehung im Laufe des Jahres 2015 aufgrund des Wegfalls der AV Kunst. Erhebliche Erlösminderungen werden nicht erwartet.[1721]

Da dieses Pauschalmodell in Deutschland über eine längere Zeit effizient funktionierte und sich als praxistauglich etabliert hatte, stellt sich die Frage, welche Gründe nun zur Auflösung der AV Kunst geführt haben. Im Hinblick darauf ist es wichtig anzumerken, dass die Kündigung des Rahmenvertrages vor allem auf die gemeinsame Einziehung von Folgerecht und Künstlersozialabgabe zurückzuführen ist.

Einer der Gründe für die Auflösung ist wohl darin zu sehen, dass in den Jahren eine immer größere Zahl kunstschaffender Freiberufler in die Künstlersozialkasse

1712 *Pfennig*, SP Kreile, 63 (71f).
1713 *Becker*, S. 22; *Pfennig*, ZUM 2002, 195 (196).
1714 *Schmidt-Werthern*, S. 48; *Sturm*, KUR 2007, 45 (46).
1715 *Schmidt-Werthern*, S. 48.
1716 *Schmidt-Werthern*, S. 48.
1717 *Schmidt-Werthern*, S. 48.
1718 Geschäftsbericht VG Bild-Kunst 2013, S. 3.
1719 Das neue Einziehungs- und Ausschüttungsmodell der VG Bild-Kunst wurde erst Ende des Jahres 2015 bekannt und wird daher im Kapitel „Nachtrag“ behandelt.
1720 Geschäftsbericht VG Bild-Kunst 2013, S. 2.
1721 Geschäftsbericht VG Bild-Kunst 2013, S. 2.

aufgenommen wurde. Der Kreis der Berufsgruppen wurde immer größer und die Zahl der Versicherten stieg von ursprünglich 12.000 auf ca. 190.000.[1722] Daraufhin stiegen auch die Abgabesätze für die Künstlersozialabgabe.[1723] Dadurch wurde das gesamte System der einheitlichen Abgabesätze in der AV Kunst zunehmend in Frage gestellt. Ursprünglich betrug die Umsatzbelastung der AV Kunst für alle Branchen 1 %, obwohl sich die Abgabe nach beiden Gesetzen (UrhG und KSVG) auf jeweils 5 % pro Weiterverkaufs- bzw. Ankaufsfall bemaß.[1724] Nach Umsetzung der Folgerecht-RL sind die prozentualen Folgerechtsabgaben aufgrund der Staffelung gesunken.[1725] Trotzdem wurde die Pauschale vom jährlichen Umsatz andauernd erhöht. Von der Pauschale wurde der Anteil der Künstlersozialabgabe immer größer und der Folgerechtsanteil immer geringer. Das Verhältnis zwischen Künstlersozialabgabe und Folgerecht innerhalb der Pauschale war nicht mehr ausgewogen. Die Künstlersozialkasse stellte bei einer Stichprobe 2014 trotzdem fest, dass die künstlersozialabgabepflichtigen im Verhältnis zu den folgerechtspflichtigen Umsätzen noch höher waren als bisher angenommen und forderte eine Erhöhung ihres Anteils an den Gesamteinnahmen der AV von bisher 13 % auf 28 %.[1726]

Bis Ende 2014 wurden die Ansprüche aus dem Folgerecht im Rahmen der Pauschaleinziehung geltend gemacht, jedoch fallbezogen mit dem Rechteinhaber abgerechnet.[1727] Insbesondere die Auktionshäuser und größere Kunsthändler führen genaue Verkaufslisten, sodass die einzelnen Weiterveräußerungen nachvollzogen werden können. Darin lag einer der wesentlichen Unterschiede zwischen Folgerecht und Künstlersozialabgabe bei dem Inkasso in der AV Kunst. Während das Folgerecht auf einzelnen abrechenbaren Nutzungen beruhte, machte die Künstlersozialkasse auch im Hinblick auf das Datenschutzrecht lediglich eine jährliche Gesamtsumme geltend, ohne Details zu einzelnen Versicherten liefern zu können. So gestaltete sich die Pauschalabgabe in der AV Kunst auch in ihrer Abrechnungsweise als nicht homogen und eher eindeutig zweigliedrig.

Für eine Auflösung der AV Kunst sprachen jedoch auch gewisse folgerechtsspezifischen Aspekte. Der Arbeitskreis Deutscher Kunsthandelsverbände hat an Bedeutung verloren und wurde durch andere Vertragspartner in der AV Kunst ersetzt. Die Zahl der bedeutenden und am Sekundärmarkt gehandelten Künstler, deren Werke nach dem 1.1.1900 geschaffen wurden, für die jedoch die Schutzfrist

---

1722 Auskunft BVDG.

1723 *Fricke,*http://www.handelsblatt.com/panorama/kunstmarkt/folgerecht-und-kuenstlersozialkasse-abgaben-cocktail-mit-toedlicher-wirkung-seite-all/10969872-all.html, zuletzt besucht am 19.03.2015.

1724 Loewenheim/*Pfennig*, Handbuch des Urheberrechts, § 88, Rn. 28; *Pfennig*, FS Raue, 593 (599).

1725 Siehe dazu Teil 5. B. IV. Berechnung der Anspruchshöhe.

1726 *Fricke,* http://www.handelsblatt.com/panorama/kunstmarkt/folgerecht-und-kuenstlersozialkasse-abgaben-cocktail-mit-toedlicher-wirkung-seite-all/10969872-all.html, zuletzt besucht am 19.03.2015.

1727 *Pfennig*, Kunst, Markt und Recht, S. 155.

bereits abgelaufen war, erhöhte sich ständig. So mussten die Mitglieder der AV Kunst Folgerechte abführen, wo die Nichtmitglieder keine Folgerechtskosten hatten. Immer mehr Verpflichtete haben die AV Kunst verlassen.[1728] Auch zwei große Auktionshäuser haben die Einzelabrechnungen als für sie vorteilhafter vorgezogen. Daraufhin mussten die Abgabesätze für die verbleibenden Mitglieder der AV Kunst erhöht werden. Dies machte die Ausgleichsvereinigung Kunst immer weniger rentabel und attraktiv für große und kleine Kunstmarktakteure. So wurde die AV Kunst letztendlich 2014 obsolet.

d) Einziehung des Folgerechts ab 2015[1729]

Kunsthändler, die der Ausgleichsvereinbarung nicht beigetreten waren, leisten die Folgerechtsvergütung allein nach den Vorschriften des Urhebergesetzes.[1730] Nach Auflösung der AV Kunst könnte sich die Einziehung des Folgerechts auch für die früheren Mitglieder der AV Kunst allein nach § 26 UrhG iVm WahrnG richten. Dann werden die Künstlersozialabgabe und die droit de suite Vergütung unabhängig voneinander eingezogen werden. So könnte ein neuer Rahmenvertrag allein für die Einziehung des Folgerechts zwischen VG Bild-Kunst und BVDG, BDK und weiteren Verbänden vereinbart werden. Darüber wurden bereits erste Verhandlungen geführt.[1731] Eine Pauschalabgabe wie in der alten AV Kunst wird es aller Wahrscheinlichkeit nach nicht geben, sondern eine dem einzelnen Verkauf gerechte Abrechnung in einem bestimmten Turnus. Im Einzelvertrag zum Rahmenvertrag werden dann den jeweiligen Mitgliedern Rabatte eingeräumt.

Die Mitglieder der AV Kunst mussten auch bisher umfassende Listen mit folgerechtspflichtigen Verkäufen führen. Daher wird sich für diese Kunsthändler verwaltungstechnisch wenig ändern. Soweit berechnete sich die Zahlungspflicht anhand des Umsatzes und nicht anhand der Meldung der einzelnen Veräußerungen von Kunsthändlern. Die neue Berechnungsweise erhöht jedoch die Missbrauchsgefahr, die Meldung einzelner zahlungsauslösender Verkäufe pflichtwidrig zu unterlassen. In Zukunft werden daher die Überwachungs- und Prüfungspflichten der VG Bild-Kunst in den Vordergrund rücken. Die Durchsicht von Katalogen und Ergebnislisten wird eine noch größere Rolle spielen. Vor allem jedoch in den Bereichen der Galerien und des kleineren Kunsthandels müssten wirksame Mechanismen der Meldungsprüfung entwickelt werden. Es ist daher vorstellbar, dass die Auskunftsansprüche

---

1728 http://www.bildkunst.de/vg-bild-kunst/ausgleichsvereinigung-kunst.html, zuletzt besucht am 19.03.2015.

1729 Das neue Einziehungs- und Ausschüttungsmodell der VG Bild-Kunst wurde erst Ende des Jahres 2015 bekannt und wird daher umfassend im Kapitel „Nachtrag" behandelt.

1730 *Pfennig*, KUR 1999, 10 (11); *Pfennig*, FS Kreile, 491 (496).

1731 *Fricke*, http://www.handelsblatt.com/panorama/kunstmarkt/folgerecht-und-kuenstlersozialkasse-abgaben-cocktail-mit-toedlicher-wirkung-seite-all/10969872-all.html, zuletzt besucht am 19.03.2015.

verstärkt geltend gemacht werden, aber auch die Buchprüfung zunehmend an Bedeutung gewinnt.

Ensprechend den Vorgaben des Stakeholder-Dialogs der Europäischen Kommission soll die Einziehung der Folgerechtsvergütung nun in einem angemessenen Zeitraum erfolgen.[1732] Die Mitglieder der AV Kunst mussten bis zum 31. März des auf die Weiterveräußerung folgenden Jahres die Auskünfte über folgerechtspflichtige Verkäufe nach den Mitgliederlisten der VG Bild-Kunst erteilen (§ 11 Nr. 2 Rahmenvertrag). An Nichtmitgliedern verschickte die VG Bild-Kunst Auskunftsverlangen für folgerechtspflichtige Veräußerungen der Ausgleichsvereinigung Kunst erst im Dezember des Folgejahres des Abrechnungsjahres (z.B. für das Jahr 2013 im Dezember 2014). In diesem Sinne verging ein längerer Zeitraum bis die Folgerechtsvergütung tatsächlich ausgeschüttet wurde. Dieses Einziehungsverfahren müsste nach Auflösung der AV Kunst und im Hinblick auf die Vorgaben der neuen RL sowie die Zusicherung im Stakeholder-Dialog beschleunigt werden. Laut Art. 13 Abs. 1 RL 2014/26/EU sollen die Einnahmen spätestens neun Monate nach Ablauf des Geschäftsjahres verteilt und an die Rechteinhaber ausgeschüttet werden, es sei denn, die Frist kann aus objektiven Gründen nicht gewahrt werden. Es bleibt in diesem Sinne zu hoffen, dass die Verwaltungsvereinfachung, die durch die Auflösung der AV Kunst verloren geht, in Zukunft durch die Vorteile von deutlich zügigeren Abrechnungsmechanismen ausgewogen wird.

e) Vereinbarkeit einer Pauschaleinziehung mit der RL 2014/26/EU

Da die Verwertungsgesellschaften eine faktische Monopolstellung innehaben, Aufgaben im öffentlichen Interesse wahrnehmen und zudem gleichzeitig als Treuhänder tätig sind, ist die Notwendigkeit für ein transparentes Handeln außerordentlich groß.[1733] Sonst ist eine Kontrolle durch Rechteinhaber und Öffentlichkeit kaum möglich. Die bisherige Einziehung und Ausschüttung des Folgerechts innerhalb der AV Kunst war jedoch relativ komplex ausgestaltet und die einzelnen Posten bei den Einnahmen innerhalb der Pauschale nicht ermittelbar. Das Verständnis des gesamten Systems erforderte eine gewisse Einarbeitung und war nicht für jeden auf Anhieb in ihren Details einleuchtend und begreiflich. In diesem Sinne ist fraglich, ob eine Pauschaleinziehung, so wie sie bis Ende 2014 praktiziert wurde, mit den Vorgaben der RL 2014/26/EU bezüglich der Transparenz der Arbeitsweise der VG Bild-Kunst vereinbar sein könnte.

Jede Verwertungsgesellschaft muss entsprechend Erwägungsgrund 34 RL 2014/26/EU besondere Anforderungen an die Transparenz ihrer Handlungsweise erfüllen. Jede Organisation für die kollektive Rechtewahrnehmung sollte mindestens einmal jährlich den einzelnen Rechtsinhabern bestimmte Informationen zur Verfügung stellen, etwa über die ihnen zugeteilten oder ausgeschütteten Beträge und einbehaltenen Abzüge. Verwertungsgesellschaften müssen daher bezüglich der

1732 *EK-Stakeholder-Dialog*, Key principles, S. 3.
1733 *EK-Kultur*, Schlussbericht, BT Drucks. 16/7000, S. 280.

Offenlegung der Erlösquellen, der Verwendung der Mittel und der Ausschüttungsfristen transparenter als zuvor handeln.[1734] Erforderlich laut Erwägungsgrund 36 ist zudem die Veröffentlichung eines jährlichen Transparenzberichts mit geprüften Finanzdaten, wobei dieser nicht nur gesondert, sondern auch im Rahmen des Jahresberichts erfolgen kann.

Insbesondere Art. 18 Abs. 1 sieht vor, dass die Verwertungsgesellschaft jedem Rechteinhaber einmal jährlich gewisse Informationen zur Verfügung stellt, darunter in lit. b) die dem Rechtsinhaber zugewiesenen Einnahmen aus den Rechten. Dies könnte sich im Rahmen einer Pauschaleinziehung nur schwer realisieren lassen, denn innerhalb der Pauschale ist keine Einzelzuweisung der Einnahmen möglich. Lediglich die individuelle Ausschüttung lässt sich ermitteln, jedoch nicht die Einnahmen für den konkreten Rechteinhaber innerhalb der umsatzbezogenen Pauschale.

Zudem dürfte eine gemeinsame Abgeltung von Folgerechten und Künstlersozialabgabe nicht mehr zulässig sein. Unter „Einnahmen aus den Rechten“ im Sinne der Richtlinie sind lediglich solche zu verstehen, die aus einem ausschließlichen Recht oder einem Vergütungs- oder Ausgleichsanspruch eingezogene Beträge ausmachen (Art. 3 lit. h)). Da die Einnahmen nach dem KSVG nicht darunter fallen, erlaubt die gemeinsame Einziehung innerhalb der Pauschale keine Transparenz bei den erzielten Einnahmen aus den Folgerechten. Die Verwertungsgesellschaft ist jedoch nach Art. 11 Abs. 4 auch dazu verpflichtet, die Einnahmen aus den Rechten und die Erträge aus den Anlagen dieser Einnahmen nicht für andere Zwecke als zur Verteilung an die Rechtsinhaber zu verwenden. Da sich innerhalb der Pauschale nicht ermitteln lässt, welche Beträge konkret Einnahmen aus den Folgerechten sind, kann die Verwertungsgesellschaft dieser Verpflichtung nicht genau nachkommen. Die Einziehung von Folgerechten unter der AV Kunst für Weiterveräußerungen, die keine gesetzlichen Vergütungsansprüche nach § 26 Abs. 1 UrhG auslösen, kann auch schwer unter dem Begriff „Einnahmen aus den Rechten“ subsumiert werden.

f) Zwischenfazit

Insgesamt war die Einziehung der Rechte innerhalb der AV Kunst eine komplexe Materie, die teilweise bis zum Ende sogar für „Insider“ undurchsichtig und schwer verständlich geblieben ist. Manche Kunsthändler haben bis zuletzt diesen Regelungskomplex nicht vollständig durchdringen können und haben sich immer wieder mit Nachfragen an die VG Bild-Kunst oder ihre Verbände gewendet.[1735] Die Prinzipien der Einziehung wurden nur nach einer langwierigen Einarbeitung in die Materie deutlich. Ob dieser Zustand der von der Richtlinie geforderten Transparenz der Arbeitsweise von Verwertungsgesellschaften entsprochen hätte, bleibt fraglich.

1734 *Rupp*, MMR 2014, 217 (219).
1735 Auskunft VG Bild-Kunst.

Es spricht vielmehr vieles dafür, dass eine Pauschaleinziehung von Folgerechten und Künstlersozialabgabe, so wie sie innerhalb der AV Kunst praktiziert wurde, nicht mit den Vorgaben der Richtlinie vereinbar ist. Spätestens mit der Umsetzung der Richtlinie in das nationale Recht hätte diese aufgegeben bzw. wesentlich umgestaltet werden müssen. Demzufolge ist die rechtzeitige Auflösung der AV Kunst als begrüßenswert zu betrachten.

4. Wahrnehmungsverträge mit den Berechtigten

Das Verhältnis zwischen Rechteinhabern und Verwertungsgesellschaft bestimmt sich nach dem sog. Wahrnehmungsvertrag.[1736] Darin werden der Verwertungsgesellschaft Rechte eingeräumt (§ 3 Nr. 1 Satzung VG Bild-Kunst). Dieser Vertrag ist bei allen Verwertungsgesellschaften standardisiert und enthält vorformulierte Bedingungen.[1737] Daher handelt es sich bei den Klauseln um Allgemeine Geschäftsbedingungen (AGB) im Sinne des Bürgerlichen Rechts.[1738] Während Satzung und Verteilungsplan einen Ausgleich zwischen den Interessen der Berechtigten untereinander schaffen wollen, erfolgt die Abwägung im Wahrnehmungsvertrag zwischen dem Interesse des Rechteinhabers und dem Effizienzinteresse der Verwertungsgesellschaft.[1739]

Durch den Wahrnehmungsvertrag verpflichtet sich die Verwertungsgesellschaft, die Rechte wahrzunehmen und naturgemäß die Einnahmen auszuschütten.[1740] Zwischen ihr und dem Berechtigten entsteht eine schuldrechtliche treuhänderische Beziehung.[1741] Da die Verwertungsgesellschaften ohne Gewinnerzielungsabsicht funktionieren, handelt es sich um einen unentgeltlichen Vertrag.[1742] Der Wahrnehmungsvertrag kann zudem als ein unvollkommener zweiseitiger Vertrag qualifiziert werden, der Elemente des Auftrags-, Geschäftsbesorgungs-, Dienst- und

---

1736 *Heindorf*, S. 65; *Stöhr*, S. 135; *Wiesner*, S. 110; Hoeren/Holznagel/Ernstschneider/*Pfennig*, S. 157; *Pfennig*, KUR 1999, 10 (10).

1737 *Augenstein*, S. 23.

1738 *BGH*, Urt. v. 5.12.2012 – I ZR 23/11 – *Missbrauch des Verteilungsplans*, GRUR 2013, 375 (376); *BGH*, Urt. v. 18.12.2008 – I ZR 23/06 – *Klingeltöne für Mobiltelefone*, GRUR 2009, 395 (398); Dreyer/Kotthoff/Meckel/*Zeisberg*, II § 6 Rn. 10; Fromm/*Nordemann/Wirtz*, UrhWahrnG § 6 Rn. 14; Möhring/Nicolini/*Freudenberg*, WahrnG § 6 Rn. 27;Schricker/Loewenheim/*Reinbothe*, § 6 WahrnG Rn. 4; Wandtke/Bullinger/*Gerlach*, § 6 WahrnG Rn. 7; Loewenheim/*Melichar*, Handbuch des Urheberrechts, § 47 Rn.22; *Heindorf*, S. 66f; *Mauhs*, S. 57; *Riesenhuber*, S. 20.

1739 *Vogel*, FG Schricker, 117 (143); *Vogel*, GRUR 1993, 513 (525).

1740 *Riesenhuber*, S. 8.

1741 Dreyer/Kotthoff/Meckel/*Zeisberg*, II § 6 Rn. 8; Schricker/Loewenheim/*Reinbothe*, § 6 WahrnG Rn. 4; Wandtke/Bullinger/*Gerlach*, § 6 WahrnG Rn. 3; *Augenstein*, S. 74f.

1742 *Riesenhuber*, S. 9.

Gesellschaftsvertrages enthält.[1743] Letztlich ist er ein urheberrechtlicher Nutzungsvertrag eigener Art.[1744]

a) Wahrnehmungszwang

aa) Grundsatz

Würde ein Urheber nicht in die für seine Werkkategorie zuständige Verwertungsgesellschaft aufgenommen werden, würde er seine Rechte unter Umständen, beispielsweise bei gesetzlichen Vergütungsansprüchen, gar nicht individuell geltend machen können. Die Verweigerung der Aufnahme stellt in diesem Sinne eine erhebliche Schädigung seiner wirtschaftlichen Interessen und eine Diskriminierung dar.[1745] Daher gilt für Verwertungsgesellschaften ein Wahrnehmungszwang: die Verwertungsgesellschaften dürfen grundsätzlich niemandem die Aufnahme versagen können, der von ihnen Rechte wahrnehmen lassen will. Dies gilt insbesondere vor dem Hintergrund der faktischen Monopolstellung der Verwertungsgesellschaften in ihrem Tätigkeitsbereich.[1746]

Ein Anspruch auf Abschluss eines Wahrnehmungsvertrags besteht jedoch nur dann, wenn das Recht nicht in anderer Weise wirksam wahrgenommen werden kann (§ 6 Abs. 1 S. 1 WahrnG). Dem Wahrnehmungszwang unterliegen somit alle nur kollektiv wahrnehmbaren Rechte und zwar auch solche, bei denen eine individuelle Wahrnehmung zwar möglich, aber nicht wirtschaftlich ist.[1747]

Einen Wahrnehmungszwang sieht die Richtlinie 2014/26/EU zwar nicht ausdrücklich vor, gibt Urhebern jedoch einen Anspruch auf freie Wahl einer Gesellschaft im In- oder Ausland (Art. 5 Abs. 2 RL).[1748] Sofern die Verwertungsgesellschaft für die Rechtewahrnehmung nicht aus objektiv nachvollziehbaren Gründen ablehnen kann, ist sie verpflichtet, Rechte, Kategorien von Rechten oder Arten von

---

1743 *BGH*, Beschl. v. 3.5.1988 – KVR 4/87– *GEMA-Wertungsverfahren*, GRUR 1988, 782 (784); *BGH*, Urt. v. 21.1.1982 – I ZR 182/79 – *Kunsthändler*, GRUR 1982, 308 (309); *BGH*, Urt. v. 3.11.1967 – Ib ZR 123/65 – *Haselnuss*, GRUR 1968, 321 (327); *BGH*, Urt. v. 25.2.1966 – Ib ZR 30/64 – *GELU*, GRUR 1966, 567 (569); Möhring/Nicolini/*Freudenberg*, WahrnG § 6 Rn. 23; Schricker/Loewenheim/*Reinbothe*, § 6 WahrnG Rn. 4; Wandtke/Bullinger/*Gerlach*, § 6 WahrnG Rn. 4; *Heindorf*, S. 66; *Mauhs*, S. 43.

1744 *BGH*, Urt. v. 21.1.1982 – I ZR 182/79 – *Kunsthändler*, GRUR 1982, 308 (309); *BGH*, Urt. v. 3.11.1967 – Ib ZR 123/65 – *Haselnuss*, GRUR 1968, 321 (327); *BGH*, Urt. v. 25.2.1966 – Ib ZR 30/64 – *GELU*, GRUR 1966, 567 (569); Möhring/Nicolini/*Freudenberg*, WahrnG § 6 Rn. 23; Schricker/Loewenheim/*Reinbothe*, § 6 WahrnG Rn. 4; Wandtke/Bullinger/*Gerlach*, § 6 WahrnG Rn. 4; Loewenheim/*Melichar*, Handbuch des Urheberrechts, § 47 Rn.15; *Heindorf*, S. 66; *Mauhs*, S. 44.

1745 *EK-Kultur*, Schlussbericht, BT Drucks. 16/7000, S. 282; *Augenstein*, S. 31f.

1746 Schricker/Loewenheim/*Reinbothe*, § 6 WahrnG Rn. 1; Wandtke/Bullinger/*Gerlach*, § 6 WahrnG Rn. 2.

1747 *Vogel*, GRUR 1993, 513 (517).

1748 *Pfennig*, ZUM 2014, 484 (486).

Werken und sonstige Schutzgegenstände, die in ihren Tätigkeitsbereich fallen, wahrzunehmen.

Der Wahrnehmungszwang ist eine Schutzvorschrift diesbezüglich, dass sich die Verwertungsgesellschaften nicht lediglich erfolgreiche Urheber aussuchen und alle anderen von der kollektiven Rechtewahrnehmung ausschließen dürfen.[1749] Daher meinen die Verbände und Experten, dass nach Umsetzung der Richtlinie 2014/26/EU der Wahrnehmungszwang erhalten bleiben soll.[1750] Die Stellungnahme der *GRUR* kommt jedoch zum Ergebnis, dass dieser Wahrnehmungszwang nicht für Verwertungsgesellschaften aus anderen Mitgliedstaaten gelten kann.[1751]

bb) Angemessenheitsgebot

Die Verwertungsgesellschaft ist verpflichtet, eine Rechtewahrnehmung zu angemessenen Bedingungen zu ermöglichen. Diese Verpflichtung bezieht sich insbesondere auf den Inhalt der Satzungen, Verteilungspläne und Wahrnehmungsverträge.[1752] In diesem Sinne wird nach überwiegender Meinung eine Inhaltskontrolle dieser Normen zugelassen.[1753] Dabei unterscheidet § 6 Abs. 1 WahrnG – im Vergleich zu § 6 Abs. 2 – nicht zwischen Mitgliedern und Berechtigten, die keine Mitglieder der Verwertungsgesellschaft sind. Daher sollte die Vertragsbindung zu angemessenen Bedingungen für alle Berechtigten, unabhängig von ihrem Vereinsstatut, gelten.[1754]

Angemessen sind die Bedingungen, wenn ein ausgewogenes Verhältnis zwischen den Rechten und Pflichten von Verwertungsgesellschaften und Berechtigten gewährleistet ist.[1755] Die Interessen beider Parteien sollen berücksichtigt

---

1749 *Steinhau*, S. 2.

1750 *Steinhau*, S. 2.

1751 *Steinhau*, S. 2.

1752 Fromm/*Nordemann/Wirtz*, UrhWahrnG § 6 Rn. 8; Schricker/Loewenheim/*Reinbothe*, § 6 WahrnG Rn. 13; *Mauhs*, S. 111; *Vogel*, GRUR 1993, 513 (518); a.A *Riesenhuber*, S. 67, der nur die Bedingungen des Wahrnehmungsvertrages selbst als kontrollfähig ansieht.

1753 *Riesenhuber*, S. 64.

1754 Dreier/*Schulze*, § 6 UrhWG Rn. 16; Dreyer/Kotthoff/Meckel/*Zeisberg*, II § 6 Rn. 51; Möhring/Nicolini/*Freudenberg*, WahrnG § 6 Rn. 18; Schricker/Loewenheim/*Reinbothe*, § 6 WahrnG Rn. 13; Wandtke/Bullinger/*Gerlach*, § 6 WahrnG Rn. 16; ; Loewenheim/*Melichar*, Handbuch des Urheberrechts, § 47 Rn.12; *Mauhs*, S. 50; *Weichhaus*, S. 57; *Vogel*, FG Schricker, 117 (137); *Vogel*, GRUR 1993, 513 (518f); a.A *Riesenhuber*, S. 66, die Vorschrift betreffe lediglich außenstehende Berechtigte, die weder Mitglieder sind, noch einen Wahrnehmungsvertrag abgeschlossen haben; so auch *Dünnwald*, FS Kreile, 161 (164f).

1755 BVerfGE 79, 1 (17f) – *Leerkassette*; Dreyer/Kotthoff/Meckel/*Zeisberg*, II § 6 Rn. 52; Fromm/*Nordemann/Wirtz*, UrhWahrnG § 6 Rn. 9; Schricker/Loewenheim/*Reinbothe*, § 6 WahrnG Rn. 13; Wandtke/Bullinger/*Gerlach*, § 6 WahrnG Rn. 16; *Heindorf*,

werden[1756] und die Leistung der Verwertungsgesellschaft soll der Leistung des Wahrnehmungsberechtigten – gemeint ist die Einbringung von Rechten und Ansprüchen – entsprechen. Damit ist die Einhaltung des Äquivalenz-, und Verhältnismäßigkeitsgrundsatzes sowie des Gleichbehandlungsgebots gemeint.[1757]

Da der Begriff der Wahrnehmung zu angemessenen Bedingungen von zentraler Bedeutung im gesamten kollektiven Wahrnehmungsrecht ist, empfiehlt es sich auch eine Legaldefinition im reformierten WahrnG aufzunehmen.[1758]

b) Abtretung (künftiger) Vergütungsansprüche an die Verwertungsgesellschaft

Im Wahrnehmungsvertrag werden die Vergütungsansprüche auf die Verwertungsgesellschaft übertragen.[1759] Es handelt sich dabei um eine Abtretung nach § 398 BGB.[1760] Damit verliert der Urheber seine Rechteinhaberschaft und die Verwertungsgesellschaft wird bezüglich der Geltendmachung der Ansprüche zur Berechtigte. Der Urheber erhält im Gegenzug Ansprüche gegenüber der Verwertungsgesellschaft, darunter auch den Anspruch auf Ausschüttung.[1761]

Die Unabtretbarkeit des Folgerechts an sich stellt ein lediglich theoretisches Problem dar.[1762] Künstler, die eine Verwertungsgesellschaft mit der Erhebung des Folgerechts beauftragen, übertragen das Stammrecht an sich nicht.[1763] Sie übertragen lediglich die ihnen aus dem Urheberrecht gegenwärtig zustehenden und zukünftig anfallenden Vergütungs- und Auskunftsansprüche (§ 1 Wahrnehmungsvertrag der VG Bild-Kunst Berufsgruppe I und II). Damit sind lediglich die aus dem Stammrecht entstehenden Ansprüche gemeint. § 1 Nr. 1 lit. d Wahrnehmungsvertrag konkretisiert für das Folgerecht, dass es sich dabei um den Auskunfts- und Vergütungsanspruch bei Weiterveräußerung eines Werkes der Bildenden Kunst oder eines Lichtbildwerkes gemäß § 26 UrhG handelt.

Die Abtretung dieser Ansprüche an die Verwertungsgesellschaft ist auch im Voraus zulässig.[1764] § 2 Wahrnehmungsvertrag der VG Bild-Kunst Berufsgruppe I und II bestimmt eindeutig, dass, soweit der Berechtigte über die Rechte und Ansprüche

S. 76; *Stöhr*, S. 150; *Weichhaus*, S. 58; *Hoeren*, FS Pfennig, 451 (466); a.A *Dünnwald*, FS Kreile, 161 (165).

1756 *Hoeren*, FS Pfennig, 451 (466).

1757 Schricker/Loewenheim/*Reinbothe*, § 6 WahrnG Rn. 13; *Mauhs*, S. 52f; *Vogel*, GRUR 1993, 513 (519); a.A *Riesenhuber*, S. 68ff.

1758 *Hoeren*, FS Pfennig, 451 (466).

1759 *Stöhr*, S. 135.

1760 *Heindorf*, S. 67; *Mauhs*, S. 84; *Stöhr*, S. 135.

1761 *Stöhr*, S. 136.

1762 *Ehrler*, S. 208.

1763 *Ehrler*, S. 208.

1764 Möhring/Nicolini/*Freudenberg*, WahrnG § 6 Rn. 24; Schricker/Loewenheim/*Katzenberger*, § 26 Rn. 50; Schricker/Loewenheim/*Reinbothe*, § 6 WahrnG Rn. 5; Wandtke/Bullinger/*Gerlach*, § 6 WahrnG Rn. 5; *Mauhs*, S. 94; *Riesenhuber*, S. 9; *Stöhr*, S. 136.

gem. § 1 gegenwärtig nicht verfügen kann, überträgt er sie für den Fall, dass ihm die Verfügungsbefugnis (wieder) zufällt.

c) Das Fehlen eines Wahrnehmungsvertrages bei der bisherigen Pauschaleinziehung

Einige Aspekte der bisherigen Pauschaleinziehung des Folgerechts innerhalb der AV Kunst erschienen eher ungewöhnlich. Zur Berechnung der Pauschale wurden sowohl Werke herangezogen, für die die urheberrechtliche Schutzpflicht bereits abgelaufen war als auch Werke von Künstlern, die keine Mitglieder der VG Bild-Kunst waren. Insbesondere die Einbeziehung von Nichtmitgliederrechten erinnert stark an das Konzept extended collective licensing (ECL), bekannt aus den nordischen Ländern. Unter ECL werden Vorschriften verstanden, die für Klauseln von Gesamtverträgen in einem bestimmten Bereich des Urheberrechts eine Ausweitung vorsehen.[1765] Die Ausweitung bezieht sich auf Rechteinhaber, die keinen Wahrnehmungsvertrag mit der unterzeichnenden Verwertungsgesellschaft abgeschlossen haben.[1766] Wenn eine Verwertungsgesellschaft eine wesentliche Anzahl von Rechteinhabern in einem bestimmten Bereich des Urheberrechts vertritt und somit für diesen Bereich repräsentativ handelt, erstreckt sich die Bindungswirkung der von ihr abgeschlossenen Gesamtverträge auch auf Nichtmitglieder.[1767] Letztere haben unter ECL sowohl einen Anspruch auf individuelle Vergütung gegen die Verwertungsgesellschaft als auch ein Vetorecht über die Nutzung ihrer Werke (Opt-out).[1768] Dabei sollte die Verwertungsgesellschaft bei der Ausschüttung zusehen, dass die Nichtmitglieder genauso wie die Mitglieder ihre Tantiemen erhalten.[1769]

Solche gesetzliche Regelungen, die ein ECL System zulassen, sind in Deutschland im Vergleich zu den nordischen Ländern nicht vorhanden. Zudem wurden die Nichtmitglieder der VG Bild-Kunst bei der Ausschüttung der Tantiemen nicht berücksichtigt, es sei denn, sie haben gesondert Ansprüche gegen die VG Bild-Kunst geltend gemacht. Da dem Folgerecht ein Verbotscharakter fremd ist, hatten die Nichtmitglieder der VG Bild-Kunst auch kein Vetorecht. Mit anderen Worten ergab sich in Deutschland folgende Situation: die Einziehung von Vergütungen erfolgte nach einem ECL ähnlichen Modell auch für Künstler, die keinen Wahrnehmungsvertrag mit der VG Bild-Kunst hatten; nichtsdestotrotz wurden diese Künstler bei der Verteilung und Ausschüttung der Tantiemen nicht berücksichtigt. Oder anders ausgedrückt: obwohl in Deutschland ein ECL Modell der kollektiven Rechtewahrnehmung nicht gesetzlich anerkannt ist, wurden die Nichtmitglieder der VG Bild-Kunst im Vergleich zu dem ECL Modell faktisch noch schlechter gestellt.

1765 Gervais/*Koskinen-Olson*, S. 290; siehe dazu ausführlich Gervais/*Koskinen-Olson*, S. 283–306.

1766 Gervais/*Koskinen-Olson*, S. 290.

1767 Gervais/*Koskinen-Olson*, S. 291.

1768 Gervais/*Koskinen-Olson*, S. 294f.

1769 Gervais/*Koskinen-Olson*, S. 294f.

In diesem Sinne ist fraglich, ob die privatrechtlich organisierte VG Bild-Kunst und die Nutzervereinigung unter dem Aspekt der Privatautonomie solche Pauschalverträge abschließen dürfen, die die Rechte von Nichtmitgliedern nur bei der Einziehung berücksichtigen. Die Wertungen des WahrnG, die staatsentlastende Tätigkeit der Verwertungsgesellschaften und ihre treuhänderische Bindung sprechen aus meiner Sicht eher dagegen.

Eine dogmatisch nachvollziehbarere Lösung wäre gewesen, die Vergütungsansprüche aus § 26 Abs. 1 UrhG einer Verwertungsgesellschaftspflichtigkeit zu unterziehen. Daraufhin könnte eine gesetzliche Vermutung aufgenommen werden, dass bei der Geltendmachung von Vergütungsansprüchen aus dem Folgerecht die Verwertungsgesellschaft die Rechte aller Berechtigten wahrnimmt. Dies wird momentan bei den verwertungsgesellschaftspflichtigen Auskunftsansprüchen (§ 13c Abs. 1 WahrnG) sowie bei den gesetzlichen Vergütungsansprüchen (§ 13c Abs. 2 S. 1 WahrnG) vermutet. So sind beispielsweise in Großbritannien die Vergütungsansprüche aus dem ARR verwertungsgesellschaftspflichtig und es wird vermutet, dass eine repräsentative Verwertungsgesellschaft auch die Rechte von Nichtmitgliedern wahrnimmt (Regulation 14 (Collective Management), Paragraph (1) and (2) Artist's Resale Right Regulations 2006).

Auch im Hinblick auf die Einbeziehung von Nichtmitgliederrechten bei dem Inkasso des Folgerechts scheint mit Auflösung der AV Kunst der richtige Weg vorgegeben zu sein. Die allgemeine Pauschale brachte zweifelsohne eine große Verwaltungsvereinfachung mit sich. Die strikt dogmatische Grundlage des Handels ließ hingegen einiges zu wünschen übrig. Sollte erneut nach effizienten Einziehungsmodellen gesucht werden, ist eine Vermutung der Rechtewahrnehmung im Namen aller Berechtigten einer Pauschale vorzuziehen. Es bleibt allerdings zu hoffen, dass das Modell der korrekten Einzelabrechnungen, die sowieso für die Ausschüttung der Tantiemen notwendig sind, sich künftig auch auf der Inkassoebene etablieren wird.

5. Verteilungsplan

Die Ausschüttung der Folgerechtserlöse an die bildenden Künstler und ihre Rechtsnachfolger erfolgt aufgrund § 14 Satzung VG Bild-Kunst iVm dem Verteilungsplan der VG Bild-Kunst. Grundlage der Verteilung ist der Verteilungsplan in seiner jeweils gültigen Fassung (§ 14 Nr. 3 Satzung VG Bild-Kunst).

a) Grundzüge der Verteilung

Die Verteilung der Einnahmen ist eine der Kernaufgaben von Verwertungsgesellschaften.[1770] Gemäß § 7 Satz 1 WahrnG sind für die Verteilung feste Regeln aufzustellen, die ein willkürliches Vorgehen ausschließen. Damit ist gerade die Aufstellung von Verteilungsplänen gemeint. Diese Verpflichtung hängt mit der

1770 *EK-Kultur*, Schlussbericht, BT Drucks. 16/7000, S. 273.

Treuhänderstellung der Verwertungsgesellschaften zusammen und soll die gerechte Verteilung der Einnahmen aus den anvertrauten Rechten sichern.[1771]

Der individuelle Vergütungsanspruch des einzelnen Berechtigten transformiert sich nach Abschluss des Wahrnehmungsvertrages in einen Beteiligungsanspruch an den Einnahmen der Verwertungsgesellschaft.[1772] Die Höhe dieses Beteiligungsanspruches und des auszuschüttenden Betrages bestimmen sich wiederum nach dem Verteilungsplan der VG Bild-Kunst.[1773] Letzterer ist von der Mitgliederversammlung zu beschließen und enthält die Grundsätze und Erläuterungen zu der Verteilung der Erlöse.[1774] Auch die vorgesehen Abzüge für soziale und kulturelle Zwecke müssen im Verteilungsplan eine präzise Regelung finden.[1775] Die gebotene Transparenz bei der Aufstellung der Verteilungspläne sollte eingehalten werden, um im Voraus feststellen zu können, welche Regeln die Verteilung konkret befolgt.[1776]

Der aktuelle Verteilungsplan der VG Bild-Kunst in der Fassung vom 6.7.2013 gliedert sich nach allgemeinen Grundsätzen und Verteilungsgrundsätzen für die spezifischen Rechtegruppe. Jeder Berechtigte erhält den auf die Nutzung seines Werkes entfallenden Anteil am Ertrag nach Abzug der tatsächlich entstandenen Kosten und etwaiger Zuwendungen an die Vorsorge-, Förderungs- und Unterstützungseinrichtungen (§ 14 Nr. 1 lit. a Satzung VG Bild-Kunst iVm Ziff. 1 Verteilungsplan VG Bild-Kunst Allgemeine Grundsätze). Soweit der individuelle Anteil der Nutzung am Ertrag nicht mit angemessenen Mitteln feststellbar ist, werden allgemeine Bewertungs- und Verteilungsregeln zur pauschalen Annäherung an diese Anteilsbemessung aufgestellt (§ 14 Nr. 1 lit. b Satzung VG Bild-Kunst iVm Ziff. 2 Verteilungsplan VG Bild-Kunst Allgemeine Grundsätze).

Die Verteilung erfolgt aufgrund jährlich einmal vorzunehmender Abrechnung. Der Verwaltungsrat kann beschließen, dass in kürzeren Abrechnungsperioden abgerechnet wird (§ 14 Nr. 2 Satzung VG Bild-Kunst iVm Ziff. 5 Verteilungsplan VG Bild-Kunst Allgemeine Grundsätze).

b) Willkürverbot

Bei der Aufstellung von Verteilungsplänen gilt gemäß § 7 S. 1 WahrnG ein Willkürverbot. Der Inhalt dieses Willkürverbots ist jedoch strittig.[1777] Anhand der unterschiedlichen Formulierungen von § 6 und § 7 WahrnG leiten manche Autoren ab, dass das Willkürverbot nicht den strengen Maßstäben des Angemessenheitsgebots

1771 Schricker/Loewenheim/*Reinbothe*, § 7 WahrnG Rn. 1; Wandtke/Bullinger/*Gerlach*, § 7 WahrnG Rn. 1.

1772 *Augenstein*, S. 18.

1773 *Augenstein*, S. 18.

1774 *Pfennig*, Kunst, Markt und Recht, S. 147.

1775 *Pfennig*, Kunst, Markt und Recht, S. 147.

1776 *EK-Kultur*, Schlussbericht, BT Drucks. 16/7000, S. 273.

1777 Dreier/*Schulze*, § 7 UrhWG Rn. 5; *Weichhaus*, S. 75; ausführliche Darstellung des Meinungsstreits bei *Augenstein*, S. 59ff.

unterliegt.[1778] Andernfalls würden Verteilungspläne nicht nur dem Willkürverbot unterliegen, sondern würden der Aufsichtsbehörde die detaillierte Überprüfung aufbürden, ob die einzelnen Regeln des Verteilungsplans angemessene Bedingungen darstellen.[1779] Um eine administrative Überforderung und Dirigismus der Aufsichtsbehörde zu vermeiden, wird das Willkürverbot in dem Sinne gedeutet, dass der Verteilungsplan bei der Zuweisung der Einnahmen für eine unterschiedliche Behandlung der Berechtigten „objektive, nicht diskriminierende und sachliche Gründe aufweisen muss"[1780]. In diesem Sinne ist Maßstab für die Willkürprüfung allein der Gleichheitsgrundsatz.[1781]

Andere Autoren sind dagegen der Meinung, dass die Aufsichtsbehörde neben dem Willkürverbot auch das Angemessenheitsgebot bei den Verteilungsplänen prüfen müsse.[1782] Dieser Meinung hat sich auch das *BVerfG* angeschlossen.[1783] Wenn man im Rahmen des WahrnG allgemein auf das Verhalten der Verwertungsgesellschaften ein Angemessenheitsgebot anwendet, lediglich jedoch bei der Verteilung geringere Maßstäbe anlegt, ergibt sich ein Wertungswiderspruch.[1784] Schließlich ist gerade die auf dem Verteilungsplan basierende Ausschüttung das Ergebnis des gesamten Wahrnehmungsprozesses. Der entstehende administrative Mehraufwand für die Aufsichtsbehörde kann auch eindeutig kein Kriterium für die Auslegung von § 7 Abs. 1 WahrnG und kein Grund dafür sein, die gesetzlichen Maßstäbe für Verteilungspläne zu senken.[1785] Zudem ist der Verteilungsplan auch Bestandteil des Wahrnehmungsvertrages, für den eindeutig das Angemessenheitsgebot gilt.[1786]

In diesem Sinne sollen Verteilungspläne auch in einem ausgewogenen Verhältnis zu den Rechten und Ansprüchen der Berechtigten stehen und sind einer Angemessenheitsprüfung durchaus zu unterziehen.[1787] Bei der Reformierung des WahrnG kann daran gedacht werden, dies gesetzlich zu konkretisieren und den Wortlaut

---

1778 Schricker/Loewenheim/*Reinbothe*, § 7 WahrnG Rn. 5; Wandtke/Bullinger/*Gerlach*, § 7 WahrnG Rn. 4; Loewenheim/*Melichar*, Handbuch des Urheberrechts, § 47 Rn.32f.

1779 Schricker/Loewenheim/*Reinbothe*, § 7 WahrnG Rn. 5.

1780 Schricker/Loewenheim/*Reinbothe*, § 7 WahrnG Rn. 3.

1781 Wandtke/Bullinger/*Gerlach*, § 7 WahrnG Rn. 2.

1782 Dreier/*Schulze*, § 7 UrhWG Rn. 5; Dreyer/Kotthoff/Meckel/*Zeisberg*, II § 7 Rn. 6; Fromm/*Nordemann/Wirtz*, UrhWahrnG § 7 Rn. 5; Möhring/Nicolini/*Freudenberg*, WahrnG § 7 Rn. 3; *Augenstein*, S. 72; *Mauhs*, S. 57; *Stöhr*, S. 150; *Hoeren*, FS Pfennig, 451 (467); *Vogel*, GRUR 1993, 513 (521).

1783 BVerfGE 79, 1 (18) – *Leerkassette; Vogel*, FG Schricker, 117 (139).

1784 Fromm/*Nordemann/Wirtz*, UrhWahrnG § 7 Rn. 5; *Weichhaus*, S. 77; *Vogel*, FG Schricker, 117 (139); *Vogel*, GRUR 1993, 513 (521).

1785 *Mauhs*, S. 56; *Weichhaus*, S. 76.

1786 Dreyer/Kotthoff/Meckel/*Zeisberg*, II § 7 Rn. 6; *Weichhaus*, S. 77.

1787 Dreier/*Schulze*, § 7 UrhWG Rn. 5; Dreyer/Kotthoff/Meckel/*Zeisberg*, II § 7 Rn. 6; Möhring/Nicolini/*Freudenberg*, WahrnG § 7 Rn. 3; *Mauhs*, S. 57; *Stöhr*, S. 150; *Hoeren*, FS Pfennig, 451 (467); *Vogel*, GRUR 1993, 513 (521).

dahingehend zu ändern, dass die Regeln der Verteilung in einem ausgewogenen Verhältnis zu den Rechten und Ansprüchen der Berechtigten stehen müssen.[1788]

c) Abzüge

aa) Abzug von Abgaben für soziale und kulturfördernde Zwecke

Ein Teil der Erlöse aus dem Folgerecht werden, wie bereits erläutert, den Stiftungen der VG Bild-Kunst Sozial- und Kulturwerk zugeführt. Bei noch lebenden Berechtigten muss nach Abzug der Verwaltungskosten mindesten 80 % des verbleibenden Erlöses an den Berechtigten ausgeschüttet werden. Jeweils 10 % werden für die Stiftung Sozialwerk sowie die Stiftung Kulturwerk abgezogen.[1789] Bei Rechtsnachfolgern als Berechtigten werden lediglich Verwaltungskosten und 10 % des verbleibenden Erlöses als Abgabe für die Stiftung Kulturwerk abgezogen.[1790] Bei Rechtsnachfolgern findet somit kein Abzug für soziale Unterstützungszwecke statt, da nur Urheber und nicht die Rechtsnachfolger selbst in den Genuss einer sozialen Unterstützungsleistung kommen können. Bei Berechtigten, die von einer ausländischen, der CISAC angehörenden Verwertungsgesellschaft vertreten werden, wird der Überschuss ohne Förderungs- bzw. Sozialwerksanteil zu 100 % an den Berechtigten abgeführt.[1791] Die Ansprüche ausländischer Berechtigter werden somit lediglich mit Verwaltungskosten belastet. Damit wird dem konventionsrechtlichen Prinzip der Inländerbehandlung Rechnung getragen, denn Abzüge, die faktisch nur Inländer begünstigen, dürfen auch nur bei Inländern einbehalten werden.[1792]

Die Mitgliederversammlung der VG Bild-Kunst beschließt auf Vorschlag des Verwaltungsrates über die Obergrenzen der Zuwendung an die Stiftung Sozialwerk der VG Bild-Kunst sowie an die Stiftung Kulturwerk der VG Bild-Kunst (Ziff. 4 Verteilungsplan VG Bild-Kunst Allgemeine Grundsätze). Der Verwaltungsrat beschließt im Rahmen der in den Verteilungsplänen genannten Obergrenzen über die Zuwendung an die Stiftung Sozialwerk und an die Stiftung Kulturwerk.

(1) Aktuelle Rechtslage

Die Aufwendungen für die Stiftungen Kultur- und Sozialwerk können nur von den Einnahmen erstritten werden, die durch die treuhänderische Rechtewahrnehmung erzielt werden. Dies liegt zum einen daran, dass die Tätigkeit der

---

1788 *Hoeren*, FS Pfennig, 451 (467).

1789 Ziff. 3 lit. a) Verteilungsplan Folgerechte der VG Bild-Kunst iFv 6.7.2013; Schricker/Loewenheim/*Katzenberger*, § 26 Rn. 15; *Schmidt-Werthern*, S. 47; *Heinz*, GRUR 1998, 786 (787); *McAndrew/Dallas-Conte*, S. 30.

1790 Ziff. 3 lit. b) Verteilungsplan Folgerechte der VG Bild-Kunst iFv 6.7.2013; Schricker/Loewenheim/*Katzenberger*, § 26 Rn. 15; *Schmidt-Werthern*, S. 47; *McAndrew/Dallas-Conte*, S. 30.

1791 Ziff. 3 lit. c) Verteilungsplan Folgerechte der VG Bild-Kunst iFv 6.7.2013; *Schmidt-Werthern*, S. 47; *McAndrew/Dallas-Conte*, S. 31.

1792 Dazu ausführlicher *Katzenberger/Nérisson*, GRUR Int 2011, 283 (289).

Verwertungsgesellschaften eine Gewinnerzielung nicht vorsieht, und zum anderen daran, dass sie keine Subventionen kennt.[1793] Problematisch an den Abzügen ist, dass sie zwar die Erlöshöhe von jedem Wahrnehmungsberechtigten im Inland mindern, jedoch nicht jeder Wahrnehmungsberechtigte von ihnen profitieren kann.[1794]

Der Soll-Charakter der Vorschriften bedeutet lediglich, dass eine Erzwingbarkeit durch die Zulassungs- und Aufsichtsbehörde nicht möglich ist, sowie dass Abweichungen von der Verpflichtung in atypischen Einzelfällen zulässig sind.[1795] Die Vorschriften dürfen als grundsätzlich verpflichtende Regelungen verstanden werden, die eine allgemeine Zielvorgabe beinhalten.[1796] Mit anderen Worten ergibt sich daraus in typischen Fällen eine Verpflichtung für die Verwertungsgesellschaften, die lediglich bei der Ausgestaltung der Unterstützungseinrichtungen freie Hand haben.[1797]

(a) Entindividualisierung des Urheberrechts

Die kulturfördernden und sozialen Maßnahmen der Verwertungsgesellschaften begünstigen nicht alle Rechteinhaber gleichermaßen. Daher erkennen manche Autoren darin eine wirtschaftliche Ungleichbehandlung und Benachteiligung derjenigen Rechteinhaber, deren Tantiemen dadurch lediglich geschmälert werden.[1798] Bei der gesetzlich vorgeschriebenen Verwendung der Einnahmen von Verwertungsgesellschaften für kulturelle und soziale Förderungszwecke handele es sich um eine Umverteilung individueller Ansprüche.[1799] Der Soll-Charakter von § 8 WahrnG sei Ausdruck des Mangels an inhaltlicher Begründung für den Entzug der individuellen Vergütungsansprüche und die darauf folgende Umverteilung von Mitteln.[1800] Dogmatisch nicht zu rechtfertigen sei der Rückgriff des Staates bei Erfüllung seiner sozialen Aufgaben auf Erlöse, die den Berechtigten individuell zustehen.[1801] Diese „Sozialisierung der Tantiemen" sei ein deutliches Zeichen für die „Entindividualisierung des Urheberrechts".[1802] Die ungerechtfertigte Entindividualisierung bezeichnet man noch als „Vergesellschaftung des Urheberrechts".[1803] Unabhängig davon, wie wünschenswert im rechtspolitischen Sinne der Einsatz der Einnahmen für die verfolgten sozialen Zwecken sei, erscheine die Rechtfertigung für diese vom Gesetzgeber an sich gewollte Umverteilung der Mittel fragwürdig. Die Einnahmen

---

1793 *Katzenberger/Nérisson,* GRUR Int 2011, 283 (283).
1794 *Heindorf,* S. 98; *Stöhr,* S. 157f.
1795 *Riesenhuber,* S. 93; *Stöhr,* S. 151; *Becker,* FS Kreile, 27 (34); *Lerche,* GEMA-Jahrbuch 1997/1998, 80 (109); a. A. *Hauptmann,* S. 71.
1796 *Lerche,* GEMA-Jahrbuch 1997/1998, 80 (111).
1797 *Becker,* FS Kreile, 27 (35).
1798 *Katzenberger/Nérisson,* GRUR Int 2011, 283 (283).
1799 *Dietz,* ZUM 1991, 129 (130).
1800 *Dietz,* FS Roeber, 45 (47).
1801 *Dillenz,* GRUR Int 1983, 920 (925).
1802 *Dillenz,* GRUR Int 1983, 920 (925).
1803 *Hauptmann,* S. 96.

aus der Verwertung von Urheberrechten sollen konkret und individuell den Berechtigten Urhebern zukommen.[1804] Die kulturelle und soziale Förderung durch die Verwertungsgesellschaften sollte daher nicht auf der Umverteilung individueller Erlöse basieren, sondern vielmehr auf eine neue Grundlage gestellt werden.[1805] Eine Möglichkeit sei eine Rechtfertigung der Sozial- und Unterstützungsfonds über die Urhebernachfolgevergütung,[1806] die bereits erörtert wurde.[1807]

(b) Einverständnis laut des Wahrnehmungsvertrages

Die verwertungsgesellschaftliche Tradition, einen 10%-Abzug für soziale und kulturelle Zwecke vorzunehmen, ist über hundert Jahre alt.[1808] Art. 8 Abs. 2 der CISAC Muster-Gegenseitigkeitsvertrag über das musikalische Aufführungs- und Senderecht im EU-Bereich sieht seit 1958 auch einen 10%-Abzug vor.[1809] Zudem bestätigt die aktuelle Vorschrift des § 8 WahrnG lediglich die vorhandene Praxis der Verwertungsgesellschaften. Bereits in der von Richard Strauss, Hans Sommer und Friedrich Rösch gegründeten Anstalt für musikalisches Aufführungsrecht wurde der 10%-Abzug für die Unterstützungskasse praktiziert.[1810]

Die Vereinbarkeit mit dem Vergütungsanspruch als Individualrecht ergibt sich daraus, dass sich der Urheber mit Abschluss des Wahrnehmungsvertrags mit den Abzügen einverstanden erklärt.[1811] Der Rechteinhaber verfügt damit freiwillig über einen Teil seiner Tantiemen.[1812] Im Hinblick auf das den Verwertungsgesellschaften zukommende Monopol bleibt dem Urheber allerdings kaum eine andere Wahl.[1813] Möchte der Künstler seine Rechte von der Verwertungsgesellschaft wahrnehmen lassen, sieht er sich gezwungen, die angebotenen Bedingungen zu akzeptieren.[1814] Er hat bezüglich der Bedingungen des Wahrnehmungsvertrages keinen Verhandlungs- oder Entscheidungsspielraum.[1815] Manche Autoren sprechen daher von einem „Zwangsabzug".[1816] Ein Sozialabzug soll jedoch von einer freiwilligen Entscheidung des Rechtsinhabers abhängig gemacht werden, damit dem Urheberrecht und seinem

---

1804 *Dillenz*, GRUR Int 1983, 920 (925).

1805 *Dietz*, ZUM 1991, 129 (130).

1806 *Dietz*, ZUM 1991, 129 (130f.); *Dietz*, FS Roeber, 45, 47; *Jean-Richard*, UFITA 2000/II, 353 (369).

1807 Siehe dazu Teil 4. D. III. Urhebernachfolgevergütung.

1808 *Katzenberger/Nérisson*, GRUR Int 2011, 283 (289).

1809 *Katzenberger/Nérisson*, GRUR Int 2011, 283 (289); *Melichar*, SP Kreile, 47 (48); *Lerche*, GEMA-Jahrbuch 1997/1998, 80 (92).

1810 *Becker*, FS Kreile, 27 (33); *Lerche*, GEMA-Jahrbuch 1997/1998, 80 (93).

1811 *Stöhr*, S. 158; *Dietz*, ZUM 1991, 129 (130); *Dietz*, FS Roeber, 45, 46.

1812 *Augenstein*, S. 120.

1813 *Augenstein*, S. 119; *Hauptmann*, S. 96; *Heindorf*, S. 98; *Mauhs*, S. 149; *Stöhr*, S. 158; *Dietz*, ZUM 1991, 129 (130); *Dietz*, FS Roeber, 45, 47.

1814 *Stöhr*, S. 158; *Hauptmann*, S. 96.

1815 *Augenstein*, S. 120.

1816 *Hauptmann*, S. 121.

Ausschließlichkeitsprinzip Rechnung getragen wird.[1817] Daher halten manche Autoren die Eröffnung eines Wahlrechts bezüglich der Abzüge im Wahrnehmungsvertrag für angebracht.[1818]

Eine neue Situation könnte sich zukünftig ergeben, wenn nach der Umsetzung der RL 2014/26/EU ein Wettbewerb zwischen den Verwertungsgesellschaften gegeben ist. Würden manche der Verwertungsgesellschaften keine sozialen und kulturellen Unterstützungsfonds unterhalten, dann würde sich der Urheber beim Vertragsschluss mit einer der abzugsbetreibenden Verwertungsgesellschaften freiwillig den Abgaben unterwerfen. Sollte dagegen ein Monopol der VG Bild-Kunst im Inland nach dem reformierten WahrnG als zulässig erachtet werden und praktisch bestehen, würde die Problematik bestehen bleiben.

(c) Die Sozialbindung innerhalb der Solidargemeinschaft

Die Tatsache, dass die Tantiemen nicht streng individuell, sondern nach anderen Kriterien verteilt werden, führt nicht zur Rechtswidrigkeit der §§ 7 Satz 2 und 8 WahrnG.[1819] Es sind Inhalts- und Schrankenbestimmungen zulässig, die die streng individuelle Verteilung aus Art. 14 GG auflösen können.[1820] Als solche Inhalts- und Schrankenbestimmungen sind auch §§ 7 Satz 2 und 8 WahrnG zu verstehen.[1821] Vor dem Hintergrund der Sozialbindung des Eigentums sind Individualinteressen innerhalb einer Abwägung umso schwächer, je mehr das Eigentumsrecht einen sozialen Bezug hat oder eine soziale Funktion erfüllt.[1822] Eine besondere Rechtfertigung für Beschränkungen der urheberrechtlichen Befugnisse sieht das BVerfG im „sozialen Bezug des geistigen Eigentums".[1823] Die Einnahmen werden nicht an die Berechtigten individuell ausgeschüttet, sondern im Interesse einer homogenen Urhebergruppe innerhalb der Verwertungsgesellschaft verwendet.[1824] Die Solidargemeinschaft dieser homogenen Urhebergruppe trägt dann aufgrund der Regelungen im Verteilungsplan die Gesamtverantwortung für die kulturellen und sozialen Aufgaben.[1825] Die Abzüge sind Wesensmerkmale der Verwertungsgesellschaften und ein Ausdruck der „horizontalen Sozialbindung" ihrer Mitglieder.[1826] Dies wird nicht nur durch die Sozialbindung des Urheberrechts gerechtfertigt, sondern auch durch den gesetzgeberischen Auftrag, die Rechtewahrnehmung in Entlastung des

1817 *Hauptmann*, S. 156.

1818 *Hauptmann*, S. 156f; *Jean-Richard*, UFITA 2000/II, 353 (368).

1819 *Augenstein*, S. 121.

1820 *Augenstein*, S. 121.

1821 *Augenstein*, S. 127; *Heindorf*, S. 98; *Becker*, FS Kreile, 27 (33).

1822 *Augenstein*, S. 127.

1823 *Becker*, FS Kreile, 27 (32).

1824 *Lerche*, GEMA-Jahrbuch 1997/1998, 80 (124).

1825 *Mauhs*, S. 152; ; *Weichhaus*, S. 76.*Lerche*, GEMA-Jahrbuch 1997/1998, 80 (124).

1826 Schricker/Loewenheim/*Reinbothe*, § 8 WahrnG Rn. 1; *Augenstein*, S. 138; *Heindorf*, S. 98; *Riesenhuber*, S. 88; *Becker*, FS Kreile, 27 (32f); *Lerche*, GEMA-Jahrbuch 1997/1998, 80 (94); a. A. *Hauptmann*, S. 120ff.

Kultur- und Sozialstaates auszuüben.[1827] Das Prinzip der Solidargemeinschaft wird aufgrund der Entstehungsgeschichte der Unterstützungskassen als „vorkonstitutionelles" Recht der Verwertungsgesellschaften bezeichnet und gilt daher als eines der Grundprinzipien kontinental-europäischer Verwertungsgesellschaftstradition.[1828]

Eine 50 % Teilung von Vermögenserträgnissen hat das BVerfG vor diesem Hintergrund als verfassungsgemäß angesehen.[1829] Ein deutlich unter 50% liegender Abzug, wie beispielsweise der 10%-Abzug, gilt daher als verhältnismäßig und angemessen.[1830] Die Verwendung von Einnahmen für kulturfördernde und soziale Zwecke ist daher trotz der Schmälerung der Erlöse der individuellen Rechteinhaber in einem moderaten Rahmen rechtlich nicht zu beanstanden.[1831]

(2) Vorgaben der RL 2014/26/EU

Die Unterhaltung von Vorsorge- und Unterstützungseinrichtungen sowie die kulturelle Förderung werden für Verwertungsgesellschaften in der RL nicht zwingend vorgeschrieben. Sie werden jedoch in Art. 12 Abs. 4 als Abzüge genannt und „vor dem Hintergrund der Bedeutung der Erhaltung der kulturellen Vielfalt als tragendes Prinzip des Verwertungsgesellschaftsrechts ausdrücklich hervorgehoben".[1832] Diese deklaratorische Bedeutung darf nicht unterschätzt werden, denn aus dem Bereich des Copyright Law wurde angestrebt, die soziale und kulturelle Förderung als Aufgaben der Verwertungsgesellschaften strikt abzulehnen.[1833] Die britischen und amerikanischen Verwertungsgesellschaften haben die Abzüge häufig kritisiert, da sie solche Schmälerung der Tantiemen nicht oder in ganz geringem Ausmaß kennen.[1834] Anstatt des gewählten Mittelwegs der Richtlinie wäre es jedoch wünschenswert gewesen, eine Verpflichtung zur Unterhaltung von Kultur- und Sozialwerken aufzustellen.[1835] Trotzdem wird damit zumindest die Vereinbarkeit der Abzüge mit dem europäischen Gemeinschaftsrecht ausdrücklich bestätigt. Daher könnte bei der Reformierung des deutschen WahrnG eine Umformulierung der Vorschriften stattfinden und eine Verpflichtung zumindest für die Förderung kulturell bedeutsamer Werke und Leistungen statuiert werden.[1836] So wird das Handeln der Verwertungsgesellschaften in diesem Bereich der Aufsichtspflicht zugänglich sein.[1837]

1827 *Riesenhuber*, S. 89.
1828 *Becker*, FS Kreile, 27 (33).
1829 BVerfGE 93, 121 (138) – *Vermögenssteuer*.
1830 *Augenstein*, S. 128; *Heindorf*, S. 99; *Mauhs*, S. 151f; *Riesenhuber*, S. 93.
1831 *Heindorf*, S. 99; *Mauhs*, S. 149f; *Katzenberger/Nérisson*, GRUR Int 2011, 283 (295); *Lerche*, GEMA-Jahrbuch 1997/1998, 80 (121).
1832 *Pfennig*, ZUM 2014, 484 (486).
1833 *Pfennig*, ZUM 2014, 484 (486); *Pfennig*, FS Raue, 593 (608).
1834 *Katzenberger/Nérisson*, GRUR Int 2011, 283 (289); *Lerche*, GEMA-Jahrbuch 1997/1998, 80 (95).
1835 *Pfennig*, ZUM 2014, 484 (486); *Rupp*, MMR 2014, 217 (220).
1836 *Hoeren*, FS Pfennig, 451 (467).
1837 *Hoeren*, FS Pfennig, 451 (467).

Da die Sozial- und Kulturwerke aus den Einnahmen für die Mitglieder finanziert werden, sind Verwertungsgesellschaften zu besonderer Transparenz verpflichtet.[1838] Zu begrüßen sind die Vorgaben der Richtlinie (Art. 22 Abs. 3 iVm Anhang Nummer 3, Erwägungsgrund 36), die für die Einbehaltung und Verwendung der Abzüge gesonderte Offenlegungspflichten im Rahmen des jährlichen Transparenzberichts vorschreiben. Soweit in Zukunft die Abzüge auch zulasten von ausländischen Rechteinhabern vorgenommen werden, sind volle Transparenz und die Zustimmung der Schwestergesellschaft erforderlich. Dies erscheint vor dem Hintergrund besonders relevant, dass sich in der Vergangenheit bei manchen ausländischen Gesellschaften in dem Bereich „wahre Reptilienfonds"[1839] gebildet hatten.

bb) Abzug von Verwaltungskosten

Vor Ausschüttung der Tantiemen an die Berechtigten werden auch die Verwaltungskosten der Verwertungsgesellschaften von den Einnahmen abgezogen. Aus den Erlösen aus der Wahrnehmung der Folgerechte werden 12% zur Deckung der Verwaltungskosten einbehalten (Ziff. 1 Verteilungsplan Folgerechte der VG Bild-Kunst). Bei Urhebern und deren Rechtsnachfolgern, die der VG Bild-Kunst ausschließlich die Wahrnehmung der Folgerechte übertragen haben, werden 15 % der Erlöse aus der Wahrnehmung dieser Folgerechte zur Deckung der Verwaltungskosten einbehalten.

Die Verwaltungskosten sind von den Verwertungsgesellschaften gering zu halten.[1840] Ein zukünftiger Wettbewerb zwischen Verwertungsgesellschaften in Deutschland und Europa könnte zu einer Herabsetzung ihrer Verwaltungskosten führen. Die Konkurrenz der Verwertungsgesellschaften in Großbritannien scheint sowohl DACS als auch ACS zur Senkung dieser Abzüge angetrieben zu haben.[1841] Noch Anfang 2006 betrugen die Verwaltungskosten von DACS 25 % der Erträge.[1842] Anschließend wurden diese jedoch an die niedrigere Rate der ACS auf 18 % angepasst und danach auf 15 % reduziert.[1843] ACS ist nachgezogen und nimmt daher seit 2012 auch einen Abzug für Verwaltungskosten lediglich in Höhe von 15 % vor.[1844]

Auch eine zukünftig primär computerisierte Anmeldung und Abrechnung der folgerechtsauslösenden Veräußerungen dürfte eine kostengünstigere Administration durch die Verwertungsgesellschaften ermöglichen. Andererseits könnte gerade

1838 *EK-Kultur*, Schlussbericht, BT Drucks. 16/7000, S. 280.

1839 *Pfennig*, ZUM 2014, 484 (486).

1840 *EK-Kultur*, Schlussbericht, BT Drucks. 16/7000, S. 274; *BGH*, Urt. v. 13.12.2001 – I ZR 41/99 – *Klausurerfordernis*, GRUR 2002, 332 (334).

1841 *Stokes*, S. 37.

1842 *Stokes*, S. 37.

1843 *Stokes*, S. 37; https://www.dacs.org.uk/for-artists/artists-resale-right/frequently-asked-questions#FAQ183, zuletzt besucht am 19.03.2015.

1844 *Stokes*, S. 37; http://artistscollectingsociety.org/about-acs/, zuletzt besucht am 20.06.2014.

die Anschaffung und Inbetriebnahme von entsprechenden IT-Systemen für die Verwaltung der Rechte die Kosten zunächst auch in die Höhe treiben.

6. *Staatliche Aufsicht*

Einer der Gründe für den Erlass des WahrnG war die Notwendigkeit, die Verwertungsgesellschaften einer umfassenden staatlichen Aufsicht zu unterstellen und so die Gefahren zu minimieren, die aus der tatsächlichen Monopolstellung in Verbindung mit der Treuhandstellung entstehen können.[1845] Da eine Regulierung durch den Markt aufgrund der marktbeherrschenden Stellung nicht stattfinden kann, sind andere Kontrollmöglichkeiten von besonderer Bedeutung.[1846] Neben der Zulassungskontrolle durch die Erlaubnispflicht besteht eine fortlaufende Kontrolle in Form der Aufsicht durch die Aufsichtsbehörde.[1847] Da der Staat die Erfüllungsverantwortung für die Bestandsicherung der Urheberrechte auf die Verwertungsgesellschaften übertragen hat, beschränkt sich die staatliche Verantwortung auf die Aufsichtskontrolle.[1848]

a) *Aktuelle Rechtslage*

Eine starke Aufsicht ist von ausschlaggebender Bedeutung für die Funktionsweise der kollektiven Rechtewahrnehmung.[1849] Die Aufsicht soll gewährleisten, dass die Verwertungsgesellschaften all ihren aus dem WahrnG resultierenden Verpflichtungen gegenüber Berechtigten, Nutzern sowie der Allgemeinheit nachkommen.[1850] Zu den Kontrollgegenständen zählen vor allem der Kontrahierungszwang, die Angemessenheit von Wahrnehmungsbedingungen, die Verteilung der Einnahmen, die Beteiligung der Berechtigten in den Entscheidungsgremien sowie die abstrakte Prüfung von Gesamtverträgen und Tarifen.[1851]

Aufsichtsbehörde ist das Deutsche Patent- und Markenamt (DPMA). Unzufriedene Mitglieder können gegen Beschlüsse der Gremien oder gegen das Verhalten der Geschäftsführung dort Beschwerde einlegen.[1852] Auch Rechtenutzer können die aufgestellten Tarife von der Schiedsstelle überprüfen lassen und danach den

---

1845 Schricker/Loewenheim/*Reinbothe*, § 18 WahrnG Rn. 1; Wandtke/Bullinger/*Gerlach*, Vor §§ 1ff WahrnG Rn. 23; *Landfermann*, KUR 2000, 33 (33).

1846 *Hoeren*, FS Pfennig, 451 (468).

1847 Möhring/Nicolini/*Freudenberg*, WahrnG § 18 Rn. 1; *Weichhaus*, S. 95; *Landfermann*, KUR 2000, 33 (34).

1848 *Heindorf*, S. 136f.

1849 *Hoeren*, FS Pfennig, 451 (463).

1850 *EK-Kultur*, Schlussbericht, BT Drucks. 16/7000, S. 283; Dreyer/Kotthoff/Meckel/*Zeisberg*, II § 18 Rn. 2; Schricker/Loewenheim/*Reinbothe*, § 18 WahrnG Rn. 1; Wandtke/Bullinger/*Gerlach*, § 19 WahrnG Rn. 3.

1851 *Weichhaus*, S. 97.

1852 *Pfennig*, Kunst, Markt und Recht, S. 148.

ordentlichen Rechtsweg bestreiten.[1853] Die Aufsichtsbehörde hat umfassende Informations- und Teilnahmerechte, jedoch nur sehr begrenzte rechtliche Eingriffsmöglichkeiten (§ 19 Abs. 2 und 3 WahrnG). Sie kann lediglich abmahnen (§ 4 Abs. 1 Nr. 2 WahrnG) oder die Erlaubnis zum Geschäftsbetrieb widerrufen.[1854] Dies führt zu einer Diskussion darüber, ob es sich bei der Aufsicht des DPMA um eine Rechts- oder auch um eine Fachaufsicht handelt.[1855] Letztere sind aus dem Verwaltungsrecht bekannt und daher für privatwirtschaftliche Rechtssubjekte eher unpassend.[1856] Die Aufsicht im WahrnG gehört daher weder der einen noch der anderen Kategorie an. Das DPMA ist nicht für die Beachtung der gesamten Rechtsordnung im Sinne einer Rechtsaufsicht zuständig, da die Kompetenz auf die Regelungen des WahrnG beschränkt ist.[1857] Zudem darf es die Zweckmäßigkeit des Handelns der Verwertungsgesellschaften überprüfen.[1858] Für eine Fachaufsicht fehlt es an einem typischen Selbsteintrittsrecht.[1859] Die Aufsicht wird heute daher überwiegend als eine Aufsicht sui generis gesehen.[1860]

Ein subjektiv-öffentliches Recht eines Dritten auf Einschreiten der Aufsichtsbehörde oder ein Anspruch des Dritten auf ermessensfehlerfreie Ausübung der Aufsicht wurden nicht anerkannt, da die Aufsicht keine Einzelinteressen schütze.[1861] Vor dem Hintergrund, dass die Verwertungsgesellschaften staatsentlastend tätig sind und die Aufsicht daher eine besondere Fürsorgefunktion gegenüber den Berechtigten erfüllen sollte, müsste den Berechtigten ein subjektiv-öffentliches Recht auf ermessensfehlerfreies Einschreiten der Aufsicht zugestanden werden.[1862] Dies wird begünstigt durch die Tatsache, dass der *BGH* mittlerweile die drittschützende Wirkung der staatlichen Aufsicht in gewissen Wirtschaftszweigen anerkannt hat.[1863]

1853 *Pfennig*, Kunst, Markt und Recht, S. 148.
1854 Wandtke/Bullinger/*Gerlach*, § 19 WahrnG Rn. 6.
1855 *Augenstein*, S. 28; *Vogel*, GRUR 1993, 513 (529).
1856 *Heindorf*, S. 144; *Vogel*, GRUR 1993, 513 (529).
1857 *Vogel*, GRUR 1993, 513 (529).
1858 Wandtke/Bullinger/*Gerlach*, § 19 WahrnG Rn. 5; *Augenstein*, S. 28.
1859 *Augenstein*, S. 28; *Vogel*, GRUR 1993, 513 (529).
1860 Dreier/*Schulze*, § 19 UrhWG Rn. 2; Dreyer/Kotthoff/Meckel/*Zeisberg*, II § 18 Rn. 9; Fromm/*Nordemann/Wirtz*, UrhWahrnG § 19 Rn. 2; Schricker/Loewenheim/*Reinbothe*, § 19 WahrnG Rn. 3; Wandtke/Bullinger/*Gerlach*, § 19 WahrnG Rn. 5; Loewenheim/*Melichar*, Handbuch des Urheberrechts, § 50 Rn.14; *Augenstein*, S. 28; *Heindorf*, S. 144; *Weichhaus*, S. 111; *Vogel*, GRUR 1993, 513 (529).
1861 Dreier/*Schulze*, § 19 UrhWG Rn. 10; Möhring/Nicolini/*Freudenberg*, WahrnG § 18 Rn. 3; Schricker/Loewenheim/*Reinbothe*, § 18 WahrnG Rn. 2; Wandtke/Bullinger/*Gerlach*, § 18 WahrnG Rn. 2; *Heindorf*, S. 183.
1862 Fromm/*Nordemann/Wirtz*, UrhWahrnG § 19 Rn. 3; Schricker/Loewenheim/*Reinbothe*, § 18 WahrnG Rn. 2; *Heindorf*, S. 183.
1863 *BGH*, Urt. v. 12.7.1979 – III ZR 154/77, NJW 1979, 1879 (1880f); *BGH*, Urt. v. 15.2.1979 – III ZR 108/76, NJW 1979, 1354 (1355); Schricker/Loewenheim/*Reinbothe*, § 18 WahrnG Rn. 2; *Heindorf*, S. 183; *Weichhaus*, S. 105; *Vogel*, GRUR 1993, 513 (530); a.A. Wandtke/Bullinger/*Gerlach*, § 18 WahrnG Rn. 2.

Insbesondere §§ 6 Abs. 1, 6 Abs. 2, 7 Abs. 1, 3 WahrnG können als drittschützende Normen für die Berechtigten interpretiert werden.[1864] Dagegen steht Nutzern der Weg zur Schiedsstelle offen, sodass es ihnen an einem Schutzbedürfnis mangeln dürfte.[1865] Da die herrschende Meinung einen Anspruch des Einzelnen auf Tätigwerden der Aufsichtsbehörde nach aktueller Lage immer noch als nicht gegeben ansieht,[1866] könnte bei der Reformierung des WahrnG ein solcher Anspruch für Fälle statuiert werden, in denen der Berechtigte individuell betroffen ist.[1867]

b) Vorgaben der RL 2014/26/EU

Art. 9 RL 2014/26/EU sieht zunächst eine interne Kontrolle durch Aufsichtsgremien vor.[1868] Weiterhin wird in Art. 36 RL 2014/26/EU die Verpflichtung aufgestellt, eine Aufsichtsbehörde zu benennen, die die Einhaltung der Richtlinie überwachen soll und dafür Sanktionen aussprechen kann.[1869] Die Aufsichtsbehörden sollen Beschwerden von Nutzern und Rechteinhabern aus dem In- und Ausland nachgehen und Streit zwischen Verwertungsgesellschaften schlichten.[1870] Wenn eine Verwertungsgesellschaft grenzüberschreitend tätig wird, ist bezüglich Verstößen gegen fremdes nationales Recht die Zuständigkeit der Heimatbehörde gegeben und nicht die der Behörde im Land der Erlöseinziehung.[1871] Diese Zuständigkeitsregelung macht eine Kooperation zwischen den Aufsichtsbehörden erforderlich.[1872] Es stellt sich die Frage, ob dies nicht zu unnötigen Schwierigkeiten beim Zusammenwirken mehrerer Behörden führen wird.[1873] Eine umfassende Aufsicht durch die inländische Aufsichtsbehörde erscheint aus Gründen der Praktikabilität und Effektivität vorzugswürdig.[1874]

Die Einrichtung von Aufsichtsbehörden schreibt die RL jedoch nicht zwingend vor. Dies ist eines der größten Versäumnisse der neuen Regelung. Nach Art. 36 Abs. 1 RL 2014/26/EU müssen die Verwertungsgesellschaften „durch die zu diesem Zweck benannten zuständigen Behörden" überwacht werden. Diese Behörden dürfen Sanktionen verhängen und Maßnahmen ergreifen, die „wirksam, verhältnismäßig und abschreckend" sind. Der gleichen Aufsicht wie die Verwertungsgesellschaften

---

1864 Mit ausführlichen Erläuterungen *Weichhaus*, S. 108ff.

1865 Schricker/Loewenheim/*Reinbothe*, § 18 WahrnG Rn. 2; *Weichhaus*, S. 110.

1866 Dreier/*Schulze*, § 19 UrhWG Rn. 10; Möhring/Nicolini/*Freudenberg*, WahrnG § 18 Rn. 3; Schricker/Loewenheim/*Reinbothe*, § 18 WahrnG Rn. 2; Wandtke/Bullinger/*Gerlach*, § 18 WahrnG Rn. 2; Loewenheim/*Melichar*, Handbuch des Urheberrechts, § 50 Rn. 21f.

1867 *Hoeren*, FS Pfennig, 451 (465).

1868 *Rupp*, MMR 2014, 217 (220).

1869 *Rupp*, MMR 2014, 217 (220).

1870 *Pfennig*, ZUM 2014, 484 (487).

1871 *Pfennig*, ZUM 2014, 484 (487); *Welp*, GRUR 2014, 751 (754).

1872 *Pfennig*, ZUM 2014, 484 (487).

1873 *Pfennig*, ZUM 2014, 484 (487).

1874 *Pfennig*, ZUM 2014, 484 (487).

werden in Zukunft auch unabhängige Unternehmen nach der RL 2014/26/EU unterliegen.[1875] Haben diese Unternehmen ihren Hauptsitz außerhalb der EU, unterliegen sie der Aufsicht des Mitgliedstaates, in welchem sich ihr europäischer Sitz befindet.

Für Deutschland stellt sich im Rahmen der Reformierung des WahrnG die Frage, ob das Instrumentarium der Aufsichtsmittel zukünftig erweitert werden kann. Ein Recht der Aufsichtsbehörde, rechtswidrige Beschlüsse der Verwertungsgesellschaft aufzuheben, selbst Anordnungen zu erlassen sowie ein Selbsteintrittsrecht können die Effektivität der Aufsicht enorm steigern.[1876] Bereits die *Enquete-Kommission* hat eine Stärkung der Aufsicht empfohlen und festgestellt, dass „ein Aufsichtskorrektiv mit hinreichender Kontrolldichte [...] der großen wirtschaftlichen und kulturellen Bedeutung der Verwertungsgesellschaften entsprechen"[1877] würde.

B. Verhältnis zu ausländischen Verwertungsgesellschaften

Verwertungsgesellschaften nehmen Rechte wahr, die das nationale Recht den Rechteinhabern gewährt. Daher ist ihr Tätigkeitsfeld grundsätzlich auf das jeweilige Inland beschränkt.[1878] Die länderübergreifende kollektive Wahrnehmung von Urheberrechten und verwandten Schutzrechten, die für legale Online-Musikdienste benötigt werden, bildet hier eine Ausnahme. Verwertungsgesellschaften machen jedoch nicht nur die Vergütungsansprüche geltend, die ihnen von den inländischen Wahrnehmungsberechtigten übertragen worden sind. Sie schließen auch bilaterale Gegenseitigkeitsverträge mit ausländischen Schwestergesellschaften und setzen die Ansprüche von ausländischen Rechteinhabern durch solange diese Mitglieder der kooperierenden Schwestergesellschaft sind.[1879] Durch diese Gegenseitigkeitsverträge tauschen inländische und ausländische Verwertungsgesellschaften ihr jeweiliges Rechterepertoire aus.[1880] Auf diese Weise soll eine lückenlose Rechtewahrnehmung auf internationaler und globaler Ebene ermöglicht werden.[1881] Die Erlöse werden dann an die Schwestergesellschaft weitergeleitet, die sie dann als Tantiemen ausschüttet.[1882] Wie bereits erläutert, werden von den Erlösen lediglich

1875 *Pfennig*, ZUM 2014, 484 (487).

1876 *Hoeren,* FS Pfennig, 451 (465); a. A. *GRUR*, Stellungnahme VG-Richtlinie, S. 5.

1877 *EK-Kultur*, Schlussbericht, BT Drucks. 16/7000, S. 283.

1878 Schricker/Loewenheim/*Reinbothe*, Vor §§1ff. WahrnG Rn. 15; Wandtke/Bullinger/*Gerlach*, Vor §§ 1ff WahrnG Rn. 20.

1879 *EK-Kultur*, Schlussbericht, BT Drucks. 16/7000, S. 268; Loewenheim/*Pfennig*, Handbuch des Urheberrechts, § 88, Rn. 34; *Stöhr*, S. 137; Hoeren/Holznagel/Ernstschneider/*Pfennig*, S. 158; *Pfennig*, KUR 1999, 10 (10).

1880 Dreier/*Schulze*, Vor § 1 UrhWG Rn. 18; Möhring/Nicolini/*Freudenberg*, WahrnG § 1 Rn. 11.

1881 Möhring/Nicolini/*Freudenberg*, WahrnG § 1 Rn. 11; Schricker/Loewenheim/*Reinbothe*, Vor §§1ff. WahrnG Rn. 15; *Heindorf*, S. 47.

1882 *Heindorf*, S. 46; *Stöhr*, S. 137f; *Mauhs*, S. 16.

die Verwaltungskosten der VG Bild-Kunst einbehalten, jedoch keine weiteren Abzüge vorgenommen.[1883]

Gegenseitigkeitsverträge sind in den Satzungen der Verwertungsgesellschaften und nicht im WahrnG geregelt.[1884] Art. 14 RL 2014/26/EU nennt sie „Repräsentationsvereinbarungen" und macht ihre Zulässigkeit deutlich. Art. 15 RL 2014/26/EU stellt klar, dass von den Erträgen aus Gegenseitigkeitsverträgen ohne ausdrückliche Zustimmung der Schwesterverwertungsgesellschaft nur Verwaltungskosten abgezogen werden dürfen, nicht jedoch Abzüge zu sozialen und kulturellen Zwecken. Für eine transparentere Zusammenarbeit sollen die Schwestergesellschaften zukünftig umfassend informiert werden, wozu auch die Weitergabe von Finanzdaten gehört (Erwägungsgrund 34).

C. Individuelle Rechtewahrnehmung

In Deutschland sind die Vergütungsansprüche aus dem Folgerecht nicht verwertungsgesellschaftspflichtig. Das bedeutet, dass der Urheber bzw. sein Rechtsnachfolger den Anspruch gegenüber dem Veräußerer selbst geltend machen kann.[1885] Der Vorteil einer solchen eigenständigen Geltendmachung der Vergütungsansprüche ist, dass bei ihr keine Abzüge für Verwaltungskosten einer Verwertungsgesellschaft oder soziale und kulturelle Zwecke erfolgen. Möglicherweise wird der Anspruchsgegner den Anspruch durch direkte Zahlung an den Urheber auch schneller erfüllen.

In der Praxis ist die individuelle Wahrnehmung jedoch meistens nur dann möglich, wenn dem Anspruchsgläubiger alle Umstände des Verkaufs, samt Person des Veräußerers, bekannt sind. Sonst kann der Anspruch auch gegenüber Auktionshäusern durchgesetzt werden, da sie Ergebnislisten mit den veräußerten Werken und den erzielten Verkaufspreisen veröffentlichen.[1886] Wenn der Versteigerer den Erlös nicht selbst entrichtet (weil der Veräußerer keine Privatperson ist und keine Gesamthaftung besteht) und die Person des Veräußerers unbekannt bleibt, gestaltet sich die individuelle Rechtewahrnehmung schwieriger. Dann müsste sich der Rechteinhaber wieder an die VG Bild-Kunst wenden, um seinen Auskunftsanspruch aus § 26 Abs. 5 UrhG durchzusetzen. Denn die Auskunftsansprüche können nur durch eine Verwertungsgesellschaft geltend gemacht werden. Bei Weiterveräußerungen im sonstigen Kunsthandel wird die individuelle Geltendmachung des Vergütungsanspruchs allerdings häufig daran scheitern, dass der Künstler an gar keine sicheren Informationen über den Verkaufsvorgang gelangen kann.[1887]

1883 Siehe dazu Teil 6. A. III. 5. c) aa) Abzug von Abgaben für soziale und kulturfördernde Zwecke.

1884 *Peifer*, ZUM 2014, 453 (464).

1885 Loewenheim/*Pfennig*, Handbuch des Urheberrechts, § 88, Rn. 25.

1886 Loewenheim/*Pfennig*, Handbuch des Urheberrechts, § 88, Rn. 25.

1887 Loewenheim/*Pfennig*, Handbuch des Urheberrechts, § 88, Rn. 25.

Zudem wurde für die Mitglieder der AV Kunst mit Entrichtung der Pauschale die Begleichung aller gesetzlichen Vergütungsansprüche aus dem entsprechenden Zeitraum fingiert (§ 12 Rahmenvertrag). Dies bedeutet, dass, auch wenn ein Berechtigter direkt gegenüber einem Mitglied der VG Bild-Kunst Vergütungsansprüche geltend gemacht hat, diese als beglichen galten. In so einem Fall musste der Berechtigte, der kein Mitglied der VG Bild-Kunst war, Regress bei der Verwertungsgesellschaft nehmen. In diesem Sinne war eine Mitgliedschaft des Berechtigten als der einfachere Weg empfehlenswert. Die Vergütungsansprüche waren daher bei Kunsthändlern, die Mitglieder der AV Kunst waren, sozusagen quasi verwertungsgesellschaftspflichtig. Nur in dem Verhältnis zwischen Berechtigten und Anspruchsgegnern, die beide Nichtmitglieder jeweils der VG Bild-Kunst und der AV Kunst waren, gab es für eine individuelle Rechtewahrnehmung Raum.

Nach Auflösung der AV Kunst wird diese Quasi-Verwertungsgesellschaftspflichtigkeit der Vergütungsansprüche durch die VG Bild-Kunst entfallen. In den neuen Gesamtverträgen mit Nutzern erscheint eine ähnliche Klausel mit Befreiungsfiktion kaum vorstellbar. Damit wird eine Auflockerung des Monopols der VG Bild-Kunst im Verhältnis zu den Berechtigten sowie zu konkurrierenden Verwertungsgesellschaften erst möglich gemacht. Dann können die Vergütungsansprüche auch individuell oder durch eine andere Verwertungsgesellschaft durchgesetzt werden.

D. Zusammenfassung

Das Recht der Verwertungsgesellschaften und das System der kollektiven Wahrnehmung der Folgerechte in Deutschland befinden sich gerade im Umbruch. Diese Situation bietet die Chance, frühere Versäumnisse nachzuholen sowie Optimierungen vorzunehmen. Sowohl im Bereich des WahrnG als auch der Verwaltung der Folgerechte kann auf langjährige Erfahrungen zurückgegriffen werden und Bilanz gezogen werden. Regelungen und Verwaltungsmethoden, die sich in der Praxis bewährt haben – wie beispielsweise Erlaubnispflicht, Wahrnehmungszwang und Angemessenheit von Wahrnehmungsbedingungen –, sollen erhalten bleiben. Andere Bereiche müssen dagegen an die neuen Anforderungen angepasst werden. Die Vorschriften des WahrnG verlangen an vielen Stellen Präzisierungen. Insbesondere die Transparenz und die Korrektheit der Handlungs- und Abrechnungsweise von Verwertungsgesellschaften müssen modernisiert werden. In diesem Zuge kann die Pauschaleinziehung des Folgerechts gemeinsam mit der Künstlersozialabgabe den neuen Vorgaben nicht Stand halten. Die VG Bild-Kunst ist vor die Herausforderung gestellt, den Vertretern des Kunstmarktes die Meldung von folgerechtsauslösenden Verkäufen und die korrekte Abrechnung in der Praxis durch vereinfachte Verwaltungspraktiken zu erleichtern. Auch die verstärkte Überwachung dieser Vorgänge wird zunehmend eine Rolle spielen. In diesem Sinne dürfte sich der Schwerpunkt der Einziehung des droit des suite für die VG Bild-Kunst künftig von der korrekten Zuweisung der Einnahmen innerhalb der Pauschale auf das Monitoring der Folgerechtsmeldungen verlagern.

Teil 7. Zusammenfassung der Ergebnisse und Ausblick

A. Wesentliche Charakteristiken des Rechtsinstituts Folgerecht

Das Folgerecht ist ein notwendiges Rechtsinstitut, das die wirtschaftliche Partizipation der bildenden Künstler und Fotografen an der Wertsteigerung ihrer Originale ermöglicht. Diese finanzielle Beteiligung findet ihre rechtliche Grundlage im verfassungsrechtlich verankerten Beteiligungsgrundsatz des deutschen Urheberrechts. Das droit de suite bezweckt eine Gleichstellung zwischen bildenden Künstlern, die ihre Originalwerke nur einmalig veräußern können, und anderen Urhebergruppen, die wiederholt und fortlaufend an der Verwertung ihrer zur Massenreproduktion geeigneten Werke verdienen. Zudem wirkt das Rechtsinstitut als Anpassung des Rechts an die tatsächlichen Besonderheiten der Preisbildung auf dem Kunstmarkt, die heutzutage nichts von ihrer Geltung eingebüßt haben.

Als ein sonstiges Recht des Urhebers stellt das Folgerecht eine urheberrechtliche Befugnis eigener Art dar. Sie ist zu den vermögensrechtlichen Befugnissen des Urhebers zu zählen und entbehrt eines persönlichkeitsrechtlichen Kerns. Die Unübertragbarkeit unter Lebenden und Unverzichtbarkeit im Voraus als Merkmale der folgerechtlichen Regelung sind als Schutzbestimmungen notwendig, da ansonsten die Gefahr einer Abdingbarkeit das Folgerecht auszuhöhlen droht. Vom Folgerecht als immanentem Stammrecht zu differenzieren sind die schuldrechtlichen Vergütungsansprüche des Urhebers, die konkrete Weiterveräußerungen auslösen. Diese stellen bloße obligatorische Forderungen dar und sind sowohl auf eine Verwertungsgesellschaft zur Ausübung übertragbar als auch nach ihrem Entstehen verzichtbar.

Das droit de suite ist keine Norm des Urhebervertragsrechts und kann nicht als Bestrebung zum Ausgleich einer gestörten Vertragsparität angesehen werden. Das Folgerecht ist auch keine Verlängerung des Verbreitungsrechts, sondern vielmehr ein eigenständiges aliud zu den Verwertungsrechten. Demzufolge fällt es nicht in den Anwendungsbereich des Erschöpfungsgrundsatzes und kann auch nicht als seine Durchbrechung gewertet werden. Als eine Inhalts- und Schrankenbestimmung des Eigentums benachteiligt das Folgerecht den Eigentümer des Kunstwerkes auch nicht unangemessen, da es lediglich eine schuldrechtliche Zahlungspflicht ohne weitere Einschränkungen der Eigentumsbefugnisse auferlegt.

B. Ziele des Folgerechts und Erwartungen an das Rechtsinstitut

Das Rechtsinstitut Folgerecht soll einen Beitrag zur materiellen Sicherung der bildenden Künstler leisten. Die Gruppe der bildenden Künstler gehört auch unter den Urhebern immer noch zu den Geringverdienern und ist auf Einnahmen aus diversen Quellen und Nebenbeschäftigungen angewiesen. Obwohl die einzelnen Erlöse aus dem Folgerecht kein signifikantes Einkommen an sich darstellen, spielen sie als Ergänzung zu den restlichen Einnahmequellen der Künstler eine wesentliche Rolle. So sind sie beispielsweise bei der Entrichtung der Ateliermiete oder bei dem Erwerb von Ausstattung und Arbeitsmaterialien eine notwendige und willkommene Stütze.

Dagegen kann das Folgerecht – entgegen manchen dahingehenden Erwartungen aus dem Schrifttum – nicht als eine Vorsorgemaßnahme hinsichtlich gewisser sozialer Risiken wie Armut, Alter oder Krankheit eingesetzt werden. In Bezug auf die soziale Sicherung freischaffender bildender Künstler sind verschiedene Regelungskomplexe bekannt. In Deutschland tragen die Künstlersozialversicherung und die Unterstützungsfonds der Verwertungsgesellschaften zur verbesserten sozialen Sicherung dieser Urheber bei, wobei es in diesem Zusammenhang geboten erscheint, die Suche nach weiteren geeigneten Maßnahmen fortzusetzen. Als eine rechtliche Rahmenbedingung hat das Folgerecht auch eine kultur- sowie kunstfördernde Wirkung und setzt zudem ein Zeichen für die gesellschaftliche Anerkennung der geistigen Kreativität im Bereich der bildenden Kunst und Fotografie.

Es ist nicht nachvollziehbar, aus welchen Gründen das Folgerecht im Schrifttum teilweise als eine Privilegierung von erfolgreichen Künstlern angesehen wird. Gemessen an dem Beteiligungsgrundsatz sollen bei allen Urhebergruppen diejenigen geistigen Schöpfer am meisten verdienen, deren Werke auch am häufigsten genutzt werden. Auch das Folgerecht gewährt eine rechtliche Möglichkeit für Urheber, von den zukünftigen wirtschaftlichen Erfolgen ihrer Werke entsprechend zu profitieren. Das zur Berechnung des droit de suite geltende Modell der Erlösbeteiligung orientiert sich ebenfalls am Beteiligungsgrundsatz. Die Tatsache, dass oft erst die Erbengeneration des bildenden Künstlers in den Genuss der Folgerechtsausschüttungen kommt, beruht auf der langen Zeitspanne, die die Bildung des künstlerischen Rufs und der Zugang zum Sekundärmarkt voraussetzen. Die tatsächliche Begünstigung der Erben folgt den Prinzipien der urheberrechtlichen Schutzfrist und trägt dem Umstand Rechnung, dass die Erben auch für die Verwaltung des verbleibenden Œuvres entsprechend entlohnt werden müssen.

Vergleichbare Rechtsinstitute erscheinen nicht dazu geeignet, das Folgerecht im heutigen Recht zu ersetzen. Vertragliche Folgerechtsklauseln können nicht die nötige Durchsetzbarkeit entfalten. Ein erweitertes Ausstellungsrecht sowie eine Urhebernachfolgevergütung weisen viele dogmatische und praktische Schwächen auf. Dagegen könnte eine Ausstellungsvergütung – soweit diese mit dem aktuellen Museums- und Kulturvereinswesen vereinbar ist – eine geeignete Ergänzung des Folgerechts sein. Sie wäre vor allem als Zusatzregelung für die Verbesserung der materiellen Situation der bildenden Künstler und die umfassende Sicherung ihrer Beteiligung an den wirtschaftlichen Nutzungsvorgängen ihrer Werke hilfreich.

C. Aktuelle Tendenzen, Reformen und Problemfelder

Eines der aktuellen Problemfelder der europäischen und deutschen Folgerechtsregelung ist die unter dem Stichwort „Kaskadeneffekt" bekannte Doppelbelastung eines Kunsthändlers durch die Folgerechtsabgabe bei aufeinanderfolgenden Veräußerungen desselben Werkes. In Deutschland wird diese Doppelbelastung oft durch die Folgerechtsumlageklausel verursacht, die manche Auktionshäuser in ihre Allgemeinen Geschäftsbedingungen aufnehmen, und die sowohl den Einlieferer als auch den Ersteigerer für denselben Veräußerungsvorgang zur Zahlung einer Folgerechtsvergütung verpflichten. An dieser Stelle besteht einen gesonderten Bedarf, dass sich Kunsthandelsverbände, Auktionshäuser und Verwertungsgesellschaften auf eine für alle Kunstmarktbeteiligten akzeptable und praktikable Abführung der Folgerechtsvergütung einigen.

Das deutsche Urheberwahrnehmungsgesetz wird im Zuge der Umsetzung der Richtlinie über die kollektive Wahrnehmung von Urheber- und verwandten Schutzrechten und die Vergabe von Mehrgebietslizenzen für Rechte an Musikwerken für die Online-Nutzung im Binnenmarkt reformiert. Es ist noch nicht absehbar, ob danach im Bereich des Folgerechts ein faktisches Monopol der deutschen Verwertungsgesellschaft Bild-Kunst erhalten bleiben wird. Durch die Kündigung des als Pauschalvertrag ausgestalteten Rahmenvertrages zwischen der VG Bild-Kunst und dem Arbeitskreis deutscher Kunsthandelsverbände zum Ende des Jahres 2014 wurde bereits die pauschale gemeinsame Abgeltung von Folgerechtsansprüchen und Künstlersozialabgabe aufgegeben. Nach Auflösung der AV Kunst wird sich die Einziehung des Folgerechts auch für die früheren Mitglieder der Ausgleichsvereinigung Kunst allein nach § 26 UrhG richten. Beim Pauschalmodell der Ausgleichsvereinigung Kunst wurde beim Inkasso pauschaliert – sodass auch Umsätze aus Verkäufen von bereits schutzlosen Werken sowie von Werken von Nichtmitgliedern der VG Bild-Kunst eine Vergütungspflicht auslösten –, aber nur die gesetzlich entstandenen Vergütungsansprüche der folgerechtsberechtigten Mitglieder der VG Bild-Kunst bei noch geschützten Werken wurden letztlich abgegolten. Die Aufgabe dieser Pauschallösung ist vor dem Hintergrund zu begrüßen, dass die vermischte Einziehung von Einnahmen aus Urheberrechten mit den verwertungsgesellschaftsfremden Einnahmen aus der Künstlersozialabgabe mit den Vorgaben der umzusetzenden Richtlinie 2014/26/EU nicht zu vereinbaren gewesen wäre. Auch die gewissen Parallelen zwischen der Einziehung des Folgerechts durch die Ausgleichsvereinigung Kunst und dem nordischen Konzept Extended Collective Licensing, welches in Deutschland keine Geltung hat, warfen rechtliche Fragen auf. Zudem wird in Zukunft die faktische Quasi-Verwertungsgesellschaftspflichtigkeit der folgerechtlichen Vergütungsansprüche bei Kunsthändlern, die Mitglieder der AV Kunst waren, entfallen und mehr Raum für individuelle Wahrnehmung der Folgerechte bieten.

Es bleibt zu hoffen, dass sich das Modell der korrekten Einzelabrechnungen, die bereits für die Ausschüttung der Tantiemen aus § 26 UrhG notwendig sind, künftig auch auf der Inkassoebene etablieren wird. Dabei kann erwartet werden, dass sich die Tätigkeit der Verwertungsgesellschaft Bild-Kunst auf Maßnahmen zur administrativen Erleichterung der folgerechtsauslösenden Verkaufsmeldungen sowie primär auf deren Überwachung und Prüfung konzentrieren wird.

D. Keine negativen Auswirkungen auf den Kunstmarkt

Seit seiner Geburtsstunde ist das Folgerecht sowohl dem Grunde nach als auch bezüglich seiner Gestaltungsmodalitäten stets Diskussionsgegenstand gewesen. Insbesondere wurden ihm negative Auswirkungen auf die Verkehrsfähigkeit der Kunstwerke und das ungestörte Funktionieren des Kunstmarktes unterstellt. Vor diesem Hintergrund ist auch die Folgerecht-RL vor ihrem Erlass auf erheblichen Widerstand gestoßen. Vor ihrer Umsetzung kannten einige der wichtigsten europäischen Kunstschauplätze das Folgerecht nicht, darunter auch Großbritannien. Die befürchteten Negativeffekte des droit de suite auf den Kunstmarkt sind im Falle von Großbritannien ausgeblieben. Denn der britische Kunstmarkt boomt und floriert nach Implementierung der Folgerecht-RL, und zwar gerade in den betroffenen Segmenten. Ebenfalls international konnte der Marktanteil des betroffenen Segments der zeitgenössischen Kunst eine Vergrößerung verzeichnen. Der britische Kunstmarkt hat zudem nicht nur einen Zuwachs erfahren, sondern ist auch auf seinem gewohnten Territorium ohne bedeutende Einbußen geblieben. Mittlerweile steht es fest, dass nach der Einführung des droit de suite in Großbritannien keine Handelsverlagerungen beobachtet wurden.[1888] Und auch davor wurde noch in keinem Staat nach einer Folgerechtsimplementierung eine Abwanderung des Kunsthandels beobachtet.[1889] Denn ein nationaler Kunstmarkt wird aufgrund einer Vielzahl von Faktoren für eine bestimmte Kunstveräußerung bevorzugt, die in ihrer Gesamtheit die Anwendbarkeit eines Folgerechts an Bedeutung bei Weitem übertreffen.

Die Festsetzung der degressiven Staffelung der Folgerechtssätze sowie der Kappungsgrenze und der hohen Mindestbetragsgrenze in Art. 4 Folgerecht-RL wurde durch die Befürchtungen über erwartete negative Auswirkungen des Folgerechts auf den Kunstmarkt diktiert. Ihre Anpassung vor dem Hintergrund der ausgebliebenen Abwanderung des Kunsthandels nach der Umsetzung der Richtlinie sowie der Anpassungsklausel Art. 11 Abs. 1 Folgerecht-RL erscheint in Zukunft möglich sowie empfehlenswert.

Die meisten Kritiker des Folgerechts gehen fälschlicherweise von der Annahme aus, dass gegen den Galeristen, der die Werke eines Künstlers erstmalig auf den Markt bringt, ein Folgerechtsanspruch entsteht. Dies ist in der Praxis allerdings

1888 *Stauffacher*, KUR 2011, 139 (140).

1889 *Pfennig*, Kunst, Markt und Recht, S. 73; *Perlmutter*, Colum. J.L. & Art. 16 (1992), 395 (408); *Stauffacher*, KUR 2011, 139 (139f).

selten der Fall, denn der Galerist nimmt die Werke in der Regel in Kommission an und beteiligt sich damit an der Erstveräußerung und nicht an einer Weiterveräußerung. Die restlichen Fälle, bei denen der Galerist an der Weiterveräußerung mitwirkt, können durch die Anwendung einer Ausnahmeklausel für Galerien – wie sie die Folgerecht-RL vorsieht – entschärft werden. Und Letzteres auch nur soweit eine tatsächliche Belastung des Primärmarktes durch das Folgerecht herbeigeführt wird, was durchaus angezweifelt werden kann. Denn die Preisentwicklung der Werke auf dem britischen Primärmarkt – beispielsweise im Sinne einer befürchteten Preissenkung beim Erstverkauf – weist soweit auch keine Auffälligkeiten auf.

E. Von der Internationalisierung zur Globalisierung des Folgerechts

Nicht zuletzt aufgrund der Bestätigung der ökonomischen Unschädlichkeit des Folgerechts für wichtige Kunstmärkte und die Vorteile, die es den Künstlern bringen kann, sind mittlerweile Tendenzen einer Internationalisierung des droit de suite im globalen Maßstab klar erkennbar. Zum ersten Mal in der Geschichte des droit de suite sind auch die Anhaltspunkte dafür nicht zu übersehen, dass die Staaten mit dem derzeit größten und drittgrößten Kunstmarktanteil, nämlich USA und China, eine Implementierung des Folgerechts ernsthaft in Betracht ziehen. Diese positive Entwicklung könnte und sollte weitere Verbandsstaaten der RBÜ dazu anregen, auch ihren heimischen Künstlern den Genuss des Folgerechts zu ermöglichen, damit diese bald bei Weiterverkäufen ihrer Werke auf allen großen Kunstmärkten von der Reziprozität profitieren und Tantiemen erhalten können. Eine Petition im Rahmen der internationalen Folgerechtskampagne soll dazu beitragen, dass Art. 14 RBÜ in Zukunft eine zwingende Umsetzung in das nationale Recht der Verbandsstaaten vorsieht und sich das Folgerecht als weltweit geltendes Rechtsinstitut durchsetzen kann.

Teil 8. Nachtrag

Nach der Kündigung der Ausgleichsvereinigung Kunst zum 31.12.2014 schlossen die Verwertungsgesellschaft Bild-Kunst und der Bundesverband Deutscher Galerien und Kunsthändler e.V. Ende 2015 einen Gesamtvertrag zur Abwicklung des Folgerechts mit Rückwirkung zum 01.01.2015 ab. Einen gleichlautenden Gesamtvertrag zur Abwicklung des Folgerechts hat die VG Bild-Kunst ebenfalls mit dem Bundesverband Deutscher Kunstversteigerer e.V. unterzeichnet. Eine Pauschalabgabe für das Folgerecht und die Künstlersozialversicherung, bemessen am Umsatz des Kunsthändlers mit Kunst des 20. Jahrhunderts – wie sie in der AV Kunst vorgesehen war –, ist nicht mehr vorgesehen. Im Vergleich zu der AV, bei der die VG Bild-Kunst die Folgerechtsvergütung auch für Berechtigte erhalten hat, die der VG keine Rechte zur Wahrnehmung übertragen hatten, nimmt die VG Bild-Kunst künftig die Folgerechte nur derjenigen Berechtigten wahr, mit denen die VG Bild-Kunst oder ihren ausländischen Schwestergesellschaften einen Wahrnehmungsvertrag abgeschlossen haben. Die Höhe der abzuführenden Folgerechtsvergütung ergibt sich unmittelbar aus der gesetzlichen Vorschrift § 26 Abs. 2 UrhG. Die VG Bild-Kunst gewährt den Mitgliedern des BVDG bzw. BDK, welche einen Einzelvertrag unter dem Gesamtvertrag mit der VG Bild-Kunst abschließen, für die Vertragslaufzeit und unter der Bedingung der Vertragstreue einen Gesamtvertragsrabatt in Höhe von 10%. Gegenstand des Einzelvertrages ist neben dem Melde- und Einzugsverfahren für folgerechtspflichtige Kunstverkäufe in Deutschland auch die Vergütung für die Abbildung von Kunstwerken innerhalb der Webauftritte sowie in Publikationen der Mitglieder.

Die Zusammenarbeit zwischen der VG Bild-Kunst und den Verbänden bei der Administration des Folgerechts wurde durch die Gesamtverträge konkretisiert. Die VG Bild-Kunst hat sich verpflichtet, eine Datenbank mit den folgerechtsberechtigten Mitgliedern auf ihrer Webseite zu pflegen und kontinuierlich zu aktualisieren. Auf Wunsch eines Verbandsmitglieds können die Daten auch auf seine Server exportiert werden. Die Meldung der folgerechtspflichtigen Verkäufe kann in Papierform oder auch elektronisch erfolgen, wobei ein Online-Meldeportal von der VG Bild-Kunst noch geschaffen werden soll. Auch eine deutliche Beschleunigung des bisherigen Meldeverfahrens wurde in den entsprechenden Einzelverträgen vereinbart. Das Verbandsmitglied soll seine folgerechtspflichtigen Verkäufe jeweils für das zurückliegende Halbjahr innerhalb von sechs Wochen nach Ende des Halbjahres melden. Nach Prüfung der Meldeangaben erstellt die VG Bild-Kunst unverzüglich eine Rechnung, die das Verbandsmitglied innerhalb von vier Wochen begleichen muss. Danach sind nicht nur Verzugszinsen fällig, sondern die VG Bild-Kunst behält sich auch das Recht vor, vom Einzelvertrag zurückzutreten.

Die Ausübung der Auskunftsansprüche aus § 26 Abs. 4 und Abs. 5 UrhG sowie des Anspruchs auf Einsichtnahme in die Geschäftsbücher aus § 26 Abs. 7 UrhG wurden im Einzelvertrag präzisiert. Auf konkrete, begründete Anfrage der VG

Bild-Kunst nach folgerechtspflichtigen Verkäufen innerhalb der letzten drei Jahre unter Nennung des Urhebers muss der Verbandsmitglied die notwendigen Auskünfte innerhalb einer Frist von vier Wochen erteilen. Die Kosten einer Prüfung der Geschäftsbücher trägt die VG Bild-Kunst, wenn das Ergebnis der Prüfung um weniger als 5% von den Meldungen abweicht; ansonsten trägt der Vertragspartner die Kosten der Prüfung.

Die Verbände haben sich dazu verpflichtet, künftig bei Differenzen zwischen der VG Bild-Kunst und ihren Mitgliedern als Schlichtungsstelle zu agieren, wenn sie hierzu schriftlich angerufen werden. Der ordentliche Rechtsweg kann erst dann bestritten werden, wenn ein Monat nach schriftlicher Anrufung des jeweiligen Verbandes ohne Einigung verstrichen ist.

Zur Konkretisierung der Gesamtverträge erarbeiten die VG Bild-Kunst und der BVDG bzw. BDK „Leitlinien zur Administration des Folgerechts", die sie regelmäßig fortentwickeln wollen. Die Leitlinien sollen zu einer Erleichterung und Vereinheitlichung der Verwaltung von Folgerechten beitragen. Bis zu diesem Zeitpunkt wurden lediglich die Leitlinien zum Gesamtvertrag mit dem BVDG fertig gestellt, die im Folgenden dargestellt werden.

Eine Klarstellung bezüglich der unter das Folgerecht fallenden Werke wurde im Einklang mit der in der Kommentarliteratur herrschenden Auffassung dahingehend vorgenommen, dass Werke, die in mehreren Exemplaren hergestellt wurden, insoweit als Originale gelten, als auch die Hilfsmittel der Vervielfältigung (Druckplatten, Gussform usw.) vom Künstler stammen und die Vervielfältigungen entweder von ihm selbst oder unter seiner Aufsicht durch Dritte vorgenommen wurden; bei vom Künstler signierten Exemplaren wird dies vermutet. Bei Reproduktionsgrafiken kann der Nachweis, dass es sich trotz Signatur nicht um ein Original handelt, durch das Werkverzeichnis erfolgen, in dem Reproduktionsgrafik gesondert aufgeführt ist. Die aktuelle Frage nach der Originalität bei Medienkunst wurde dahingehend beantwortet, dass auch ein Vervielfältigungsstück als Original gilt, welches nicht (mehr) auf dem ursprünglichen Trägermaterial weitergereicht wird, sofern eine Überspielung auf ein anderes Material von Künstler ausdrücklich zugelassen wurde und das Original-Zertifikat des Künstlers beiliegt.

Eine Art Ausnahme von der Folgerechtsverpflichtung wurde für Galerieverkäufe gemäß Art. 1 Abs. 3 EU-Folgerechtsrichtlinie in den Leitlinien aufgenommen. Bei Künstlern, die fest im Galerieprogram vertreten sind, wird vermutet, dass es sich um folgerechtsfreie Erstverkäufe handelt, es sei denn, die Werke der Künstler werden nur noch auf dem Zweitmarkt gehandelt (z.B. Werke der klassischen Moderne). Dies gilt auch für Werke, die der Galerist dem Künstler abgekauft hat, es sei denn, der Künstler fordert die VG Bild-Kunst ausdrücklich zur Abrechnung des Folgerechts auf und kann durch eine qualifizierte, werkbezogene Rechnung nachweisen, dass der Verkauf mehr als 3 Jahre zurückliegt.

Kettenverkäufe, bei denen innerhalb von 6 Monaten mehrere Galeristen und/oder Kunsthändler beim Verkauf mitwirken, können als ein einheitlicher folgerechtspflichtiger Verkauf angesehen werden, so dass der einzelne an der Kette beteiligte Galerist und/oder Kunsthändler das Folgerecht lediglich auf die von ihm erzielte Steigerung des Verkaufspreises zu entrichten hat. Dies gilt für maximal drei Verkäufe und unabhängig vom Schwellenwert in § 26 Abs. 2 S. 4 UrhG. Mit anderen Worten unterliegt jede Steigerung des Verkaufspreises in voller Höhe dem Folgerecht, auch wenn sie den Mindestwert von 400 Euro nicht erreicht. Diese Vereinbarung ist durchaus zu begrüßen, denn sie trägt dem Kaskadeneffekt Rechnung und wirkt unerwünschten Doppelbelastungen desselben Marktteilnehmer durch das Folgerecht entgegen.

Verkäufe mit Auslandsbezug unterliegen dem Folgerecht, wenn entweder der Kaufvertrag in Deutschland abgeschlossen wurde oder sich das verkaufte Werk zum Zeitpunkt der Eigentumsübertragung in Deutschland befand. Das Folgerecht gilt auch bei Auslandsverkäufen auf Messen in einem Land mit Folgerechtsregelung. Die VG Bild-Kunst stellt den Vertragspartner von allen Ansprüchen der national zuständigen Verwertungsgesellschaft und der berechtigten, von der VG Bild-Kunst vertretenen Künstler, frei, wenn das Folgerecht an die VG Bild-Kunst bezahlt wurde.

Insgesamt sind die neuen Vereinbarungen zur Abwicklung des Folgerechts begrüßenswert. Insbesondere die pauschale Einziehung der Folgerechte gemeinsam mit der Künstlersozialabgabe und die dogmatisch mehr als fragwürdige Wahrnehmung der Folgerechte auch für Berechtigte ohne Wahrnehmungsvertrag mit der VG Bild-Kunst sowie für Werke nach Ablauf der urheberrechtlichen Schutzfrist scheint endlich überwunden zu sein. Das Folgerecht feiert somit im Jahr 2015 nicht nur sein fünfzigjähriges Jubiläum seit seiner Einführung in Deutschland, sondern auch die neue Chance, nach den gesetzlichen Vorgaben aus § 26 UrhG abgerechnet und an die Urheber ausgeschüttet zu werden. Auch die in der Arbeit befürwortete Privilegierung für Galerieverkäufe wird durch die Leitlinien der VG Bild-Kunst berücksichtigt. Es bleibt zu hoffen, dass das beschleunigte Melde- und Abrechnungsverfahren, welches die Vorgaben der RL 2014/26/EU umsetzen soll, auch eine schnellere Ausschüttung an die Urheber und ihre Rechtsnachfolger nach sich ziehen wird.

Schriftenreihe zum Urheber- und Kunstrecht

Herausgegeben von Thomas Hoeren

Band 1 Stefan Baufeld: Kulturgutbeschlagnahmen in bewaffneten Konflikten, ihre Rückabwicklung und der deutsch-russische Streit um die so genannte Beutekunst. 2005.

Band 2 Alexandra Kruczek: Die Bewertung der Kabelweitersenderechte der Sendeunternehmen in Deutschland und den USA. 2005.

Band 3 Larissa Marrder: Verwertung von Filmrechten in der Insolvenz. 2006.

Band 4 Felix Heinz Siegfried: Internationaler Kulturgüterschutz in der Schweiz. Das Bundesgesetz über den internationalen Kulturgütertransfer (Kulturgütertransfergesetz, KGTG). 2006.

Band 5 Karsten Lisch: Das Abstraktionsprinzip im deutschen Urheberrecht. 2007.

Band 6 Thomas Meschede: Der Schutz digitaler Musik- und Filmwerke vor privater Vervielfältigung nach den zwei Gesetzen zur Regelung des Urheberrechts in der Informationsgesellschaft. 2007.

Band 7 Thomas Hoeren/Bernd Holznagel/Thomas Ernstschneider (Hrsg.): Handbuch Kunst und Recht. 2008.

Band 8 Michael Nielen: Interessenausgleich in der Informationsgesellschaft. Die Anpassung der urheberrechtlichen Schrankenregelungen im digitalen Bereich. 2009.

Band 9 Urban von Detten: Kunstausstellung und das Urheberpersönlichkeitsrecht des bildenden Künstlers. 2010.

Band 10 Timo Prengel: Bildzitate von Kunstwerken als Schranke des Urheberrechts und des Eigentums mit Bezügen zum Internationalen Privatrecht. 2011.

Band 11 Christine Altemark: Wahrnehmung von Online-Musikrechten im Europäischen Wirtschaftsraum. Unter besonderer Berücksichtigung des Systems der Rechtewahrnehmung seit der Empfehlung der Kommission vom 18. Oktober 2005. 2011.

Band 12 Donata von Gruben: Das urheberrechtliche Entstellungsverbot im Umgang mit Originalwerken der bildenden Kunst. Unter besonderer Berücksichtigung der Eigenarten zeitgenössischer Kunst. 2013.

Band 13 Kathrin-Lena Kriesel: Einheitlicher europäischer Werkbegriff und Herabsenkung der Anforderungen an die Gestaltungshöhe bei Werken der angewandten Kunst. 2014.

Band 14 Nico Brunotte: Urheberrechtliche Bewertung der Streamingfilmportale. Unter besonderer Berücksichtigung der Schrankenbestimmung zu ephemeren Vervielfältigungen und des digitalen Werkgenusses. 2014.

Band 15 Tudor Vlah: Parodie, Pastiche und Karikatur – Urheberrechte und ihre Grenzen. Eine rechtsvergleichende Untersuchung des deutschen und spanischen Urheberrechts. 2015.

Band 16 Benjamin Wübbelt: Die Zukunft der kollektiven Rechtewahrnehmung im Online-Musikbereich. 2015.

Band 17 Theresa Uhlenhut: Panoramafreiheit und Eigentumsrecht. 2015.

Band 18 Johannes Franck: Smart Grids und Datenschutz. Verarbeitung von Energiedaten in intelligenten Stromnetzen aus datenschutzrechtlicher Perspektive. 2016.

Band 19 Silviya Yankova: Das Folgerecht und die Durchsetzung der folgerechtlichen Vergütungsansprüche. 2016.

www.peterlang.com

www.ingramcontent.com/pod-product-compliance
Ingram Content Group UK Ltd.
Pitfield, Milton Keynes, MK11 3LW, UK
UKHW021843290926
8980IPUK00005B/621

9 783631 669228